城市用水与节水手册

Handbook of Water Use and Conservation

[美] AMY VICKERS 著

陈　韬　张雅君　译

中国建筑工业出版社

著作权合同登记图字：01-2012-5663 号

图书在版编目（CIP）数据

城市用水与节水手册 /（美）VICKERS 著；陈韬，张雅君译 .—北京：中国建筑工业出版社，2014.10

ISBN 978-7-112-17054-8

Ⅰ.①城… Ⅱ.①V… ②陈… ③张… Ⅲ.①城市用水—手册②城市用水—节约用水—手册 Ⅳ.①TU991.31-2

中国版本图书馆CIP数据核字（2014）第150215号

本书全面系统地描述了主要用户类型的用水特征，阐述了上百种最新的节水措施或实用工具，提出了影响住宅与生活、景观、工业、商业与机构及农业用水效率的因素，论述了用水浪费之源和节水的最新进展，介绍了评估用水状况的审计步骤和各类用户群的节水机会，提供了大量的案例研究结果。其中节水措施包括技术与实践两种类型，技术或称“硬”措施可用于用水器具、设施、装置及工艺的更新改造；实践包括行为模式、管理流程和设计方法等，书中所涵盖的节水措施均建立在大量数据的基础上，经证实可靠适用，并为几乎所有的节水措施提供了基准效果数据、节水潜力与成本效益、相关标准规范、实施中的注意事项和相关案例。

责任编辑：石枫华　程素荣
责任设计：张　虹
责任校对：陈晶晶　关　健

城市用水与节水手册
[美] AMY VICKERS　著
陈　韬　张雅君　译
*
中国建筑工业出版社出版、发行（北京西郊百万庄）
各地新华书店、建筑书店经销
北京京点图文设计有限公司制版
北京云浩印刷有限责任公司印刷
*
开本：850×1168 毫米　1/16　印张：18½　字数：443 千字
2015 年 6 月第一版　2015 年 6 月第一次印刷
定价：76.00 元
ISBN 978-7-112-17054-8
(25224)

作者简介

AMY VICKERS是以其名字命名的咨询公司总裁，一直致力于从事节水与水资源综合管理方面的独立咨询活动。她曾任美国纽约市环境保护委员会主任，其间负责完成了大量关于供水与水质、流域保护、危险废弃物管理、固体废弃物、循环利用和空气污染等环保方面的立法和预算事务，其后在波士顿 Brown and Caldwell 工程公司和马萨诸塞州水资源管理机构的投资工程部从事咨询工作。与美国、加拿大等海外地区的水务机构、私营企业、政府机构等单位合作 20 余年，活跃于环境技术、政策与规划的美国及国际会议上。

她曾任美国供水协会（American Water Works Association，简称 AWWA）及其节水和计量委员会成员，美国供水协会期刊编委会特约编委。她不仅发表了大量关于节水措施、趋势和政策方面的学术论文，还是美国 1992 能源法案所使用的联邦用水器具水效标准的起草者。此前，她在 1988 年起草了马萨诸塞州用水器具标准修正案，要求使用 6.0L/ 次冲水坐便器，之后被美国 16 个州采纳。她还开发了一些教育和商用软件，包括“白宫绿化”和“绿色家园”等。

译者序

本书原著书名为“Handbook of Water Use and Conservation：Homes，Landscapes，Industries，Business，Farms”，涵盖了住宅与生活、景观、工业、商业和公共机构、农业的节水潜力和节水措施。原著曾获得美国出版市场协会本杰明富兰克林银奖。美国供水协会AWWA评价“曾经出版的用水与节水方面最详尽的参考……无论您需要应对短期干旱或长期供水问题的节水措施，这本书都能提供指导……您需要知道的一切……资源的金矿”。与我国目前以用水定额为主的节水管理体制和技术体系不同，原著以用水终端为切入点，为每一类型用户提供完整的用水浪费之源、节水成本效益、用水审计步骤、节水技术和措施等，对于编制节水规划和预算方案具有很强的可操作性和参考价值。因此，特选译该书，以飨广大读者，并为我国城市节水工作的推进略尽微薄之力。

由于本书中文版主要面向的读者对象为城市用水与节水工作者，经与原著者商定，中文版未保留原著中第5章“农业用水和节水措施”，感兴趣的读者可阅读原著。故此，译著书名随内容调整而定为“城市用水与节水手册”。

本书获国家重大水专项课题（2009ZX07317-005）和北京建筑大学学术著作出版基金资助，承付婉霞教授、吴俊奇教授及王媛媛、毛丰、李丹丹、湛禹、张越、魏晓佳、齐晓璐、尚丽民、杜长伟、商新建、张世英、李妍的支持，仅表示由衷的感谢。本书虽经多次校对及多人审阅，但疏漏在所难免，尚期见谅，也恳请指正。

陈 韬 张雅君

2013年1月

原著序

致爱水者——“保护我们所爱”。

随着世界人口和用水需求的不断增长，全球很多地区正面临地下水枯竭、长期干旱、河床干涸、水质恶化、基础设施成本攀升和供水替代水源减少的严酷现实，这些正在限制未来可以获得和消费的水量。展望21世纪，节水势在必行，别无他选。

从工程师、诗人到政治家，“水是最宝贵的自然资源”已是老生常谈，然而人类的行为却在频繁地背离所言。如果我们真的设法确保未来全球拥有足够安全的水资源，就必须采取更加积极的措施来保护。

本书致力于以经济和环境可持续的方式积极应对满足全球人口扩张带来的用水需求挑战。通过了解用水的环节和方式、实施有效的节水技术和措施，可以在住宅与生活、景观、工业、商业和公共机构等方面获得可观的节水效益。本书介绍的节水措施构成了节水的基本要素，总体而言，对传统供水策略作出了补充或提出了有效的替代选择，代表了水工程与管理的前沿和探索中的潜在领域。

节约：大量未汲取的供水

节水历来被视为主流水产业的边缘，或仅在干旱等紧急缺水时期援用的临时供水来源。这种局限的观点已经不合时宜，正在迅速转变：公用事业提倡将节水作为切实可行的长期供水方式，已经取得了显著的成效，在一些情况下缩小或避免了给排水系统的规划扩建，为公用事业和用户节约了大量的投资和运行费用，避免了环境恶化，搭建了桥梁而非壁垒。

一些成功的节水计划已经初见成效：美国马萨诸塞州水资源主管部门（MWRA）自20世纪80年代末以来通过实施综合需水削减计划，已经减少了波士顿都市区系统内25%的需水量，由此一个有争议的提案“康涅狄格河筑坝计划”得以取消，仅此一项为MWRA的210万用户节省了超过5亿美元的基建费用。新墨西哥州阿尔伯克基（Albuquerque）市自20世纪90年代中期以来已经减少了20%的人均用水量并制定了30%的削减目标。纽约市自20世纪90年代初以来，通过实施包括返利更换100万个小流量坐便器在内的节水计划，其给排水系统日节水近百万m^3，避免了超过10亿美元的污水处理系统扩建支出，无限期地推迟了新水源开发。华盛顿州西雅图市在近10年里减少了20%的人均用水量，并致力于在2010年前每年递减1%。

这些显著的节水、减排、节支等成效是如何实现的呢？它们是科学决策，政府决心，构建可持续给排水系统，关注用户长期费用，特别是了解大量新颖且可靠的节水技术与措施，及战略性投资等因素综合的结果。

令我十分感兴趣的是，到目前为止，给排水公用事业尚未完全开发其节水潜力或优化其既有系统。尽管已经出现了一些居民生活、商业和机构设施通过节水推动高效用水的成功案例，然而大部分公用事业仅仅触及其服务范围的表面。对很多北美公用事业而言，合理的节水目标是至少减少 25% 的用水量。随着节水创新的不断推进，期待节水潜力在未来 10 年继续提高。

已获证实的节水措施

这本手册介绍了城市各类主要用户的用水特征，提出了百余种先进的节水措施或削减与控制各使用环节需水量的实用“工具”，分析了影响住宅与生活、景观、工业、商业和公共机构等各类用户用水效率的因素，探讨了用水浪费之源和节水的最新进展，提供了评价用水状况和节水潜力的用水审计步骤。每章提供了展示各种措施和计划实施结果的案例研究。

手册提出了两类节水措施：技术和实践。技术或称“硬”措施可用于更新或替代非节水型器具、设备、设施、装置和工艺等。实践是可以改变或减少用水的行为模式、管理程序和设计变化等。

手册所选节水措施建立在已有可靠数据基础上，为几乎每一个措施提供了性能基准数据、节水潜力与相关效益、估计成本、适用标准与规范、实施条件和相关案例。每个措施均经过仔细研究，所有参考来源均已注明，便于读者参考其他文献。

节约：建立对水资源的信心

鉴于地球水资源有限，如果我们想要建立对水资源的信心，将水资源赠予后代，使其安全和繁荣，节水势在必行。愿我们通过践行保护未来供水的使命，在水的辉煌力量中欢欣鼓舞。

Amy Vickers

2001 年 5 月

目 录

第 1 章　节水规划

“要想改变世界，必先改变自己。”

——穆罕达斯• 甘地

精心设计的规划是给排水系统成功实施节水措施，实现节水减排，获得一系列经济、环境和政策效益的蓝图。制定一个切实可行的节水规划至关重要，本章阐述了将节水目标付诸实施的十个关键规划环节。

1.1　节水规划方法

“开端是做事的首要环节。”

——柏拉图

与传统供水规划相比，节水规划的准备和实施包含一定程度的承诺和资源分配。尽管供给方与需求方扩大给排水系统能力的途径不同，但双方的共同目标是增加系统能力并使相应的投资合理。后面列出了制定综合节水规划的关键步骤，即“节水规划成功的十个关键步骤”。本节还介绍了与此类似的节水规划方法，包括美国环境保护局（U.S. Environmental Protection Agency，简称 USEPA）的“节水规划指南”和纳入综合资源规划的水系统专项规划。

一个健全的节水规划应该目标明确，具有成本效益，在设计和实施上切实可行。节水规划的一般目标包括减少用水浪费，优化系统能力，控制用户成本，并使给排水管理相关的环境负担最小。由于每个水系统独具特征和需求，因此其节水规划的目标也各不相同。

理想情况下，制定一个综合规划由供水公用事业经理、规划人员、工程师、财务经理、信息专员、公众、商业、环保人士和决策者等所有利益相关者参与，他们应全程参与节水规划的过程，而不是仅仅参与最终的公开听证和审批过程。

为住宅与生活、园林景观、工业、商业与机构等不同类型的用户绘制用水量曲线，需要大量的数据分析或批量处理。例如，了解年均、月均和日均需水量，室外和室内用水量，查明高峰流量，找出最大和低效用户，确定需水量的其他特征，这是一项耗时而复杂的任务。识别用水地点、时间和方式是确定使用哪种节水措施效果最为可靠的重要途径。

分析所有可以减少需水量的节水措施和激励因素，是节水规划的一个重要组成部分。评估每个规划的成本效益、公众接受度、给排水固定资产规划、费率与效益及环境影响，对特定水系统形成最佳激励和措施组合方案至关重要。最后，一个精心策划的节水规划还应包括联合实施策略、后续监测和评估，确保可以根据需要调整规划实现既定的目标。

1.1.1 节水规划成功的十个关键步骤

1.1.1.1 确定节水目标

建立减少用水目标（如百分比，或日均水量）。

确定规划的期限（如应对短期干旱，减少高峰需水，减少长期需水）和规划范围。

避免或推迟设施固定资产扩建项目和水处理设备投资。

减少边际运行成本（给排水处理与配水系统所需的化学药剂和水泵能耗）。

减少造成空气污染和全球变暖的能源燃烧副产物（CO_2、NO_x、SO_2）。

减少环境影响（如对河道流量、地下水超采以及对湿地的影响）。

遵守法规。

增加节水规划实施过程中的社会参与度。

提高公用事业作为资源管理者的可靠性。

1.1.1.2 绘制用水量变化曲线及预测用水量

识别既有水源和供水生产能力（平均与高峰需水量）。

判断前期节水工作和管理要求（如卫生器具标准规范条例）对需水量的影响。

评估预测未来预期需水量，包括潜在的调整（如人口增长、土地利用重新划分、节水效果、节水型卫生器具与设备的管理要求及其他不确定的变化）。

通过分析每类用户（住宅与生活、商业、景观灌溉、工业、公共机构等）的用水现状和历史特征、用户数量、室内外用水情况、用水总量、年均和高峰需水量，绘制用水量变化曲线。

评估系统的未计入水量，即系统漏失、计量误差、未计量用水、偷水，和未计入水量造成的收入损失。

考虑节水工作，修订预测的未来需水量（参考 1.1.1.6“分析效益和成本”）。

1.1.1.3 评估规划设施

预测规划期限（年）内的系统总能力。

预计扩建或新建给排水设施的总体成本、年度成本和单元成本。

根据水量（如需水量和污水排放量）与质量要求（如给水和污水处理标准）分解预期成本。

1.1.1.4 确定和评估节水措施

确定所有节水措施——“硬件”设备与技术、行为方式与管理措施。

构建考虑每个用户群的节水措施矩阵，包括系统未计入水量。

按照潜在节水量和成本效益，实施条件，适用法律、规范和标准，评估节水措施。

评估之前已实施节水措施的市场饱和度（已经安装并继续使用节水设施或继续采取特定节水措施的用户数量）。

确定实施节水措施的短期或长期社会经济效益、环境效应和法律障碍。

1.1.1.5　确定和评估节水激励机制

确定鼓励用户接受和安装节水设备或应用节水措施的激励机制。

评估可能造成用户忽视节水的因素，例如廉价的自来水和污水排放收费，递减的费率结构，用户的富足，流行的“完美草坪”审美，节水政策执行不力，用户不愿尝试当地新增的节水措施。

1.1.1.6　分析效益和成本

估算每个节水措施带来的短期、长期、平均日和高峰日节水量，考虑因素诸如适宜的用户数量、预期参与度（接受和应用节水措施的用户数量）、市场饱和度、可能拆除或长期不适用的节水设备的比例、节水措施的预期使用寿命。

估算节水规划效益，包括公用事业节约成本（减少额外的供水需求，减少运营和维护费用，推迟、减小或取消新建设施，规划的成本分摊）、用户效益（更廉价的自来水处理、污水排放和能耗费用，减少景观和物业的维护成本与服务）、环境保护和公共机构作为资源管理责任者的信誉。

估算节水规划成本，包括实施成本（管理和咨询、硬件和材料、培训、现场人工、销售和教育、经济激励、规划监测与评估）、公用事业收益的初始浮动和费率调整以及短期规划参与成本（调整为新的用水措施、接受新的设计审美、设备运行和维护变化）。

基于规划全生命周期的效益和成本，确定措施的成本效益。

比较节水措施实施的净成本和供水方节省的成本。

1.1.1.7　选择节水措施和激励机制

确定选择节水措施及相关规划激励机制的定量标准（如节水量、节水的成本效益、节省的投资成本）和定性标准（如易于实施、水权和许可权、管理机构批准）。

利用定量和定性选择标准，评估并对节水措施排序。

应当选择或放弃每一个节水措施的理由。

1.1.1.8　制定和实施节水规划

制定节水规划，包括节水需求和目标、用水量变化曲线，节水激励和抑制机制，选择的节水措施，节水效益和成本，节水措施的成本效率，对收益和费率的影响，工程预算和计划，计划营销推广策略，监测过程和进展报告。

预测和规划必要的费率调整，应对由于减少需水量造成的公用事业收益进行浮动。

向公用事业公司经理、官员、纳税人、商业和社区领导者和管理机构等利益相关者提出节水规划并得到赞同。

征寻公众参与，获得社区认可，促进用户参与节水规划。

通过实施规划中的措施，将节水规划转变成节水规划。

1.1.1.9　整合节水和供水规划，调整预测

修订给排水固定资产规划，考虑节水对未来预期需水量所带来的必要调整。

评估和调整未来的购水或给排水服务相关合同。

在适当的情况，将节水规划纳入涵盖供需双方需求的综合资源规划中。

1.1.1.10 按需监测、评价和修订规划

通过评估实际节水量、用户参与度、设备保持率和计划成本效益，监测和评价每个节水措施的效果。

必要时，根据监测和评价环节发现的情况，调整节水规划以确保实现节水目标。

定期向公众报告节水规划的结果和成效。

“发现既有系统的缺失是一回事，找到取而代之的更好方法却是另一回事。”

——纳尔逊·曼德拉

1.1.2 美国联邦节水规划导则

按照美国环境保护局在 1998 年为水务公用事业制定的联邦节水规划指南，美国将在未来数年里改进用水效率。这些指南是按照 1996 年《安全饮用水法案》[1] 修正案的要求，将节水纳入供水公用事业固定资产规划中而制定的。[2]

考虑到美国供水系统的大规模基础设施需求，美国环境保护局提倡发展节水规划，帮助延长给排水公用事业基础设施资产的经济价值和使用寿命，从而确保更加经济有效地使用纳税人和公共基金对饮用水国家周转贷款基金（State Revolving Loan Fund，简称 SRF）等计划的投资。各州要求供水系统提供符合联邦指南的节水规划，才有资格使用国家周转贷款基金，但联邦法律或规章并未要求这类规划。

根据供水公用事业服务的人口规模，美国环境保护局提出了以下 3 个层次的节水规划指南：

①基础指南（对应服务人数不超过 10000 人的供水系统）；

②中级指南（对应服务人数在 10000 ~ 100000 人的供水系统）；

③高级指南（对应服务人数超过 100000 人的供水系统）。

基础指南提供了一套适用于小型供水系统的简易规划方法。中级和高级指南用于指导综合节水规划的编制 [3]，附录 A 中列出了按照美国环境保护局（以下简称“美国环保局”）节水规划指南制定的综合节水规划的内容。

1.1.3 水资源综合规划

近年来，为满足日益增长的供水和用水需求，传统的仅考虑供给方的供水规划方法（如开发新水源或扩建）已被更加综合的模式——综合资源规划（Integrated Resource Planning，简称 IRP）所取代。由美国供水协会（AWWA）[4] 认可的综合资源规划鼓励公用事业既考虑供水方也考虑需水方的选择。[5] 综合资源规划强调将节水和需求管理作为满足未来用水需求的潜在选择，因其和传统策略相比，通常更加经济有效、对环境没有或很少产生负面影响。综合资源规划认为，通过节水规划获得的新增能力与传统供水工程产生的供水，同样切实有效。

与传统供水规划相比，公用事业借助综合资源规划方法，能动态、更加开放地参与规划过

程。综合资源规划包括社区参与，并考虑与供水管理相关的社会和环境因素。综合资源规划专家 Janice A. Beecher 是位于美国印第安纳州首府印第安纳波利斯的 Beecher 政策研究公司的总裁，他将综合资源规划定义为“公用事业规划的一种综合形式，它包含需求管理和供给管理方案的最低费用分析，开放和参与式的决策过程，可供规划选择的场景建立，以及与水资源及其竞争策略目标相关的多方机构认同。”[6]

附录 B 中列出了水资源综合资源规划（IRP）综合方法的基本要素。

1.2　节水措施的构成

“毋庸置疑少数有思想、有毅力的人可以改变世界，事实上自古如此。”

——玛格丽特·米德

在我作为一名工程师和咨询师帮助公用事业、商业和政府机构制定节水规划和计划时，发现讨论和定义节水“措施”、“激励”和“计划”的构成非常有用，因为这些术语通常被混淆。通过识别特定工具（技术）、实践（行为变化）和措施的过程，系统节水目标的实现策略变得更加清晰。如果没有对节水措施的共识，良好的节水愿望通常误入歧途，节水目标也无法实施。[7，8]

多数人认为，节水措施是节约水量或提高用水效率。但实际上，这些定义通常与节水激励相混淆。节水激励——促进节水行动和鼓励用户使用特定节水措施的公众教育活动、费率策略、政策与规范。例如向用户邮寄节水窍门手册，可有效地提高公众的节水意识，然而就这种激励方法本身来说并不能节约一滴水，仅仅依赖激励的节水计划只能传达节水理念，而不能完成人们直接节水的下一步实践工作。

总之，节水激励提高了用户减少用水的意识，节水措施是指实际减少用水需求的设备或实践。一个公用事业的节水规划应包括节水措施与激励的策略组合。

1.2.1　节水措施

在本书后续章节中介绍的节水或高效措施可分为两大类：①“硬件”设备或装置；②行为或管理实践（本书中，“节水措施”和“高效措施”可以互换）。

硬件措施通常在实现长期节水时更加可靠，因为它们通常只需要一次性安装，而无需持续维护。例如用冲洗水量为 6.0L/ 次的坐便器替代冲洗水量为 13.2L/ 次的坐便器，将会在至少 20 年的使用寿命里大量节水而仅需日常维护。相反，教育人们采取低耗水或本土景观和灌溉行为，尽管可以减少室外用水，但是需要长时间、持续提醒，才能保持节水景观措施。

能够减少长期用水需求的综合节水规划一般包括硬件和行为驱动措施两个方面。无论对二者的需求程度如何，均是实现节水目标所需要的。例如室外节水计划通常强调持续、高效的景观管理措施（如更短的草坪灌溉时间）和一次性或非常用的硬件措施（如灌溉系统维修或升级、草坪更换和高级灌溉系统控制器）。

下面介绍一些节水措施的范例：

住宅——硬件或技术措施：小流量坐便器和小便器；无水和堆肥式坐便器和小便器；小流量淋浴器和水嘴；高效洗衣机和洗碗机。行为措施：避免使用坐便器处理废物；关闭水嘴、切断不必要的出水；洗衣机和洗碗机满负荷运行。

景观——硬件或技术措施：本土和耐旱型草坪和植物，滴灌，自动关闭软管，雨水感应器。行为或管理措施：减小灌溉频率，使用节水型景观维护措施。

工业、商业与机构设施——硬件或技术措施：循环冷却水塔，工艺水再生利用，漏失修护。行为或管理措施：关闭不使用的阀门；用清扫替代水管冲洗人行道，使用节水设备。

公用事业——硬件或技术措施：漏失探测和维护，消防栓加盖。行为或管理措施：定期服务，调节系统阀门和连接件，减压。

1.2.2 节水激励

鼓励用户使用节水或高效措施的激励，可分为 3 类：教育激励、经济激励和制度激励。节水激励范例如下：

教育——直接邮寄宣传品、传单、包含历史用水信息的账单；电视和广播宣传，媒体报道；示范景观和工程；学校课程；为特定行业设计的节水表单；针对专门用户（如具有节水型景观灌溉系统、节水型草坪和植物的业主以及带有冷却塔的工业设施经理）的当地讲座和培训计划。

经济——退费、返利，节水费率结构，激励或附加费，与其他机构和企业成本分摊，绩效合同（基于节水效果的合同补偿）。

管理——用水效率政策和法律条例，节水器具与设备规范；景观设计标准（包括节水型草坪、植物和灌溉系统），灌溉方案（每周天数和每天次数限制），室外用水浪费的处罚，污染防治要求，建设者的需水减少要求。

教育激励及其相关延伸活动通常是公用事业节水行为的首要（有时是唯一的）组成部分。教育对任何节水规划都是必要的，它可以使公众知晓节水规划的目标、效益和使用特定节水措施的条件。激励不仅要增加公众的节水意识，还要鼓励用户实施特定的节水措施从而实现节水。经济和管理激励通常能引起公众关注，因为如果未予注意通常会带来负面后果，例如罚款或较高的超额草坪灌溉费已经有力地引导更多人防止室外用水浪费。

1.2.3 公众教育：全民节水

提高公众对节水需求认识的教育计划（图 1-1），对一个综合节水规划的成功至关重要。青少年作为未来给排水处理费的支付者，通常是公众教育计划的重点，应为他们准备大量资料（如针对 k（说明：k 是指幼儿园）～ 2 年级、3 ～ 5 年级、6 ～ 8 年级和 9 ～ 12 年级 4 个阶段的水资料系列读物，由田纳西流域管理局与教师及美国环境保护局合作开发，由诸如佐治亚州用水指导委员会等组织分发给学校）。[9] 不仅校园计划对教育青少年节水非常重要，而且成年人的充分知晓和参与节水行动也至关重要。例如教育业主使用节水喷灌措施、用技术讲座的方式培训工业和商业设施管理者使用高效用水技术和措施，是非常有价值的节水教育计划。

图 1-1　促进节水的教育海报，马萨诸塞州水资源局

（图片来自 Amy Vickers 及其公司）

对用户的调查研究小组，通常要收集可用于设计节水规划、吸引公众关注和参与的用户态度信息。例如西雅图公用事业局的市场调查发现，独户住宅用户已经意识到节水的重要性，并通常在家中践行节水行为，然而，他们的室外用水模式与其表达的理念有些不一致，有些人低估了室外用水量，高估了节水实践效率（如灌溉草坪时间过长）。调查参与者提供了很多帮助确定向公众发布信息类型的建议，包括建议教育活动集中在简单可行的节水窍门上。研究发现对西雅图的独户住宅，电台广告是有效的交流工具，而海报和公交车标识效果甚微（与人口众多、依赖公共交通的其他城市相比）。研究还发现，彩色、精致并包含图片的印制资料更可能被接受。[10]

1.2.4　节水定价策略

越来越多的公用事业利用节水费率或定价策略促进住宅和非住宅用户更加有效地用水。节水费率结构由服务成本原则和鼓励用户减少浪费的指示价格组成。位于北卡罗来纳州夏洛特的 Raftelis 财务咨询公司董事长、也是《给水和排污费率调查 2000》[11] 和《给排水财政和定价综合导则》[12] 的作者拉夫特利斯（George A.Raftelis）将节水费率定义为“鼓励水资源有效利用的费率”，如果得到合理设计和实施，节水费率结构能够促进有效用水，并且帮助公用事业满足必要的效益需求。

有 4 种公认的节水费率结构：统一费率、倒置费率、季节性费率和边际成本费率。[13] 统一费率对所有用水水平的用户群体分配相同的费率，其可以作为公用事业不再继续使用减少或递减费率结构（抑制节水）的过渡步骤。倒置（递增）费率与递减费率相对，随用水量的增加而提高收费标准。季节性费率在一年中随不同时段变化，通常是在夏季较高，以抑制低效的室外用水（如草坪过量灌溉）。边际成本费率是基于每增加单位水量（或单位服务）所增加的成本，是高于平均服务成本费率的部分，因此可以遏制过量用水。基于用水定额和配给的超量用水费率，因其过于复杂而未能得到广泛应用；一旦超出可接受水平的需水量将引发“滥用”费率，应释放有力的价格信号阻止过量用水，尤其是在草坪灌溉高峰时期。一份对美国和加拿大 200 余个公用事业评估的《给排水处理服务费调查 2000》发现，36% 的公用事业使用统一费率，35% 的公用事业使用递减费率结构，29% 的公用事业使用递增费率结构。[14]

附录 D“给水和排水费率、成本和节水量”中给出了美国典型的给水排水公用事业费率及由于在一定范围内减少水量节省的边际成本。

1.2.5 节水管理办法

近年来，管理办法已经成为全国、州和地方为各用户群建立节水要求的有力工具。例如地方室外用水规定限制了草坪过量灌溉和道路冲洗用水；州用水器具规范要求用水器具设定水效标准，深刻影响了产品设计和市场；联邦法律法规设定了用水器具、洗衣机和洗碗机（通过热水的能效标准）的国家水效标准。本书包含了很多节水法律和政策的案例；更多信息请查阅本书具体节水措施章节。

以下是加利福尼亚州的最佳管理实践

一些水务机构和公用事业已经建立了水效措施的最低基准，并将激励纳入节水规划中。这些推荐措施或最佳管理实践（Best Management Practices，简称 BMPs）依地方或区域用水特征和用水削减需求不同而异。最佳管理实践通常包括公认可直接或间接带来效果和成本效益的节水措施或激励。然而，适合于某一个供水系统或区域的最佳管理措施对其他供水系统或区域而言未必是最佳选择。加利福尼亚州城市节水备忘录（Memorandum of Understanding，简称 MOU）以 14 项推荐的最佳管理实践为基础，已经得到加利福尼亚州城市节水委员会的 260 余家供水零售和批发商、公众社区及其他相关组织的会员联合署名。据加利福尼亚州萨克拉门托分委会的执行主席 Mary Ann Dickinson 介绍，分委会成员在加利福尼亚州城市节水备忘录署名时，同意实施 14 项最佳管理实践并遵守加利福尼亚州城市节水备忘录的要求。[15] 附录 C 提供了“加利福尼亚州城市节水最佳管理实践”。

参考文献

1. Safe Drinking Water Act Amendments of 1996, U.S. Code 42, Section 300f, Aug. 6, 1996.
2. U.S. Environmental Protection Agency, *Water Conservation Plan Guidelines*, US EPA (EPA-832-D-98-001), Washington, D.C., August 1998, p. xi.
3. U.S. Environmental Protection Agency, *Water Conservation Plan Guidelines*, pp. 12–13.
4. American Water Works Association, *White Paper on Integrated Resource Planning in the Water Industry*, AWWA, Washington, D.C., Dec. 21, 1993.
5. Office of Consumer Advocate, Advance Notice of Proposed Rulemaking: Integrated Resource Planning for Water Utilities (Docket No. L-00930077), Comments of the Office of Consumer Advocate, Harrisburg, Pa., May 24, 1993, p. 2.
6. Janice A. Beecher, "Integrated Resource Planning Fundamentals," *Journal AWWA*, vol. 87, no. 6, 1995, p. 34.
7. Amy Vickers, "So You Think You're Conserving Water?" *Fine Homebuilding*, Fall/Winter 2000, no.

135, pp. 6–8.

8. Amy Vickers, "What Makes a True Conservation Measure?" *Opflow,* vol. 22, no. 6, 1996, pp. 8–9.
9. *Water Sourcebook,* Tennessee Valley Authority, Environmental Education Section, Knoxville, Tenn., May 1994.
10. Preeti Shridhar, "The Right Research: Measuring the Success and Effectiveness of Public Information Programs," *Proc. Conserv96,* AWWA, Denver, Colo., 1996, pp. 597–605.
11. Raftelis Financial Consulting, *2000 Water and Wastewater Rate Survey,* Raftelis Financial Consulting, PA, Charlotte, N.C., 2000.
12. George A. Raftelis, *Comprehensive Guide to Water and Waste Water Finance and Pricing,* second edition, Lewis Publishers, Boca Raton, Fla., 1993.
13. Raftelis, *Comprehensive Guide to Water and Waste Water Finance and Pricing,* p. 212.
14. Raftelis Financial Consulting, *2000 Water and Wastewater Rate Survey,* pp. 1–6.
15. Memorandum of Understanding Regarding Urban Water Conservation in California, California Urban Water Conservation Council, Sacramento, Calif., amended Sept. 16, 1999.

第 2 章　住宅与生活的用水与节水措施

“最亟须改变的总是别人的习惯。”

——马克·吐温

本章阐述了住宅用水，并介绍了可用于住宅和使用生活用水器具与设备的非住宅建筑的节水措施，包括节水潜力及其成本效益。

2.1　住宅用水

2.1.1　室内外住宅用水

在美国，室内外住宅平均总用水量为 9880 万 m^3/d。据美国地质调查局报告，住宅用水量占总用水量的 26%。[1] 其中，87% 的住宅用水量来自公共供水，其他来自自备地下水和地表水供水。[2]

在公共供水系统中，独户住宅和多户住宅用水通常占城市计费用水的 50% ～ 80%。独户住宅的室内外用水之和，估计平均为 382.3L/（人·d）[2]，如图 2-1 所示。多户住宅因较少有或没有室外用水，且用水器具与设备数量较少，其人均用水量相对较少，为 170.3 ～ 265.0L/（人·d）。

图 2-1　美国典型独户住宅的平均室内外用水

（数据来源：室内用水数据见本章参考文献 12，室外用水数据见本章参考文献 2）

住宅用水依地区、气候和天气条件（尤其是温度和降雨）、社会经济因素及其他用户特征不同而变化。因此，平均 382.3L/（人·d）的独户住宅用水并非出现在所有供水系统和服务区域。

例如一份对 13 个城市和英国 [3-11] 的调查显示，人均住宅（独户住宅和多户住宅）用水量具有较大的范围，如图 2-2 所示。在美国，人均住宅用水量的差异主要来自室外用水的不同（详见第 3 章景观用水与节水措施）。

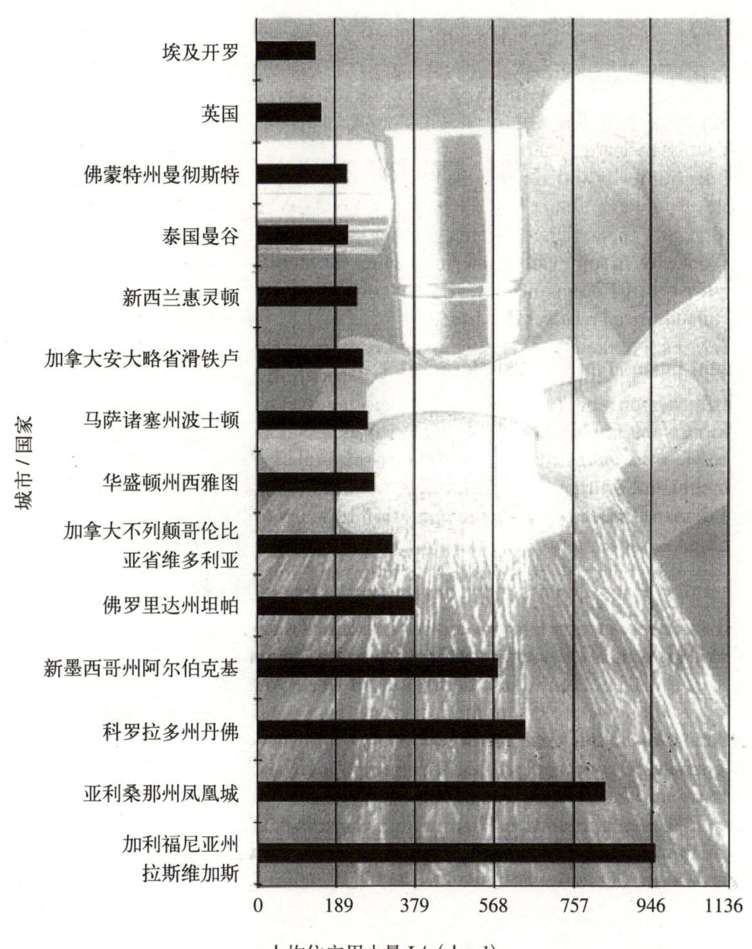

图 2-2　13 个城市和英国的平均室内外住宅用水调查

（数据来源：本章参考文献 3 ～ 11）

影响住宅尤其是独户住宅用水量的因素有很多，包括：用水器具与设备效率、家庭收入、给排水服务费、入住率、住户的年龄和生活方式、气候、当地的景观审美、草坪灌溉和室外用水措施以及节水意识等。例如生活在干旱气候、拥有大面积草坪的富裕家庭，会有较高的室外用水量，而生活在多户住宅的低收入家庭较少有或没有景观灌溉用水。

2.1.1.1　住宅用户分类

住宅用户分为独户住宅用户和多户住宅用户。独户住宅用户通常居住在装有 *DN*16 或 *DN*20 水表的独立式住宅里。多户住宅用户居住在具有很多单元房的建筑里（如公寓、联体别墅、花园式住宅、共管公寓及其他私人居住空间）。由于多户住宅容纳的居住户数不同，因此每个住宅的用水总量也不同。如果不知道多户住宅的居住人数，就很难确定这类用户群的单位用水量。一些多户住宅小区，尤其是业主新建自用的建筑具有辅助计量，这意味着每个住户直接交纳水费（房租不含水费）。

公用事业对住宅用户的分类并未统一。独户住宅和多户住宅可以单独分类，或者通称住宅。多户住宅用户有可能划入独户住宅用户或商业计费中。一些商业和多户住宅用户有可能包括混合使用的建筑，如带有街面零售店和上层住宅的公寓。

2.1.1.2 室内住宅用水

根据 1999 年在美国和加拿大 12 个城市 1100 多个家庭的一项实证研究[12]，北美地区独户住宅的室内用水平均是 262.3L/（人• d），如图 2-3 所示。在北美大部分地区，室内用水主要有清洗和卫生两大功能。使用 1980 年前制造的大流量用水器具与设备的室内住宅用水量从 227L/（人• d）到 303L/（人• d）不等。

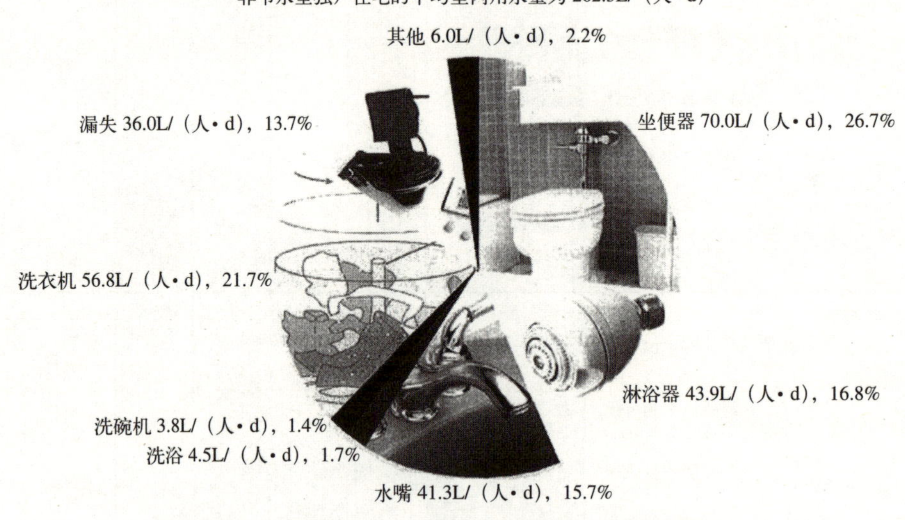

图 2-3 北美非节水型独户住宅的平均室内用水

多户住宅的用水特征研究没有独户住宅广泛。通常，居住在公寓和其他多户居住单元的住户室内用水量小于独户住宅的。居住在公寓或类似多户单元房的用户室内外用水之和通常为 170 ~ 265L/（人• d），因为这些用户通常使用较少的用水设备（如洗碗机和洗衣机）。例外情况通常发生在低收入、失业或老年人的住户中，因为这些人群通常居家时间较长，更易发生漏失，使用大流量的用水器具与设备。例如一项对约 2000 个由美国纽约市房管局管理、主要居住着低收入和受社会救助人群的公寓用水调查发现，其平均用水量为 485L/（人• d），实际上这个数据尚低于纽约很多其他廉租公寓的平均水平。多户住宅的用水数在某些情况下并不准确，因为入住率未计入未经授权却同宿一室的亲戚或朋友。[13]

1. 富裕的家庭通常用水更多

富裕家庭的室内（外）用水量通常高于平均水平，因为这些用户通常比不富裕的家庭消费更多的商品和服务。例如不仅需要日常用水，还需维护和清洁的热水；按摩浴缸、多喷头淋浴器、鱼缸、喷水池等豪华的卫生器具不仅使用时需用水，维护和清洁也必需用水。

2. 蒸发冷却器增加了干燥地区的住宅用水量

蒸发冷却器是美国西部和西南炎热、干旱地区常见的生活用水设备，这些设备在北美其他地区并不常见。蒸发冷却器有非循环式（不节水）和循环式两种类型。一项在凤凰城开展的研究发现，该城市约有 46% 的独户住宅使用循环蒸发冷却器，有时与空调结合使用。蒸发冷却器在 214 天的制冷季节里的平均用水量为 250L/（户 • d），或者占独户住宅平均总用水量的 15%。[14]（详见第 4 章第 4.2.7 节）

非循环冷却器，已经不允许在美国生产但仍使用于 20 世纪 60 年代以前安装的设施中，系统的循环水仅使用一次便排入连接的污水管道中。美国加利福尼亚州弗雷斯诺市的现场调查发现，550 个非循环蒸发冷却塔中的一部分仍在使用，年用水量高达 12.4 万 m^3。每个冷却塔的用水量随其容积不同而变化。一个 5t 冷却塔的用水量为 53.4L/min，2t 冷却塔的用水量为 24.2L/min，1t 却塔的用水量为 11.7L/min。 估计总用水量时假定冷却塔的使用时间为 8 h/d、150d/ 夏季（5 月～ 9 月），为减少低效率的水冷却器，弗雷斯诺市“设立试点项目”为居民提供高达 3000 美元无息贷款用于购买和安装节能（水）替代产品。[15]

2.1.1.3　室外独户住宅用水

美国独户住宅用于室外草坪和景观灌溉及其他（如洗车、清洁和游泳池）的平均用水量为 120L/（人• d）。这个数据取自美国室内外生活用水平均值 382.3L/（人• d），它是基于由供水公用事业提供给美国国家地质调查的用水数据库。[2] 在一项独立研究中，室内独户住宅平均用水量为 262.3L/（人• d）[16]，其余室外用水量为 120L/（人• d）。

当地的气候条件和景观审美常常造成室外生活用水需求偏离国家平均水平。实际的室外用水变化范围通常为每天数升到超过 378L/d。炎热、干燥地区的用水量通常明显高于湿润、凉爽地区。更为详细的居民用水灌溉特征和相关效率措施，将在第 3 章景观用水与节水措施中讨论。

1. 气候和其他室外用水影响因素

特定地区或用户群的室外用水量通常与以下 4 个因素有关：气候、降雨量、自来水价与总水费、家庭收入。例如一项关于美国西部 5 个城市的研究发现，在春、夏生长季节里，室外用水通常占独户住宅总需水量的 65%。[17] 此平均值通常并不适用于美国其他地区，尤其是雨量充足、气候凉爽的新英格兰和太平洋西北部。佛蒙特州和大都市波士顿地区的用水研究发现，室外用水量少于全年生活需水总量的 10%，而且在温暖季节里并未明显增加。[18]

2. 多户住宅的室外用水通常较少

以人均用水量为基准，公寓住户的室外用水量一般很低甚至可以忽略不计，通常远低于同一区域内的独户住宅。例外的情况包括富裕的拥有大面积灌溉景观、游泳池、喷水池并需要清洗人行道等维护措施的多户住宅。

2.1.2　住宅用水浪费之源

室内用水浪费来自于老化的、低效率的用水器具与设备，漏失的坐便器和淋浴器以及浪费的用水习惯。通常，浪费的用水习惯包括不用水时（刷牙、洗碗或灌水时）开着水嘴，洗衣机或洗碗机未满负荷运行等。过量的室外用水和灌溉通常也是用水浪费之源，尤其是在拥有富裕用户和自动灌溉系统的炎热、干旱地区。

在某种程度上，尤其是在富裕的家庭中，改进节水型用水器具与设备所减少的室内用水，可能被安装新产品带来的用水需求所抵消。与过去相比，越来越多的住户安装耗水量大的按摩和热水浴缸。在美国约40%的改造浴室采用按摩浴缸，根据1998年的调查，按摩浴缸的用水量为79 ～ 231L[19]，传统浴缸的用水量为114 ～ 189L[20]。类似地，淋浴器的概念已经从基本的卫浴功能扩展到多头喷射、大量用水、覆盖全身的整体淋浴器——按摩系统。例如科勒公司的BodySpa™ 水力按摩系统产品线为用户提供了“洗浴和个人护理的用水革新”。10喷头BodySpa™ 系统工具包，包括淋浴器（冲洗用）和一个单独的由10个水射器形成的层叠落水“塔”，释放多达303L/min循环水以达到水力按摩效果。[21] 其他制造商也提供类似产品。总的来讲，它们抵消了由于提高基本用水器具用水效率带来的节水效果。

室外用水也发生着同样的变化。尽管一些业主使用节水景观（如本土和旱生园艺）及灌溉措施，但是在新建独户住宅中安装自动灌溉系统仍然是一个趋势。自动灌溉系统在过去并不常见，它的增加表明人们更加富裕，而且成年职业人士希望花更少的时间用于类似拖着水管灌溉自家草坪和花园等事情上。此外，让家庭花园和草坪看起来更完美的愿望越来越流行，尤其是在生育高峰年代出生的业主当中。

2.1.3 室内住宅节水进展

“水，倘若取用得当，则不会危害人。”

——马克·吐温

20世纪80年代中期以来，美国室内住宅用水需求一直在下降。一份1999年由美国供水协会研究基金支持开展的住宅用水研究发现，1100余个独户住宅的平均室内用水为262L/（人·d）[22]，比1984年公布的非节水住宅的室内用水平均值293L/（人·d）减少10%；1984年的数据来自由美国住房与城市发展部完成的住宅用水调查。[23]

2.1.3.1 提高用水器具与设备的用水效率

从20世纪80年代中期开始，美国室内住宅用水量的减少主要来自于稳步提高用水器具与设备的用水效率。这些改进是州和国家立法及行业标准发展的结果。1989年，马萨诸塞州成为首个要求使用6.0L/次冲洗水量坐便器的州。[24] 随着节水器具的好处逐渐被大众熟知，后来又增加了16个州。[25]1992年国会通过并由总统乔治·赫伯特·沃尔克·布什签署了美国《能源法案》，[26] 首次规定了坐便器、小便器、淋浴器、水嘴的全国最大允许流量。美国用水器具的最大允许用水量如表2-1所列。最近，洗衣机和洗碗机的节水和节能效果也得到改进。

坐便器、小便器、淋浴器和水嘴的联邦最大用水量要求 *　　表 2-1

器具†	最大允许用水量‡	生效时间§
坐便器（抽水马桶）		
重力水箱	6.0L/ 次	1/1/1994
重力水箱、白色、两挡 标注“仅为商用”	13.2L/ 次 6.0L/ 次	1/1/1994~12/31/1996 1/1/1997
冲洗阀水箱	6.0L/ 次	1/1/1994
冲洗阀（除排出阀以外）	6.0L/ 次	1/1/1997
排出阀	13.2L/ 次	1/1/1994
机电水力	6.0L/ 次	1/1/1994
小便器		
任意类型	3.8L/ 次	1/1/1994
淋浴器		
任意类型（除因安全原因使用的类型外）	9.5L/min（0.54MPa） 或 8.3L/min（0.41MPa）	1/1/1994
水嘴和节流器		
卫生间水嘴	9.5L/min（0.54MPa） 或 8.3L/min（0.41MPa）	1/1/1994
卫生间节流器		
厨房水嘴		
厨房节流器		
计量式水嘴	0.95L/ 次 **	

注：* 由《美国能源法案》规定。《美国能源法案》允许一些上述标准的例外情况，例如当它们不符合公共健康或安全时，例外情况详见法律条例。

† 针对在美国生产或进口的器具。

‡ 上述标准必须满足测试标准 ASME/ANSI A112.19.6（坐便器和小便器）、A112.18.1（淋浴器和水嘴）。

§ 有些州早于《美国能源法案》颁布前，调整了它们的器具法律规范，以达到上述用水效率标准。

** 测试压力为 0.54MPa。

来源：本章参考文献 26。

美国审计总署表示：“大量事实表明，应用节水型卫生器具能够节水。”[27] 提高用水器具与设备的用水效率将持续为用户减少室内住宅用水量。对于使用老式、大流量或漏水的器具与设备的家庭，安装节水型用水器具与设备可以带来可观的节水量和更低的人均用水量，如图 2-4 所示。典型独户住宅的平均室内用水量为 262.3L/（人• d），其中用水最多的是卫生间（图 2-5），安装节水器具与设备能够将用水量减少至 171.1L/（人• d），可以节水 91.2L/（人• d）或减少 35% 的室内用水需求。

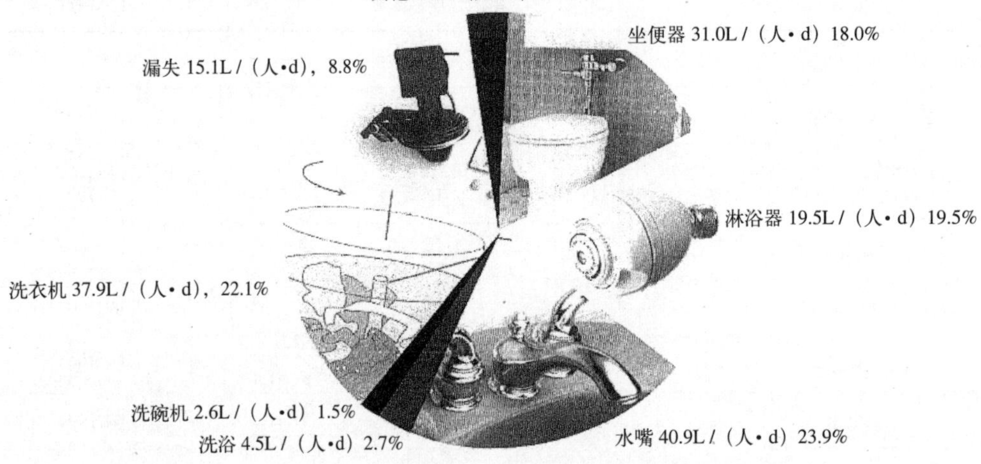

用水量基于以下器具平均流量：坐便器（6.0L / 次冲洗）、淋浴器（9.5L /min，0.54MPa）、水嘴（7.8L /min，0.54MPa）、洗衣机（102L / 负荷）和洗碗机（26.5L / 负荷）。

图 2-4　北美节水型独户住宅的平均室内用水量

（图片来自 Amy Vickers 及其公司）

图 2-5　节水型坐便器、小便器、淋浴器和水嘴的联邦标准正在减少室内住宅用水需求

（图片来自 Amy Vickers 及其公司）

节水型用水器具将影响美国的用水量。在未来 20 ～ 25 年里，美国的供水公用事业希望看到《美国能源法案》建立全国水效标准所带来的节水效果。这个里程碑式的法案规定用水器具的最高用水水平：坐便器（6.0L/ 次）、小便器（3.8L/ 次）、花洒（9.5L/min）、水嘴（9.5L/min）。这些水效标准适用于新建和改建的住宅和非住宅建筑，将对室内用水产生一个累积的、长期的影响，尤其是住宅部分。预期《美国能源法案》对于住宅和非住宅用水产生的节水量到 2020 年将达到 0.23 ~ 0.34 亿 m^3/d，届时既有卫生器具已经基本更换为符合《美国能源法案》要求的器具。对美国 16 个聚居地的研究表明，《美国能源法案》标准将通过延缓或避免供水处理设施或储存能力的扩建，为当地供水公用事业节约 1.66 ~ 2.31 亿美元。[28，29]

2.1.3.2 住宅就地中水系统：未来的潮流

目前，很多州已经具有允许在住宅和非住宅建筑中安装和使用就地中水系统的标准和法律。各辖区对中水定义不同，通常中水是指未经处理的、不包含粪便的生活废水，例如来自洗涤槽、淋浴间、浴盆或其他除坐便器以外的用水器具的洗涤或冲洗水。有些定义中，中水并不包含来自洗涤槽、洗碗机或卫生间的废水，因为这些水有可能与粪尿接触（如脏尿布）。在允许的地方，不含粪便或不危害健康的中水可以再生用于冲厕或室外非食用作物灌溉等其他非饮用水。

中水系统可减小生活用水量，但由于生活用水器具与设备越来越节水，中水系统对室内生活节水的效益可能有限。此外，室内用水量越少，可用于室外灌溉的中水就越少。考虑到这些因素，加上中水系统的安装成本、能耗和维护要求，中水系统对大部分独户住宅而言通常只有很少的实际效益。然而，对需水量较大的住宅和许多类型的建筑与设施，仍然可以从就地中水系统中获益。

2.1.4 住宅与生活节水的成本效益

供水公用事业、住宅用户和非住宅业主可通过节水获得很多效益，与此同时，节水也与用水成本和行为习惯的变化有关。

2.1.4.1 效益

减少用水量。

减小污水排放量。

减少能耗和化学物质用量。

减少供水、污水费用及相关的电、气服务费。

减少洗衣和洗碗的清洁剂费用。

减小化粪池尺寸，并延长其使用寿命。

提高水井的安全出水率和水泵可靠性。

改善当地环境（河道流通、湿地保护、表层土保持）。

防止污染（减小能源燃烧副产物和化学物质用量）。

2.1.4.2 成本

节水设施（硬件）费用。

设施安装费用。

更新既有器具、设施或连接管道的费用。

改变用水习惯。

2.1.4.3 住宅用水辅助计量的利弊

辅助计量，即在独立公寓或较小住宅单元安装水表计量用水量，在某些地方尤其是新建共管公寓、公寓建筑、多户住宅、移动式住房和某些类型的商业场所正在增多。一些公用事业因相信其能够帮助减小用水量而支持辅助计量。然而，旧金山水务局节水管理官员诺克斯(Kimbeley Knox）的研究发现，辅助计量的公寓与只有总表（建筑前水表）的公寓用水量差别不大。[30]

很多公寓业主喜欢辅助计量，因其允许租户直接支付给水和排污费用，否则这些费用只能包含在房租中。租户喜欢辅助计量只需为自家用水买单的公平性，而无需通过房租分担他人或住户较多的租户用水。反对辅助计量的租户和用户认为，因辅助计量的成本（安装、维护和读表）可能超过其收益，尤其对用水量较小的租户不具备成本效益。与室外用水不同，多数室内用水，如用于卫生、烹饪和清洁等必需目的，是不可任意支配的；因此，租户直接支付室内用水账单可能不会对用水量造成很大影响。当有些租户用水超量时（如经营图片处理等家庭式商业），更加高效的解决办法可能需要利益相关者或在租赁场所中发现。其他反对辅助计量的认为，它消除了房东安装节水设备和开展相关维护工作的积极性，如安装小流量坐便器、改造设备和修护漏失的经济激励。租户本身因为没有产权，投资“有去无回”（如房东不会补偿，而且这些费用也不是免税的）而不愿做出改进。辅助计量安装费用依改造量不同，范围是 200 ~ 400 美元 / 公寓。读表和账单服务费额外增加 2 ~ 4 美元 / （月• 户）。[31]

2.1.5 住宅用水审计的基本步骤

用水审计是住宅（和非住宅）节水规划的常见组成部分。公用事业通常主动向所有用户提供用水审计，尽管用水量大的用户通常先主动联系公用事业。可以通过信件、明信片、电话或者逐门逐户拜访的方式联系目标用户（图 2-6）。研究发现，住宅用水审计在安装卫生改造设备并为用户提供室外用水，尤其是草坪灌溉的实践指导时，可带来节水效果。尽管住宅用水审计的设计不同，但是据报告，那些安装有效设备并花时间指导用户减少室外用水的用水审计，可以减小 76 ~ 114L/d 的综合室内外用水量 [32]（图 2-7）。

图 2-6 逐门逐户拜访增加住宅用水审计的接受度

（新墨西哥州阿尔伯克基市的图例）

图 2-7 住宅用水审计可以带来 76 ~ 114L/d 甚至更多的节水量

（图片来自 Amy Vickers 及其公司）

独户住宅用水审计需要经过培训的技师在现场花费 45 ~ 60min 才能完成（15 ~ 20min 用于室内用水审计、30 ~ 45min 用于室外用水审计），未包含进一步的分析和文字工作。用水审计合同费用范围是 40 ~ 75 美元 / 户，取决于提供的服务及住宅类型是独户住宅还是多户住宅。如果改造设备或向用户提供其他材料，同样会增加用水审计成本。

开展住宅用水审计的基本步骤如下。住宅用水审计数据采集样表见附录 E“住宅（室内）用水审计样表”。

1. 解释用水审计的目的

向用户解释开展用水审计的目的（例如：识别节水和节能途径，实施简单的节水措施和维修、减小环境压力、帮助控制给水费和排污费用）。提供可能适合用户的附加节水项目信息（例如：坐便器、洗衣机返利，景观用水审计和漏失维修）。

2. 确定用水量

根据水费账单或实际水表读数，估计坐便器、淋浴器、水嘴、洗衣机、洗碗机和其他室内外用水活动的用水量和用水效率。

3. 漏失测试和维修

用染色条测试坐便器的漏失情况，维修或建议维修漏失的坐便器（例如调节或更换挡板阀和浮子臂）。目视检查滴水的水嘴及其他漏失的连接。

4. 提供改造设备

根据需求安装或提供下列小流量器具改造和室外软管设备：

（1）坐便器更换设备；

（2）小流量淋浴器（0.41MPa 下不大于 8.3L/min，或者 0.54MPa 下不大于 9.5L/min）；

（3）卫生间水嘴的节流器和厨房水嘴的限流节流器（0.41MPa 下不大于 8.3L/min，或者 0.54MPa 下不大于 9.5L/min），能够将流量降至 5.7L/min 的水嘴节流器足以满足卫生间使用；

（4）软管自动关闭喷嘴。

典型室内住宅改造工具包的内容如图 2-8 所示。

图 2-8　用水器具改造工具包：坐便器更换设备（袋子）、小流量淋浴器、水嘴节流器、漏失探测染色条

（图片来自尼亚加拉节水公司）

5. 评估草坪和灌溉特征，提出设计调整建议

记录草坪品种和状况（例如杂草丛生、土壤密实、呈现绿色和棕色斑点）、用水频率和布水均匀性及其他评价灌溉效率和效果的相关特征。更详细的包括室外用水审计步骤的景观用水及节水措施讨论，详见第3章。

6. 评估其他室外用水

评估室外用水特征，如软管和游泳池的效率。检查室外软管是否具有自动关闭阀或出现漏失。对于拥有游泳池的家庭，检查漏失情况、水温（评价蒸发损失）以及是否使用泳池池盖。

7. 必要时制定灌溉时间表

为草坪和景观灌溉提供节水措施建议，重新制定自动灌溉系统的时间表。

8. 确定所有节水机会

向业主提供用水审计结果清单，并附上适用于坐便器、淋浴器、水嘴、洗衣机、洗碗机、废物处理器和其他室内外用水活动的节水措施建议清单。

9. 评估节水措施

根据对每项节水措施用水和节水潜力的分析，确定投资（一次性）成本和节水措施相关的费用。估算与节水措施相关的避免成本或效益(例如减少给排水处理费、减小能耗和化学处理费)。利用这些数据，计算简单的投资回收期，即预计节约费用等于投资费用的时长。回收期的计算公式如下：

$$\text{简单回收期（年）}=\frac{\text{投资费用（元）}}{\text{年净收益（元/年）}}$$

对长期回收的估算还需要考虑利率。

10. 指导用户

作为现场审计的一部分，鼓励用户思考其用水习惯并在日常生活中践行节水（例如刷牙时关闭水嘴）。回顾和讨论用户近3年的用水历史记录，尤其是最大灌溉时期。向用户演示如何读取水表读数、检查漏失、估算发现的漏失量。提供其他节水措施手册以及购买小流量坐便器、洗衣机和洗碗机的申请表。

2.2 室内住宅与生活节水措施

本节介绍了适用于住宅及使用生活用水器具与设备的非住宅室内用水的节水型用水器具、设备和相关技术等。(本书中，生活用水指的是非住宅使用的生活用水，例如办公楼卫生间的洗手和冲厕用水)。

每一项节水措施包括以下信息类别：

用水：描述措施的用水特征。

运行和性能：同时讨论措施的设计、运行与性能。

节水及相关效益：概述措施的节水潜力、预计节约的给水费、排污费和节能等。

成本：提出预计成本，包括设备和硬件、人工安装和相关成本。

适用法律规范和标准：讨论适用于本措施的法律法规及行业规范标准等。

实施节水措施的过程中，在选择和设计方案时，应确定措施的目标用户，讨论大规模的规划和安装计划以及用户参与计划，激励，安装的器具或设备数量，安装和技术注意事项和维护需要等。

当适用时，提供案例说明潜在的节水量和成本效益、实施计划的注意事项。

2.2.1　坐便器

本节介绍了减少坐便器用水量的 4 种措施：小流量坐便器、无水和堆肥式坐便器、坐便器更换和冲洗装置、坐便器漏失维修。这些措施适用于安装在住宅的和非住宅建筑（例如办公楼、学校、商业设施、宾馆、医院和其他机构设施）的坐便器。

小流量坐便器的冲洗水量不大于 6.0L/ 次冲水。无水和堆肥式坐便器不需要用水冲洗。很多改造措施可以用于减小传统大流量坐便器（不小于 13.2L / 次冲水）的冲洗水量，还有很多适用于大、小流量坐便器的漏失维修措施。

坐便器的水效自 20 世纪 80 年代早期开始得到改进，这是完善传统重力式坐便器设计，引入新技术与器具设计以及地方、州和联邦激励节水的结果。尽管对 20 世纪 80 年代晚期美国最初的“小流量”坐便器的性能评价不一，但是制造商已经改善了小流量坐便器的设计和性能，因此用户现在有大量可靠的选择。

按照《美国能源法案》的要求，美国所有在售、安装和进口的坐便器都必须是不超过 6.0L/ 次冲水的小流量坐便器，如表 2-1 所示。其他国家，如澳大利亚、丹麦、芬兰、挪威和新加坡，允许使用不超过 3.0 ～ 4.5L/ 次冲水的坐便器。[33] 技术进步和联邦政府的要求，使得美国很多供水公用事业认识到不仅通过新安装和改造，而且向用户提供购买小流量坐便器替代大流量坐便器的直接返利，也可以实现显著节水。

2.2.1.1　坐便器用水量

小流量和大流量坐便器的平均用水量（根据它们的冲洗流量估计）如表 2-2 所示。现在已有 5.7L/ 次冲水、4.2L/ 次冲水和 3.8L/ 次冲水的小流量坐便器，低于 3.8L/ 次冲水的小流量坐便器在美国还很少见。中等到大流量坐便器的冲洗水量为 13.2L/ 次冲水（指 20 世纪 70 年代末引入的“节水坐便器”）、15.1L/ 次冲水、17.0L/ 次冲水、18.9L/ 次冲水、20.8L/ 次冲水，1950 年以前的器具甚至高达 26.5L/ 次冲水。除 6.0L/ 次冲水的器具以外，还有一些用水量为 7.6L/ 次冲水的坐便器，只是并不常见。冲水坐便器的实际用水量有时与制造商公布的不同，其原因包括：器具组件安装不正确（如重力冲洗坐便器的水位设定与水箱内标识不匹配）；制造缺陷；过低或过高的给水压力，尤其是非重力冲洗器具；器具之前的流量调节；漏失。

住宅小流量坐便器的估计用水和节水量 **表 2-2**

生产或安装年份*	坐便器用水量	用水频率	估计用水量		使用 6.0L/ 次冲水坐便器的估计节水量†			
					日节水量		年节水量	
	L/ 次冲水	次 /（人•d）	L/（人•d）	L/（户•d）‡	L/（人·d）	L/（户•d）‡	m³/（人•a）	m³/（户•a）‡
1994 至今	3.8	5.1	19.3	51.0				
1997 至今§	**6.0**	5.1	31.0	81.3				
1994 至今**	**6.0**	5.1	31.0	81.3				
1980 ~ 1994	13.2	5.1	67.7	178.1	36.7	96.8	13.4	35.3
	15.1	5.1	77.1	203.8	46.1	122.1	16.9	44.6
	17. 0	5.1	87.0	229.1	56.0	147.5	20.4	53.9
1950 ~ 1980	18.9	5.1	96.4	254.5	65.4	173.2	23.9	63.2
	20.8	5.1	106.2	280.2	75.2	198.5	27.5	72.5
1950 以前	26.5	5.1	135.0	356.2	104.0	274.9	38.0	100.3

注：* 时间阶段是近似的。州或地方辖区可能与上述数据有所不同。
† 未包括清洁和漏失的水量。
‡ 按美国每户家庭平均 2.64 人计算。
§ 冲洗阀和重力水箱式，白色分体器具标识“仅商用”（常用于非住宅）。
** 重力水箱式，冲洗阀水箱和机电水力器具（常用于住宅、小型办公和商业建筑）。
使用频率 = 平均每人每天冲洗坐便器的次数。
资料来源：Amy Vickers 及其咨询公司，本章参考文献 26、29、37 和 52。

《美国能源法案》、地方和州政府也允许一些使用较大冲洗水量的特殊用途和场合的例外情况，尽管这些情况并不常见。监狱里的坐便器流量允许高达 13.2L / 次冲水，不过大部分特许供应商也提供 6.0L/ 次冲水的商品。

1. 住宅坐便器用水量

坐便器用水通常是室内住宅需水的最大来源，平均 70.0L/（人• d），占一个典型非节水住宅室内总用水量的 26.7%。[34] 住宅坐便器的平均冲水量是 13.2L/ 次冲水。[35] 美国住房和城市发展部 1984 年的一项研究发现，非节水住宅坐便器的平均用水量为 83.3 L/（人• d），即平均 20.8L/次冲水。[36] 因此，坐便器的用水效率已经增加。根据器具安装的大致年份，可以估计住宅用水特征，如表 2-2 所示。

住宅坐便器的冲洗频率是 5.1 次 /（人• d）[37]，而之前假设的是 4.0 次 /（人• d）[36]。对于办公楼的卫生间，男、女每个工作日使用坐便器约 3 次；女性每个工作日使用坐便器 3 次；男性每个工作日使用坐便器 1 次，小便器 2 次。[38 ~ 40]

2. 非住宅坐便器用水量

根据用水审计数据估计非住宅场所（如工业、商业与机构）的坐便器用水量变化范围，如表 2-3 所示。例如办公楼坐便器用水量，当安装 6.0L/ 次冲水的坐便器时女性用水是 18.2L/(人•d)，当安装的是 20 世纪 80 年后使用的大流量坐便器时是 39.7 ~ 51.1L/（人• d），如表 2-4 所示。对于男性用水，当安装的是 6.0L/ 次冲水的坐便器时是 6.0L /（人• d），安装的是大流量坐便器时是 13.2 ~ 20.8 L/（人• d）；办公楼男卫生间还要考虑小便器的用水量。

非住宅场所*安装的坐便器类型——估算†　　**表 2-3**

坐便器用水量	观测用水量范围	坐便器类型	
		冲洗阀式	重力水箱式
L/ 次冲水		%	
6.0	≤ 7.6	7	5
13.2	7.6 ~ 15.1	59	51
18.9	＞ 15.1	34	44
	总计	100	100

注：* 工业、商业的和机构场所。
† 基于南加利福尼亚大都市水务辖区的 818 个非住宅场所的 38517 个坐便器收集的数据。
资料来源：本章参考文献 58。

办公楼小流量坐便器的估计用水和节水量　　**表 2-4**

生产或安装年份*	坐便器用水量	使用频率†		估计用水量		使用 6.0L/ 次冲水坐便器的估计节水量‡			
						日节水量		年节水量（260 个工作日）	
		男性	女性	男性	女性	男性	女性	男性	女性
	L/ 次冲水	次 /（人·d）		L/（人·d）		L/（人·d）		m³/（人·年）	
1994 至今	3.8	1.0	3.0	3.8	11.4				
1997 至今§	**6.0**	1.0	3.0	6.0	18.2				
1994 至今**	**6.0**	1.0	3.0	6.0	18.2				
1980 ~ 1994	13.2	1.0	3.0	13.2	39.7	7.2	21.6	1.9	5.6
	15.1	1.0	3.0	15.1	45.4	9.1	27.2	2.4	7.1
	17. 0	1.0	3.0	17. 0	51.1	11.0	32.9	2.9	8.6
20 世纪 50 年代 ~ 1980	18.9	1.0	3.0	18.9	56.8	12.9	38.6	3.3	10.0
	20.8	1.0	3.0	20.8	62.5	14.8	44.2	3.8	11.5
20 世纪 50 年代以前	26.5	1.0	3.0	26.5	79.5	20.4	61.3	5.3	15.9

注：* 时间阶段是近似的。州或地方辖区可能与上述数据有所不同。
† 办公楼男、女坐便器使用频率大致相同但不限于器具类型，女性每个工作日使用 3 次，男性每个工作日使用坐便器 1 次、小便器 2 次。对于没有小便器的卫生间，用水和节水量根据女性使用频率确定（见表 2-10）。
‡ 未包括清洗和漏失的水量。
§ 冲洗阀和重力水箱式，白色分体器具标识“仅商用”（常用于非住宅）。
** 重力水箱式，冲洗阀水箱式和机电水力器具（常用于住宅、小型办公和商业建筑），使用频率 = 平均每人每天冲洗坐便器的次数。
资料来源：Amy Vickers 及其咨询公司，本章参考文献 26、29、38 和 39。

有很多方法可以确定一个特定坐便器的实际冲洗流量：①关闭其他所有用水器具与设备，读取坐便器冲水前后的水表读数（这种方法适合于独户住宅和使用较小量程水表的设施，因为大量程水表可能无法可靠计量较小的流量变化）；②记录器具的生产年份（可能刻在水箱内或者在水箱、便盆背面或冲洗阀的标签上），在表 2-2 中检查可能的流量；③确定最近的器具安装或建筑翻新（日期）或建筑使用年数（如果器具看起来是在修建时安装的），在表 2-4 中查找可能的流量；④联系器具制造商。

2.2.1.2 小流量坐便器

小流量坐便器，也称小流量、低冲洗水量、低耗水、超低冲洗水量、超小流量坐便器，用水量通常不超过 6.0L/ 次冲水。小流量坐便器可以获得和大流量坐便器相同的运行设计，同样可以是落地式或壁挂式，有各种型号、尺寸和颜色。除一些例外的场所，小流量坐便器可以安装在住宅和非住宅（包括监狱）中代替大流量坐便器。小流量坐便器有 3 种基本类型，还有一些超高效的设计选择。

尽管 13.2L/ 次冲水坐便器有时也指“节水坐便器”，但用水效率不如 6.0L/ 次冲水坐便器。13.2L/ 次冲水坐便器达到了 1980 年为应对美国几次重要干旱和更严格的用水器具规范的节水要求，规划者在大规模更换计划指定用水器具时应加以区分以避免选用不当。

1. 小流量重力水箱式坐便器

重力水箱式或重力冲刷坐便器，如图 2-9 所示，是最常见的坐便器类型，尤其是在住宅中。重力水箱式坐便器占据了美国坐便器销售市场的 80%。多数小流量重力水箱式坐便器的冲洗水量是 6.0L/ 次冲水，但也有一些坐便器的设计用水量是 5.7L/ 次冲水、3.8L/ 次冲水、3.0L/ 次冲水（如在丹麦和瑞士使用的坐便器）甚至冲洗水量更小。重力水箱式坐便器主要安装在住宅和用水较少的商业和办公楼里。

图 2-9 重力水箱式坐便器通常安装在住宅和小型办公场所中。小流量坐便器最大用水量为 6.0L/ 次冲水，而很多老式坐便器用水量为 20.8L/ 次冲水

6.0L/ 次冲水的重力水箱式坐便器与 13.2L/ 次冲水和 18.9L/ 次冲水的坐便器工作原理、部件基本相同，如图 2-10 所示。重力水箱式坐便器在拉手柄时，水箱底部的冲洗阀或挡板阀开启，水流开始释放到便盆内。水箱安装在便盆上方，借助水的重力，使得水流冲出水箱通过气孔或虹吸孔进入便盆。冲洗水流形成真空或虹吸，推动便盆中的固体和液体废物进入存水弯（或排出口），然后排到下面的排污管中。同时，因为便盆已经清空，水箱中的挡板阀就会关闭（平置于水箱底部），浮球阀（或自动注水阀）浮起，水流重新充满水箱。[41] 重力水箱式坐便器通常需要 0.07 ~ 0.1MPa 的最小工作压力。第一个冲水坐便器，于 1775 年在英国发明注册。

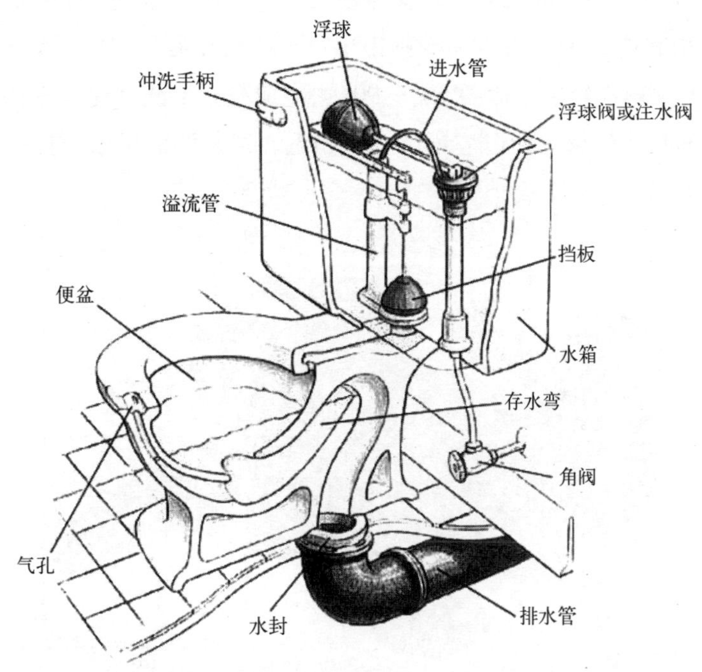

图 2-10　小流量和大流量坐便器相同的工作原理（Bob LaPointe 绘制）

与老式大流量坐便器相比，小流量重力水箱式坐便器具有一些不同特征：水箱更小、便盆边壁坡度更大和重新设计的浮球阀与挡板阀。遗憾的是，有些小流量重力水箱式坐便器与大流量坐便器一样容易出现漏失，尤其是水质具有腐蚀性或水箱机械部件劣质或两者同时出现时。

几乎所有重力水箱式坐便器都有一个位于便盆上部的分体式水箱。也有便盆和水箱一体化的坐便器，工作原理和分体式坐便器相同，通常价格会更高，产品的设计线条会更光滑、低稳，因此与分体式相比，水箱更小，更接近于地面。

双挡式坐便器

双挡式坐便器已经在世界上很多地方使用多年，有些型号使用得当时能提供可靠的服务。双挡式坐便器一般设计一个或两个冲水按钮（控制杆）。按下最小冲水量的按钮冲洗液体废物（不超过 3.8L/ 次冲水），按下另一个按钮冲洗固体废物（不超过 6.0L/ 次冲水），如图 2-11 所示。如果冲洗不当（例如使用小冲水量冲洗固体废物），可能会堵塞或需要重新冲洗。有时按钮附近会张贴标志或箭头，指导人们特别是儿童正确使用。

图 2-11　双挡式坐便器控制按钮为使用者提供冲水选择，用 6.0L/ 次冲水冲洗固体废物或用选择 3.8L/ 次冲水冲洗液体废物

（图片来自科勒公司）

2. 小流量冲洗阀—水箱式（加压）坐便器

冲洗阀—水箱式（加压或压力辅助）坐便器于20世纪80年代末开始应用到住宅、办公和商业设施中，和冲洗阀式坐便器的工作原理相同。冲洗阀—水箱式坐便器外观常常和重力水箱式坐便器相同，如图2-12所示，不同之处在于冲洗阀式水箱的内部有一个塑料的压力导管来控制冲洗，如图2-13所示。当冲洗阀—水箱式坐便器冲水时，压缩空气驱使水流从水箱中流入便盆中，利用虹吸作用将便盆中的物体下冲到排出口。清洗便盆只需要不到10s（而重力式需要45s），尽管冲洗阀—水箱式坐便器需要60～90s去完成整个冲洗过程并重新注满塑料水箱。因为在水箱的内部设有压力导管，所以它能够完全防漏，这在评估用水器具在使用寿命内的总节水量和成本时非常重要。

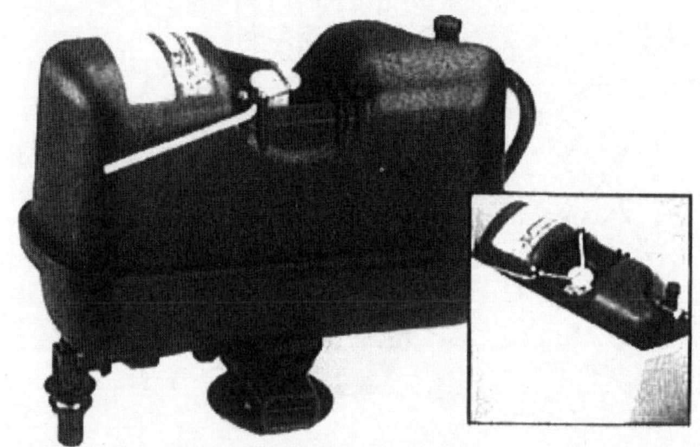

图2-12　压力辅助冲洗阀—水箱式坐便器，6.0L/次冲水

（图片来自斯隆阀门公司）

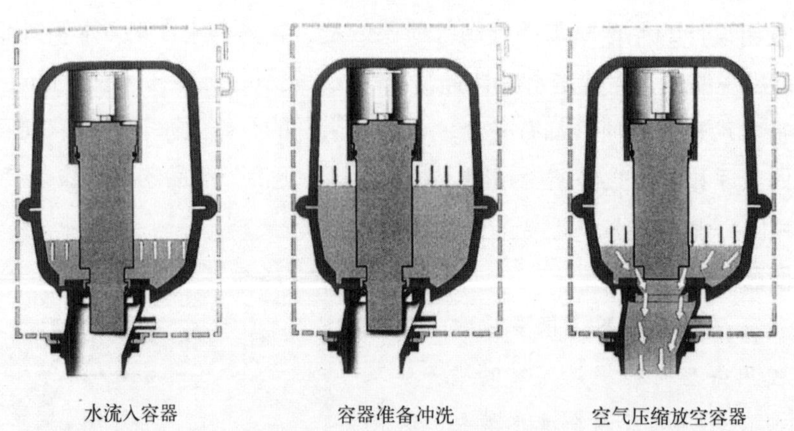

图2-13　6.0L/次冲水的压力辅助冲洗阀—水箱式坐便器操作系统示意图

（图片来自斯隆阀门公司）

冲洗阀式坐便器

冲洗阀式坐便器已经被使用多年了，但是直到20世纪80年代引入6.0L/次冲水的冲洗阀水箱式（或压力冲洗式）坐便器时才为人们熟知。冲洗阀式和冲洗阀—水箱式坐便器都是利用供水管中的有压水来操作的。这两种设备中，当按下冲水按钮时，连接着供水管的阀门（或冲洗阀—

水箱式坐便器的密闭蓄水容器）就会打开，水以一定的速度流入便盆将废物冲落至存水弯。预先设定阀门使其在产生水封并重新向便盆注水前，冲洗和去除固体废物几秒钟，最小有效工作压力为 0.17 ～ 0.27MPa。

3. 小流量冲洗阀式坐便器

冲洗阀式坐便器是一种无水箱，由壁挂或落地式便盆和带手柄的冲洗阀组成的用水器具，如图 2-14 所示，常用于办公、商业和机构及人群流量大的场所（如机场、体育馆、商场）和老年公寓建筑（多户住宅安装的冲洗阀式坐便器不到 10%）。[43] 冲洗阀式坐便器与冲洗阀—水箱式坐便器的工作原理相同：利用给水管道压力完成坐便器的强力冲洗。

图 2-14　落地冲洗阀式坐便器

（图片来自 Amy Vickers 及其公司）

自动冲洗感应器：一些公共卫生间的冲洗阀式坐便器和小便器配备了红外或光纤感应器自动冲洗。这种感应器通常位于坐便器后方的墙上，当使用者离开器具时触发冲洗设备。自动冲洗控制装置主要用于减少细菌传播，不能节水，反而可能在因设置不当或过度灵敏而引起多次冲洗时浪费水（有些感应器比其他的更加敏感）。为防止疏忽动作造成的不必要冲洗，感应器应配备延时电路。

坐便器和小便器冲洗的远程感应器

自动感应器（红外或光纤）冲洗设备通过移动或高频声波启动，有时设置在高速路休息区、机场等类似地区。目的通常有两个方面：防止用户不完全冲洗或过量冲洗以及减少用户接触细菌。这种感应器很难设计成双挡冲洗，有时在设置不当时会造成多次冲洗。

4. 其他小流量坐便器设计

这里介绍除较常见的重力水箱式和冲洗阀式坐便器以外的其他小流量坐便器设计和运行系统，有些小于 6.0L/ 次冲水的需要电动运行，优先用在水压低或缺水的情况。电动冲洗坐便器的缺点是停电时无法运行，而且费用高于传统坐便器。

（1）无挡板式坐便器

目前有一些无挡板重力水箱式坐便器，但有些设计很新尚未得到大量用户试用。无挡板式坐便器与重力式坐便器相比有以下优点：不易漏失，流量可靠（因为它们不易调节），维护简单。缺点包括持续时间不确定（因为刚刚投放市场），运行噪声，有些型号潜在的返流问题。无挡板式坐便器包括在英国常用的虹吸式坐便器和一种配有水箱内托盘将水放空到便盆进水口的“吊桶”器具。[44]

（2）真空辅助坐便器

类似于重力水箱式坐便器，真空辅助式坐便器为 6.0L/ 次冲水，在水箱中配有两根塑料导管在冲水时产生真空，真空推动水和废物流出便盆。[45]

（3）机电液压坐便器

机电液压坐便器用电驱动空气压缩机、泵、电磁阀、发动机或破碎机等设备，替代或辅助重力以清空便盆中的废物。最普通的机电水力坐便器用电产生压缩气体，冲洗用水少于3.8L/次。例如由Microphor公司生产的微冲洗坐便器，冲洗用水少于3.8L/次，除用电动压缩空气辅助冲洗以外，跟重力水箱式坐便器运行方式相同。压缩机将有压水释放到便盆边缘，同时打开挡板阀释放少量水，将废物冲出便盆到更低的槽内。当废物进入低槽时，序列阀释放空气造成低槽压力迅速上升，破碎废物并排入排水管中。[42]

（4）泵辅助坐便器

这种坐便器集重力水箱式和压力辅助式坐便器于一体，通过电子泵（位于水箱下部）将高速水流送入便盆，完成冲洗动作。

5. 小流量坐便器的性能

"当真理还在穿鞋的时候，谎言已走遍了半个世界。"

——马克·吐温

大量研究表明，小流量坐便器的冲洗可靠性、下水道输送、便盆清洗等性能表现，等同甚至好于大流量坐便器，尽管有些言过其实的媒体报道与此相反。有些6.0L/次冲水坐便器也发生过双挡冲水、堵塞和便盆清洗不净等问题，但是这些问题通常只出现在某些型号上。

（1）6.0L/次冲水坐便器的问题

并非每个6.0L/次冲水坐便器都表现很好，有些便盆、水封、机械设备设计缺陷，有些安装时器具或者水箱内部组件（如挡板阀、浮子臂、注水阀、溢流堰管）调节不当，可能造成性能不佳。设计良好的坐便器也可能由于坐便器基座的蜡环腐烂或安装不合理、水压不稳定，不正确的水封或排水管设计等出现冲洗问题。

（2）成功案例

实施大规模坐便器返利与更换计划的结果是迅速安装了数百万个小流量坐便器，由水务系统和城市所完成的用户满意度调查广泛报告了用户使用6.0L/次冲水坐便器的体验，主要调查结果如下。

案例研究1：纽约市规划安装了130万个小流量坐便器

纽约市环保局在1994年～1997年期间，为住宅和商业用户资助了2.97亿美元返利计划，结果纽约市安装了130万个6.0L/次冲水坐便器（见图2-15）。这项计划估计实现节水量26.5万m^3/d，每个安装的小流量坐便器节水203.4L/d（见图2-16）。[46]单个器具节水量较大很可能是由于大量更换密集居住区所使用的18.9～26.5L/次冲水坐便器。在调查的67个公寓住宅中，用水量减少了29%。在6万个计划参与者的随机调查中，约3/4的家庭报告使用双冲6.0L/次冲水坐便器的频率和被更换的大流量坐便器相同或较小。用户对十种最常安装的6.0L/次冲水坐便器型号的满意度并不相同，强调型号的差别和选择的重要性。[47]

案例研究2：在洛杉矶市，每个小流量坐便器节水近121.0L/d

洛杉矶市水电局从1990年起，通过用户返利和社区基金计划，资助安装了超过90万个6.0L/次

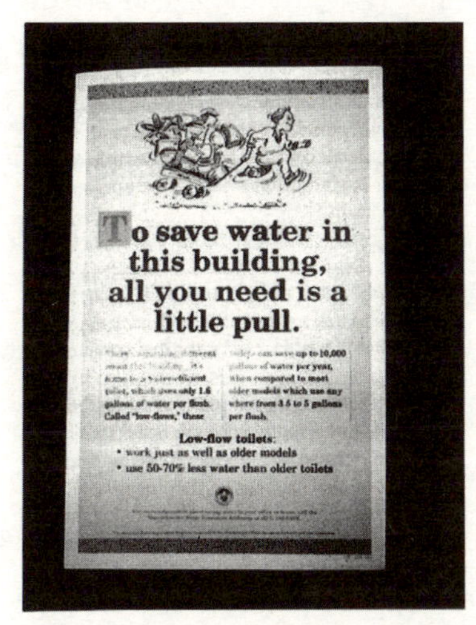

图 2-15　纽约市环保局提倡使用小流量坐便器的宣传海报
（图片来自 Amy Vickers 及其公司）

图 2-16　在 20 世纪 90 年代中期，纽约市节水计划已经安装了超过 130 万个小流量坐便器，总体上减少给水排水流量 26.5 万 m³/d，节约 10 亿美元的排水设施升级避免成本
（图片来自 Amy Vickers 及其公司）

冲水坐便器。这项计划已经实现节水 10.8 万 m³/d，每个小流量坐便器估计节水 121.0L/d。[46] 除一小部分用于淋浴器和洗衣机返利外，该计划从 1990 年到 2000 年共投入 1.07 亿美元。[46] 在一项超过 7000 个反馈的用户满意度调查中，超过 80% 的用户称很可能或某种程度上会再次参加这项计划。反馈者同样提到下水道堵塞和机械故障减少，便盆清洗和使用皮搋子次数相当，有时 6.0L/次冲水坐便器发生二次冲水情况更多。纽约市用户满意度调查发现，6.0L/ 次冲水坐便器的性能和总体满意度与性能排在前列的型号相关。[48]

案例研究 3：坦帕市水务局成功资助坐便器返利计划

坦帕市水务局在 1993 年～ 1999 年期间投入 170 万美元，实施 6.0L/ 次冲水坐便器返利计划，资助安装了 15300 个住宅坐便器，实现节水 1666m³/d，每个小流量坐便器节水 110.1L/d。[46] 调查对象中 84% ～ 95% 认为，6.0L/ 次冲水坐便器与其更换的大流量坐便器表现相当，甚至更好。另外，与一组未安装小流量坐便器的住户相比，他们对坐便器性能（在二次冲洗、便盆堵塞、便盆清洗度和机械问题方面）更加满意。与此同时，安装了 6.0L/ 次冲水坐便器的居民报告与另一组未安装的相比（平均 0.08 次堵塞 /（户•年）），更易出现下水道堵塞情况（平均 0.16 次堵塞 /（户•年）），但这并不是大问题，因为已安装 6.0L/ 次冲水坐便器的用户中 91% 反馈很可能或有可能再次购买。

案例研究 4：得克萨斯州奥斯汀市用户对小流量坐便器表示满意

得克萨斯州奥斯汀市从 20 世纪 90 年代早期开始资助 6.0L/ 次冲水坐便器返利计划和低收入家庭坐便器免费更换计划，1992 年～ 1999 年期间投入 200 万美元，实现节水 5299m³/d，平均每个小流量坐便器节水 110.9L/d。[46] 对两组用户的调查发现，95% 的用户反馈满意或非常满意。[50]

（3）常用小流量坐便器性能

6.0L/次冲水坐便器自20世纪80年代早期在美国使用以来，性能已经得到显著改进。尽管6.0L/次冲水坐便器早在20世纪70年代已经在斯堪的纳维亚、日本、欧洲以及美国中南部分地区使用[25]，但是在20世纪80年代中晚期时仍受到水管工和一些组织的极力反对，美国亚利桑那州格伦代尔市和马萨诸塞州分别成为首个要求支持小流量坐便器的城市和州。当时的考虑不是很充分，主要关注增加排水管道输送的潜在问题：坐便器废物冲落到排水横管的能力和小水流时粪便遗留在便盆上的可能性。在讨论小流量坐便器性能时，常常忽略在大规模引进6.0L/次冲水坐便器之前，并非所有大流量传统坐便器都运行良好，这一点水管工可以证实。由于便盆和冲洗的设计革新，现今许多型号的小流量坐便器的运行和清洗性能优于被其替代的传统坐便器。[51]

以下将详细介绍住宅中最常用的重力水箱式和压力辅助式坐便器的性能研究结果。

1）重力水箱式坐便器

除少数早期型号以外，多数目前使用的6.0L/次冲水小流量重力水箱式坐便器性能良好甚至卓越。[45] 在多数情况下，用6.0L/次冲水重力水箱式坐便器更换大流量重力水箱式坐便器，性能不会变差，同时可以帮助用户节水。然而，事实也表明，如果用户和水管工未能仔细选择和安装优质的重力水箱式坐便器，在以下情况下，也可能增加用水量，造成性能问题。

①非正常体积的废物和卫生纸冲入重力式坐便器可能会引起暂时堵塞和二次冲洗问题。有时无论坐便器冲洗流量多大，都必须二次冲洗，但是如果此类情况出现过多，则需要维修、调节坐便器或两者同时进行（不应包括更换更大容积的水箱使冲洗流量超过标称能力）。如果这个问题持续存在，那么这个坐便器可能存在内部设计缺陷，应更换另一型号的坐便器。

②所有重力水箱式坐便器，尤其是恶劣和在腐蚀条件工作（由厕盆清洁剂的化学成分引起）的坐便器，应定期检查漏失并维修以减少用水浪费（见本章2.2.1.5节“坐便器漏失维修”）。

③质量较差的机械组件（浮球、注水阀、挡板阀和其他零件）有时用在设计良好的重力水箱式坐便器中也会很快引起漏失和水的不必要浪费。坐便器在安装好后应定期测量冲洗水量，如果不能达到设计值，应更换质量好的部件以提高性能。

2）冲洗阀水箱（加压）式坐便器

市场上销售的坐便器中只有5%是6.0L/次冲水的压力辅助式坐便器，[41] 但它们正在被住宅和商业用户（尤其是宾馆和汽车旅馆）所接受，因其与重力式坐便器相比，可以提供更快速的冲洗和更好的便盆清洁，减少二次冲洗、额外清洗及便盆与长距离排水横管的堵塞；又因为水箱密闭以保存承压水，也不容易出现漏失，可以减少水的浪费和相关维护费用。不熟悉此类器具的用户可能有以下几方面的顾虑：

①冲洗阀水箱式坐便器在冲洗时噪声比重力式坐便器大，尽管“哗哗”的声音只持续几秒钟而已。冲洗声音大小随型号不同而不同，有的噪声相对小一些。

②尽管压力辅助式坐便器需要一个最小工作压力才能正常工作，但是在多数设置下不成问题。《消费者报告》杂志称这些器具至少需要0.17MPa的工作压力才能运行，因此对于水压较低的用户可能并不适合。[45] 一般住宅的水压在0.27～0.41MPa，可能会有些波动，尤其在高峰用水需求时段（如夏季月份）。如果不能提供足够的压力，水箱可能需要额外的时间才能充满，明

显减缓冲洗动作。连续使用可能会减缓或停止冲洗动作，如果水箱压力不足以完成整个冲洗时，可能引起便盆堵塞。这在用户知道重新注满水箱需要足够时间的住宅等场所并非问题，而在需要快速连续使用的卫生间则可能造成麻烦。

③不是所有住宅或器具供货渠道都有这些坐便器的更换部件，可能造成维修延迟。有些力气小的人很难按动部分压力辅助式坐便器的冲洗按钮，较轻的拉杆式可能更受欢迎。

3）机构中使用的冲洗阀式坐便器

不锈钢 6.0L/ 次冲水冲洗阀式坐便器（包括喷射式和虹吸式），主要应用于医院和监狱，据报告具有卓越的便盆冲洗和清洁能力。这是由于使用了昂贵的未曾在传统光滑陶瓷便盆上使用的精密切割工艺，使其达到最佳设计。

6. 小流量坐便器的节水和相关效益

（1）节水

在住宅和办公楼中用 6.0L/ 次冲水小流量坐便器代替大流量坐便器的估计用水量和节水量分别如表 2-2 和表 2-4 所示。[52] 例如用 6.0L/ 次冲水坐便器代替 13.2L/ 次冲水坐便器，一个家庭估计可以节水 36.7L /（人• d）或 96.8L/（户• d），相当于年节水 13.4m^3/ 人或 35.3 m^3/ 户。

在办公楼中，用 6.0L/ 次冲水坐便器代替 13.2L/ 次冲水坐便器估计可以节水（男士）7.2L/(人•d)、（女士）21.6L/（人• d），相当于年节水（男士）1.9m^3/ 人和（女士）5.6m^3/ 人。一项在加利福尼亚州佩特卢马市和拉古纳帕克市两个社区的各种商业建筑中、用 200 多个 6.0L/ 次冲水压力辅助水箱式坐便器代替大流量（超过 9.5L/ 次冲水）坐便器的研究发现，平均每个坐便器节水 98.4L/d。[53]

住宅更换小流量坐便器计划实际测量的节水量见表 2-5。[54 ~ 57] 表 2-2 中用 6.0L/ 次冲水坐便器代替 13.2 ~ 20.8L/ 次冲水坐便器的住宅估计节水量（36.7 ~ 75.3L/（人•d）或 96.9 ~ 198.7L/（户•d））与表 2-5 中给出的实际住宅节水测量值很接近。

小流量坐便器住宅实际节水调查　　　　**表 2-5**

城市 / 水务系统	计划参与者的节水量	依据
南加利福尼亚州大都市水管区	平均独户住宅净节水 156.0 L/（户• d），其中：具有 1 个 6.0L/ 次坐便器的住宅节水 113.2 L/（户•d），具有 2 个的住宅节水 78.0 L/（户•d），具有 3 个的住宅节水 72.3 L/（户• d）；安装的每个 6.0L/ 次冲水坐便器净节水量 81.8 L/d。 平均多户住宅净节水 166.6 L/（户• d），其中：具有 1 个 6.0L/ 次坐便器的住宅节水 166.6L/（户•d），具有 2 个的住宅节水 128.7 L/（户•d）；安装的每个 6.0L/ 次冲水坐便器净节水量 152.6 L/d	在洛杉矶市和圣莫尼卡市实施 6.0L/ 次冲水坐便器返利计划，实现的节水量由计划参与者和未参与者在干旱应急期间的计费用水统计模型评估获得
佛罗里达州坦帕市水务局	平均独户住宅净节水 143.8 L/（户. d）	由 395 个安装有 6.0L/ 次冲水坐便器的住宅用水记录和 375 个未安装的住宅比较测得；95% 置信水平的学生 t 检验数据表示统计上显著节水
纽约州纽约市	平均全市安装 6.0L/ 次冲水坐便器的住宅节水 35.2 L/（户• d）	纽约市 72359 个住宅单元的数据记录
	公寓建筑平均节水占总用水量的 29%（包括更换一些淋浴器和水嘴）	参与纽约市坐便器返利计划的 67 个公寓的调查结果
得克萨斯州埃尔帕索市	住宅每月用水减少 18.8%	268 个住宅用户在安装 6.0L/ 次冲水坐便器之前一年和之后一年的用水记录（因室外用水有所调整）
加拿大安大略省巴里市	平均独户住宅净节水 62.0 L/（人• d）	分析计量的 310 个独户住宅的水费记录

数据来源：Amy Vickers 及其公司提供，本章参考文献 49、54 ~ 57、60。

（2）节水措施估计节水量与实际节水量的差异

更换大流量坐便器、使用小流量坐便器等节水设备的估计节水量与实际节水量的差异可能受到以下方面的影响：

①入住率、生活方式、坐便器人均使用频率和单个器具用水量因各住户和用水环境不同而异。

②没有任何两个住宅或非住宅场所的器具或设备的实际流量完全相同，尤其是出现漏失的地方。

③在住宅或非住宅场所平均安装一个节水设备实现的节水量通常会逐渐降低，因为通常会首先更换最通常使用的设备。例如由切斯纳特（Chesnutt）等人完成的研究表明，在具有不止一个坐便器的住宅或其他场所，尤其是独户住宅，每个设备的使用频率并不相同，因此每多更换一个坐便器可以预期产生递减的节水边际效益。对加利福尼亚州洛杉矶市和圣莫尼卡市的节水返利计划的研究表明，具有一个坐便器的独户住宅安装一个 6.0L/ 次冲水坐便器的平均节水量为 91.6L/d；具有 2 个坐便器的住宅安装第 1 个 6.0L/ 次冲水坐便器的节水量为 127.6L/d，而第 2 个则只能节水 78.7L/d；具有 3 个坐便器的住宅安装第 1 个 6.0L/ 次冲水坐便器的节水量为 173.8L/d，第 2 个为 136.7L/d，而第 3 个为 76.1L/d。[60]

④并非所有节水措施和设备都能达到同样的性能标准或节水量。例如设计不佳的 6.0L/ 次冲水坐便器无法和运行良好的坐便器达到相同的节水效果，对小流量淋浴器也同样适用，用户接受质量好的小流量淋浴器而换掉劣质产品。大规模器具更换计划未能达到预期的节水效果，不足之处可能来自器具性能不佳。

⑤不准确的计量读数不能反映真实的用户使用量，无法准确计算节水措施预期的节水潜力。

⑥如果更换之前的器具存在漏失，那么重力冲洗式坐便器平常出现的漏失也可以成为部分节水量。然而，新的 6.0L/ 次冲水重力水箱式坐便器也可能因长期使用出现漏失，由更换器具而得到的节水量中一小部分可能最终会由于漏失未得到日常维护和维修而失去。

⑦很多与喷嘴分流器相连的淋浴器，当淋浴器关闭或使用时会漏失少量的水。同样带有截止阀的淋浴器为保持水温、防止烫伤持续滴水，同样会引起水的浪费，这些少量漏失可能稍微减少淋浴器的预期节水量。

加利福尼亚州城市节水委员会资助研究的工业、商业与机构单位节水潜力结果表明：杂货店、餐馆、零售和批发中心具有最大的节水潜力。在 12 个细分市场部门中，每更换一个 6.0L/ 次冲水坐便器的估计节水量最低为宾馆 / 汽车旅馆的 60.6L/d，最高为批发中心的 215.8 L/d，如表 2-6 所示。

小流量坐便器在非住宅*细分市场的估计节水量 表 2-6

细分市场	安装每个 6.0L/ 次冲水坐便器的节水量（L/d）†‡
批发中心	215.8（71.9 ~ 355.8）
杂货店	181.7（140.1 ~ 223.3）
餐馆	177.9（136.3 ~ 219.6）
零售店	140.1（124.9 ~ 159.0）
汽车用品店	136.3（83.3 ~ 189.3）

续表

细分市场	安装每个 6.0L/ 次冲水坐便器的节水量（L/d）†‡
多功能设施	109.8（53.0 ~ 170.3）
宗教机构	106.0（75.7 ~ 140.1）
制造基地	87.1（56.8 ~ 121.1）
医疗机构	79.5（49.2 ~ 106.0）
办公楼	75.7（64.4 ~ 87.1）
其他	64.4（41.6 ~ 87.1）
宾馆 / 汽车旅馆	60. 6（41.6 ~ 75.7）

注：* 工业、商业与机构建筑与设施。
† 根据南加利福尼亚州大都市水务局服务区内的非住宅水费账单记录分析。
‡ 括号内显示 90% 的置信区间。
数据来源：本章参考文献 58。

案例研究：体育中心在改装冲洗阀式坐便器后 6 个月收回成本

波士顿行政区的一个大学体育中心通过改装 18 个 3.8L/ 次冲水壁挂冲洗阀式坐便器，每年减少用水需求 620.8 m^3。阀门改造的硬件和安装成本共 400 美元，年节约用水费用估计为 750 美元，此举的投资回报周期仅 6 个多月。

（3）节约的给水费和排污费

与安装小流量坐便器相关的给排水避免成本，可以通过住宅和办公楼的估计节水量（见表 2-2 和表 2-4）与当地给排水费率（除固定收费外）相乘来计算。附录 D 提供了代表性的美国给排水费率和节水相关边际成本一览表。

（4）节能

安装最常用的小流量坐便器（重力水箱式、冲洗阀式和压力式）不会直接节能，但是给排水公用事业可以通过减少水泵输送、处理和配送的给水和污水流量获得间接节能。靠电运行的坐便器会增加用户用能成本。

（5）坐便器清洗和化学物质

有些便盆边壁坡度大具有较小“水面”（便盆积水的表面积）的小流量坐便器可能需要额外的清洗。与此同时，小流量坐便器因稀释水量较少，需要的化学清洁剂浓度较低。

7. 小流量坐便器相关成本

（1）硬件成本

多数情况下，尽管器具的创新设计和运行系统通常成本较高，然而小流量坐便器与传统大流量坐便器的购买价格相当。当地市场条件和其他因素会明显影响坐便器价格，尤其是在批发购买时。节水坐便器（含便盆和水箱）的零售成本包括：

重力水箱式（分体）：75 ~ 225 美元（单体型号的通常成本更高）。

冲洗阀式：便盆 150 美元以上，冲洗阀 50 ~ 125 美元。

冲洗阀水箱（压力辅助式）：150 ~ 650 美元。

高安全场所（监狱）和其他机构（医院和学校）所使用的不锈钢冲洗阀式、排气阀式、排气喷射式和虹吸喷射式坐便器：600 ～ 850 美元。

空气式：500 ～ 950 美元。

（2）人工和材料成本

雇用水管工在住宅安装典型的小流量重力水箱式坐便器的费用不应高于安装传统坐便器的费用，除非更换坐便器需要重新布置水管和电子系统或涉及美观和建筑改造（如贴地板瓷砖或墙体改造）。根据当地市场条件，雇用一个水管工安装重力水箱式坐便器的费用为 50 ～ 125 美元；通常包括更换地板上的便盆基础蜡环和处理旧坐便器。

在多户住宅和大机构或城市坐便器更换计划中，器具的成本和安装费用通常因规模和竞标而降低。商业和机构设施的安装费取决于安装的数量。有时维护人员可能免费安装更换器具。

住宅和几乎所有商业用坐便器的便盆和水箱都是瓷制的，只有少数用塑料或其他材料制作。过去，监狱、医院、学校和一些大型机构通常会使用玻化瓷或陶瓷便盆和水箱，而不锈钢坐便器（6.0L/ 次冲水和 13.2L/ 次冲水）因其具有出色的冲洗性能（来自精密制造的便盆）、牢不可破、易于清洗，可优先用于这些场所。然而，不锈钢坐便器更加昂贵（除阀门外，一个不锈钢便盆成本 400 美元，而瓷制便盆只需 150 美元），除监狱以外，它们的外观可能也不具吸引力。在此情况下，可以给不锈钢器具覆盖白色环氧树脂，使其兼具传统瓷制器具的外观和不锈钢的耐用与性能。

（3）产品制造商

小流量坐便器和相关产品的制造商清单详见第 5 章“节水网络”。

8. 小流量坐便器适用的法律、规范和标准

当安装或调节任何器具、设备或连接水管及水系统时，应严格遵守与坐便器和相关设备相关的所有适用法律、规范、标准和卫生安全要求，包括但不限于以下部分：

（1）联邦节水要求

美国 1992 能源法案建立了安装、制造或进口坐便器的用水效率要求，并由美国能源部（Department of Energy，简称 DOE）进行管理。州和当地政府在美国能源部许可的前提下可以制定更严格的用水标准。美国能源法案要求所有重力水箱式、冲洗阀式、冲洗阀—水箱式和机电水力坐便器的用水量应不超过 6.0L/ 次冲水，如表 2-1 所示，不包括为监狱设计的最大 13.2L/ 次冲水器具和喷射式坐便器（通常用于医院和监禁场所），[26] 产品制造商目前也为这些场所提供 6.0L/ 次冲水的型号。美国能源法案还要求坐便器（包括与器具连接的冲洗阀）按照美国机械工程师协会（American Society of Mechanical Engineers，ASME）标准（A119.2）规定的标识要求，永久标识器具最大单次冲洗水量。[26] 美国能源法案建立了最大用水要求，允许器具用水少于法规中要求。

（2）性能测试标准

由美国能源法案建立的坐便器最大用水要求包括由美国机械工程师协会和美国国家标准学会（American National Standards Institute，ANSI）共同建立的坐便器最低性能测试和相关产品要求。适用于坐便器的标准包括 ASME 标准 A112.19.2（玻化陶瓷卫生器具）、ASME 标准 A112.19.5（冲

水坐便器、便盆、水箱和小便器加工）和 ASME 标准 A112.19.6（冲水坐便器和小便器的水力要求）。ASME/ ANSI 标准制定了坐便器为满足美国能源法案要求所必须符合的最低性能测试协议。ASME/ ANSI 关于住宅坐便器的标准包括：冲洗 100 个直径为 19mm 聚丙烯球的“球测试”；充分冲走 2500 个塑料小颗粒的“颗粒测试”；必须完全冲掉标记在便盆上缘的一条墨线的“墨线测试”；测试固体废物冲落到排水管道性能的“染色测试”和“排水管道输送测试”。坐便器应能轻松通过 ASME/ ANSI 测试，否则很可能存在性能和可靠性问题。除满足 ASME/ ANSI 性能测试，坐便器制造商也制定了更为严格的企业测试以保证产品得到认可。

（3）地方和州立机构

坐便器用水标准在历史上由地方和州立机构设定，但是联邦能源法案已经基本取代了这些机构。尽管事实上某些州立或地方机构可能继续完善其坐便器用水要求，但是根据能源法案，只有美国能源部能够授予地方豁免能源法案节水标准的权力。

一些州或市要求只许可持有执业资格的水管工安装、调节和更换坐便器，但是有时在大规模返利和更换计划中雇用经过培训的技师可免除这些要求。安装堆肥式坐便器可能还需要卫生局官员的批准，类似的，调节与卫生器具连接的电气系统通常也需要具有执业资格的电工，改造建筑结构可能需要由具有执业许可的承包人完成。

9. 实施小流量坐便器计划

规划用小流量坐便器更换大流量坐便器的计划时应考虑以下方面：

（1）选择小流量坐便器

采购代理人和用户可以从小流量坐便器的多种出色设计和价格中作出选择。在选择特定的运行设计时（例如重力水箱式或压力水箱式），许多非住宅建筑业主和管理者更青睐于压力水箱式和压力阀门式坐便器，因其强大的冲洗能力。可以通过用户调查和产品评价，避免选择有性能问题的器具。因目前尚无用户主导的权威机构来完成大量测试以及发布小流量坐便器等级认证标准，所以需要多方咨询相关信息。ASME/ANSI 发布的坐便器等卫生器具的测试及标准更多以行业和规范为导向并面向产品制造商，而一些通过 ASME/ANSI 测试认证的坐便器在用户满意度调查和产品研究中评价较差。[45]

在选择可靠的 6.0L/ 次冲水坐便器时，一个实用的指南是查看支持城市和公用事业坐便器更换计划的参与者调查结果。满意度最高的用户通常购买到性能最佳的器具。互联网调查通过直接链接计划赞助商或相关主题文章也有助于揭示这些信息。因为许多坐便器型号会定期重新设计，所以仅需考虑近期大量样本得到的调查数据。消费指导杂志和采购指南也是关于坐便器型号价格和性能的信息来源；另外，因为制造商有时重新设计坐便器型号而并不改变其名称和产品编号，应参考当前最新数据。

为具有大口径排水管道（例如 *DN*100 ~ *DN*150）的老房子和建筑选择安装小流量坐便器，可考虑压力式或其他高速冲水的类型，因为大口径管道可能减缓废物在排水横管中的移动。同样，具有圆形便盆的重力式水箱坐便器可能比瘦长便盆的具有更快的冲水速度。尽管价格并非总能反映质量，但是需要当心在零售市场上减价出售的坐便器，可能因材料廉价、设计缺陷、退货而出现性能问题（如漏失与维修费用）。

“当选购坐便器时，无论什么品牌，都需要知道安装在器具里的是什么挡板，如果它不是最新的耐用材料……坚持器具里配有你所选的挡板……”

——约翰·凯勒，凯勒公司

(2) 规划坐便器返利或更换计划

很多供水公用事业资助坐便器更换计划，通常提供返利以激励用户参与。成功的坐便器返利和更换计划必须计划周详并包括以下基本内容：

①识别潜在参与者（住宅与非住宅）、节水潜力、计划的成本效益、时间表、预算及人力资源需求；

②针对特定用户群和子群的计划拓展与市场策略；

③有吸引力的经济激励——典型的有返利、退费或免费赠送器具；

④安装指导（例如印制的说明、技术支持电话、推荐有执业资格的水管工）或帮助（例如为老年和残疾人士等提供直接安装服务）；

⑤关于 6.0L/ 次冲水坐便器的购买信息，例如适合各种应用的类型说明、用户调查和技术研究报告中认可的器具名称和型号；

⑥返利申请表；

⑦方便的检查过程；

⑧及时的返利处理与支付过程；

⑨关于计划结果的评估和报告。

1）目标用户和器具

6.0L/ 次冲水的小流量坐便器几乎可以更换住宅或非住宅建筑中所有大流量坐便器，因为坐便器是住宅、公共建筑以及许多商业和工业设施中耗水最大的设备，鼓励安装小流量坐便器的节水计划拥有很多潜在用户。

2）坐便器安装的数量

有很多方式估计特定服务区或不同用户群中当前安装的坐便器数量。在住宅用户群中，通常每个坐便器服务 1.5 个人，尽管这个比例因住宅大小和新旧有所不同（新房通常拥有更多的卫生间和浴室），并且因独户和多户住宅也有所不同。根据美国住宅终端用水研究（Residential End Use of Water Study，REUS）对 1100 余个独户住宅的信件调查报告，平均每个住宅拥有 2.27 个坐便器 [61]；多户住宅的数量相对较小。非住宅建筑的坐便器数量差别很大，通常与建筑类型和额定入住负荷有关。很多建筑安装的器具数量多于规范要求的最低数量。

在非住宅建筑中，通常规定在办公室、餐馆、公共场所的卫生间，每 100 名入住者（包括员工）至少要为女性准备 1 ~ 4 个坐便器，为男性准备 1 ~ 3 个坐便器；在学校、宿舍、医院、监狱和特殊用途要求更高的坐便器比例。女用和男用卫生间里的器具（坐便器和小便器）数量尤其是在老式建筑里通常并不一样，如果计入小便器，以前的规范和实践通常为男性提供更多的器具，而较新的规范则要求器具数量尽可能相同。然而，近年来尚未改造的影院、机场和运动场馆等老式建筑中由于缺乏“男女卫生间设置的均衡”，可能出现女用卫生间排队的现象。

很多州和地方管道及建筑规范所使用的卫生器具统一规范（Uniform Plumbing Code，简称 UPC），规定了在一定范围的建筑类型（办公楼、学校、公共场所、医院、工厂等）中男女卫生间安装的最少器具数量。另外，建筑统一规范（Uniform Building Code，简称 UBC）指出应根据出口要求、建筑面积等特征（例如在运动场中的固定座位）估计使用人数。总之，UPC 和 UBC 可以用于估计非住宅建筑中预期的器具数量，并附以下说明：部分州和地方政府修订了 UPC 和 UBC，或使用不同的规范（例如国家卫生器具标准）；建筑中安装的坐便器数量通常按照修建或改造时的规范要求而定；有些卫生间为满足美国 1992 年残疾人法案的要求，减少了安装的器具数量。

直到 1974 年妇女联合会起诉城市要求终止坐便器收费之前，丹佛市斯坦普莱顿机场的收费坐便器每年收入多达 45000 美元。女性抗议男性可以使用免费的小便器。William H.McNichols Jr 市长在考虑如何计量小坐便器之后，拆除了半数女用卫生间的门锁。

——Thomas J.Noel，里高城

3）坐便器的使用寿命

为评估节水潜力以及器具更换计划的预期成本效益，有必要了解老式和新式坐便器的使用寿命。

坐便器的有效寿命取决于使用频率和方式、机械部件质量和水质等因素。由陶瓷制作的重力冲洗式坐便器在常规维护下（必要时更换挡板阀和球阀及相关漏失维修），使用寿命为 25 ～ 50 年。而在许多住宅中，重力水箱坐便器更换较为频繁（平均约 15 ～ 20 年）。冲洗阀式坐便器可以持续使用 30 ～ 50 年，但它们在非住宅建筑和业务量大的公共场所因频繁使用、滥用和破坏而损坏更快。维护良好的高档建筑通常改造更加频繁而保持较新的器具。在办公楼、商业和公共场所安装的坐便器在更换前一般使用 10 ～ 15 年。压力辅助冲洗阀式坐便器因其直到 20 世纪 80 年代末才大量安装，所以使用寿命尚不了解，但其外表的陶瓷水箱和便盆与重力水箱式坐便器具有类似的耐用性。

根据卫生管道行业历史销售数据和器具安装方式，当前住宅中每年坐便器更换率估计为 2% ～ 6%，其他考虑因素包括住宅置换（例如将老式工厂改造成办公楼和公寓）。

“高速公路休息站的公共卫生间通常由州高速公路部门管理。”

—www.restroom.org

4）激励措施

由供水公用事业和机构发起的大规模坐便器更换计划一般包括对经核实安装 6.0L/ 次冲水坐便器的用户给予经济激励或返利支持。某些情况下，计划支持者使用水费代金券或退费等其他方式支付用户。有时返利等经济激励也与其他策略相结合。例如美国最早的坐便器返利计划之一——加利福尼亚州圣莫尼卡市的“海湾保护计划”，对未参加计划的用户加收“激励费”（独户住宅每月 2 美元，多户住宅每月 1.35 美元)，如果用户加入了返利计划，则取消此激励费。这项策略帮助圣莫尼卡市更换了约 60% 的坐便器。[62, 63]

返利金额通常根据预期节水的经济价值、避免边际成本与给排水设施投资成本（因给水、排水服务提供者不同而异)、计划管理成本、吸引顾客的最低返利值等因素确定。一些资助机构建立了分层返利结构，根据安装坐便器的数量为用户提供不同返利。近期一份对大量坐便器返利计划的调查表明返利金额在全美显著不同。[63] 例如北卡罗来纳州阿什维尔市的水务部门根据安装器具数量，提供 25 美元或 50 美元的返利，而纽约市提供高达 240 美元的返利。提供的返利金额案例包括：

①独户住宅业主：每个坐便器 25 美元、50 美元、75 美元、100 美元或 240 美元；

②多户住宅业主：每个坐便器 25 美元、50 美元、75 美元或 100 美元；

③商业建筑业主：每个坐便器 150 美元；

④安装：不提供（用户支付费用)、25 ~ 35 美元或免费；

⑤坐便器返利计划有时包括免费赠送 9.5L/min 的小流量淋浴器和水嘴节流器，少数计划为安装 9.5L/min 淋浴器提供小额返利（通常不到 10 美元)，但多数都不提供。

（3）用户参与坐便器更换计划

大部分让用户参与和满意的小流量坐便器更换计划都经过精心设计，提供有吸引力的返利、配备恰当的工作人员帮助用户、及时监督和处理返利。参与 6.0L/ 次冲水坐便器返利计划的用户数量因计划目标、预算和时间表不同而异。

案例研究 1：洛杉矶市通过返利计划更换了 1/3 的住宅坐便器

洛杉矶市水电部门通过直接给用户返利和社区组织参与相结合的方式，资助该市安装了 75 万余个 6.0L / 次冲水坐便器，约占城市范围住宅的 33%。为住宅用户安装每个小流量坐便器提供 100 美元的返利，安装其他节水产品可返利 75 美元。东洛杉矶之母和韩裔青年社区中心等社区组织在低收入住宅中安装每个免费坐便器，该家庭可收入 25 美元。[48, 63]

案例研究 2：圣塔莫妮卡市坐便器返利计划减少废水系统支出

圣塔莫妮卡市的“海湾保护”坐便器返利计划是美国最早的此类计划之一。直到 1993 年，用 6.0L / 次冲水坐便器更换了全市约 60% 的坐便器（超过 23000 个器具)，分别减少 15% 的用水量和排水量。最初提供 100 美元返利，然后 75 美元（因器具销量增长带动当地价格下降)，还提供 35 美元的安装费，到 2002 年在超过 85000 人的住宅社区中节省 600 万美元。评估表明该计划每投入 1 美元，将收回 2 美元的给排水系统增容和处理边际成本。[64]

有些公用事业把返利计划主要当做提高人们节水意识的教育尝试，可能只分配很小的预算和较短的时间支持更换有限数量的器具。其他的则因其会产生大量、可靠的节水效果而把积极的更换计划作为主要投资计划。纽约市环保局、南加利福尼亚都市水务区以及美国能源管理计划下的节水计划（这些部门帮助联邦政府安装小流量坐便器和其他高效用水技术）在不到 5 年中共计投入数亿美元安装了超过百万个 6.0L/ 次冲水坐便器。这些努力避免了大量新建给水、排水处理设施的投资。其他计划虽然规模较小，但仍持续加紧安装小流量坐便器，减少用水量和相关成本。[63]

"坚持做正确的事，有人满意，余人震惊。"

——马克•吐温

(4) 小流量坐便器的安装

小流量坐便器的安装应由经过培训的技师或水管工根据规范和实际情况完成。法律允许用户自行安装，用户应充分知晓正确的程序、工具和预防措施以确保安装安全。安装者应注意避免损坏用户的财产。

如果器具类型相同（例如安装落地式 6.0L/ 次冲水重力水箱式坐便器，更换落地式 13.2L/ 次冲水重力水箱式坐便器），小流量坐便器可以在既有传统坐便器相同的安装尺寸下安装。安装尺寸是墙体和坐便器排水管之间的距离，标准尺寸是 300mm，有些便器可在 250mm 和 350mm 等其他特殊尺寸下安装。在购买安装新器具之前应测量既有坐便器的安装尺寸。

如果更换的器具具有墙体排水口，那么对具有地面排水口的老式冲洗阀式坐便器需要少量管道重新布置。

1）水压

冲洗阀式和冲洗阀—水箱式坐便器需要足够的压力（0.17 ~ 0.27MPa）才能正常运行，这对于之前使用工作压力要求较低的重力水箱式坐便器的独户住宅和小型多户住宅及其他建筑非常重要。有些情况下，冲洗阀式坐便器从 13.2L/ 次冲水更换到 6.0L/ 次冲水可能需要更高的水压（例如 0.20 ~ 0.24MPa）才能达到最佳工况。当管道压力不充足时，冲洗阀将不会按照设计的方式操作或关闭。老式建筑因水垢堆积减小管径，冲洗可能会出现问题。[43]

2）解决性能问题

当小流量坐便器出现便盆堵塞、排污通道堵塞以及排水横管滞留等性能问题时（如同在 13.2L/ 次冲水或者更大流量坐便器中出现的一样），这些可能有一个或多个原因。首要步骤是选择一个精心设计、公认性能良好的小流量坐便器。加利福尼亚州艾利市 W.L 有限公司总裁 Wendy L.Corpening，也是一个节水卫生产品专家，提出了小流量新型坐便器的潜在性能问题及其解决办法，简要总结如下：[65]

①在安装小流量坐便器之前应清洗排水横支管，在出现问题的排水管道安装压力辅助（冲洗阀或水箱式）坐便器或在横支管终端放置大流量器具可有助于废物输送。

②必须正确安装坐便器，存水弯出口应尽可能准确地固定在坐便器与地面或墙体连接的法兰和管道上，任何偏移可能造成废物在离开存水弯进入排水管时发生堵塞。

③只有厕纸和粪便可以丢弃在坐便器中，纸巾、卫生巾和避孕产品等其他物品应丢弃在垃圾桶中（建议在公共卫生间设置此类标识）。

④冲洗阀式坐便器依赖于阀体和便盆的"密切结合"，例如制造商应将每个阀体和便盆设计成一体化工作。

⑤应检查制造工艺可能留在存水弯内部的陶瓷结节，应清理这些陶瓷结节以防止堵塞。

⑥坐便器接口水流压力应至少为 0.17MPa 才能正常运行。

(5) 坐便器再生利用

在大规模器具更换计划中，通过再生利用可以减轻收集和处理旧坐便器的费用和环境负担。

一些返利计划收集并压碎旧坐便器的便盆和水箱，循环另用于例如道路骨料、建材掺和料、人造礁石等。[66] 同样的，旧的水箱和冲洗式坐便器的金属、橡胶和塑料部件也可以作为废料循环或者再生利用。

（6）小流量坐便器的维护

所有坐便器都应定期检查是否漏水，以确保其正确安装、能在设计冲洗水量范围内工作。特别是重力水箱式坐便器每年应至少检查两次，并且持续维护将漏水量降到最少，这对具有内部质量机械部件并在腐蚀性水质条件下工作的坐便器尤为重要。一项对安装在小流量坐便器内的挡板阀的研究表明，6.0L/ 次冲水坐便器因设计不佳或冲洗阀关闭设备设置不当而容易发生漏水 [67]（见 2.2.1.5 节“坐便器漏水维修”）。

感应式坐便器应定期检查以保证设置正确而不会造成不必要的冲水。感应控制坐便器的废旧电池应恰当处理，符合废物处理法规并减少对环境的不良影响和安全隐患。

地球上最干旱的地方是南极洲罗斯岛的一系列山谷，在过去至少 200 万年里从未曾降雨。

——www.uselessfacts.net

2.2.1.3 无水坐便器

常用的无水坐便器类型包括无需用水冲洗的堆肥式和焚烧式。尽管油冲式、化学物质和真空式坐便器越来越少使用，但也属于无水坐便器。

无水坐便器不用水冲洗，只需少量定期清洁和维护，一些无水坐便器用化学物质清洁而不用水。一些被描述成无水却定期需要少量水冲洗的坐便器，应归为超小流量坐便器更为恰当。

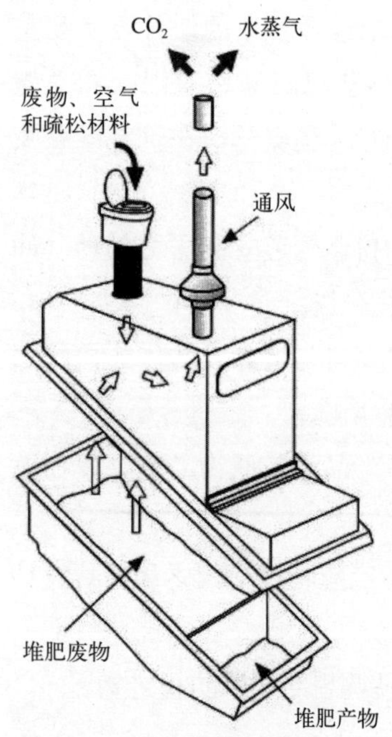

图 2-17 堆肥式坐便器无需水或连接排水管道，但需要定期维护
（图片来自 Clivus Multrum 公司）

已经使用 50 余年的堆肥式坐便器系统和焚烧式坐便器只占安装坐便器中的很少部分。[68] 无水坐便器在安装要求和运行维护上都很特殊，但它们在恰当维护时，因代表了人类废物管理的不同方法而得到用户和管理部门的认可。堆肥和焚烧式坐便器有多种设计来满足许多场地条件和需求。

1. 堆肥式坐便器

堆肥式坐便器（或称生物坐便器）无需冲洗，也无需用水将人体粪便转化成腐殖质，因此无需与管道系统相连。堆肥式坐便器依靠人体粪便中天然存在的微生物和投加的疏松材料分解或堆肥废物。因其自身具有废物处理系统，所以无需与下水道或化粪池系统连接。

堆肥式坐便器有独立单元和集中式堆肥系统两种类型。独立单元通常体积小且便携，一些可选用容量，一些需要用电运行。集中式堆肥系统较大，从与其收集分解池或堆肥器（通常位于地下室或建筑附近）相连的一个或多个坐便器和小便器收集废物，如图 2-17 所示。Clivus Multrum® 堆肥式坐便器是典型的堆肥系统，也有其他类型的设计。[69] 集中式堆肥系统有电动和非电动两种模式，包括太阳能系统。堆肥式坐便器示意如图 2-18 所示。

图 2-18　与坐便器和小坐便器相连的通用堆肥式坐便器系统

堆肥式坐便器收集从便盆落入其正下方或通过斜槽相连的堆肥池中的废物（粪便、尿液和厕纸），无需用水冲洗，尽管有时需要化学液体将废物移入池中。废物一旦落入堆肥池，与有机疏松材料（木屑、盖层、锯屑、草屑或树叶）和新鲜空气（O_2）混合，混合过程依设计不同包括人工或自动翻转堆肥池内的排泄物。混合材料和废物中的有机碳和尿液中的氮促进好氧细菌生长，降解堆肥池中废物，产生并排出 CO_2 和水汽。

若要与充足的空气混合维持好氧环境，需要适宜的温度和循环空气蒸发废物中的水分并促进分解，温度不宜低于 18℃；也需要适宜的湿度，通常是 40% ~ 75%。温度低于 10℃会降低分解速度，但不会完全停止，一旦反应器温度升高，废物迅速恢复分解。在寒冷气候和冬季数月，通常在堆肥池中安装小型加热器，保证通入空气温度适宜。堆肥系统需要定期搅拌以保证充氧和混合，为此有些系统安装了电机和风扇。加入少量水可以保持湿度促进分解。堆肥系统在排出 CO_2 和水汽后可以减少多达 90% 的初始废物，残留腐殖质类物质。[68，70]

如果堆肥过程得到妥善管理，其最终产物应无味且安全，通常用清扫盘移除。例如 Clivus Multrum 系统制造商表示其过程包括将氨转化成亚硝酸盐和硝酸盐的氧化过程（即硝化过程），由于亚硝酸盐和硝酸盐对人体有毒，需对这个过程最终产物的安全负责。安全的最终产物无需彻底硝化，只需要足以“灭菌”即可。[71] 堆肥式系统需要仔细管理保证正常和安全的运行，但无需水、下水道、化粪系统及过滤场地。[70，72]

2. 焚烧式坐便器

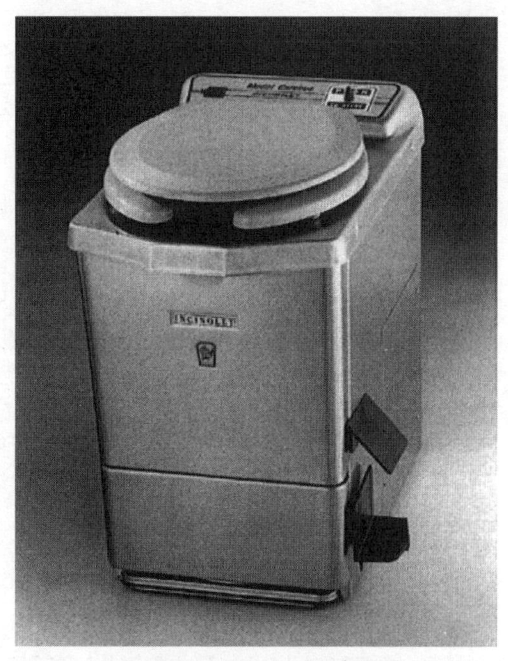

图 2-19　焚烧式坐便器用电焚烧粪便，留下无异味的飞灰可以在垃圾桶中处置

（图片来自布兰肯希普公司产品研究部门）

焚烧式坐便器使用高温电力或燃气加热燃烧废物，得到飞灰副产物，通常用于船上和不适于使用冲水式和堆肥式坐便器的偏远场所，如船舱、北极区、石油钻井平台中，也可以用于住宅和其他建筑中。

基本的焚烧式坐便器由一个具有风扇的箱式单元组成，风扇用于控制温度，并通过聚氯乙烯管或金属管排出气体和水分，如图 2-19 所示。粪便沉积在单元内部的塑料垫层上，每次使用后用按钮或开关启动焚烧过程。例如，由美国布兰肯希普公司产品研究部门制造的一种名为 Incinolet 的焚烧式坐便器，据制造商报告在 760℃下焚烧废物，待废物分解后，用风扇冷却坐便器并排出热气。

3. 无水坐便器的性能

关于堆肥式、焚烧式等无水坐便器性能的研究尚未达到对小流量冲洗坐便器性能研究的程度，尽管很多堆肥式坐便器满足 NSF 国际 41 标准对此类坐便器的设计要求（见 2.2.1.2 中“8. 无水坐便器适用的法律、规范和标准”）。NSF 国际前身是国际卫生基金会，是一个独立的非营利组织，已经建立了某些卫生器具和其他环保产品的自愿测试和性能标准。

关于无水坐便器性能的案例调查显示用户对于这些产品通常非常满意。关于一些堆肥式系统制造商的产品评价，表明自 20 世纪 30 年代在瑞典安装首个此类坐便器以来，至今在世界范围已经安装超过 5 万个。[71] 据制造商报告自 20 世纪 60 年代以来至少一种焚烧式坐便器已经在日本、挪威等国家广泛使用。

4. 无水坐便器的节水及相关效益

（1）节水

使用无水坐便器将减少 100% 的用水和漏失量（除少量清洁用水外），在住宅和办公建筑中的节水量分别如表 2-7 和表 2-8 所示。对于使用 13.2L/ 次冲水坐便器的住宅将节水约 67.8L/(人•d) 或 178.3L/（户• d），相当于年节水 24.7m^3/ 人或 65.1m^3/ 人，如表 2-7 所示。对于用水需求更大的使用传统坐便器和小便器的非住宅建筑可获得实质性的节水效果。例如一个办公楼将 13.2L/ 次冲水坐便器更换为无水器具估计每个男性节水约 13.2L/(人•d)，而每个女性节水 39.7L/(人•d)，相当于男性节水 3.4m^3/（人• 年），而女性节水 10.3m^3/（人• 年），如表 2-8 所示。这些节水量还将减少排入下水道及化粪池系统中的相应水量。

住宅无水坐便器的估计节水量 **表 2-7**

生产或安装年份 *	坐便器用水量	使用频率	使用无水坐便器的估计节水量 †			
			日节水量		年节水量	
	L/ 次冲水	次 /（人·d）	L/（人• d）	L/（户• d）‡	L/（人• 年）	m^3/（户• 年）‡
1994 年至今	3.8	5.1	19.3	51.1	7.0	18.6
1997 年至今 §	**6.0**	5.1	31.0	81.4	11.3	29.8
1994 年至今 **	**6.0**	5.1	31.0	81.4	11.3	29.8
1980 年～1994 年	13.2	5.1	67.8	178.3	24.7	65.1
	15.1	5.1	77.2	204.0	28.2	74.4
	17. 0	5.1	87.1	229.4	31.7	83.7
1950 年～1980 年	18.9	5.1	96.5	254.8	35.2	93.0
	20.8	5.1	106.4	280.5	38.8	102.3
20 世纪 50 年代以前	26.5	5.1	135.1	356.6	49.3	130.2

注：* 时间阶段是近似的，州或地方辖区可能与上述数据有所不同。

† 未包括清洁和漏失的水量。

‡ 按美国每户家庭平均 2.64 人计算。

§ 冲洗阀和重力水箱式白色分体器具标识“仅商用”（常用于非住宅）。

** 重力水箱式、冲洗阀水箱和机电水力器具（常用于住宅、小型办公和商业建筑）。

使用频率 = 平均每人每天冲洗坐便器的次数。

资料来源：Amy Vickers 及其咨询公司，本章参考文献 26、37 和 52。

办公楼无水坐便器的估计节水量 *　　表 2-8

生产或安装年份 †	坐便器用水量	使用频率 ‡		使用无水坐便器的估计节水量 §			
				日节水量		年节水量（260 个工作日）	
		男性	女性	男性	女性	男性	女性
	L/ 次冲水	次 /（人• d）		L/（人• d）		m^3/（人• 年）	
1994 年至今	3.8	1.0	3.0	3.8	11.4	1.0	3.0
1997 年至今 **	**6.0**	1.0	3.0	6.0	18.2	1.6	4.7
1994 年至今 ††	**6.0**	1.0	3.0	6.0	18.2	1.6	4.7
1980 年～ 1994 年	13.2	1.0	3.0	13.2	39.7	3.4	10.3
	15.1	1.0	3.0	15.1	45.4	3.9	11.8
	17. 0	1.0	3.0	17. 0	51.1	4.4	13.3
20 世纪 50 年代～ 1980 年	18.9	1.0	3.0	18.9	56.8	4.9	14.8
	20.8	1.0	3.0	20.8	62.5	5.4	16.2
20 世纪 50 年代以前	26.5	1.0	3.0	26.5	79.5	6.9	20.7

注：* 适用于男用卫生间安装小坐便器的办公楼，如未安装，用水和节水量应按照女用频率估计。
† 时间阶段是近似的，州或地方辖区可能与上述数据有所不同。
‡ 办公楼男、女坐便器使用频率大致相同但不限于器具类型，女性每个工作日使用 3 次，男性每个工作日使用坐便器 1 次，小便器 2 次（见表 2-10）对于没有小便器的卫生间，用水和节水量根据女性使用频率确定。
§ 未包括清洗和漏失的水量。
** 冲洗阀和重力水箱式白色分体器具标识“仅商用”（常用于非住宅）。
†† 重力水箱式、冲洗阀水箱和机电水力器具（常用于住宅、小型办公和商业建筑）。
使用频率 = 平均每人每天冲洗坐便器的次数。
资料来源：Amy Vickers 及其咨询公司，本章参考文献 26、38 和 39。

马萨诸塞州索尔兹伯里湾安装的一套堆肥坐便器系统每天可供 1 万个用户使用，估计年节水（和等量的排水管道负荷）3785.4 m^3。游客在位于马萨诸塞州康科特的瓦尔登湖可以用到一套规模相对较小的堆肥坐便器系统。[74]

（2）节约的给排水费用

与安装无水坐便器相关的给排水避免成本，可以通过住宅和办公楼的估计节水量（见表 2-7 和表 2-8）与当地给排水费率（除固定收费外）相乘来计算。附录 D 提供了代表性的给排水费率和节水量相关的边际成本一览表。

（3）减少了对排水管道和化粪池系统的需求

无水堆肥式和焚烧式坐便器（和小便器）无需连接上下水管道和化粪池系统。对于使用无水坐便器系统的新建住宅和公共建筑，因减小化粪池和沥滤场地而节省了投资和运行费用。

对于既有由化粪池系统服务的住宅和公共建筑，安装堆肥式和焚烧式坐便器通常可以延长系统的使用寿命。类似地，当继续使用冲水坐便器会扩大规模或需要更换既有系统以满足卫生环境标准（例如马萨诸塞州化粪池系统规范第 V 款）时，安装和维护无水坐便器的成本效益可显著增加。

(4) 节能

大部分无水坐便器系统需要能耗运行（见本节后面“无水坐便器相关成本”)。但这些系统因为无须连接污水处理厂，还可以间接节能。

(5) 堆肥器里的残留物回用于非作物

堆肥系统排出的废物按照所适用的法律和规范经过恰当处置，有时可用于非作物使用。例如服务于马萨诸塞州韦尔弗利特湾的游客中心堆肥坐便器所排出的废物，用于改良一个 91m 长、种植非作物品种的高身花槽中的土壤。

5. 无水坐便器相关成本

(1) 硬件成本

尽管部分成本可通过避免或减少的管道和污水处理费得到补偿，但堆肥系统和焚烧式坐便器的成本仍远超过传统的冲洗式坐便器。堆肥式和焚烧式坐便器的购买和安装成本随尺寸和设计变化而不同，大致范围如下：

①用于独户住宅的堆肥式坐便器系统：2000 ～ 16000 美元；

②用于小型商业建筑的堆肥式坐便器系统：5000 ～ 20000 美元；

③便携堆肥式坐便器：700 ～ 1700 美元；

④焚烧式坐便器：900 ～ 1800 美元。

(2) 人工和材料成本

在已有建筑中安装堆肥式坐便器系统的相关成本包括坐便器、堆肥贮存器（包括为堆肥废物供氧和防止气味从坐便器或小便器而非排气管溢出的电力变速风扇)、排气系统和建筑改造。

多数情况下，在卫生间永久安装的简单焚烧式坐便器需要拆除旧的冲洗坐便器（以及相连的管道)，略微改造地板和墙体，安装排气管和连接电源。

(3) 运行成本

堆肥式坐便器的运行成本包括：用于运行废物贮存器中风扇的电耗和其他能耗，帮助分解和推动废物移向弯管的泡沫等材料，更换滤料以及（有时）促进堆肥分解的微生物等。有时便携堆肥式坐便器没有独立的堆肥贮存器，需要排放和移除分解后废物的空间。

焚烧式坐便器的运行成本包括电耗（见本节后面“节能”）以及用于收集废物的塑料衬垫。

(4) 移除分解的废物

堆肥器收集的废物可能需要移除和场外处置，其成本取决于废物产量。一些堆肥系统，特别是较大系统，通过服务合同维护。

(5) 能耗成本

用电和其他能源运行堆肥式和焚烧式坐便器增加了其运行成本，当使用光能或风能等可再生能源或者通过附近烟道或热水管道等被动式能源加热时，可以大幅降低这些成本。光热分解废物可以提高堆肥系统的蒸发速率并促进消化，帮助减小堆肥体积和移除频率。[68] 不同型号的器具能耗不同。

依靠电力运行的堆肥式坐便器能耗差别很大。Incinolet 坐便器提供不同使用能力和能耗的型号。例如，一种型号每个焚烧周期能耗 2kWh；据制造商介绍，一个周期可以焚烧 4 个小便器的尿液沉积物（平均每个耗能 0.5kWh）。制造商估计一个 4 人使用的、具有 120V 和 1800W 加热器的坐便器，平均每天耗电 8kWh。[73]

（6）产品制造商

第 5 章节水网络中给出了堆肥系统和焚烧式坐便器及其相关产品的制造商。

6. 无水坐便器适用的法律、规范和标准

当安装或调节任何器具、设备或连接水管及水系统时，应严格遵守所有适用于无水坐便器的相关法律、规范、标准和卫生安全要求。

各州及地方政府可能设有影响安装和使用的法规，对使用堆肥式坐便器的许可并不相同。在马萨诸塞州等实施更严格的化粪池系统要求的州，对坐便器废物替代处理技术的接受程度有增长趋势（除堆肥系统外，大量有创意的废物移除替代技术已经得到马萨诸塞州环境保护局的认可和应用）。[75]

一些监管者可能很容易地批准安装堆肥式坐便器，但是对废物收集、处理以及处置还有管理要求。因为粪便管理是以保护公众健康为目的的，贮存粪便管理的不当或疏忽会危害健康。根据地方和各州的法律，堆肥系统中的废弃产物（腐殖质）需要由有资质的化粪池经销商填埋或移除。例如马萨诸塞州法规要求堆肥产物至少填埋在地表 15cm 以下。此外，连接不止一个坐便器的集中式堆肥系统需要 NSF 国际认可才可以收集或排放未蒸发的液体。[68]

NSF 国际对满足 ANSI/NSF 41 标准（非液体饱和处理系统）要求的集中式堆肥坐便器系统授予“NSF 认证标识”。一些管理部门只允许安装符合 NSF 41 标准的集中式堆肥型号，标准测试包括废物负荷、在设计能力下的日常运行、压力测试、液体容器和臭气控制（在便盆和地面堆肥槽处）。[70]

一些州或市要求只许可持有执业资格的水管工安装、调节和更换坐便器，但是有时大规模返利和更换计划雇用经过培训的技师可免除这些要求。

7. 实施无水坐便器计划

无水坐便器是一种减少粪便冲水的变通方法，但是与传统冲水坐便器差别很大，要求仔细选择、安装和持续维护以实现运行安全可靠，因此，在安装前应全面评估成本效益。此外，应仔细审视所有技术要求及适用的健康、建筑与管道规范和法律，以确保废物系统得到正确安装和维护。

（1）选择无水坐便器

无水坐便器的选择通常应因地制宜，由成本、适用的规范和法律、安装需求、易于使用和维护要求等因素决定。

（2）目标用户

无水坐便器系统可在经过改造的住宅、办公楼等场所替代冲水坐便器，但是大多在高速公路休息区、国立和州立公园、滑雪胜地、度假屋、自然风景中心、露营、临时性工作场所以及缺水或无法使用传统排水管道和化粪池系统的偏远地区使用。小型便携式无水坐便器有时在客舱、船以及偏远的工作地点等用户较少的场所使用。

参加坐便器返利计划的用户很少安装无水坐便器，很可能因为其成本较高和安装要求更复杂。但是，对于拥有大量用户的公共设施，它们与冲水坐便器相比可能具有节水和节省长期成本的优势。

（3）无水坐便器安装的数量和使用寿命

在美国运行的无水坐便器的数量未能充分统计，除制造商报告的以外，几乎没有关于堆肥式和焚烧式坐便器寿命的文献。一些报道表明堆肥式坐便器系统如果适当维护，可具有较长的使用寿命（不低于20年）。

（4）无水坐便器的安装

无水坐便器的安装应由经过培训的水管工和电工（对靠电运行的器具）根据规范和实际情况来完成。法律允许用户自行安装，用户应充分知晓正确的程序、工具和预防措施以确保称职、安全的安装。

除独立式和便携式堆肥坐便器以外，安装和运行堆肥式坐便器包括以下步骤：结构改造创建容纳分解产物的空间，接电运行排气系统，重新布置器具附近既有的地板和墙体以保证正确安装、美观和符合使用的要求。

（5）用电要求

大部分堆肥系统和焚烧式坐便器需要用电运行压缩机、加热器和排风扇，也有些用太阳能加热系统。电力和太阳能加热系统一般需要对既有建筑进行设计和改造以满足换气和用电要求。非电力堆肥系统依赖堆肥本身释放的天然热量和屋脊上的烟道通风管导入的气流释放臭气，此方法可保持沥滤场或其他去除系统必不可少的额外湿度。[76]

（6）无水坐便器的粪便管理

从堆肥器中收集的粪便在分解过程后，需要4年～6年才能完全被生物降解成腐殖质。[75] 对于Clivus堆肥式系统，在工艺终端会存留约5%的初始固体废物。

堆肥式和焚烧式坐便器的粪便副产物的再生利用是有限的，其处置需服从部分州和地方法规要求。当要求废弃材料进行专业处理或必须从现场移除时，会增加成本。有些监管部门认为堆肥器中存留的液体是污水，需要由污水处理厂用泵抽走。[74] 焚烧式坐便器的飞灰副产物不含有机物，通常作为废物丢弃，但需要监管部门现场验证。[68]

如上所述，声称堆肥式坐便器系统中未处理的废物材料是“有机、天然或安全的”，可在园艺回用，作为住宅种植的盆栽用土或者其他人或畜可接触的用途，可能不太现实，需要禁止。原因如下：首先，堆肥式系统分解废物取决于充足的氧气、温度控制和恰当的管理，如果由于技术或人为过失而未能满足必需的条件，分解废物中很可能含有病原体和其他危害人类健康的物质；其次，堆肥池中的各层废物材料的分解阶段不同，难以确定材料的安全；最后，正在服药、接受放射性药物治疗、使用或暴露于化学物质的人，可能产生危害人类、不易分解并在环境中持续存在的废物。因此，堆肥式和焚烧式坐便器中的粪便处理和处置，应严格按照制造商指导和适用的健康等相关法规执行。

“古龙，在香水店中也称为古龙水，是一种通常由乙醇和2%～6%的浓缩香精组成的有香味的溶液。古龙和花露水这两个术语已经开始互换使用。”

——《大不列颠百科全书》

（7）无水坐便器的维护

堆肥式坐便器在不能每天维护时（尤其是服务很多用户的系统），需要定期维护以保证废物充分降解、添加和混合充足的碳源、排空液体槽以及恰当控制蚊蝇和臭气。一些利用堆肥菌加快降解速率的系统可通过改善充氧和混合来提高系统性能。有必要由经过培训的专业人员对堆肥系统进行常规检查，以保证系统正确、安全运行。[69]

2.2.1.4　坐便器改造设备

坐便器改造设备用于住宅和非住宅节水计划中，减少不低于 13.2L/ 次冲水的大流量坐便器的冲洗用水量。坐便器改造设备通常与其他配套设备一起包含在节水工具包中，例如 9.5L/min 的小流量淋浴器，7.6 ~ 9.5L/min 的水嘴节流器以及诊断坐便器漏水的测漏染色片。

有多种设备可以改造不低于 13.2L/ 次冲水的大流量重力水箱式和冲洗阀式坐便器以减少其用水量，有时可减少超过 3.8L/ 次冲洗水量。为坐便器识别正确的改造设备是实现可靠节水、避免破坏冲洗机构的关键。6.0L/ 次冲水的小流量坐便器一般不能容纳减少用水量的改造设备，在其存在时也仍然无法可靠冲洗；然而在有些情况下，它们可以通过专门为小流量器具设计的双挡冲洗设备进行调节。

13.2 ~ 26.5L/ 次冲水的坐便器可以用多种冲洗改造替代设备减少用水量。最常见的设备和调节包括：

①置换设备（瓶子和袋子或“囊袋”）；

②坐便器挡板（塑料或金属制）；

③早闭设备；

④双挡冲洗转换器；

⑤隔膜式改造设备（仅用于冲洗阀式器具）；

⑥冲洗阀的有效调节。

1. 置换设备

袋式（如图 2-20（*a*）所示）和瓶式坐便器置换设备，因其易于安装、可靠、经济，被广泛应用于重力水箱式坐便器。置换设备通过占据一部分水箱容积，减少水箱存水和每次冲洗水量实现节水。

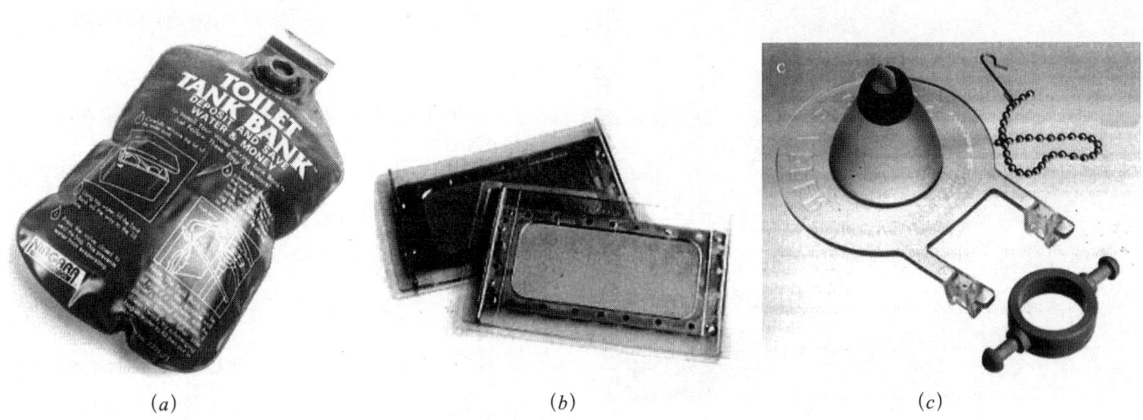

（*a*）　　（*b*）　　（*c*）

图 2-20　大流量重力水箱式坐便器的改造设备，每次冲洗可节水 1.9 ~ 5.7L

（*a*）坐便器置换袋；（*b*）坐便器挡板；（*c*）可调节挡板阀和挡板连接转换器

（图片 *a* 和 *c* 由尼亚加拉河保护公司所提供；图片 *b* 来自 Amy Vickers 及其公司）

袋式置换设备有多种材料和型号，其中，最耐用的由高强塑料和橡胶材料以及简易封闭与水箱附件构成。瓶式置换设备通常是将装满沙粒或水的塑料容器，放置于不会干扰冲洗机构的进气阀边或浮球阀最低水位线下的位置。

2. 坐便器挡板

坐便器挡板通过保持水箱满水时的水头压力，在较小水量下提供足够的冲洗流速。挡板是由塑料、橡胶和金属强化材料制成的，约 12.7cm × 21.6cm 的弹性面板，如图 2-20（*b*）所示。将挡板嵌入重力式坐便器的水箱底部，挡板的边缘稍微展开使其紧扣冲洗阀四周的水箱底部和边壁（应尽可能紧凑安装而不影响冲洗机构），可根据坐便器尺寸和水箱构造安装 1 个或 2 个挡板。

3. 早闭设备

早闭设备通常是可调节的挡板，可以安装在多数大流量重力水箱式坐便器中，替代或改进原始的挡板阀，如图 2-20（*c*）所示。当冲洗坐便器时，早闭设备利用水箱满水压力，强制挡板阀初始关闭，释放较少的水量但保证足够的冲洗流速来完成冲洗。一些可调节挡板由耐氯和氯胺的高等级塑料、橡胶和金属材料制成，确保挡板有较长的使用寿命和最小的漏失。[77]

早闭设备有多种类型，有些用阀门底部排气的常规挡板阀缩短冲洗时间，另外一类设备安装在溢流管上强制挡板提早关闭。[77]

4. 双挡冲洗式转换器

双挡冲洗式转换器可以安装在很多重力水箱式器具中，提供小流量和大流量冲洗控制选择。尽管多数双挡冲洗式转换器用于改造大流量器具，但目前也有 6.0L/ 次冲水坐便器使用的双挡冲洗式转换器。通过短时按下手柄或把手柄拉向指定的方向，减少只冲洗液体废物（带有厕纸）的用水量。可以通过延长手柄下压时间或压向另外方向，提供较大水量冲洗便盆中的固体废物。

与双挡冲洗式坐便器类似，传统坐便器安装双挡冲洗式转换器可能给一些用户造成困惑，特别是儿童和老人。当手柄被拉向错误的方向（例如使用小冲水量冲洗固体废物），可能会堵塞或需要重新冲洗而失去节水。通过指导用户如何操作冲洗手柄转换器，或者在手柄附近张贴标志或箭头，尽可能减少困惑。

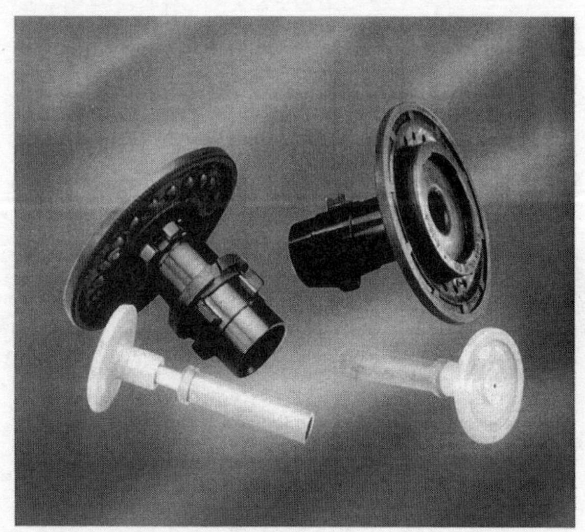

图 2-21　大流量冲洗阀式坐便器和小便器安装的隔膜改造工具包，每次冲水可节约用水 3.8L

（图片来自所罗门阀门公司）

5. 冲洗阀式坐便器和小便器的隔膜改造设备

一些老式的 13.2 ~ 18.9L/ 次冲水的冲洗阀式坐便器（和冲洗阀式小便器），通过在冲洗阀里安装阀门置换设备可以减少约 3.8L/ 次冲洗的水量。冲洗阀式坐便器或小便器的改造工具包如图 2-21 所示。如前所述，需要阀体与便盆紧密结合才能使大流量便盆能在较小流量下工作并避免堵塞问题，很多冲洗阀式坐便器可以实现，也有些不行。有些 13.2 ~ 26.5L/ 次冲水的冲洗阀式坐便器因便盆设计不同，不能仅通过安装 6.0L/ 次冲水的冲洗阀改造成 6.0L/ 次冲水的坐便器。

拆卸和改造老式冲洗阀，因其可能已被腐蚀而出现问题。例如改造纽约市公寓中使用了 30 ~ 50 年的老式冲洗阀需要重新组装或更换。如同纽约市环保局节水和技术服务部主任 Warren C. Liebold 所言“一旦把它拆开，就靠自己吧”。[78]

6. 冲洗阀的有效调节

有时可以通过旋转阀门水平部分的帽下螺丝减少大流量冲洗阀式坐便器和小便器的用水量，此调节可节水 1.9 ~ 3.8L/ 次冲水，但此调节不应对冲洗性能造成负面的影响。有些冲洗阀的调节螺丝位于隔膜冲洗阀顶部的外面。此类调节需要试验确定每个坐便器的最小可接受水量，应由有资质的技师或水管工操作。

7. 坐便器改造设备的性能

坐便器改造设备的性能通常良好，尽管它们的可靠性与设计、耐久性材料和正确的安装方式有关。很多人认为由优质塑料制成的新式置换袋或囊袋比老式挡板和瓶式更换设备在易于安装和使用寿命方面更具优势。早闭设备和双挡冲洗设备确实可以节水，但需要水管工或经过培训的技师安装和调节才能确保正常运行。装有双挡转换器的坐便器需要正确使用才能节水。双挡转换器据报告可节水 45% ~ 80%，这表明与其他坐便器改造设备相比双挡转换器更容易误用。[79] 通常认为坐便器和小便器冲洗阀的隔膜更换工具包可提供可靠的工作性能和节水量。

8. 坐便器改造设备的节水和相关效益

（1）节水

多数坐便器改造设备的节水量为 1.9 ~ 3.8L/ 次冲水，取决于安装设备的类型和特定坐便器在减少流量下运行的适应能力。住宅节水量为 7.6 ~ 15.1L/（人 • d）。[80]

一般而言，当改造设备安装在具有更大设计偏差的老式大流量坐便器时，可以预期更大的节水量。[81] 改造坐便器的数量和器具使用频率也影响节水效果。然而，如果改造设备随着时间的推移开始磨损、失调或拆除，那么节水效果也会下降。

根据工程评估报告的节水量 [80, 81]，正确安装在大流量坐便器中的改造设备节水潜力如下：

①置换设备（袋和瓶）：1.9 ~ 3.8L/ 次冲水；

②坐便器挡板：每安装一个挡板节水 1.9 ~ 3.8L/ 次冲水；

③早闭设备：1.9 ~ 3.8L/ 次冲水；

④双挡冲水转换器：2.3 ~ 4.5L/ 次冲水；

⑤节水阀更换设备（仅用于大流量冲洗阀式坐便器和小便器）：1.9L/ 次冲水；

⑥冲洗阀调节：1.9 ~ 3.8L/ 次冲水。

据新泽西州霍博肯市的斯蒂文斯理工学院报告，一项于 1992 年完成的在 5 个坐便器（13.2、18.9 和 26.5L/ 次冲水型号）中测试 30 个坐便器冲洗改造设备的试验研究，发现节水量为 2.3 ~ 5.3L/ 次冲水。[81]

（2）节约的给排水费用

与安装坐便器改造设备相关的给水、排水避免成本，可以通过估计节水（污水）量与当地给水、排水费率（除固定收费外）相乘来计算。附录 D 提供了给排水费率和节水量相关的边际成本一览表。

（3）节能

坐便器改造设备不会直接节能，但是给排水公用事业可以通过由节水量而减少的水泵和处理能耗获得间接节能。

案例研究：在改造坐便器和小便器冲洗阀及安装水嘴节流器后第一年里，某医院节水 1.1 万 m^3。 位于美国马萨诸塞州的诺伍德医院在坐便器和小便器上安装了节水冲洗阀，在所有水嘴上安装了小流量节流器，实现年节水 1.1 万 m^3。购买和安装这些设备费用为 8092 美元，年节约给排水费用 19679 美元（未含节省的加热能耗），这些措施的投资回收期小于 6 个月。[82]

9. 坐便器改造设备相关成本

（1）硬件成本

坐便器改造设备的价格变化很大，这主要取决于它们是在零售市场单独购买还是从批发商大宗采购。这些设备的零售价格大致如下：

①置换设备（瓶和袋）：0.59 ~ 1.50 美元；

②坐便器挡板：3 ~ 4 美元（两个一套）；

③早闭设备：2.5 ~ 4 美元（带转换器）；

④双挡冲洗式转换器：8 ~ 20 美元；

⑤冲洗阀更换设备：20 ~ 25 美元。

斯蒂文斯理工学院对 30 余个坐便器冲洗改造设备的试验研究表明，改造设备的价格与工作性能或节水潜力并不总是相关。[81]

“在古希腊克里特岛和罗马的浴室中发现了洗手间涂鸦。”

——罗宾知识世界研究，《厕所的进化》

（2）安装成本

一般而言，因为很多改造计划鼓励用户自行安装，所以在独户住宅中安装坐便器置换挡板、瓶式和袋式等更换设备无需费用。另一方面，提供安装服务的计划可以实现更高的安装率。在多户住宅出租单元中通常由维修人员或付费安装人员安装改造设备，这类建筑的住户因为没有直接成本效益，所以一般没有动力安装节水改造设备。

根据当地市场条件和安装特定改造设备所需时间（15 ~ 45min），一个经过培训的技师每次安装可收取 8 ~ 15 美元，一个水管工的收费大概是 20 ~ 40 美元（一些水管工收取最低费用）。双挡冲洗转换器、早闭挡板和冲洗阀更换设备一般需由经过培训的技师和水管工安装以确保正确运行。早闭设备和双挡冲洗转换器可能需要更换坐便器水箱中的其他部件，因此会稍微增加硬件和安装成本（见本节后面“坐便器改造设备的安装”）。

（3）能耗成本

无有关的能耗成本。

（4）产品制造者

坐便器改造设备的制造商详见第 5 章“节水网络”。

10. 坐便器改造设备适用的法律、规范和标准

“行胜于言。”

——本杰明·富兰克林

当安装或调节任何器具、设备或连接水管及水系统时，应严格遵守所有适用于坐便器和小便器改造冲洗阀及其相关设备的法律、规范、标准和卫生安全要求。

坐便器和小便器改造设备不受其他管道产品同样的性能标准约束。一些坐便器改造设备由产品测试机构颁发合格证，但是合格证不能确保改造产品将在每一个坐便器中都运行得令人满意，因为很多坐便器的设计特征（例如水箱和便盆的尺寸与结构、挡板阀座、边缘孔径和喷射孔径等）影响冲洗用水量。不低于 13.2L/ 次冲水的重力水箱双挡冲洗设备，需满足美国机械工程师协会（ASME）A112.19.10（冲水坐便器的双挡冲洗设备）测试和性能标准。

一些州或市要求只许可持有执业资格的水管工安装、调节和更换坐便器，但是有时在大规模的返利和更换计划中雇用经过培训的技师可免除这些要求。

11. 实施坐便器改造计划

（1）选择坐便器改造设备

选择坐便器改造设备首先要根据待改造的坐便器类型是重力水箱式还是冲洗阀式等；其次，要考虑待改造坐便器的冲洗水量，因为 18.9L/ 次冲水的水箱与仅能容纳一个置换设备的 13.2L/ 次冲水的器具相比，更适合 2 个改造袋或挡板。

多数公用事业赞助的大规模改造计划在给住户提供或安装的改造工具包中，包含经济而且在简单图示下就能安装的置换袋或囊袋（简易塑料袋的高级版本）。一些在改造计划中提供早闭等设备的，通常帮助安装以确保正常运行。

已经安装改造设备的冲洗阀式坐便器和小便器，与安装了减流设备的重力水箱式器具一样，应在安装时进行测试，保证阀门连接的便盆可以适应减少的水量而不会发生堵塞等问题。

（2）规划坐便器改造设备安装计划

成功的坐便器改造设备安装计划必须计划周详并包括以下基本内容：

①识别潜在参与者、节水潜力、计划的成本效益、时间表、预算及人力资源需求；

②识别目标用户群使用的坐便器类型和状况，依此提供多种改造设备并实现较高的安装比例；

③计划拓展和销售；

④改造设备的配送；

⑤改造设备的安装指南（例如印制的指南、电话技术支持、推荐有执业资格的水管工）或帮助（专门为老年人和残疾人士提供的直接安装服务）；

⑥评估和报告计划结果。

1）目标用户

坐便器改造计划的目标用户通常是独户和多户住宅用户，特别是拥有老式或老化设备、通

过调节可以同时获得节水和设备性能改进效益的用户。坐便器改造计划也以工业、商业与机构为目标，安装策略会有所不同。坐便器改造计划有时包括由经过培训的技师和水管工进行漏失检修工作。坐便器改造设备在短期内比用 6.0L/ 次冲水坐便器更换大流量性价比更高，但是其节水相对较少而且比小流量坐便器的使用寿命更短。

坐便器改造设备可以安装在 1994 年以前各州广泛使用的大流量重力水箱式坐便中。各州在 1992 年美国能源法案通过之前制定的 6.0L/ 次冲水坐便器要求如表 2-9 所示。很多改造计划以 1980 年以前在住宅中安装的、多数使用不低于 18.9L/ 次冲水的器具作为目标，改造 13.2L/ 次冲水坐便器也可以获得节水效果。

各州对 6.0L/ 次冲水坐便器要求的生效日期 **表 2-9**

州名	6.0L/ 次冲水坐便器要求的生效年份
马萨诸塞 *	1989
罗德岛 †	1990
特拉华，新泽西，犹他	1991
加利福尼亚，康乃迪克，佐治亚，马里兰，纽约，得克萨斯	1992
亚利桑那，明尼苏达，内华达，北卡罗来纳，俄勒冈，华盛顿	1993
所有州（按照 1992 年美国能源法案）‡	1994

注：* 1989 年对新的分体式坐便器生效；1991 年对所有其他类型坐便器生效。
† 1990 年对新的分体式坐便器生效；1991 年对所有其他类型坐便器生效。
‡ 对个别类型器具生效较晚，见表 2-1。
资料来源：Amy Vickers 及其公司。

大流量冲洗阀式坐便器和小便器在多数情况下可以通过改造减少用水量，但不是所有情况。一些冲洗阀式坐便器的便盆在安装了阀门改造设备后，比其他坐便器调节更好因而减少水量。如果设计为不低于 13.2L/ 次冲水的便盆无法适应减少的水量，与其冒着增加堵塞和维修问题的风险，甚至很少或完全不节水，不如将整个坐便器（阀门和便盆）更换成 6.0L/ 次冲水的更加明智。尽管小流量重力水箱式坐便器可能适合双挡冲洗阀式设备，但通常小流量 6.0L/ 次冲水重力水箱、冲洗阀—水箱式、冲洗阀式坐便器不能通过改造减少用水量。

2）坐便器改造设备的安装数量

如同住宅或非住宅中安装的坐便器数量变化，对改造设备和待改造器具的能力需求也不同。独户住宅平均每个坐便器服务 1.5 个人，尽管较新、较大和较富裕的住宅通常比老旧、较小和多户住宅拥有更多的卫生间。详见 2.2.1 节中的坐便器安装的数量。

3）坐便器改造设备的使用寿命

坐便器改造设备的使用寿命由其结构和材料质量、安装精度、坐便器使用频率和水质决定。应估计某个设备的预期节水时间，确定其是否有助于实现节水计划的目标和预算。一些坐便器改造设备的产品设计和材料自 20 世纪 90 年代早期以来得到改进，提高了此类产品的价值。

一般而言，坐便器更换袋和囊袋尽管其耐久性未能进行长期测试评估，应可使用至少 5 年，很可能更长。老式塑料袋可持续使用 2 ~ 5 年，使用寿命较短的部分原因是用户移除了设备。

优质挡板的寿命是 2 ～ 5 年，用劣质材料制成的挡板寿命仅有 6 个月，特别是浸入腐蚀性水中使用时。挡板的使用寿命和节水能力会因其离开初始位置而迅速降低。[77] 关于更换挡板阀的使用寿命的数据更少。由优质橡胶和塑料制成的设备当正确安装、在无腐蚀性的水箱中使用时，预期寿命较长（5 ～ 10 年）。几乎没有关于双挡冲洗转换器使用寿命的数据；再次强调，材料质量、安装精度、坐便器使用频率影响设备的使用寿命。坐便器和小便器冲洗阀置换设备应持续使用至少 10 年。

坐便器（和小便器）改造设备的产品制造商和经销商可提供质保、案例研究和产品的使用寿命测试信息。

4）激励措施

大规模器具改造计划的安装策略：

卫生器具改造计划是水务和能源机构通常实施的节水策略，通常包括配送坐便器、淋浴器、水嘴和坐便器漏失检测等改造设备。参与改造计划的百分比指接受或同意安装设备的用户，此比例总是大于代表目标用户成功合作的“普及率”百分比，因为并非所有收到设备的用户都能按预期安装所提供的设备或一直安装下去。典型的工具包内容如图 2-8 所示。

管道设备改造计划的设计和管理因用户群特征（例如安装器具的数量和新旧、节水需求的认知、对公用事业的态度等）不同而异。根据美国供水协会发布的《住宅改造的管理指南》[77]，大规模坐便器改造设备计划有 4 个配送策略：

①直接安装。直接安装计划对物业容易进入住户房间的多户住宅特别有效，对于租赁单元也一样，但因租户无需直接支付水费可能没有安装节水设备的动力。

②逐门逐户拜访。这种方法特别适合在家接受免费设备的独户住宅，对提出要求的用户通常提供免费的安装帮助。

③大宗邮递。大宗邮递计划将改造设备邮寄给目标地区内的居住用户，此方法对于白天不在家或不易见到的人非常有效。虽然一些用户把收到的设备当做礼物，但无法保证有动力安装它们，如同设备送到家门并提供安装帮助一样。邮递计划与其他设备配送方式相比，用户参与率较低，但是可通过销售和电话追踪促进参与。例如一个在康奈迪克州布里奇波特市的三年邮递计划中的第一年目标是布里奇波特水务公司服务的 33400 户住宅用户，在配送设备后的一项用户调查表明，计划参与率为 61%（约 20270 户住宅用户在收到申请卡后订购了设备），普及率为 38%，约 12800 户的目标用户实际安装了至少 1 个设备。

④定点领取。定点计划依靠指定地点，如水厂办公室、图书馆、学校、购物商场向用户配送设备，这个方法一般用户参与率和设备安装率最低，因为只有最积极的用户才会自取设备。

一些大规模改造计划联合多种安装策略获得尽可能多的用户。机构或组织者通常为申请的用户提供直接安装帮助，特别是为老年或者残疾用户及其他不确定自行安装能力是否会损害冲洗设备的用户。

（3）用户参与坐便器改造计划

如果设备易于安装、不危害坐便器外观、无冲洗问题，用户对改造设备的接受程度通常较高（多达 60% ～ 85%）。多数接受设备的用户会安装，但小部分计划参与者后期可能会拆掉设备。

因此，计划对目标用户群的“普及率”可能比整个计划参与率略低。

(4) 坐便器改造设备的安装

坐便器改造设备通常由用户自己安装，有时也需要经过培训的技师或者水管工。法律允许用户自行安装，用户应充分知晓正确的安装程序、安装工具和预防措施以确保安装过程中的安全。应一直为安装改造设备的用户提供通俗易懂的安装说明及图示。

置换设备和挡板非常容易安装，但有时需要反复试验调节以保证其正确地固定在水箱里提供适当的冲洗水量。早闭挡板、分流器、双挡冲水转换器和冲洗阀式设备等坐便器改造设备，对于非专业人士而言较难安装；由经过培训的技师或水管工安装是保证这些设备成功运行的途径。

无论选择了哪种坐便器改造设备，重力水箱式坐便器多数情况下应保持制造商推荐的水位，通常在溢流管 2.5cm 以下（除早闭设备外）。水位有时在水箱里用线或水位标尺标识[81]，如果没有标识，水位可能由水箱周边内侧的变色线显示。

最常用的坐便器改造设备安装指南如下：

①置换设备（袋式和瓶式）：袋式和瓶式置换设备可能是最为用户接受的坐便器改造设备。用户可以按照简单图示很容易地将置换设备滑入水箱，根据水箱尺寸和便盆冲洗要求，可以安装 1 个或 2 个袋式或瓶式置换设备。

②坐便器挡板：根据水箱尺寸可以安装 1 个或 2 个挡板，在较小的水箱或阀门挡板紧贴水箱壁的器具中很难或无法安装 2 个挡板。与袋式和瓶式置换设备相比，用户可能更不愿意安装坐便器挡板，因此挡板安装率较低。一些用户很难正确理解挡板安装指南，另外一些人认为即使水箱中没有污水也不卫生，而不愿意将手放入水箱中。[83]

③早闭设备：正确安装早闭设备通常需要帮助。通常压力增大能优化早闭设备的运行，可以通过提高水箱中水位高度至最高水位，即溢流管顶下 1.3cm 处实现。如果水位过低、压力不能满足冲洗，将造成便盆堵塞、二次冲洗和几乎不节水。[77] 有时需要更换整个冲洗设备或安装新的座面，才能使挡板阀正确密封。老式坐便器内部组件可能需要重新组装，才能让早闭设备运行正常。早闭设备的类型有很多，重点是选择经过认证、可靠的设备。安装早闭和双挡冲洗设备可能需要更换或调节坐便器的浮球阀，因其在冲洗过程中先注满水箱再注满便盆，在注满周期可能因存水弯水封不当而造成污水中的气体逸出，存水弯水封不当还可能阻碍排净便盆中的固体废物。尺寸恰当的浮球阀能增大便盆注水相对于水箱注水的比例，应减慢水箱注水，使便盆和存水弯水封处在正确的水位。[77]

④双挡转换器：正确安装双挡转换器通常需要帮助，可能还需要重置坐便器冲洗手柄、手柄臂和浮球阀。

⑤冲洗阀更换设备及调节：正确安装冲洗阀更换设备及调节也需要帮助。应在安装时认真测试确保大流量便盆能有效地适应冲洗阀改造减少的水量。

(5) 坐便器再生利用

见 2.2.1 节中的坐便器再生利用内容。

(6) 坐便器改造设备的维护

坐便器改造设备应定期检查（至少 2 次 / 年）是否需要清洗或重新调节。置换瓶和挡板可能随着时间的推移而变形、在水箱中偏移原位、富集菌垢，有可能干扰冲洗阀或浮球阀机构而造成漏失等问题。置换袋，特别是薄脆型的，也会随着时间而变形，需要重新注水、重新放在水箱壁，如果漏水或磨损则需要更换。[77] 重力水箱和冲洗阀内部随着老化，也可能积砂影响冲水；简单清洗和正确更换部件能延长改造设备的使用寿命。低压可能造成冲洗问题；大部分冲洗阀式器具需要 0.17MPa 的最低水压。

2.2.1.5　坐便器漏失的维修

一个漏失的浮球阀每天很容易流走 3.8m^3 水，除非漏失给业主带来不便，否则如果不是被迫，很少有人会修理它。

——A.Prescott Folwell，给水工程，1899 年

坐便器漏失是一个常见而巨大的用水浪费之源，可通过简单的维修而恢复。无论大流量还是小流量坐便器，需要定期监控和维修多数重力水箱式坐便器中的机械部件质量及其所处的环境，才能尽可能减少漏失。[85]

1. 坐便器漏失的水损

根据 1999 年美国住宅终端用水研究，非节水独户住宅的平均漏失量是 36.0L/（人• d），[86] 大部分由坐便器漏失引起。每个坐便器漏失的水损量从数升到超过 378.5L/d 不等。一般而言，坐便器漏失的发生率和损失量随时间而增长，特别是重力水箱式坐便器。在美国住宅中，估计多达 25% 的坐便器漏失 [77]，独立供水系统完成的调查显示漏失发生及相关水损范围很大。例如在纽约市对超过 8 万户居民进行的 3 种坐便器漏失调查表明漏失率如下：[87]

① 1.5% 的 6.0L/ 次冲水坐便器漏失量为 0.8m^3/d；

② 4.8% 的 13.2L/ 次冲水坐便器漏失量为 0.7m^3/d；

③ 6.0% 的 18.9L/ 次冲水以上坐便器漏失量超过 0.8m^3/d。

对圣地亚哥市近 2500 个独户住宅的审计计划评估报告了类似的坐便器漏失百分比（4.0% 的 13.2L/ 次冲水坐便器和 5.6% 的 18.9 ～ 26.5L/ 次冲水坐便器），此研究中未发现占调查样本比例不到 8% 的 6.0L/ 次冲水坐便器漏失。[88]

尚无关于非住宅坐便器（和小便器）的漏失发生频率和漏失量的比较评估，当冲洗阀式坐便器和小便器锁定在开启状态时（多数冲洗阀的默认设定），其堵塞或故障的漏失约 132.5L/min（7.9m^3/h）。多数发生在重力式器具而非冲洗阀式器具，主要因为重力水箱坐便器漏失通常悄无声息，而发生故障的冲洗阀因声音和漏失水量都很大而不容易忽视。

2. 坐便器漏失之源

坐便器漏失是由以下一系列问题造成的，大多适用于重力水箱式器具。

（1）挡板阀和密封圈老化与磨损

挡板阀和密封圈磨损是导致重力水箱式坐便器漏失的最常见原因。正常的挡板阀阻止水箱中的水渗入便盆中，如图 2-22 所示。磨损或尺寸不当的挡板阀会使阀门无法正确地固定在排水基座上（位于水箱底部、冲洗时将水流释放到便盆的孔），如图 2-23 所示。不合格的挡板阀一般

引起慢速持续的漏失。

图 2-22　新的坐便器挡板阀
（图片来自南加州都市水务局）

图 2-23　老化的坐便器挡板阀
（图片来自南加州都市水务局）

（2）浮球阀、注水阀、提升链和手柄杆的磨损和破坏

部件故障阻止挡板正确关闭，并影响重力水箱式坐便器完成冲水。磨损或破坏的浮球阀通常在重新注满水箱之后无法关闭，造成水从溢流管顶溢出。挡板提升链和连接的手柄杆也会断掉。

（3）尺寸不当的更换部件

多数坐便器可以用在五金管件商店中买到的更换部件进行维修，但这些部件通常是通用尺寸而无法满足原始设备的准确规格。简言之，连接挡板阀的易扭曲或设计不佳的金属和塑料链等水箱部件，如果安装不当会妨碍阀座的正确定位。

（4）氯胺和坐便器便盆自动清洁剂加速破坏

氯胺处理或腐蚀性的水（pH 值低）以及腐蚀性便盆清洁剂会加快挡板阀等坐便器部件橡胶和热塑性材料的老化。用于更换部件的高级弹性材料，应耐受以下几种常见破坏原因：

①氯胺处理水。一项美国供水协会资助的研究发现，自来水厂（特别是在佛罗里达州和南加利福尼亚州）越来越多地使用氯胺作为减少消毒副产物的替代消毒剂，似乎与“弹性密封垫失效比例显著增大”有关；最常见的失效问题与住宅与非住宅坐便器水箱和加气垫圈的橡胶部件有关；最大的投诉来自坐便器水箱构件失效，尤其是水箱的浮球阀、挡板阀和连接自动流量控制设备的隔膜，通常以膨胀（吸收水）为特征，完全变形妨碍发挥其功能。[89]

②自动便盆清洁剂。这些产品尤其对挡板阀等坐便器部件更具腐蚀性，因为清洁剂通常随时间释放、而非随冲洗释放，所以造成化学物质（主要是氯和卤化溶液）在人们上班或者度假等不常使用坐便器时，沉积在水箱和便盆中。据报告一些便盆的 pH 值与汽车电池的酸性相当。[85, 90]

③器具构件使用劣质材料。重力水箱式坐便器的机械构件材料的耐久性取决于材料工作的水质状况。由高级材料制成、并作为节水设备单独销售的坐便器构件相对使用寿命更长。因此，高级、设计更好的材料可减少漏失。

④冲洗阀锁定在开启状态。冲洗阀因生锈或碎屑而损坏或故障，可能会锁定在开启状态，造成在冲洗间隔中漏失。

3. 坐便器漏失检测

重力水箱式坐便器漏失通常无声，很长时间都不会察觉；当然，在大量漏失和故障时通常声音很大容易听到，有时看到便盆水面边缘有持续细流形成水波可以发现漏失。相反，冲洗阀式器具的漏失和故障因造成高压喷水或持续冲洗，通常很明显。

漏失染色探测。通常用染色片（图 2-24）或探测液检查重力水箱式坐便器的漏失。在坐便器水箱中放置无毒的染色片，在它溶解后（通常在 10 ~ 15min 内），如果器具漏失则便盆中将出现染色的水。用于重力式和冲洗阀式坐便器和小便器的染色液产品，通过在便盆内缘染出一条线探测漏失；如果存在漏失，很快出现染色液在便盆内流动。一种类似但较脏的方法是在水箱中放置几滴食用色素。

图 2-24 在坐便器水箱中放置染色片（右图）或食用色素可以探测漏失。漏失的常见来源是挡板阀腐蚀，可以通过安装新的优质挡板（左图）来解决

（图片来自 Amy Vickers 及其公司）

4. 坐便器漏失维修类型

一旦确定坐便器漏失之源，可以进行一些类型的维修。重力水箱式器具漏失通常包括以下措施中的一个或多个组合：

①挡板阀。更换挡板应紧扣在阀座上。如果可以看见或听见水流进便盆（例如坐便器在无人使用时听起来像在“流水”或者自行冲洗），那么挡板阀没有正确安装在密封圈上。这可以通过多次冲洗坐便器检查，同时调节挡板和链条使其均匀坐在水箱底部密封圈上而挡板下面链条不会卡住（通常提前切断水源有助于完成此项任务）。如果调节后阀门仍然漏失，很可能需要更换。如果既有或新挡板密封良好仍然漏失，那么阀门密封圈周围可能沉积了锈屑或砂粒；可以用塑料清洗垫、砂纸（用于橡胶阀密封圈）或细钢丝球（用于金属阀密封圈）清理。如果清理之后仍然漏失，需要更换阀门密封圈。阀门可能需要用胶在不平整或老旧的表面上制造新

的表面。[91]

②旋塞和浮球。一旦浮球达到设定高度，旋塞阻断进入水箱的水流，如果没有关闭，水位持续上升通过溢流管流出（一些新式坐便器用“浮杯”替代传统的浮球，功能一样）。如果在冲洗后水仍然不停地流入便盆中，可以拉起浮子臂暂时止住水流，旋塞、浮球或两者可能因腐蚀或磨损而需要更换。

③注水管。应检查连接到溢流管的小注水管，确保其稍微高于水箱满水水位。如果没有，可以将小注水管向上拉动让水放空到溢流管中。有时弯曲浮子臂让注水阀在水流到溢流管之前关闭，如果仍然不行，则需换阀。

④手柄或冲洗阀杆损坏。水箱中的冲洗阀杆应与冲洗手柄和拉动挡板的链条相连。如果连接有问题，需要更换冲洗阀杆。

⑤高水位漏失。坐便器水箱的水位应在溢流管下 1.3 ~ 2.5cm。如果水位低于 1.3cm，水在高压时会渗入溢流管，造成细流流入便盆，产生无声漏失，注水阀反复重新注满水箱。一个高水位漏失的坐便器可能浪费水多达 378.5L/d。[91]

⑥连接松动。一些坐便器漏失是由螺母和螺栓松动造成的，可以通过锁紧连接维修。应检查水箱中的螺栓，以及坐便器与壁挂水箱和管道的连接。

“一个认为水管是卑微的而蔑视其卓越、认为哲学是高尚的而容忍其粗劣的社会，既不会有出色的水管也不会有出色的哲学，其水管和哲理都会出问题。”

——约翰 W. 加德纳

5. 产品使用寿命

坐便器水箱部件应可以在发生故障、出现漏失之前持续使用数年。然而，由于腐蚀性水、劣质材料和尺寸不当等原因，其寿命可能只有数月或 5 ~ 10 年。

6. 坐便器漏失维修的节水和相关效益

（1）节水

因为坐便器漏失通常无法用水表探测，所以很难测量具体维修的节水量。用户发生而未能计量的漏失，代表了由自来水厂计量的供水系统未收费水。

可以通过维修挽回的住宅坐便器漏失，可能低于 1999 年美国终端用水研究在美国和加拿大开展的住宅用水调查中的平均漏失水平 36.0L/（人·d）。美国终端用水研究还发现 5.5% 的住宅平均漏失超过 378.5L/d。[92] 坐便器少量漏失或浮球阀故障按日计算漏失似乎不会造成很大损失，但是按年计算会积少成多，例如一个坐便器日漏失 18.9L，年浪费水 6.9m^3。漏失 94.6L/d 的器具，会浪费超过 34.0 m^3/ 年。

（2）节约的给排水费用

根据用户水表的敏感度，通过漏失维修收回的水量损失可能或不能反映在给排水费用账单中。当漏失可以计量时，与坐便器漏失维修相关的给排水避免成本可以通过预期节水量与当地给排水费率（除固定收费外）相乘来计算。附录 D 提供了给排水费率和节水相关的边际成本一览表。

（3）节能

坐便器漏失维修不会直接节能，但是给排水公用事业可以通过减少水泵输送和处理的给水和污水流量获得间接节能。

（4）防止危及财产

未查出的坐便器漏失不仅危害坐便器，还会造成地板、顶棚、瓷砖、地毯、木板及其周围其他物件损坏。

7. 坐便器漏失维修的相关成本

（1）硬件成本

维修漏失坐便器的估计成本包括：

①漏失染色片：0.10 ～ 0.25 美元（2 个一套）；

②挡板阀：2 ～ 10 美元；

③浮球阀配件：5 ～ 18 美元；

④溢流管和注水管：8 ～ 20 美元；

⑤手柄杆：3 ～ 5 美元。

（2）人工成本

各地维修坐便器的人工成本不同，经过培训的技师每小时可收取 15 ～ 20 美元，而有执业资格的水管工每小时不低于 35 美元。更换一两个部件的简单维修通常在 1 个小时内可完成，额外调节会增加时间和人工收费。

（3）产品制造商

更换和维修部件的制造商和品牌最好由器具的原始制造商推荐。如果使用了其他制造商的更换部件，应注意确保安装正确不会增加冲洗水量。制造商清单详见第 5 章“节水网络”。

8. 坐便器漏失维修适用的法律、规范和标准

当安装或调节任何器具、设备或连接水管及水系统时，应严格遵守所有适用于坐便器和相关设备的法律、规范、标准和卫生安全要求。

一些州或市要求只许可持有执业资格的水管工安装、调节和更换坐便器，但是有时在大规模返利和更换计划中雇用经过培训的技师可免除这些要求。

美国国家标准协会和美国卫生工程协会制定的 ANSI/ASSE 1002 标准中规定了对注水阀（浮球阀）的要求。

9. 实施坐便器漏失维修计划

规划维修漏失或损坏坐便器的计划时应考虑以下方面：

（1）选择坐便器更换部件

应仔细选择并按制造商提供的说明书正确安装坐便器更换部件。找到安装适合的更换挡板通常并不容易，一般而言，最好由原厂设计，但是在大部分零售店无法买到。一项对南加利福尼亚州主要零售连锁店的 50 个更换挡板的调查发现，很多现成的挡板都无法很好地匹配既有的坐便器，造成冲洗、漏失和增加冲洗水量问题。该研究还发现普通用户“很难获取”能保持 6.0L/ 次

冲水水量的更换挡板。[67]鉴于这些缺点，以下两项可能对选择更换挡板有用：

①联系制造商请求指导如何获得适合特定型号坐便器的更换挡板。

②在零售市场购买更换挡板时，带着旧挡板确定购买适合的更换设备。例如有可调节和不可调节挡板，可调节挡板可以根据连接挡板和手柄的链条松紧改变冲洗水量，调松增加冲洗用水量，调紧可能无法提供足够的冲洗水；不可调节更换挡板尺寸固定，与可调节、尺寸合适的挡板相比，更容易增大6.0L/次冲水坐便器的冲洗水量。[67]

(2) 规划

规划坐便器漏失检修计划的关键是确定目标服务区域或设施的坐便器漏失程度、节水潜力以及减少漏失预期的相关成本效益。评估因素包括坐便器的使用寿命和状况、水质、安装的坐便器类型（例如重力式或冲洗阀式）以及需要维修和更换部件的类型。坐便器的返利和改造计划可以通过用户用水数据分析、现场调查、对物业和水管设备承包商的电话调查等方式收集数据。

①目标用户。坐便器漏失维修计划应以坐便器漏失最为普遍的用户为目标，通常是住宅、小型办公楼和商业建筑中使用的重力水箱式坐便器。老旧和低收入住宅单元往往坐便器漏失率更高。有时在用户用水账单突然增加或抄表员发现无人居住的住宅水表旋转时检测到漏失。

②非住宅场所中常见的冲洗阀式坐便器和小便器也可能漏失，但是与重力水箱式坐便器相比并不普遍而且容易发现。

③坐便器更换部件的使用寿命。腐蚀性水或质量差的部件造成一些重力水箱式坐便器在安装或更换挡板阀和浮球阀后6个月内出现漏失。因此，了解坐便器使用环境和更换部件产品的耐久性，有助于估计坐便器维修的使用寿命。

④激励措施。因为很多坐便器漏失无声无息而且无法由水表检测，用户通常在用水审计查出或用水账单增加等问题明显之前没有意识到。一种提示用户定期检查漏失的方法是在用水账单上打印提示信息以及如何检修漏失和如何获得帮助的信息。

(3) 用户参与坐便器维修计划

由公用事业提供漏失维修服务比依靠用户自发维修似乎更加有效。由用户自行安装改造设备的计划评估结果表明，用户宁愿安装小流量淋浴器、坐便器置换设备或水嘴节流器，而不愿使用提供的漏失检测片，用户发现漏失后进行维修的比例更小。例如一项对布里奇波特市计划的邮件调查表明，受调查用户中只有23%使用坐便器漏失检测片，43%～50%安装了淋浴器、坐便器置换设备和水嘴节流器。[84]

(4) 坐便器漏失维修的安装和维护

多数情况下，坐便器更换部件的安装应由经过培训的技师或水管工根据规范和实际情况完成。法律允许用户自行安装，用户应充分知晓正确的程序、工具和预防措施以确保安装安全。应特别注意确保新部件配合正确，安装人员应多次测试坐便器以确保坐便器调节到最佳冲洗性能。此外，用户在维修后应计量冲洗水量（在维修前后读取水表）确保未额外增加水量。

应至少每6个月进行一次坐便器维修检测，如果水有腐蚀性或以往发生过漏失时更应检测频繁。

（5）坐便器组件的再生利用

参见 2.2.1.2 节中的“坐便器再生利用”。

2.2.2　小便器

马塞尔·杜尚（1887 ~ 1968）是一名打破艺术品和现成品界限的法国艺术家。1917 年，杜尚在独立艺术家协会展上展出一件名为《泉》的小便器实物。

本节介绍了 4 种减少小便器用水量的节水措施：小流量小便器、无水小便器、堆肥式小便器及小便器维修。这些措施适用于安装在办公楼、学校、宿舍、工厂、体育馆、机场、医院等多种类型非住宅场所的男士卫生间的小便器。也有一些住宅使用小便器，但并不常见。

小流量小便器每次冲洗用水量一般不超过 3.8L。无水和堆肥式小便器无需用水冲洗。美国小便器的用水效率自 20 世纪 80 年代中期以来，随着冲洗系统和无水小便器的改进，得到极大改善。

既有小便器中很多是冲洗阀式，工作原理同冲洗阀式坐便器。阀内嵌金属隔板或者塑料隔膜，在开始冲洗器具时自动打开，在全压下迅速释放水流。另外一种小便器是槽式，一般有间歇冲洗和连续冲洗两种类型。除大流量小便器改造措施之外，也可以选择小流量、无水和堆肥式小便器。

根据《美国能源法案》要求，在美国出售、安装或进口的小便器必须是不超过 3.8L/ 次冲水的小流量小便器。[26] 由于用无水小便器或 3.8L/ 次冲水的小便器替代大流量小便器可以节水，美国政府和私人机构近年来资助了很多大规模的小便器更换计划。

2.2.2.1　小便器用水量

无水、小流量和大流量小便器的平均用水量和节水量（根据冲洗水量的估计值）如表 2-10 所示。通常小流量小便器要求不超过 3.8L/ 次冲洗水量，有时 5.7L/ 次冲洗水量的小便器也指小流量小便器。中到大流量小便器的冲洗水量有：5.7L/ 次冲洗、7.6L/ 次冲洗、11.4L/ 次冲洗、17.0L/ 次冲洗和 18.9L/ 次冲洗；连续和间歇流小便器的用水量甚至更高。实际冲洗水量与制造商提供的有所不同，主要因为：预调节冲洗阀改变流量、冲洗阀机械调节不当、供水管道压力过低或过高以及漏失。

办公楼无水和小流量小便器的估计用水和节水量　　**表 2-10**

生产或安装年份*	小便器用水量	用水频率†	估计用水量	无水小便器的估计节水量‡		使用 3.8L/ 次冲水小便器的估计节水量‡	
				日节水量	年节水量（260 个工作日）	日节水量	年节水量（260 个工作日）
	L/ 次冲水	次 /（人·d）	L/（人·d）	L/（人·d）	m^3/（人·年）‡	L/（人·d）	m^3/（人·年）‡
1990 至今	0.0	2.0	0.0				
1994 至今	3.8	2.0	7.6	7.6	2.0		

续表

生产或安装年份*	小便器用水量	用水频率†	估计用水量	无水小便器的估计节水量‡		使用 3.8L/ 次冲水小便器的估计节水量‡	
				日节水量	年节水量（260 个工作日）	日节水量	年节水量（260 个工作日）
	L/ 次冲水	次 /（人•d）	L/（人•d）	L/（人•d）	m^3/（人·年）‡	L/（人•d）	m^3/（人•年）‡
1980 ~ 1994	5.7	2.0	11.4	11.4	3.0	3.8	1.0
1980 以前	7.6	2.0	15.2	15.2	3.9	7.6	2.0
	11.4	2.0	22.8	22.8	5.9	15.2	3.9
	17.0	2.0	34.1	34.1	8.9	26.5	6.9
	18.9	2.0	37.9	37.9	9.8	30.3	7.9
连续流、槽式		2.0	§	§	§	§	§

注：* 时间阶段是近似的。州或地方辖区可能与上述数据有所不同。

† 适用于办公楼使用的小便器，其他场所的使用频率可能有所不同。

‡ 未包括清洗和漏失的水量。

§ 用水和节水潜力因地而异。

使用频率 = 平均每人每天冲洗小便器的次数。

资料来源：Amy Vickers 及其咨询公司，本章参考文献 26、38 和 39。

办公楼男士卫生间使用 3.8L/ 次冲水小便器的估计用水量约为 7.6L/（人•d），使用大流量器具约为 11.4 ~ 34.1L/（人•d），坐便器用水量也是影响用水量的因素之一。办公楼男士卫生间小便器的冲洗频率约为 2 次 / 工作日。[38, 39]

有一些方法可以确定冲洗流量未知的特定小便器的用水量：①对于连续流小便器，可以在未使用其他用水器具的情况下读取水表；对于间歇流小便器，可以在未使用其他用水器具的情况下，读取水流前后的水表读数；②记录印制在便斗或冲洗阀上的小便器生产年份，查看表 2-10 中可能的流量；③确定器具的最近安装时间或建筑使用年龄（如果小便器看似在建造过程原始安装的），查看表 2-10 找到可能的流量；④联系制造商。

小流量和无水小便器有墙挂式或落地式及多种设计和尺寸可供选择。有多种类型的小流量冲洗阀式小便器和两种类型的无水小便器以及多种维修和调节措施，可以提高用水效率。

2.2.2.2 小流量小便器

安装冲洗水量不超过 3.8L/ 次冲水的小流量冲洗阀式小坐便器，更换大流量冲洗阀式小便器，通常无需改造便斗、墙体或地面连接。有些情况，仅需将冲洗阀更换为较小的冲洗水量，除非阀内隔膜孔口直径变小。用小流量冲洗阀式小便器替代其他类型的大流量小坐便器（如虹吸式、冲洗式、直冲式、水槽式等），需要拆除旧器具和冲洗设备，并安装全新的器具和阀门。

2.2.2.3 无水小便器

1. 无水小便器

无水小便器与堆肥式小便器不同，无需用水冲洗，通常可以替换连接到标准 DN50 排水管的传统器具。无水小便器起源于 19 世纪 90 年代的瑞士，自 20 世纪 60 年代中期以来，多种设计在欧洲各地区得到应用。自 20 世纪 90 年代早期以来，无水小便器在美国等国家得到认可和越来越广泛的安装使用。[93]

Waterless 无水公司生产的一种免冲®无水小便器，如图 2-25 所示，其主要特征是无臭气，干燥表面减少了细菌生长。免冲®小便器安装了特殊的排水塞（生态存水弯®），其中含有一层 85g 的可生物降解液体（蓝色密封®），悬浮在存水弯内形成一道防止排水管道气体逸出的防护层，如图 2-26 所示。蓝色密封层还可以防止小便器产生异味，约可使用 1500 次。药剂制造商称这种化学物质是可以生物降解的。[94]

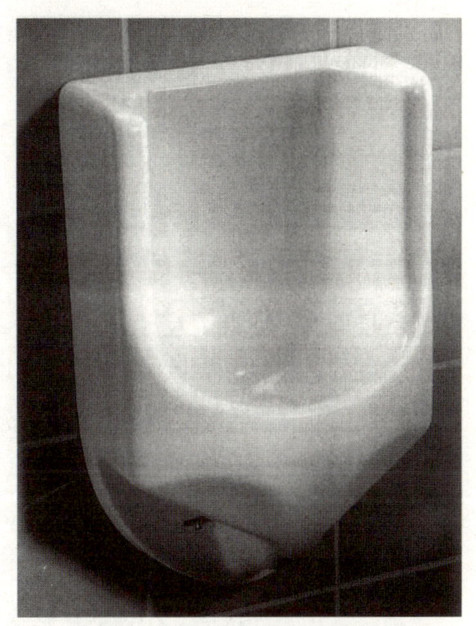

图 2-25　免冲®无水小坐便器
（图片来自 Waterless 公司）

无水小便器与冲水小便器相比，需要不同而非更多的维护。当首次安装无水小便器时，需要指导维护人员如何在必要时更换存水弯密封液体以及如何清洗便斗，因无水冲洗会在便斗表面留下更多尿渍。在小便器可能收纳烟蒂、废纸等废物的学校、酒吧等人员流动场所，无水小便器有不同的清洗任务。冲水小便器可以很容易地冲掉小块废物，但是如果冲洗或随水裹挟大块废物（如纸巾、鞋、网球），可能堵塞存水弯顶部或排水横管内部，在此情况下，需要拆除小便器才能清理。落入无水小便器存水弯顶上的废物更容易清除，因为存水弯顶部覆盖了滤网。落入无水小便器排污横管的废物清除方法与冲水小便器相同（无冲洗机械可较少堵塞发生）。

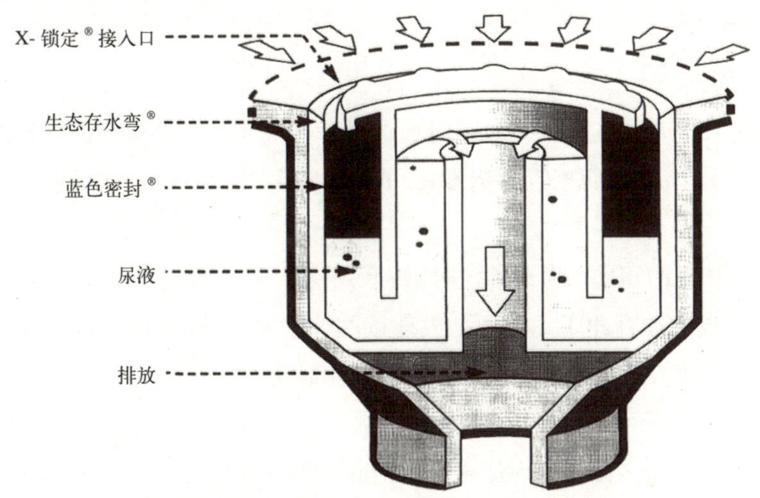

图 2-26　无水小便器的生态存水弯®剖面（图片来自 Waterless 公司）

一些早期的无水小便器存在污染和防溅板的问题，但已经得到较大改进。使用者首次使用无水小便器，有时因器具没有冲洗阀和器具没有连接给水管而感到不解；有时张贴提示让大家了解更换器具与原有的不同之处。美国已经在新墨西哥州阿尔布开克市科特蓝空军基地、纽约市 Mt.sinai 医疗中心和加利福尼亚州拉荷亚市的坚石餐厅等 200 多处安装了无水小便器。[94] 对

1993年以来安装在圣地亚哥联合高中地区不同学校的20个免冲小便器的评估表明，每个小便器年节水170.3m^3（整个地区约3406.9m^3）、年节省部件和人工维修成本122美元、减少给水成本144美元。年维护总成本为460美元，该地区20个无水小便器每年净节省费用4900美元。[93]

人尿中含水、尿素、无机盐、肌酸酐、氨和血液分解的着色产物，其中尿色素使尿呈现黄色。

2. 堆肥式小便器

堆肥式小便器无需用水冲洗，且与堆肥式坐便器系统相连（见2.2.1.3节中的“堆肥式便器”）。进入堆肥式小便器的尿液靠重力沿排放立管进入堆肥贮槽中；排气风扇产生负压持续地抽出小便器排水管中的气体，防止臭味和气体从器具中溢出；小便器废物在堆肥贮槽内分解。

2.2.2.4 小便器改造设备

1. 冲洗阀更换和改造

对于大流量冲洗阀式小便器，有3种减少冲洗水量的改造措施：①安装新的冲洗水量为3.8L/次冲水的冲洗阀，仅适用于原冲洗水量为5.7～11.4L/次冲水的小便器；②安装冲洗阀隔膜更换工具包；③如果可行，在已有冲洗阀内安装新的孔塞（通常只适用于较新的冲洗阀，旧的或已被腐蚀的冲洗阀通常需要更换）。[59, 95] 冲洗阀改造工具包如图2-21所示。

在大流量器具上安装冲洗水量为3.8L/次冲水的冲洗阀时，需要改造连接处，有时需要更换便斗。在大流量小便器冲洗阀内安装多孔塞（通常是塑料的）可以将冲洗水量降至3.8L/次冲水，与大流量坐便器冲洗阀一样。对于不能容纳孔塞的冲洗阀，多数情况可以安装冲洗阀更换工具包。有些冲洗阀已经配备了可以翻转的双向隔膜环减少冲洗水量，无需安装孔塞或冲洗阀更换工具包。[59]

2. 冲洗阀效率调节

小便器的传统大流量冲洗阀，有时可以通过调节冲洗阀水平部螺帽下的螺丝减少冲洗水量，可以节水1.9～3.8L/次冲水而不应影响器具的冲洗性能。需要一些试验确定每个器具可以接受的最小水量。

3. 喷射虹吸式和直冲阀式小便器的定时器

可以在喷射虹吸式和直冲阀式等间歇或连续冲洗小便器上安装定时器或时钟，控制冲洗频率或冲洗水量。定时器应设置为仅在建筑或设施在用时运行。[95]

喷射虹吸式小便器无冲洗机械，但配备了高位水箱，当水箱达到一定水位后自动出水。喷射虹吸式小便器可以清除多数其他小便器无法清除的固体废物（例如烟蒂和包口香糖纸），因此适用于频繁使用的公共场所。尽管喷射虹吸式小便器因定期冲洗而具有比其他类型小便器更好的自我保持能力，但它们需要很大的冲洗水量和一年365天、每天24小时的连续运行。除需靠水力冲洗机械定期排空和清除废物外，直冲阀式小便器与喷射虹吸式小便器的运行类似。因此，安装定时器或感应控制器使其仅在必要时用小流量冲洗，可以减少需水量。[95]

4. 红外、超声感应式冲洗控制

尽管最初目的是减少接触细菌，红外和超声感应控制还可用于减少冲刷式、直冲式和直冲阀式小便器的二次冲洗[95]。除非二次冲洗已成为问题，否则这些设备的节水效益并不确定，特别是如果它们易于发生故障和引发二次冲洗。

2.2.2.5　小便器漏失维修

小便器应至少每 6 个月检查一次漏失。冲洗阀式小便器的水量损失更可能是故障造成的，而非漏失（例如阀门卡在开启位置，在解锁前连续冲水），但是应检查阀门和所有连接处的漏失。应当检查喷射虹吸式和直冲阀式小便器的高位水箱等连接处的漏失。冲洗式和直冲式小便器应检查管道和手柄连接处的漏失。[95]

2.2.2.6　节水型小便器的性能

小流量、无水和堆肥式小便器及改造设备通常性能出色，可能因为液体废物比固体废物更容易运送和清除。

越来越多的军事设施、国家公园、办公楼、体育馆、机场及其他地方、州和联邦建筑等政府设施中使用无水小便器，据报告，性能良好。麦当劳和圣地亚哥动物园等一些商业和机构设施也安装了节水型小便器。[96]

2.2.2.7　节水型小便器及其改造设备的节水和相关效益

1. 节水

办公楼使用无水或 3.8L/ 次冲水小流量小便器、更换大流量小便器的估计用水和节水量，如表 2-10 所示。例如安装无水小便器替代 11.4L/ 次冲水小便器估计节水 22.8L/（人• d），相当于年（平均 260 个工作日）节水 5.9m^3/ 人；安装 3.8L/（人• d）小便器替代 11.4L/ 次冲水小便器估计节水 15.2L/（人• d），相当于年节水 3.9m^3/ 人。

调节小便器冲洗阀的估计节水量为 1.9 ～ 7.6L/ 次冲水，实际节水量取决于器具原始冲洗流量和在小流量下运行的能力。在槽式小便器上安装定时启动控制的节水量取决于压力和流量。

2. 节约的给排水费用

与安装无水和小流量小便器相关的给水、排水避免成本，可以通过估计节水量（见表 2-10）与当地给水、排水费率（除固定收费外）相乘来计算。附录 D 提供了代表性的美国给排水费率和节水量相关的边际成本一览表。安装在频繁使用设施中的无水和小流量小便器通常回报可观，例如美国国家航空航天局在加利福尼亚州帕萨迪纳市的喷气推进实验室安装了 335 个无水小便器，据报告 2.2 年收回了投资。[97]

3. 节能

无水和小流量小便器不会直接节能，但是给排水公用事业可以通过减少水泵输送、处理和配送的给水和污水量获得间接节能。

4. 减少了对排水管道和化粪池系统的需求

安装无水或小流量小便器的新建设施，可以减少连接的给水、排水管道尺寸，尤其是在同时安装了其他节水器具或设施的情况下。安装无水、堆肥和小流量小便器通常可以延长既有污水和化粪池系统的使用寿命。例如美国肯务局希望通过安装无水小便器等节水型卫生器具，避免扩建亚利桑那州格兰峡谷大坝游客中心的污水处理系统，节省 60 余万美元。安装的 3 个无水小便器预期每年减少 2555.2m^3 的需水量，年节省给水、排水和维护成本 830 美元，投资回收期为3年。游客中心每年接待超过100万名游客。[98]

5. 节省的维护和维修费用

无水小便器与冲洗小便器在维护方面相比有些优势：无水小便器无需维修冲洗阀和法兰，无溢流风险。据一家生产商介绍，无水和堆肥式小便器表面细菌浓度更低，因为关于卫生间的研究表明细菌在洗手盆、冲洗小便器和坐便器等湿润表面更普遍存在。[99]

2.2.2.8 节水型小便器的相关成本

1. 硬件成本

多数情况下，小流量小便器与传统大流量小便器的成本相当，有时需要稍高的初始成本。当地市场条件和其他因素会明显影响小便器价格，尤其是在批发购买时。无水和小流量小便器的零售成本包括：

①无水小便器：350 ~ 600美元；

②堆肥式小便器：每个器具250美元（未包含堆肥系统成本）；

③小流量3.8L/次冲水小便器：200 ~ 450美元（器具和冲洗阀）；

④ 3.8L/次冲水小便器冲洗阀：100 ~ 150美元；

⑤小便器冲洗阀更换用具包：20 ~ 25美元；

⑥红外控制设备：250 ~ 400美元。

2. 人工和材料成本

雇用水管工安装无水或小流量小便器的费用不应高于安装传统器具的费用，除非更换便器需要重新布置水管和电子系统或涉及美观和建筑改造（如贴地板瓷砖或墙体改造）。根据当地市场条件，雇用一个水管工安装简易小便器的费用为45 ~ 125美元。

3. 运行成本

无水小便器无需用水，但每使用约1500次后必须重新注满存水弯水封液（成本约20美元）。堆肥式小便器的运行成本与堆肥式坐便器类似（见2.2.1.3节中的“5. 无水便器相关成本”）。小便器的自动冲洗感应器要靠电池或连接电路系统运行，因此，这些设备需要安装和维护成本。

4. 能耗成本

堆肥式小便器和连接系统的自动冲洗设备要靠电排气等，需要能耗成本。

5. 产品制造商

无水和小流量小便器及相关产品的制造商清单详见第5章“节水网络”。

2.2.2.9 小便器适用的法律、规范和标准

当安装或调节任何器具、设备或连接水管及水系统时，应严格遵守所有适用于小便器及相关设备的法律、规范、标准和卫生安全要求，包括但不限于下列联邦、州及地方要求。

1. 联邦节水要求

美国1992能源法案建立了小便器的用水效率要求，并由美国能源部（DOE）进行管理。州和当地政府在美国能源部许可的前提下可以制定更严格的用水标准。美国能源法案要求所有冲洗式小便器应使用不超过3.8L/次冲水水量，如表2-1所示，极少例外。槽式小便器的最大允许用水量是小便器最大流速（a）和小便槽长度（b，单位m）的乘积除以0.406m。美国能源法案

还要求小便器（包括与器具连接的冲洗阀）按照美国机械工程师协会（ASME）标准（A119.2）规定的标识要求，永久标识器具最大单次冲洗水量。美国能源法案建立了最大用水要求，允许小便器用水少于法规中要求。

2. 性能测试标准

由美国能源法案建立的小便器最大允许用水要求包括由美国机械工程师协会（ASME）和美国国家标准学会（ANSI）共同建立的小便器最低性能测试和相关产品要求。适用于小便器的标准包括 ASME 标准 A112.19.2（玻化瓷卫生器具）、ASME 标准 A112.19.5（冲水便器、便盆、水箱和小便器加工）和 ASME 标准 A112.19.6（冲水坐便器和小便器的水力要求）。除满足 ASME/ANSI 性能测试，小便器制造商也自己制定了更为严格的测试以保证产品得到认可。

无水小便器在满足建筑给排水规范的前提下可以作为替代系统，于 1996 年得到美国建筑给排水标准规范的许可使用，无水小便器还需满足 ANSI 标准 Z124.9-9（塑料小便器）。[100]

3. 地方和州立机构

小便器用水标准在历史上由地方和州立机构设定，但是联邦能源法案已经基本取代了这些机构。尽管事实上某些州立或地方机构可能继续完善其小便器用水要求，但是根据能源法案，只有美国能源部能够授予地方豁免能源法案节水标准的权力。

一些州或市要求只许可持有执业资格的水管工安装、调节和更换小便器，但是有时在大规模返利和更换计划中雇用经过培训的技师可免除这些要求。安装堆肥式小便器可能还需要卫生官员的批准，类似的，调节与卫生器具连接的电气系统通常也需要具有执业资格的电工，改造建筑结构可能需要由具有执业许可的承包者完成。

2.2.2.10　实施小便器更换计划

规划安装无水和小流量小便器计划时应考虑以下方面：

1. 选择小流量和无水小便器

有一些小流量和无水小便器可以选择，多数易于安装、可以替代既有大流量器具。堆肥式小便器通常连接到较大的含有坐便器的堆肥系统上，选择时要考虑额外的安装和维护。

2. 规划

除针对能获取可观节水量的非住宅用户和大流量用户以外，小便器更换计划的组成和坐便器更换计划类似。超过 40 个美国政府设施已经通过大规模小便器更换计划安装了无水小便器。[98]推广无水小便器的计划需要让物业管理人员和业主熟悉器具的维护需要。

3. 目标用户和器具

无水和小流量 3.8L/ 次冲水小便器可以替代大流量冲洗小便器和连接直冲管道、间歇或连续冲洗的槽式小便器。在要求较大冲洗水量的特殊用途和环境下允许例外，这些情况并不常见，因为多数设施中的小便器只包含液体废物。

也可以在很多大流量小便器上安装改造设备减少出流。无水堆肥式小便器可以用于更换冲水小便器，但通常需要建筑和管道改造及不同的维护步骤。

4. 小便器的安装数量

有一些方法可估计特定服务区或不同用户群中当前安装的小便器数量。非住宅建筑的小便器数量差别很大，通常与建筑类型和额定入住负荷有关。很多建筑安装的器具数量多于规范要求的最低数量。

通常规定在办公室、餐馆、公共场所的男士卫生间，每 100 名入住者（包括员工）至少要有 1 ～ 2 个小便器；在学校、宿舍、医院等机构，每 100 名入住者（包括员工）至少要有 3 ～ 4 个小便器。

很多州和地方管道和建筑规范所使用的卫生器具统一规范（UPC），规定了在一定范围的建筑类型（办公楼、学校、礼堂、医院、工厂、体育馆等）中男士卫生间安装的最少器具数量。另外，建筑统一规范（UBC）指出应根据出口要求、建筑面积等特征（例如在体育馆中的固定座位）估计使用人数。总之，UPC 和 UBC 可以用于估计非住宅建筑中预期的小便器等器具数量，并附以下说明：部分州和地方政府修订了 UPC 和 UBC，因此各州存在差异；建筑中安装的小便器数量通常按照新建或改造时的规范要求而定；有些卫生间为满足美国 1992 年残疾人法案的要求，减少了安装的器具数量。

5. 小便器的使用寿命

如果未经故意毁坏或其他损坏，陶瓷或塑料小便器的使用寿命至少应为 20 年。冲洗阀式小便器的阀门和相关改造设备的寿命取决于使用频率和磨损，但应有效使用 10 年。侵蚀性水会加速小便器冲洗阀、连接件和水箱的腐蚀，加速恶化导致漏失及零件更换和维修的需求。

6. 激励措施

除让用户了解无水和小流量小便器所减少的相关给排水费用，大规模更换计划通常提供返利作为经济激励促进这些器具的安装。西雅图公用事业为安装无水小便器、更换既有的不低于 7.6L/ 次冲水的器具，提供每个 150 美元的返利。因能源法案要求新安装的小便器不得超过 3.8L/ 次冲水，所以对新建建筑不提供器具返利。[101]

7. 节水型小便器和改造设备的安装

无水和小流量小便器及相关改造设备的安装应由经过培训的技师或水管工根据规范和实际情况来完成。法律允许用户自行安装，用户应充分知晓正确的程序、工具和预防措施以确保安装安全。安装无水小便器与安装冲水小便器不同，例如至少一种无水小便器需要通风管道系统而且不能与排水铜管连接。

（1）器具预留排水管

在购买安装新器具之前应测量既有小便器的安装尺寸。安装不同运行系统的新小便器替换老旧小便器，可能需要改造地板、墙体和管道。

（2）水压

冲洗阀式小便器正常工作需要合适的水压，0.17 ～ 0.27MPa。

8. 小便器的再生利用

参见 2.2.1.2 节中的“坐便器再生利用”。

9. 维护

小流量 3.8L/ 次冲水阀式小便器与其替换的大流量器具相比，无额外的维护要求。无水和堆肥式小便器需要与冲洗小便器不同的维护。

（1）无水小便器

美国军事机构管理者为初次安装无水小便器的机构提供了一些经验建议：在安装之前确保排水管清洁，必要时清通；确保小便器和存水弯密封安装正确；确保保洁人员经过培训能够定期彻底清洁小便器，每次移除或更换存水弯，建议先倒入数升热水清洁管道；在员工习惯使用无水小便器之前，预期一个学习曲线。[102] 如果无水小便器存在臭味问题，很可能意味着需要更换存水弯密封或需要清洁器具。

（2）堆肥式小便器

堆肥式小便器的安装和维护要求参见 2.2.1.3 节中的“堆肥式坐便器”。

（3）小便器冲洗定时器和动作感应器

应定期检查这些设备确保其设置正确而不会引起二次冲洗。小便器感应控制使用的旧电池应按照适用的危险废物处置法处置，减少对环境的不良影响和安全隐患。

2.2.3 淋浴器

本节介绍了减少淋浴器用水量的 3 种措施：小流量淋浴器、淋浴器改造设备、淋浴器调节。这些措施适用于安装在住宅和非住宅建筑（例如办公楼、学校、公共和商业设施、宾馆、医院和其他机构设施）的淋浴器，但不适用于安全淋浴或其他特殊用途的淋浴设备。

小流量淋浴器在 0.54MPa 压力下的高峰用水量不超过 9.5L/min，或在 0.41MPa 压力下的高峰用水量不超过 8.3L/min。淋浴器改造设备一般是小流量淋浴器更换设备。（限流设备可以安装在已有淋浴器中减少流量，但因用户接受度低而并未被视为一种长久可行的节水措施。）

自 20 世纪 80 年代早期以来，由于国家和州立法、一些能源和水务部门发起的节水计划，在美国淋浴器的质量和用水效率已经显著提高。除一些之前安装过（一般已拆除）劣质、水量不足或舒适度不高的淋浴限流器的居民仍存疑虑外，目前用户很容易接受一些优质、高效的淋浴器和相关设备。小流量淋浴器改进设备包括：增加气水混合创造更大湿润面积的设备；增加流速弥补流量减少的设备；减小喷洒面积的设备。美国能源法案要求美国所有在售、安装和进口的淋浴器必须是在 0.54MPa 压力下流量不超过 9.5L/min 的小流量淋浴器。[26]

2.2.3.1 淋浴器用水量

根据流量估计的小流量和大流量淋浴器的平均用水和节水量，如表 2-11 所示。小流量淋浴器在 0.54MPa 压力下高峰用水量不超过 9.5L/min，包括 8.3L/min 和 5.7L/min，在 0.41MPa 压力下流量较小（美国能源法案最初规定小流量淋浴器在 0.54MPa 压力条件下的流量不超过 9.5L/min，1998 年 3 月其修订案补充规定在 0.41MPa 压力条件下的流量不超过 8.3L/min）。中、大流量淋浴器的用水量为 10.4 L/min、11.4 L/min、15.1 L/min，直到 30.3 L/min。制造商通常提供淋浴器在 0.54MPa 压力条件下的全开流量（或额定流量），如表 2-11 所示，但淋浴器的实际流量（或监测流量）通常为额定流量的 2/3，因多数用户淋浴时不会全开。[36] 例如用户使用额定流量为 11.4L/min 淋浴器，当手柄开启 2/3 时的用水量为 7.6L/min。

住宅小流量淋浴器的估计用水量和节水量　　表 2-11

生产或安装年份 *†	淋浴器用水量 ‡		使用频率 §	估计用水量		使用 9.5L/min 淋浴器的估计节水量			
	额定流量(MFC)	实际流量(MFR)				日节水量		年节水量	
	L/min		min/（人·d）	L/（人·d）	L/（户·d）**	L/（人·d）	L/（户·d）**	m^3/（人·年）	m^3/（户·年）**
1994 至今	9.5	6.4	5.3	33.3	88.2				
1980 ~ 1994	10.4	6.8	5.3	36.7	97.3	3.4	8.7	1.2	3.2
	11.4	7.6	5.3	40.1	106.0	6.8	17.8	2.4	6.4
	15.1	10.2	5.3	53.4	141.2	20.1	53.0	7.3	19.3
1980 以前 ††	18.9 ~ 30.3	16.3	5.3	87.1	229.4	53.4	141.2	19.5	51.6

注：* 时间阶段是近似的。州或地方辖区可能与上述数据有所不同。

† 未包括安全淋浴。

‡ 在 0.54MPa 压力下的流量；在 0.54MPa 压力下淋浴器高峰用水量为 9.5L/min，相当于 0.41MPa 压力下高峰用水量为 8.3L/min。

§ 据报告平均住宅室内淋浴用水 8.2min/ 次；每人每天淋浴用水 43.9L，平均流量为 8.3L/min 或每人每天淋浴 5.3min。

** 按美国每户家庭平均 2.64 人计算。

†† 1980 年以前的淋浴器额定流量平均范围。

MFC：器具最大工作能力（额定流量）。

MFR：器具实际监测流量（相当于额定流量的 2/3）。

资料来源：Amy Vickers 及其咨询公司，本章参考文献 12、26、29、37 和 52。

淋浴器在室内住宅用水中，通常是第三大用水需求，平均用水量为 43.9L/（人·d）；在典型独户住宅中，占室内用水量的 16.8%。住宅淋浴器的实际平均流量为 8.3L/min。[103] 一项早期（1994 年）研究发现，非节水型住宅的淋浴器用水量为 61.7L/（人·d），实际平均流量为 12.9L/min。[36] 这些数据反映了自 20 世纪 80 年代中期以来淋浴器用水效率逐渐提高。按照淋浴器安装的大致年份可估计住宅淋浴器的用水量，如表 2-11 所示。

1999 年美国住宅终端用水研究的调查报告，独户住宅淋浴器和盆浴的平均使用频率为 0.75 次 /（人·d），平均用水量为 43.9L /（人·d），平均流量为 8.3L/min，得出淋浴器的使用率为 5.3min/（人·d）。按照平均淋浴频率（非平均每天使用），平均每次淋浴时间为 8.2min，用水量为 65.1L。[104]1984 年的一项研究发现，平均淋浴频率为 4.8min/（人·d）。[36] 非住宅的淋浴器使用频率和用水量尚未明确提出。

关于淋浴器用水量的研究发现，实际流量通常与额定流量不同。[88，105] 如果流量未知，有一些更加准确的方法可以确定淋浴器流量：①开启淋浴器，用预先标定容量的袋子或水桶收集出流，并记录流量；②读取淋浴器启闭前后的水表读数（保持其他器具和用水设备处于关闭状态）；③查看淋浴器标签上的额定流量（自 1994 年生效的美国能源法案规定的联邦要求）；④确定安装淋浴器的最近日期（可能发生在改造计划中）或建筑年龄（如果淋浴器看似在建设时安装的），在表 2-11 中找到淋浴器的可能流量；⑤联系制造商。

小体积、小流量、低耗、高效等术语可以通用，均指在 0.54MPa 压力条件下用水量不超过 9.5L/min 的用水器具；在 1994 年以前，基于当时的能效标准，这些术语也指用水量在 10.4 ~ 11.4L/min 淋浴器。小流量淋浴器可以匹配与大流量淋浴器相同的连接端口，而无需转换器（除阴阳螺纹转换）。

下面介绍了小流量淋浴器、淋浴器改造设备等能够减小淋浴器用水量的相关改变等。

2.2.3.2　小流量淋浴器

美国奥杜邦学会称：“鸟浴池的最佳水深是 6.35cm；水过少，则鸟难以洗浴；水过多，则让鸟害怕”。

——www.absolutetrivia.com

小流量淋浴器通过改进喷洒形式、改善气水混合、缩小喷洒面积，让使用者体会到大流量淋浴器的“感觉”而无需大量用水。有时淋浴器内嵌了限流器，这些不应与用户安装的淋浴器限流器或“节流塞”（见 2.2.3.3 节）相混淆。有些限流器是永久、不能拆除的，其他可以拆下清洗并重新安装。带限流器的淋浴器通常比带流量控制设备的淋浴器便宜。淋浴器流量控制设备是一个含有压力控制、弹性 O 形环的盘片。高压时，O 形环张紧减少流量；低压时，O 形环松弛并允许较大的流量（在规格范围内），喷洒状态变化比限流器更顺畅。[106]

下面介绍一些小流量淋浴器的特征：

器具改造计划设计的小流量淋浴器有螺旋固定式（墙挂）和用螺旋手持式（带定时、脉冲、按摩喷洒）。公用事业资助的改造计划通常提供用螺旋式淋浴器，如图 2-27 所示，因其较为经济。改造计划中还有各种小流量喷洒和设计选择。

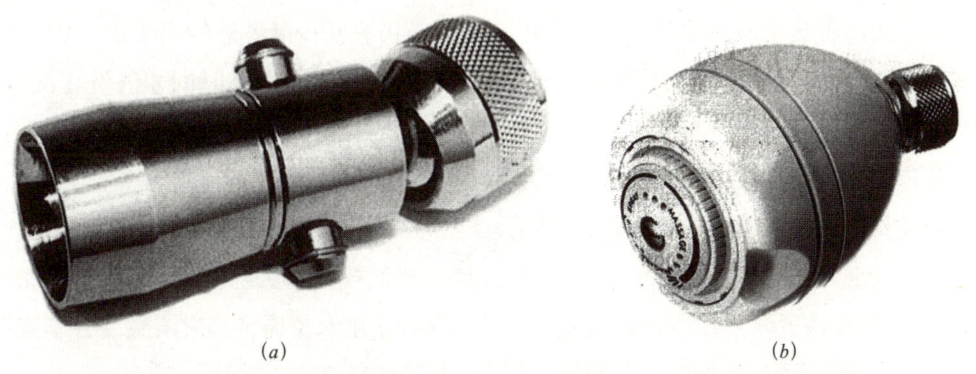

(a)　　(b)

图 2-27　小流量淋浴器有多种特征，如（a）带截止阀，（b）带按摩喷洒模式

（图片来自尼亚加拉节水公司）

加气喷洒淋浴器通常利用节流器将空气与水滴混合，与传统淋浴器相比，可以用较少的水量获得较大的湿润面积。[95]

雾化淋浴器可以产生很多微小的雾化水滴，获得较大的润湿面积。[95]

脉冲淋浴器具有可变的喷洒和流态，通过暂停和释放水流产生按摩的效果。[95]

临时限流按钮。在使用者洗头或冲洗时，减缓流速成细流而节水。良好的限流阀在开启前后保持冷热水同样混合以防止烫伤，不能在相同温度启动的限流阀，在用户开启时可能造成热水意外喷出而危害安全。用户实际使用限流阀的程度尚未明确，因此其节水潜力仍然未知。[77] 限流阀如果正确使用可以节水。因为限流阀设计为缓慢细流（防止倒流和烫伤），如果在使用后未关闭淋浴器可能浪费水。带有限流阀的建筑如果没有压力平衡阀可能有冷热水管压力不均带来混流问题的风险。[107]

破坏和干预防护淋浴器具有不能拆除的限流器。

2.2.3.3 淋浴器改造设备

通常用临时限流阀和限流器两种设备限制大流量淋浴器的流量。限流阀和临时截流按钮一样，可以加装到既有的淋浴器上以减少用水量，但是因其容易造成烫伤，只能在设计和安装合理时才能使用。

1. 淋浴器限流器（节流塞）

为不与优质内嵌限流器的小流量淋浴器混淆，此处限流器通常指中间带孔的廉价塑料或金属塞。可以装入一些老式大流量淋浴器与淋浴杆连接处。

节流塞由于一些原因，其用户接受度很低，有经验的节水管理者通常并不使用。一些早期的水务机构节水计划，如 20 世纪 60 年代至 80 年代中干旱时期发起的节水计划，主要内容是大量邮寄包含淋浴器节流塞在内的住宅改造工具包。由于设计粗糙，很多节流塞无法匹配既有淋浴器的流量和喷洒特征变化。从设计流量不低于 18.9L/min 淋浴器喷嘴压缩至 7.6L/min，造成忽小忽大不规则的喷洒。尽管配送了数以百万的淋浴器节流塞，但几乎没有保持安装的。除无需考虑淋浴器喷嘴质量和用户满意度的极端缺水情况外，节流塞通常不作为一项长期的节水措施。

2. 调节减小淋浴器流速

除更换或改造低效率淋浴器外，可以使用一些调节措施减少淋浴器的用水量：①降低水压会减小淋浴器的流量，但是这种调节方式可能造成长发用户需延长淋浴时间才能洗净洗发水。②降低热水温度设置可以节约热水，但未必能让用户用水总量减少。这些调节措施只能由具有职业资格的管道工和技师完成，才能保证安全性和最低运行标准。

2.2.3.4 小流量淋浴器和改造设备的性能

用户对小流量淋浴器性能（如润湿、喷洒强度、喷洒模式和去除洗发水的能力）的满意度通常较好；满意度不高通常是由器具质量差造成的。淋浴器用水量通常与淋浴感受并不直接相关，有时不超过 9.5L/min 淋浴器也可以提供比大流量淋浴器更好的喷洒效果。[108]

如前所述，淋浴器节流塞通常性能并不可靠和令人满意。与在 18.9 ~ 26.5L/min 淋浴器中安装节流塞相比，在 11.4L/min 流量的淋浴器中安装节流塞可能造成淋浴水量更加不足。很多淋浴器节流塞的孔口太小以至于产生令人不快、困难或高压的喷洒。

2.2.3.5 小流量淋浴器及其改造设备的节水和相关效益

1. 节水

用小流量淋浴器更换大流量淋浴器的估计用水量和节水量如表 2-11 所示。例如用一个 9.5L/min 淋浴器替代 11.4L/min 淋浴器，估计可以节水约 6.8L/（人•d）或 17.8L/（户•d），相当于节水 2.4m^3/（人•年）或者 6.4m^3/（户•年）。用 9.5L/min 淋浴器替代 15.1L/min 淋浴器则可以节水约 20.1L/（人•d）或者 53.0L/（户•d），相当于 7.3 m^3/（人•年）或 19.3 m^3/（户•年）。淋浴器更换计划中的实际节水量如表 2-12 所示。[109 ~ 111]

小流量淋浴器和改造工具包的实际节水调查 **表 2-12**

城市 / 水务系统	计划参与者报告的节水量	依据
南加利福尼亚州都市水务局	独户住宅估计净节水 20.8L/d；在多户住宅安装的每个 9.5L/min 淋浴器估计净节水 19.7L/d	加利福尼亚州洛杉矶市、圣莫尼卡市的器具返利计划；用参与和未参与住户的水费统计模型估计节水量
佛罗里达州坦帕市水务部门	安装实际流量 5.7L/min（额定流量 9.5L/min 的 60%）淋浴器估计节水 13.6L/(人•d)	在坦帕市 25 个独户住宅安装的用水监测网
纽约州纽约市	安装 9.5L/min 淋浴器的住宅估计平均节水 46.9L/(人•d)；按平均淋浴时间 7.5min 计算（实际时间可能更短）	纽约市的 72359 个住宅单元的数据记录
马萨诸塞州水务局	独户住宅预计净节水 5.7%，多户住宅净节水 10%；预计系统范围节水约 1.9 万 m^3/d	1990 ~ 1993 年在大都市波士顿 44 个社区超过 647800 个目标用户中的 348871 个实施的"运行水效"直接安装器具改造计划（54% 的参与率，不含 13300 个从站点接受工具包的用户）
佛罗里达州皮内拉斯和帕斯科县的皮内拉斯—安科勒特流域管理委员会	每个入住的酒店 / 旅馆房间节水 22.7L/d	酒店 / 旅馆改造计划更换了 1905 个坐便器更换设备、小流量淋浴器和水嘴加气器

资料来源：Amy Vickers 及其咨询公司，本章参考文献 54、60 和参考文献 109 ~ 111。

美国供水协会的《住宅改造的节水管理手册》提出了计算目标住宅用户群更换淋浴器节水量的公式，见式（2-1）：[77]

$$(S_a-S_b)\times M\times C=D \tag{2-1}$$

式中 S_a——既有淋浴器在平均压力下的平均流量；

S_b——改造淋浴器在平均压力下的平均流量；

M——淋浴器的平均使用时间；

C——目标用户群每年更换淋浴器总数；

D——年节水潜力。

公式（2-1）对于在启动淋浴器改造计划之前估计其节水潜力非常有用。为确定实际节水量，该公式必须调节为参与实际计划的参数（安装淋浴器的用户数量）、安装保持率（安装设备数减去拆除设备数）和其他相关变量。

案例研究

运动中心一个月收回淋浴器改造成本。马萨诸塞州一个运动中心用 35 个小流量 9.5L/min 淋浴器（0.54MPa）替代 15.1L/min 的原有淋浴器，年节水 1241.6m^3。该节水计划初始投资 300 美元，通过节水、减少排污和热水能耗年节省 3330 美元，约一个月即可收回成本。[112]

2. 节约的给排水费用

与安装小流量淋浴器相关的给排水避免成本，可以通过估计节水（污水）量（见表 2-11）与当地给排水费率（除固定收费外）相乘来计算。附录 D 提供了代表性的美国给排水费率和节水相关的边际成本一览表。

3. 节能

小流量淋浴器因减少热水用量产生的估计节能量如表 2-13 所示。例如安装 9.5L/min 淋浴器替代 15.1L/min 淋浴器可以节能约 0.7kWh/（人• d）或 1.8kWh（户• d），每户平均为 2.64 人。

如果用流量小于 9.5L/min 淋浴器替代 20 世纪 80 年代以前使用的 18.9 ~ 30.3L/min 淋浴器可以节能更多。公用事业部门也收集由于减少给排水量而节省的水泵和处理等间接能耗。

小流量淋浴器减少热水用量而节约的能耗可以用估计节能量（单位 kWh，见表 2-13）乘以当地电费或燃气费率（未含固定收费）计算。

住宅小流量淋浴器的估计能耗和节能量 表 2-13

生产或安装年份 *†	淋浴器用水量 ‡		使用频率 §	估计用能量 **		使用 9.5L/min 淋浴器的估计节能量			
	额定流量（MFC）	实际流量（MFR）				日节能量		年节能量	
	L/min		min/（人•d）	kWh/（人•d）	kWh/（户•d）	kWh /（人•d）	kWh/（户•d）††	kWh/（人·年）	kWh/（户•年）††
1994 至今	9.5	6.4	5.3	1.1	3.0				
1980 ~ 1994	10.4	6.8	5.3	1.3	3.3	0.1	0.3	42	111
	11.4	7.6	5.3	1.4	3.6	0.2	0.6	84	221
	15.1	10.2	5.3	1.8	4.9	0.7	1.8	251	664
1980 以前 ‡‡	18.9 ~ 30.3	16.3	5.3	3.0	7.9	1.8	4.9	671	1770

注：* 时间阶段是近似的。州或地方辖区可能与上述数据有所不同。

† 未包括安全淋浴（0.41MPa 压力下流量为 8.3L/min）。

‡ 在 0.54MPa 压力下的流量；在 0.54MPa 压力下淋浴器高峰用水量为 9.5L/min，相当于 0.41MPa 压力下高峰用水量为 8.3L/min。

§ 据报告平均住宅室内淋浴用水 8.2min/ 次；每人每天淋浴用水 43.9L，平均流量为 8.3L/min 或每人每天淋浴 5.3min。

** 按每 3.8L、41℃水耗电 0.13kWh 估计；实际用能依用户水温喜好、压力、热水器能效等相关因素而有所不同。燃气热水器系统可将电能数据转换为热量（$1kWh=3.6\times10^6J$）。

†† 按美国每户家庭平均 2.64 人计算。

‡‡ 1980 年以前的淋浴器额定流量平均范围。

MFC：器具最大工作能力（额定流量）。

MFR：器具实际监测流量（相当于额定流量的 2/3）。

资料来源：Amy Vickers 及其咨询公司，本章参考文献 12、26、29、37 和 52。

2.2.3.6 小流量淋浴器和改造设备的相关成本

1. 硬件成本

如果批量购买额定流量为 5.7 ~ 9.5L/min 的小流量淋浴器，成本估计为 4 ~ 8 美元。

改造计划选用的淋浴器不应按价格最低或流量最小选择。成本是影响产品质量和耐久性的因素之一，淋浴器在决定改造计划的用户满意度和设备保持率方面起着重要作用。多数用户会拆除喷洒或流量令人不满意的劣质淋浴器，导致计划失败。此外，产品外观也会影响用户接受程度，所以必须仔细选择淋浴器的尺寸、形状和颜色。很多人喜欢带有按摩功能和喷洒选择的淋浴器，许多为改造计划大量配送设计的小流量淋浴器都具备这些功能，而且价格合理。

2. 人工和材料成本

公用事业资助的直接安装或审计计划中的小流量淋浴器安装成本为 12 ~ 30 美元 / 次，通常包括坐便器更换、水嘴加气器和漏失染色片测试。除运送和相关管理时间外，安装一套改造工具包需要 30 ~ 45min/ 次。使用指定地点自取和批量邮寄方式因几乎不提供安装帮助，其成本更低。(例如仅服务于长者或残疾人。)

通常在新淋浴器颈部螺纹处缠绕特氟龙带，确保匹配紧密、防漏和易于移除清洗。

3. 产品制造商

小流量淋浴器的制造商详见第 5 章“节水网络”。

2.2.3.7　淋浴器适用的法律、规范和标准

当安装或调节任何器具、设备或连接水管及水系统时，应严格遵守所有适用于淋浴器及相关设备的法律、规范、标准和卫生安全要求，包括但不限于以下内容：

1. 联邦节水要求

美国 1992 能源法案建立了安装、制造或进口淋浴器的用水效率要求，并由美国能源部（DOE）进行管理。州和当地政府在美国能源部许可的前提下可以制定更严格的用水标准。美国能源法案要求淋浴器在 0.54MPa 压力下高峰用水量不超过 9.5L/min（或在 0.41MPa 压力下高峰用水量不超过 8.3L/min），如表 2-1 所示，除用于安全目的的淋浴器以外。美国能源法案还要求淋浴器按照美国机械工程师协会（ASME）标准（A112.18.1）规定的标识要求，永久标识器具每 min 最大冲洗水量或每周期最大冲洗水量。美国能源法案建立了最大用水要求，允许器具用水少于法规中要求。

2. 性能测试标准

由美国能源法案建立的淋浴器最大用水要求包括由美国机械工程师协会 A112.18.1 标准（卫生器具配件）建立的淋浴器最低性能测试和相关产品要求。除满足 ASME/ ANSI 性能测试，淋浴器制造商也自己制定了更为严格的测试以保证产品得到认可。

3. 地方和州当局

淋浴器用水标准在历史上由地方和州立机构设定，但是联邦能源法案已经基本取代了这些机构。尽管事实上某些州立或地方机构可能继续完善其淋浴器用水要求或允许例外，但是根据能源法案，只有美国能源部能够授予地方豁免能源法案节水标准的权力。

一些州或市要求只许可持有执业资格的水管工安装、调节和更换淋浴器，但是有时在大规模返利和更换计划中雇用经过培训的技师可免除这些要求。

2.2.3.8　实施淋浴器改造和更换计划

1. 选择小流量淋浴器或改造设备

大规模改造计划选择的小流量淋浴器通常具有以下一种或几种特征：

①固定式淋浴器。改造计划通常选用固定式淋浴器，因其价格和安装都比可拆、可调的淋浴器更便宜。残疾人和其他特殊用途的例外。

②按摩和可变喷洒选择。改造计划选用具有按摩和可变喷洒选择（例如雾化、急流或湿润）的小流量淋浴器，可以增加用户满意度，进而提高设备保持率。

③临时限流阀。改造计划有时选购嵌有临时限流阀的淋浴器。尚未清楚用户实际使用该功能的程度和是否能大量节水。必须谨慎选择带有临时限流阀的淋浴器以防烫伤。

2. 规划淋浴器或改造工具包安装计划

（1）制定改造计划

以下是制定理想的改造计划的步骤，摘自科罗拉多州斯诺马斯市落基山研究所的研究报告：[113]

①选择或定制一套使计划目标用户和用户子群参与最多的安装方法。

②选择优质改造设备。从候选制造商处取得淋浴器等设备样品，通过服务区内重点人群或其他代表性群体评价产品的接受程度。

③大力推广该计划（例如宣传单、报纸、电视和广播）。

④与其他公用事业（给水、污水、电力和燃气部门）联合支持计划，以分担成本并促进用户的参与。

⑤以在计划伊始室内用水量大的用户为目标（例如低收入住宅等住宅和机构用户）。

⑥向服务区内所有用户提供改造工具包，确保人人都有机会参与计划，确保设备足够满足所有用户的需求（如图 2-28、图 2-29 所示）。改造工具包应包含简单的安装指南和其他节水措施的提示（如图 2-30 所示）。

图 2-28　计划改造工具包的配送

⑦循环利用废旧卫生器具。

⑧监测节水量，报告计划整体效果。

图 2-29　投递到用户门前的改造工具包

图 2-30　马萨诸塞州水务局编制的家庭节水指南

（图 2-28 ～图 2-30 来自 Amy Vickers 及其公司）

（2）选择配送方案

有 6 种常用的配送小流量淋浴器等卫生器具工具包的方法：逐门逐户、直接安装、大宗邮寄、定点领取、返利、工具包申请，如表 2-14 所示。

卫生器具改造工具包计划的配送方式、潜在用户参与度和估计成本　　表 2-14

工具包配送方式*	说明	优点	缺点	潜在用户参与度†	每户估计成本（美元）‡
逐门逐户	直接向住户派送改造工具包自行安装，经过培训的技师跟踪征求意见或辅助住户安装	电话回访报告目标用户参与率高	用户报告安装率与实际安装率不同，并非所有接受工具包的用户都会安装	50% ~ 70%	13 ~ 20
直接安装	雇用经过培训的技师直接上门安装，确保安装正确。此方法通常与室内外用水审计结合	因得到安装人员证实，所以是最可靠的方式，尤其对缺乏自行安装动力的多户住宅有效	通常是最贵的安装方式	40% ~ 60%	17 ~ 30
大宗邮寄	工具包直接邮寄给所有用户或目标用户，由用户自行安装	向反馈申请要求的用户直接邮寄的低成本配送方式	如果用户不要求帮助和提供信息就不会和用户直接接触以便鼓励其安装，并非所有接受工具包的用户都会安装	15% ~ 60%	10 ~ 15
定点领取	通知用户可以免费领取工具包的地点，如公共建筑、图书馆、学校等	管理成本和责任较低	可能只吸引想领取改造设备的用户，并非所有接受工具包的用户都会安装	5% ~ 40%	8 ~ 13
返利	公用事业向安装小流量淋浴器（或其他节水器具或设备）的用户提供返利	奖励安装节水设备的用户	可能只吸引想安装节水设备的用户，返利过程对计划赞助者和用户而言费时耗钱，如果参与率低则不会显著节水	5% ~ 30%	15 ~ 20
工具包申请	公用事业或赞助机构向申请用户提供改造工具包，工具包可以根据住户要求定制	计划赞助商的设计、管理和责任最小	并非所有申请工具包的用户都会安装，难以确定是否安装	很低	7 ~ 12

注：* 假设每种配送方式提供同样的工具包：两个坐便器置换设备、两个 9.5L/min 淋浴器、两个水嘴限流器、坐便器漏失检测片和节水信息手册。

† 可能而非确定的范围，取决于具体计划的设计、实施和目标用户基准。

‡ 包含工具包和配送的估计成本；实际成本依工具包单价、计划推广成本、人工成本、邮寄、印制、调研等而有所不同。

资料来源：Amy Vickers 及其咨询公司，本章参考文献 23、77、113-115。

（3）目标用户和器具

在住宅和非住宅建筑安装不超过 9.5L/min 淋浴器以更换大流量淋浴器（除安全淋浴和特殊用途外）。

参与淋浴器改造计划的目标用户应按优先顺序选择。首先，应选择已知淋浴器流量最大的住宅和非住宅建筑。淋浴频繁或用水量大的非住宅场所有旅馆、汽车旅馆、学校、宿舍、医院、体育馆、运动场和健身俱乐部等。如表 2-11 所示，淋浴器的安装年份通常是判断其大概用水量的很好线索，除曾经纳入电气、燃气或安装 11.4L/min 节水计划中经过改造的以外。除非可以得到确切的时间和地点文件，最好在着手改造计划前确定器具类型。一种方式是测试一些服务区域内既有的淋浴器。不应假设设备的效率满足规范，通常推荐现场测试确定。[77]

小流量淋浴器很可能是水和能源公用事业提供给住户最常见的硬件产品，通常包含在节水改造工具包中免费提供给用户。小流量淋浴器因其与其他节水措施相比价格不高、易于安装，通常通过住宅用水和用能审计计划安装，很多住宅和非住宅建筑的淋浴器已经改造为节水淋浴器，但有些老旧型号节水量不如较新的节水设备。对已安装小流量淋浴器的住宅研究表明，通常优质设备的保持率较高。

(4) 淋浴器安装数量

住宅用户群包括独户住宅和多户住宅，每户约有1.6个淋浴器[36, 116]，尽管个数因住宅大小和新旧有所不同（新房通常拥有更多的卫生间和浴室），并且因独户和多户住宅也有所不同。美国住宅终端用水研究[117]报告，平均每个住宅拥有2.0个淋浴器（其中，1.2个有浴缸，0.74个无浴缸），多户住宅的数量相对较小。多数改造工具包为独户住宅提供2个淋浴器，为多户住宅提供*DN*25 ~ *DN*50个淋浴器。

(5) 小流量淋浴器和改造设备的使用寿命

淋浴器的使用寿命与流量无关，通常为10 ~ 15年，有时较长（劣质器具在安装后很快就被拆除）。淋浴器的使用寿命可能因沙砾、石子、发霉等堵塞而减少。堵塞的淋浴器通常可以通过拆卸并在水嘴下冲洗进行清洁。

如果用户接受，节流塞可以使用5 ~ 10年，与材料质量和颗粒沉积相关。多数用户可能因为喷洒效果不好而移除节流塞。

3. 用户参与淋浴器改造和更换计划

当计划参与者得到优质淋浴器而且可以选择喷洒方式（例如可变喷洒设置、节流和按摩）时，接受度很高。如果淋浴器优质，超过50%的目标用户愿意安装小流量淋浴器。相反，如果用户之前有过劣质节流塞等经验的，可能会不愿意安装其他节水产品。可以通过帮助用户了解新设备与既有大流量淋浴器具有同样甚至更好的性能来赢得用户支持。

4. 小流量淋浴器或改造设备的安装

小流量淋浴器等改造设备的安装应由经过培训的技师或水管工根据规范和实际情况来完成。法律允许用户自行安装，用户应充分知晓正确的程序、工具和预防措施以确保称职、安全的安装。应特别小心地从淋浴器颈和淋浴杆上拆除既有淋浴器和节流器，如果处理不仔细可能钙化和破碎。例如，如果拆除老旧淋浴器的压力过大，淋浴器颈的螺纹可能剥落或淋浴器颈可能折断。类似的，需要小心安装螺纹杆替代淋浴器颈的球形接头，确保给水管不会滑到墙的一侧，否则，不拆墙很难复位（有时用衣架或其他设备定位管道）。如果在拆除旧淋浴器时，淋浴器颈在墙内折断或给水管损坏，很可能需要拆墙，代价很大。尽管这种情况并不常见，改造计划资助者应分配意外支出预算用于处理必要的维修。[77]

5. 淋浴器安装步骤

沐浴器安装通常包含以下步骤：

(1) 缠绕淋浴器螺纹

通常在淋浴器颈缠绕生料带，以便密封、限制漏失和帮助拆卸清洗淋浴器。

(2) 提供淋浴器转换器

有时因淋浴器的连接和螺纹类型不同，需要连接淋浴器颈或淋浴器杆与新淋浴器的阴阳螺纹转换器。约18%的沐浴器使用球形连接，需要与新沐浴器匹配的转换器。根据美国供水协会发布的《住宅改造的管理指南》，淋浴器颈需要3种主要制造商生产的转换器：约10%需要Price Pfister™，约4%需要美标™，约4%需要Gerber™转换器。因用户可能不便获得转换器（不确定需要什么或不想花时间或金钱），资助改造计划的组织者通常提供转换器以提高安装率，淋浴器安装更换和改造计划应告知可能需要转换器并提供获得和安装的指导。

（3）安全检查防止烫伤

安装小流量淋浴器应该不会增加烫伤危险，但是在安装新淋浴器之前应检查可能性。洗浴过程中的烫伤通常是由于浴室给排水管道不合理，淋浴冷水压力和流量骤降（通常在附近坐便器冲水时），造成热水快速流出补偿压力损失，这种问题通常发生在无压力或温度补偿阀的老旧住宅和建筑中。一些淋浴器安装了防烫设备，其他一旦发生烫伤也可以安装该设备。带有临时限流阀的淋浴器在关闭位置时应先滴水以确保安全水温。据用户报告，可以设置热水器温度最高为 49℃以避免烫伤（同时也可以节能）。[105] 在调节水温或压力条件之前，应先查看相关适用规范和法律，因为一些建筑规范可能包括一些特别的要求或禁止。[107]

（4）拆除旧淋浴器

拆除的旧淋浴器应带走以防重新安装使用。

6. 淋浴器的再生利用

废旧淋浴器的金属、橡胶和塑料材料也可以作为废料循环或再生利用。提供安装的改造计划因安装人员带走，所以很容易收集废旧淋浴器。

7. 小流量淋浴器和改造设备的维护

应每年检查一次淋浴器及其改造设备，去除可能沉积妨碍水流的沙砾。清洗过程为：①拆下淋浴器，倒置于水嘴下冲洗；②拆除、清洗和重新安装节流器或加气筛。

2.2.4 水嘴

“饮水思源。”

——中国谚语

煮面需要半升水，则刷锅需要 1L 水。

加工一片白面包需要 42L 水，加工一片全麦面包需要 27L 水。

加工一杯原味酸奶需要 333L 水，一份哈密瓜果需要 151L 水。

加工一杯橙汁需要 185L 水，加工一杯 237mL 牛奶需要 182L 水。

——水教育基金会

本节介绍了减少水嘴用水量的 4 种措施：小流量水嘴、水嘴改造设备、水嘴漏失维修、水嘴相关的食物处理器选择。这些措施适用于安装在住宅和非住宅建筑（例如办公楼、学校、公共和商业等多种机构设施）的水嘴。

小流量水嘴在 0.54MPa 压力下的高峰用水量不超过 9.5L/min，或在 0.41MPa 压力下的高峰用水量不超过 8.3L/min。节水型厨房水嘴的最大设计流量通常为 9.5L/ min，而小流量卫生间水嘴也有最大流量为 8.3L/min，甚至 5.7L/min 的。（厨房向锅和盆中注水需要更大的流量，而卫生间水嘴主要用于洗手需要较小的流量。）一些既有的大流量水嘴可以通过安装加气器、限流器等改造设备减少流量。水嘴加气器或限流器通常包含在卫生器具改造工具包和住宅用水审计计划中。

自 20 世纪 80 年代早期以来，厨房和卫生间水嘴的设计和用水效率已经显著提高。这些改进来自喷嘴和流态以及新式加气器和节流器的设计，以较小流量提供了较好的润湿特征。美国能源法案要求美国所有在售、安装和进口的卫生间和厨房水嘴必须在 0.54MPa 压力下流量不超过 9.5L/min（或在 0.41MPa 压力下的高峰用水量不超过 8.3L/min），计量式水嘴的最大流量为 0.95L/ 次。[26]

2.2.4.1 水嘴用水量

根据流量估计的小流量和大流量水嘴的平均用水和节水量，如表 2-15 所示。小流量厨房和卫生间水嘴在 0.54MPa 压力下高峰用水量不超过 9.5L/min，或在 0.41MPa 压力下流量不超过 8.3L/min（美国能源法案最初规定小流量水嘴在 0.54MPa 压力条件下的流量不超过 9.5L/min，1998 年 3 月其修订案补充规定在 0.41MPa 压力条件下厨房和卫生间水嘴的流量不超过 8.3L/min）。中、大流量水嘴在 0.54MPa 压力条件下的流量为 10.4 L/min、11.4 L/min 直到 26.5L/min。与淋浴器类似，制造商通常提供水嘴的全开流量（或额定流量），如表 2-15 所示，但实际流量通常为额定流量的 2/3（67%），因多数用户除在注满容器时以外，不会全开。[36] 例如用户全开 0.54MPa 压力下额定流量为 9.5L/min 水嘴向锅或盆注水，则流量为 9.5L/min；当手柄开启 2/3 时，使用 0.54MPa 压力下 11.4L/min 水嘴润湿和清洗，则流量为 7.6L/min。

住宅小流量水嘴的估计用水和节水量 **表 2-15**

生产或安装年份*†	水嘴用水量‡		使用频率	估计用水量		使用 9.5L/min 水嘴的估计节水量				使用 5.7L/min 水嘴的估计节水量			
	额定流量（MFC）	实际流量（MFR）				日节水量		年节水量		日节水量		年节水量	
	L/min		min/（人·d）	L/（人·d）	L/（户·d）§	L/（人·d）	L/（户·d）§	m³/（人·年）	m³/（户·年）§	L/（人·d）	L/（户·d）§	m³/（人·年）	m³/（户·年）§
1994年至今	5.7	3.8	8.1	30.7	81.0								
	9.5	6.4	8.1	51.1	134.8					20.4	54.1	7.5	19.7
1980年～1994年	10.4	6.8	8.1	56.4	148.4	5.3	13.6	1.9	4.9	25.7	67.4	9.3	24.6
	11.4	7.6	8.1	61.3	162.0	10.2	26.9	3.7	9.8	30.7	81.0	11.2	29.5
1980年以前**	11.4～26.5	12.5	8.1	102.2	269.9	51.1	134.8	18.7	49.2	71.5	188.9	26.1	68.9

注：* 时间阶段是近似的。州或地方辖区可能与上述数据有所不同。

† 用于厨房和卫生间。

‡ 在 0.54MPa 压力下的流量；在 0.54MPa 压力下水嘴高峰用水量为 9.5L/min，相当于 0.41MPa 压力下高峰用水量为 8.3L/min。厨房水嘴流量通常大于卫生间水嘴流量。

§ 按美国每户家庭平均 2.64 人计算。

** 1980 年以前的水嘴额定流量平均范围。

MFC：器具最大工作能力（额定流量）。

MFR：器具实际监测流量（相当于额定流量的 2/3）。

资料来源：Amy Vickers 及其咨询公司，本章参考文献 26、29、37、52 和 176。

厨房和卫生间水嘴的用水之和在室内住宅用水中通常是第四大用水需求，平均用水量为 41.3L/（人·d），根据 1999 年美国住宅终端用水研究的调查报告，在非节水型独户住宅中，占室内用水量的 15.7%。[118] 住宅水嘴的实际平均流量为 5.1L/min。[119] 一项较早的（1984 年）研究发现，非节水型住宅的水嘴用水量为 39.0L/（人·d），平均流量为 9.8L/min。[36] 这些数据反映了水嘴用水效率自 20 世纪 80 年代中期以来逐渐提高。按照水嘴安装的大致年份估计住宅用水量，如表 2-15 所示。

根据 1999 年美国住宅终端用水研究的调查报告，[120] 非节水型独户住宅厨房和卫生间的平均使用频率为 8.1min/（人·d），此前认为是 4.0min/（人·d）。[36] 非住宅的水嘴使用频率和用水量尚未明确提出。公共卫生间使用的计量式水嘴通常设置为出流 10s 后自动关闭。在商业和机构中的卫生间和浴室水嘴流量通常小于厨房和洗涤盆水嘴。

水嘴一天的漏失可达到数升甚至数百升。未关闭的水嘴一天可能浪费数吨到数百吨水。

如果流量未知，可以通过一些方式确定水嘴流量：①开启水嘴（全开测定额定流量，半开或开启 2/3 测定实际流量），用预先标定容量的袋子或水桶收集出流，并记录流量；②读取水嘴启闭前后的水表读数（保持其他器具和用水设备处于关闭状态）；③查看水嘴标签上的额定流量（美国能源法案自 1994 年生效以来的要求）；④确定安装水嘴的最近日期（可能发生在改造计划中）或建筑年龄（如果水嘴看似在建设时安装的），在表 2-15 中找到水嘴的可能流量；⑤联系制造商。

小体积、小流量、低耗、高效等术语可以通用，均指在 0.54MPa 压力条件下用水量不超过 9.5L/min（或在 0.41MPa 压力下流量不超过 8.3L/min）以及 5.7L/min、7.6L/min 的水嘴和最大流量为 0.95L/ 次的计量式水嘴。在 1994 年以前，基于当时的能效标准，这些术语也指用水量为 10.4L/min ~ 11.4L/min 水嘴。小流量水嘴可以匹配与大流量水嘴相同的连接端口，而无需转换器。下面 4 节介绍了厨房和卫生间小流量水嘴、水嘴改造设备、漏失维修和食物处理器。

2.2.4.2 小流量水嘴

小流量厨房和卫生间水嘴在外观上与传统大流量水嘴一样，如图 2-31 和图 2-32 所示。可通过加气器、限流器、喷洒特征或其组合减少水嘴流量。加气器、限流器通常安装在水嘴末端或水嘴底部连接冷热水的 T 形区。一些水嘴无法取下限流器，其他的可以取下定期清洗。

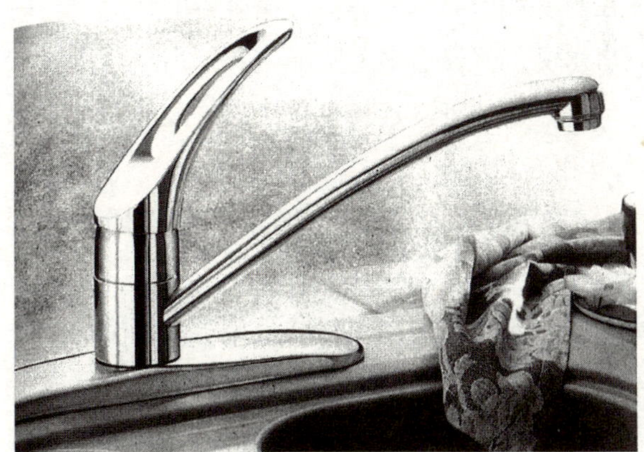

图 2-31 小流量厨房水嘴在 0.54MPa 压力条件下用水量不超过 9.5L/min（或在 0.41MPa 压力下流量不超过 8.3L/min）

图 2-32 小流量卫生间水嘴在 0.54MPa 压力条件下用水量不超过 9.5L/min（或在 0.41MPa 压力下流量不超过 8.3L/min）

（图 2-31 和图 2-32 来自摩恩公司）

一些小流量水嘴可以减少流量而不牺牲性能。一些水嘴在T形区嵌入限流器，限流器可以是狭窄通道或依压力控制的弹性O形环，低压时O形环流量较大，高压时O形环减少流量。

有些水嘴带有能行成平行细流的层流附件，产生不夹杂空气的层流。层流附件提供了很好的湿润特征，与加气水嘴相比噪声和飞溅较小。

2.2.4.3 水嘴改造设备

小流量水嘴配备的限流器也可以作为改造设备应用于大流量水嘴上以减少流量。多数情况下，改造大流量水嘴比更换整个水嘴更加便宜，而且可以达到同样或近乎同样的节水效果。水嘴改造设备包括加气器、计量阀式和自闭水嘴，还有感应式水嘴。

1. 加气器

水嘴加气器通常是金属材质的圆形筛，如图2-33所示，拧在水嘴末端减少流量。加气器通过气水混合，在较小的流量下提供水量充足的感受。加气器是简单、经济和有效的水嘴节水措施。

图2-33 廉价而易于安装的加气器和限流器可将水嘴流量减至不超过5.7L/min（在0.54MPa压力条件下）

（图片来自Amy Vickers及其公司）

多数水嘴加气器可以拧下并更换为较小流量，无加气器的水嘴有的可以改造，有的无法改造。如果加气器丢失而水嘴上有加气器螺纹，可以安装一个新的加气器替换。一些水嘴，特别是老旧水嘴中嵌入了限流器，可能无需或无法容纳加气器。

卫生间水嘴可以安装加气器将流量控制在8.3 ~ 9.5L/min（0.54MPa压力下）。安装限流过度的加气器可能造成用户将其拆除，特别是在厨房和公共水嘴需要注满容器的情况下。厨房水嘴加气器有多种喷洒方式（用于清洗）和水流控制特征。连接便携洗衣机或洗碗机的水嘴可能不易安装加气器；在安装加气器前应检查水嘴和器具接口。

加气器通常可拆，因此可以定期清洗；如加气器丢失，应及时更换以确保流量不超过9.5 L/min。

启闭加气器的指尖控制阀。一些小流量厨房水嘴可通过启闭加气器减少流量，在清洗或浸湿时开启，在向容器注水时关闭，如图2-34所示。用户更愿意持续使用由指尖控制加气器改造的大流量水嘴，调节时只需简单旋转连接在水嘴上的加气器；无论加气器在何状态，水嘴流量都不能超过0.54MPa下9.5L/min。旋开或旋闭加气器时，指尖控制阀均可保持冷热水混合的理想温度。

防破坏和干扰加气器。需特殊工具安装和拆除，可用于学校、公共设施等加气器可能受到破坏的非住宅建筑卫生间。

图 2-34　厨房小流量喷洒型水嘴加气器具有喷洒和全流两种选择

（图片来自摩恩公司）

2. 计量阀式、自闭式和感应式水嘴

计量阀式、自闭式（弹簧荷载式）和感应式（如红外或光纤）可通过预先设定水量或时长自动关闭水嘴而限制流量。1994 年以后安装的计量阀式水嘴不得超过 0.95L/ 次，1 次通常是 10s。这些水嘴的用水效率不同，取决于流量和设定时间两个因素。一般而言，这些水嘴因其只在需要时开启（计量阀式和自闭式水嘴有时更短），所以比其他类型水嘴更节水。旧的大流量计量阀式、自闭式和感应式水嘴通常可改造或调节而无需更换整个器具。

计量阀式水嘴在关闭前释放预先设定的水量。自闭式水嘴以具有弹簧荷载按钮为特征，当使用者松开按钮时自动关闭水流。例如，一种自闭式水嘴运行 10s 释放 0.38L/ 次（基准流量为 1.9L/min）。感应式水嘴包含一个光感或移动感应设备，当感应到正前方有手或其他物体时自动出水，当使用者离开时自动关闭，当然和其他设备一样出现故障时也可能持续流水。定期冲洗此类设备可以减少沉积物阻塞造成的故障。[59]

2.2.4.4　水嘴漏失维修与调节

水嘴漏失是一种常见的用水浪费之源。应定期检查水嘴口滴水和底部连接处密封。水嘴漏失维修和调节措施如下：

①更换旧垫圈。滴水或失稳（5 滴 /s）的水嘴通常由“底座”磨损造成，有时手柄下的密封圈也需要更换。多数双柄家用水嘴是压缩或“阀杆”型水嘴。阀杆型水嘴具有的硬橡胶密封圈通常是漏失之源，有时开启或关闭阀体的阀杆可能也是漏失之源，膜杆式水嘴的漏失通常可以通过更换阀座密封垫或隔膜维修。新建住宅常用的无垫圈单柄水嘴通常有 4 种形式（盘式、阀式、插装式和球轮式），可以用专用工具包维修。[121]

②拧紧或重装水嘴。水嘴阀杆（手柄下面）或底座漏失通常表示需要拧紧器具或压紧螺母。

③调节流量。一些调节可以减少既有大流量水嘴的流量。在每层供水连接处达到流量要求的前提下降低建筑水压，可以减少水嘴等器具设施的用水量。类似的，可通过调节限流阀来增减水嘴流量。

注意：因供水系统调节不当可能伤害人身和财产安全，供水系统或其连接处的任何调节都需由具有执业资格的水管工或工程师严格按照现行规范完成，而不能妨碍防火、必要操作等既有用水的流量要求。

2.2.4.5 食物处理器改造

水嘴用水包括食物或废物处理器的用水。据全国调查，约 48% 的美国住宅有与厨房洗涤盆相连接的食物处理器；[122] 美国住宅终端用水研究对 14 个城市的调查发现 68% 的独户住宅有食物处理器。[123]

食物处理器可以通过以下方式节水。首先，拆除处理器可以节约水电和将来的维修成本。通常并不需要食物处理器，食品废物可以很容易地用小容器收集在洗涤盆里或旁边，等待堆肥或处置。大部分食品废物（除动物和奶制品）可以在室外发酵池处理后用于花园或盆栽土，该措施也减轻了住宅的固体废物负担。此外，有食物处理器的住宅，有时需要更大的化粪池系统容积，在建造时不安装食物处理器可以缩小化粪池系统尺寸，拆除既有食物处理器可以减少清除频率。其次，厨房水嘴尽可能在必要时使用最小流量，可以减少食物处理器用水量（见 2.2.4.3 节）。

2.2.4.6 小流量水嘴和改造设备的性能

近年来，随着更复杂的流量和喷洒控制技术的开发，小流量水嘴和相关改造设备的性能得到了改善。公共设施中感应式水嘴与传统手动和计量式水嘴的用水效率比较尚未明确。

2.2.4.7 小流量水嘴、改造设备和漏失维修的节水和相关效益

1. 节水

用小流量水嘴更换大流量水嘴的估计用水量和节水量，如表 2-15 所示。例如安装一个 9.5L/min 水嘴更换 11.4L/min 水嘴，估计可以节省约 10.2L/（人• d）或 26.9L/（户• d），相当于节水 3.7m³/（人• 年）或 9.8m³/（户• 年）。更换 1980 年以前的 11.4 ～ 26.5L /min 水嘴则可以节省约 51.1L/（人• d）或 134.8L/（户• d），相当于 18.7m³/（人• 年）或 49.2 m³/（户• 年）。类似的安装一个 5.7L/min 水嘴更换 11.4L/min 水嘴，估计可以节省约 30.7L/（人•d）或 81.0L/（户•d），相当于节水 11.2m³/（人• 年）或 29.5m³/（户• 年），多数住宅不使用 1980 年以前的水嘴。

水嘴加气器、维修和限流器的节水量因水嘴水压条件和漏失或滴水的大小和频率而不同。小流量水嘴、加气器等改造设备和漏失维修的估计节水潜力为：

①安装水嘴加气器：1.9 ～ 7.6L/min；

②安装水嘴限流器：1.9 ～ 9.5L/min；

③慢速滴水维修：18.9 ～ 37.9L/d；

④快速滴水维修：75.7 ～ 113.6L/d；

⑤稳流滴水维修：151.4 ～ 208.2L/d；

⑥水嘴堵塞在 1/4 开度时维修：2.1 ～ 6.8m³/d❶；

⑦水嘴堵塞在半开时维修：4.2 ～ 13.6m³/d❶；

⑧水嘴堵塞在全开位置时维修：8.1 ～ 27.3m³/d❶；

❶ 基于表2-15中所列器具的最大流量（额定流量）。

案例研究：医院安装水嘴限流器年节水 121.1m³

马萨诸塞州多尔切尼斯市卡尼医院在所有病房和检查室原来使用的 18.9L/min 水嘴上安装了 5.7L/min 的限流器，每个水嘴减少流量约 13.2L/min。估计每个洗涤槽平均用水约 25min/d，因此每个洗涤槽节水 333.1L/d，或年节水 121.1m³。按照每个洗涤槽改造费 12 美元、冷热水年节能约 280 美元估计，改造措施的偿还期不到 1 个月。[124]

2. 节约的给排水费用

安装小流量水嘴和相关设备的给排水避免成本，可以通过估计节水（污水）量（见表 2-15）与当地给排水费率（除固定收费外）相乘来计算。附录 D 提供了代表性的美国给排水费率和节水相关的边际成本一览表。

3. 节能

小流量水嘴因减少热水用量产生的估计节能量如表 2-16 所示。例如安装 9.5L/min 水嘴替代 11.4L/min 水嘴可以节能约 0.2kWh/（人• d）或 0.4kWh（户• d），每户平均为 2.64 人。如果安装流量小于 9.5L/min 水嘴替代 20 世纪 80 年代前使用的超过 11.4L/min 水嘴可以节能更多。公用事业部门也收集由于减少给排水量而节省的水泵和处理等间接能耗。

小流量水嘴减少热水用量而节约的能耗可以用估计节能量（单位 kWh，见表 2-16）乘以当地电费或燃气费率（未含固定收费）计算。

住宅小流量水嘴的估计能耗和节能量　　　　**表 2-16**

生产或安装年份*†	水嘴用水量‡		使用频率	估计用能量§		使用 9.5L/min 水嘴的估计节能量				使用 5.7L/min 水嘴的估计节能量			
	额定流量（MFC）	实际流量（MFR）				日节能量		年节能量		日节能量		年节能量	
	L/min		min/（人• d）	kWh/（人• d）	kWh/（户• d）**	kWh/（人• d）	kWh/（户• d）**	kWh/（人• 年）	kWh/（户• 年）**	kWh/（人• d）	kWh/（户• d）**	kWh/（人• 年）	kWh/（户• 年）**
1994 至今	5.7	3.8	8.1	0.5	1.2								
	9.5	6.4	8.1	0.8	2.0					0.3	0.8	112	297
1980 ~ 1994	10.4	6.8	8.1	0.8	2.2	0.1	0.2	28	74	0.4	1.0	140	371
	11.4	7.6	8.1	0.9	2.4	0.2	0.4	56	148	0.5	1.2	169	445
1980 以前††	11.4 ~ 26.5	12.5	8.1	1.5	4.1	0.8	2.0	281	741	1.1	2.8	393	1038

注：* 时间阶段是近似的。州或地方辖区可能与上述数据有所不同。

† 用于厨房和卫生间。

‡ 在 0.54MPa 压力下的流量；在 0.54MPa 压力下水嘴高峰用水量为 9.5L/min，相当于 0.41MPa 压力下高峰用水量为 8.3L/min。厨房水嘴流量通常大于卫生间水嘴流量。

§ 按每 3.8L、27℃水耗电 0.057kWh 估计；实际用能依用户水温喜好、水压、热水器能效等相关因素而有所不同。燃气热水器系统，将电能数据转换为热量（1kWh=0.034 大卡，或 1 大卡 =29.3kWh）。

** 按美国每户家庭平均 2.64 人计算。

†† 1980 年以前的水嘴额定流量平均范围。

MFC：器具最大工作能力（额定流量）。

MFR：器具实际监测流量（相当于额定流量的 2/3）。

资料来源：Amy Vickers 及其咨询公司，本章参考文献 26、29、37、52 和 178。

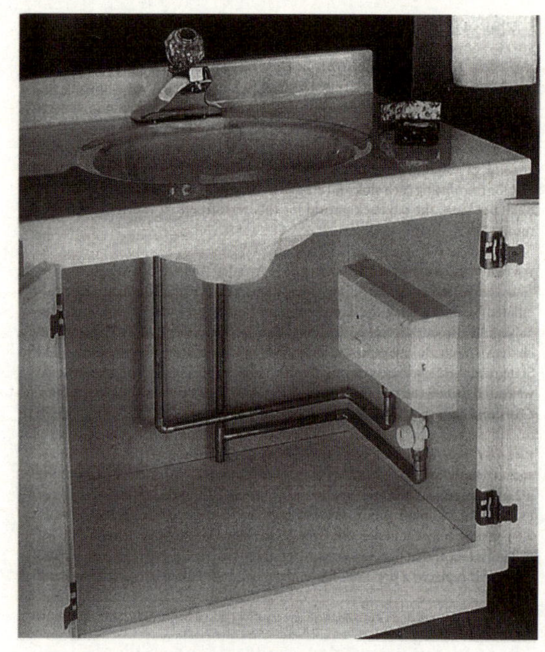

图 2-35　洗涤盆下终端即热式热水器
（图片来自控能公司）

安装终端即热需水装置可以节水和节能。在住宅等场所（例如偏远住处、移动式房屋、办公室、服务站和船舶）将热水供应到水嘴、淋浴器和浴盆有时因热水管隔热不良或从热水器到终端需要远距离输送损失热量而效率不高。在此情况下，因热水在到达器具之前开始冷却，用户在使用热水时需要打开水嘴或淋浴器等待热水流出。这个问题可以通过安装终端即热需水单元或热水器解决。即热需水装置用阀门和泵将热水管里的冷水输送到热水器中迅速加热后送回热水嘴。这种简单、紧凑的热水器可以安装在洗涤盆下面，如图 2-35 所示，也可以安放在附近储物区。紧凑型洗涤盆下终端加热器零售价约 200 ~ 250 美元，小型加热水箱零售价约 150 ~ 400 美元。两种类型的加热器都需要电源才能运行。

2.2.4.8　小流量水嘴和改造设备的成本

1. 硬件成本

小流量（如 9.5L/min、8.3L/min 和 7.6L/min 及以下）水嘴、加气器和相关设备的成本估计如下：

①厨房水嘴：50 ~ 250 美元；

②卫生间水嘴：40 ~ 150 美元；

③卫生间水嘴（计量式）：80 ~ 170 美元；

④水嘴加气器：0.5 ~ 3 美元；

⑤感应式（无需触碰）水嘴（电池或电线式）：100 ~ 600 美元。

2. 人工和材料成本

水嘴改造设备因通常包含在住宅改造工具包内，其直接人工成本尚未明确。（参见 2.2.3.6 节“淋浴器人工和材料成本”）。简单的水嘴很容易安装加气器或相关设备，只需几分钟。如果既有水嘴需要安装转换器或清除结垢等，则需要额外时间。加气器和其他流量控制设备通常提供聚四氟乙烯生料带，缠绕在水嘴螺纹上确保紧密配合，减少漏失并帮助拆除清洁。

3. 产品制造

小流量水嘴的制造商详见第 5 章“节水网络”。

2.2.4.9　水嘴和食物处理器适用的法律、规范和标准

当安装或调节任何器具、设备或连接水管及水系统时，应严格遵守所有适用于水嘴和相关设备的法律、规范、标准和卫生安全要求，包括但不限于以下内容：

1. 联邦节水要求

美国能源法案建立了安装、制造或进口水嘴的用水效率要求，并由美国能源部（DOE）进行管理。州和当地政府在美国能源部许可的前提下可以制定更严格的用水标准。美国能源法案

要求水嘴在 0.54MPa 压力下高峰用水量不超过 9.5L/min（或在 0.41MPa 压力下高峰用水量不超过 8.3L/min），[125] 计量式水嘴最大流量为 0.95L/ 次，如表 2-1 所示。美国能源法案还要求厨房和卫生间水嘴按照美国机械工程师协会（ASME）标准（A112.18.1）规定的标识要求，永久标识器具在指定压力下的每 min 最大冲洗水量或每次最大冲洗水量。[26] 美国能源法案建立了最大用水要求，允许器具用水少于法规中要求。

2. 性能测试标准

由美国能源法案建立的水嘴最大用水要求包括由美国机械工程师协会 A112.18.1 标准（卫生器具配件）建立的厨房和卫生间水嘴、计量式水嘴和更换加气器最低性能测试和相关产品要求。除满足 ASME/ ANSI 性能测试，水嘴制造商也自己制定了更为严格的测试以保证产品得到认可。

3. 食物处理器

美国标准协会（ANSI）、美国家电制造商协会（AHAM）及美国卫生工程学会（ASSE）已经建立了与厨房洗涤盆连接的食品废物处理器的性能和卫生要求的行业标准，包括 ANSI/AHAM FWD-1 住宅食品废物处理器性能评价流程和 ANSI/ASSE 1008/AHAM FWD-2PR 住宅食物处理器单元的卫生要求。

4. 地方和州政府的权威机构

水嘴用水标准在历史上由地方和州立机构设定，但是联邦能源法案已经基本取代了这些机构。尽管事实上某些州立或地方机构可能继续完善其水嘴用水要求或允许例外，但是根据能源法案，只有美国能源部能够授予地方豁免能源法案节水标准的权力。

一些州或市要求只许可持有执业资格的水管工安装、调节和更换水嘴，但是有时在大规模返利和更换计划中雇用经过培训的技师可免除这些要求。

在得克萨斯州奥斯汀市，亚利桑那州图森市等地的一些社区公共卫生间要求使用自闭式水嘴。[126]

一些市政府禁止使用食物处理器，但是在底特律、洛杉矶和丹佛等地实际上要求新建社区的 90 余个建筑中安装处理器。[127]

2.2.4.10　实施水嘴改造或更换计划

1. 选择小流量水嘴和流量控制设备

由节水改造设备产生的水嘴质量和水流特征变化与小流量淋浴器一样。用户通常根据由加气器带来的水流特征判断水嘴质量。加气器引起水流平直度和宽度差异，产生不同的飞溅量、抗堵和噪声等。改造计划在选择加气器或其他流量控制设备时，要测试每个候选设备的质量和在不同压力条件下的性能。可能需要一些类型的加气器或流量控制设备满足住宅或办公楼改造的各种条件。[43]

经验表明，改造后的住宅厨房和卫生间水嘴在 0.54MPa 下的最大流量为：住宅卫生间和浴室水嘴：5.7 ～ 9.5L/min；商业和公共建筑卫生间和浴室水嘴：1.9 ～ 5.7L/min；厨房水嘴：改造加气器应具有指尖控制阀或双挡喷洒控制阀限制流量不超过 9.5L/min。

（1）加气器螺纹

加气器有阴阳两种螺纹，阴螺纹在加气器内，阳螺纹在外。

（2）加气器的尺寸

加气器有标准型和小型两种尺寸。标准型加气器螺纹终端尺寸符合五分镍币，阴螺纹

22mm、阳螺纹 24mm。小型加气器螺纹端尺寸符合一角硬币（不是五分镍币），阴螺纹 19mm、阳螺纹 21mm。

（3）附件

多数水嘴，尤其是卫生间水嘴末端是螺纹连接的，因此可以连接加气器、节流塞或其他设备。一些水嘴因连接的附件可能要求特定流量（例如便携洗衣机、洗碗机和其他安装在实验室的设备），在安装改造设备之前应验证是否满足这些要求。[128]

2. 规划

小流量水嘴加气器和限流器的常用配送方式参见 2.2.3.8 节表 2-14。

（1）目标用户和器具

应首先改造、维修或更换住宅和非住宅建筑中的大流量和漏失水嘴，通常水嘴越老越可能大量用水和漏失。厨房和卫生间用水频繁或用水量大的非住宅场所有办公楼、餐馆、旅馆、汽车旅馆、宿舍、学校、实验室、医院等商业和工业场所。

水嘴加气器或相关设备通常是水和能源公用事业资助的节水器具改造计划提供给住户的最常见硬件产品。这种计划中很少更换水嘴，因为加气器可以产生与更换整个水嘴一样的节水效果，而更换水嘴的成本更高。之前用加气器或其他限流设备改造的水嘴，特别是在非住宅建筑中，可以作为未来更换的目标，因为这种设备有时会被业主拆除或损坏。

（2）水嘴的安装数量

住宅区的厨房和卫生间水嘴数量差别很大。美国住宅终端用水研究表明，平均每户有 2.5 个浴室洗手盆、1.1 个厨房洗涤盆和 0.4 个室内杂物间和车库洗涤盆；[129] 多户住宅的数据较小。多数改造工具包为独户和多户住宅提供两个水嘴加气器。

（3）水嘴的使用寿命

水嘴应至少可以使用 15 年，取决于其使用和维护。加气器和限流阀等水嘴改造设备，应可靠使用 5 ～ 15 年，影响使用寿命的因素很多，如安装和材料质量、水质和是否定期清洁等。

（4）激励

促进安装小流量水嘴和相关设备的经济激励，仅在可以预期足够的节水和避免成本时才经济有效。一些坐便器返利计划要求用户改造水嘴和淋浴器才有资格得到返利。

3. 用户参与水嘴改造计划

当用户得到优质水嘴时，通常接受度高。这可能归功于近年来水嘴设计和喷洒方式的改进，用户更关注器具的服务质量而非用水量。一些用户可能因无耐心等待注满容器的额外用水时间而拆除安装在厨房和公共场所大流量水嘴上的加气器和限流设备。指尖控制阀可以解决此类问题。

4. 小流量水嘴和流量控制设备的安装

安装小流量水嘴、流量控制设备和相关维修应由经过培训的技师或水管工根据规范和实际情况来完成。法律允许用户自行安装，用户应充分知晓正确的程序、工具和预防措施以确保称职、安全的安装。应特别小心地从连接处拆除既有水嘴和节流器，因其如果处理不当可能钙化和破碎。例如，如果拆除老旧水嘴、加气器或其他流量控制设备的压力过大，螺纹可能剥落或水嘴和给水管可能折断。因此，改造和审计计划资助者应分配一笔意外支出预算用于处理必要的维修。[77]

5. 水嘴的再生利用

拆除更换旧水嘴的金属、塑料和橡胶材料也可以再生利用。

6. 小流量水嘴和流量控制设备的维护

水嘴加气器和限流设备需要定期清洗堆积而影响水流的沙砾和结垢。在某些情况下，加气器和限流器因堵塞无法满足流量要求而被拆除。感应式水嘴应定期检查确保设定正确，无不必要的用水。感应控制水嘴的废旧电池应恰当处理，符合废物处理法规并减少对环境的不良影响和安全隐患。

2.2.5　洗衣机

“你想知道为什么称其为石器时代。在那美好的旧时光，在溪流中用岩石、石头和重棒敲打的方式洗衣服。忘记肥皂吧，水是唯一的清洁剂。”

——www.whirlpool.com

1907 年美泰格公司推出了首台洗衣机，即绞衣机。

1915 年由 60 个洗衣机制造商联合产生美国洗衣机协会，指导消费者洗衣机的需求和使用。

第二次世界大战后，洗衣机的需求迅速增长，直到 20 世纪 50 年代初，售出的自动洗衣机是绞衣机的十倍。

本节介绍了减少洗衣机用水量的两种措施：高效洗衣机和洗衣机节水措施。这里介绍的高效洗衣机可以安装在住宅和使用家用尺寸商用洗衣机的非住宅（如多户住宅、洗衣店、宿舍和军营的投币式洗衣机）中。类似地，洗衣机节水措施用于家用尺寸和非住宅机构的大型洗衣机。（美国家用洗衣机的洗涤容量通常为 6.4kg，非住宅的家用尺寸商用洗衣机的洗涤容量不低于 7.3kg。）

6.4kg 标准洗涤容量的高效家用洗衣机完成常规 3.6kg 洗衣负荷的最大冷热水用水量为 102L / 负荷。一些制造商也把用水超过 102L/ 负荷而能耗较低的洗衣机称作“高效”，但是这种洗衣机在此不作为高效洗衣机。

图 2-36　用水量为 102L/ 负荷的高效洗衣机通常指前开门滚筒洗衣机

（图片来自能效联合公司）

自 20 世纪 90 年代中期以来，在美国销售的家用洗衣机的设计一直在变化，用户可以选择传统、大流量、上开门波轮洗衣机，和更节水节能的高效滚筒洗衣机。资源节约型洗衣机如图 2-36 所示，指高性能、前开门、水平轴洗衣机，有时一些上开门波轮洗衣机也被称作资源节约型洗衣机。

美国能源部的“能源之星”伙伴计划，促进了洗衣机资源利用效率的提高。[130] 该计划通过器具制造商的协作与水务能源部门的激励，促进新型节水节能洗衣机进入市场。此外，美国能源部 2004 年和 2007 年提出更严格的洗衣机能效标准，促进制造商预先提高器具的资源利用效率。

在美国，超过 10% 的在用洗衣机满足能源部“能源之星”等级；[131] 而在欧洲，90% 的在用洗衣机为高效洗衣机。然而，欧式洗衣机通常比美式洗衣机的洗涤容量更小，而洗衣周期长，因此，这两种类型并不能直接比较。[132]

2.2.5.1 洗衣机用水量

6.4kg 标准洗涤容量的高效家用洗衣机完成常规 3.6kg 洗衣负荷的最大冷热水用水量为 102L / 负荷。[132] 一些高效洗衣机的用水量低达 61L/ 负荷，但其洗涤容量通常小于 6.4kg，大负荷洗衣的用水量与其无可比性。[133]1990 年以来安装的传统洗衣机的估计用水量为 148 ～ 163L/ 负荷。[134 ~ 141]1980 ～ 1990 年安装的洗衣机用水量为 182 ～ 208L/ 负荷，[142,143] 其中典型用水量为 193L/ 负荷，如表 2-17 所示。1980 年以前安装的洗衣机用水量约为 212L/ 负荷，几乎没有在用。[144，145]

住宅高效洗衣机的估计用水和节水量 **表 2-17**

生产或安装年份 *	洗衣机用水量 †	使用频率 ‡	估计用水量 §		使用 102L / 负荷洗衣机的估计节水量			
					日节水量		年节水量	
	L/ 负荷	负荷 /（人• d）††	L/（人• d）	L/（户• d）**	L/（人• d）	L/（户• d）**	m³/（人• 年）	m³/（户• 年）**
1998 年至今	**102**	0.37	37.9	99.9				
1990 年至今	148	0.37	54.5	144.2	16.7	44.3	6.1	16.2
	163	0.37	60.2	159.0	22.3	59.1	8.2	21.6
1980 年～ 1990 年	193	0.37	71.5	188.5	33.7	88.6	12.3	32.4
1980 年以前	212	0.37	78.4	207.1	40.5	107.1	14.8	39.1

注：* 时间阶段是近似的。

† 数据是正常洗衣负荷的典型用水量，加黑的数据 102L/ 负荷代表主要器具制造商所报告的性能可靠的节水型洗衣机；也有一些制造商生产性能可靠、用水量更低的洗衣机。

‡ 美国能源部的假设稍有不同，它是根据拥有洗衣机家庭洗衣 392 个周期 /（户· 年）。

§ 基于洗衣桶容积为 76.5 ～ 82.1L（可容纳 6.4kg 衣物）的洗衣机完成常规 3.6kg 洗衣负荷的一个周期。

** 按美国每户家庭平均 2.64 人计算。

†† 均摊到有无洗衣机的所有住户。

资料来源：Amy Vickers 及其咨询公司，本章参考文献 37、52、132、133、135 ～ 141、143 ～ 146、151、170、175 和 178。

尽管美国有洗衣机利用热水的能效要求，但是没有洗衣机冷热水混用的最大用水标准。因此表 2-17 中的洗衣机用水量假设摘自一些测试和研究报告。一份 1998 年美国能源部对堪萨斯州伯尔尼市 103 个洗衣机的研究发现，传统、大流量、波轮洗衣机完成 3.6kg 洗衣负荷的平均用水量为 157L/ 负荷。用高效洗衣机更换这些老式洗衣机，平均可以将用水量降至 98L/ 负荷，实现节水 38%。[136] 伯尔尼市的研究报告验证了《消费者报告》的类似报告：一份 2000 年主要制造商的测试发现，高效、前开门洗衣机完成 3.6kg 洗衣负荷的用水范围是 95 ～ 117L/ 负荷；大流量、上开门波轮洗衣机的用水量为 114 ～ 155L/ 负荷，[132] 覆盖了美国能源部假设的传统洗衣机用水基准 148L/ 负荷。[146]1997 ~ 1999 年《消费者报告》完成的类似测试得出了可以比较的结果（两种高效洗衣机的用水量分别是 94L/ 负荷、106L/ 负荷；16 种波轮洗衣机的平均用水量为 163L/ 负荷）。[133，135，137]

洗衣机用水通常是室内住宅用水的第二大来源，平均为 56.8L/（人· d）。据 1999 年美国住宅终端用水研究发现，在典型独户非节水住宅里，洗衣机用水占室内住宅用水的 21.7%。[147] 家用洗衣机的平均使用频率为 0.37 负荷 /（人· d），[148] 相当于 155L/ 负荷。1980 年到 20 世纪末安装的家用洗衣机的平均估计用水量为 37.9 ~ 71.5L/（人·d）（即 102 ~ 193L/ 负荷），如表 2-17 所示。（20 世纪 90 年代末仍在生产和使用大流量洗衣机。）这些数据反映了洗衣机用水效率的不断提高。

多数情况下，用高效洗衣机更换既有的大流量洗衣机无需特殊连接端口或考虑，但价格相对较高。除安装高效洗衣机外，用户还可以通过 2.2.5.3 节的节水措施减少洗衣机用水量。

2.2.5.2　高效洗衣机

高效洗衣机近年来才在美国和加拿大广泛普及。截止到 2000 年，已有超过 14 个品牌和 25 种型号的资源节约型洗衣机，[149] 其中一些用水量不超过 102L/ 负荷。很多高效洗衣机是前开门滚筒洗衣机，也有其他类型的。目前，北美 90% 的家用洗衣机是上开门洗衣机。[131]

美国市场上的新型节水节能洗衣机主要是通过将洗衣桶运行方式由上开门垂直轴模式转换为前开门水平轴模式而发展起来的。波轮洗衣机将衣物浸入洗衣桶内，在清洗和漂洗周期内沿垂直轴搅拌。高效滚筒洗衣机在较浅的水位下像干衣机一样高速反复滚动，滚筒动作产生清洗和漂洗的搅拌效果，在此过程用水和能耗较少。这种新型洗衣机由于具有较快的旋转周期，因此能更好地从清洗和漂洗衣物中甩出水分，帮助减小烘干衣物的时间和能耗。[136] 高效、水平轴洗衣机和垂直轴洗衣机的运行方式和相对水位如图 2-37 所示。

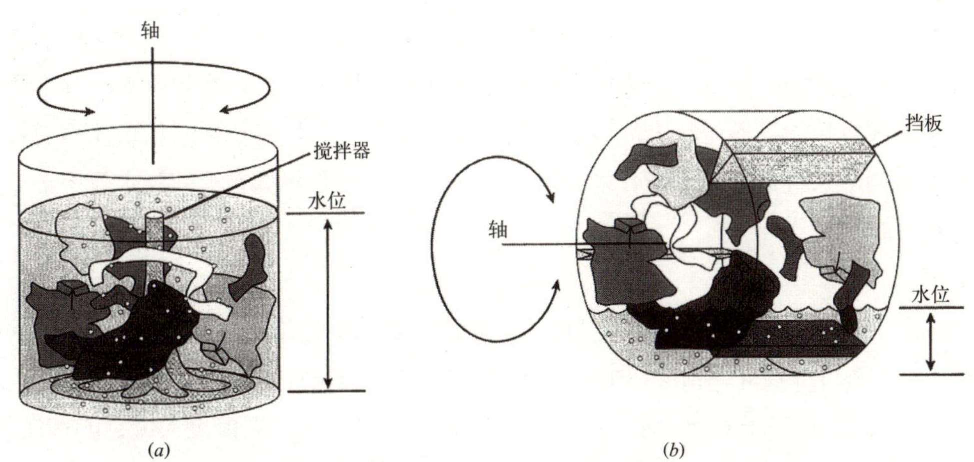

图 2-37　传统上开门垂直轴洗衣机（a）与高效洗衣机（b）的相对水位

（图片来自美国电力研究协会 EPRI 会刊）

美国高效家庭和商用洗衣机技术几乎是相同的，仅有细微差别。自助洗衣房、多户住宅和机构设施的洗衣机通常具有更大的洗涤容量（不低于 7.3kg）、更快的旋转速度和更短的周期，并具有投币箱。

2.2.5.3 洗衣机节水措施

下列节水措施可以用于减少大流量和小流量洗衣机的用水量：

①洗衣机满负荷运行；

②对可设置不同用水量的洗衣机，选择满足洗衣负荷所需的最小用水量；

③预处理污渍，避免衣物复洗；

④为轻度污染的衣物选择最短的洗衣周期，因其用水量少于多数“正常”和免烫洗周期；

⑤定期检查可能造成漏失和爆管的水管开裂情况。

2.2.5.4 高效洗衣机的性能

高效洗衣机与大流量洗衣机相比，表现出更好或至少相当的性能标准。首先，高效洗衣机比传统垂直轴洗衣机的旋转速度更快，在每个清洗周期结束时得到了更好的抽湿和甩干效果，缩短了烘干时间并节约能源；其次，高效洗衣机因用水量较少，相当于对清洁剂和漂白剂进行了浓缩，从而更有效地使用清洁剂和漂白剂；最后，由于高效洗衣机无中央搅拌，比垂直轴洗衣机的清洗更加温和，一些报告似乎证实这一点，也有但一项评估却未予支持。[137]

初步的产品销售和市场调查发现，高效洗衣机在美国市场上尽管较新但用户接受度很好。然而，至少一项消费者研究表明，北美用户不愿购买前开门滚筒高效洗衣机，因其需要大幅度弯腰，且对儿童形成安全隐患。另一方面，电力研究机构的《高效洗衣机计量和市场分析》研究发现，当用户相信高效洗衣机的价格、可靠性、使用简便和清洗能力不输于老式洗衣机时，会考虑高效洗衣机。[150]即使用户已经习惯弯腰装衣物，仍需要宣传其资源利用效率和长期经济效益才能使其接受前开门洗衣机。[150]

2.2.5.5 高效洗衣机的节水和相关效益

因为美国和欧洲洗衣机的洗涤容量通常不同，高效洗衣机的节水节能效益并不能直接比较，而资源效率应以相同负荷型号为基准进行比较，即小型（小于 3.6kg）、常规（3.6kg）、大型（高达 6.4kg）。一般而言，较大负荷和免烫洗设置比常规负荷用水量大。高效洗衣机通常提供自动水位调节帮助有效用水，而传统大流量洗衣机一般不具有这个特征，用水量由使用者设定。一些高效洗衣机的节水性能好于节能性能，反之亦然。此外，有些洗衣机的脱水效率更高，节省了烘干时间和能耗。[133]

1. 节水

在住宅中用 102L/ 负荷洗衣机替代传统大流量洗衣机的估计用水量和节水量如表 2-17 所示。例如安装 102L/ 负荷洗衣机，更换平均用水量为 148L/ 负荷洗衣机的估计节水量为 16.7L/（人•d）或 44.3L/（户• d），相当于 6.1m^3/（人• 年）或 16.2m^3/（户• 年）；更换更大流量的传统洗衣机，如 1980 年到 20 世纪 90 年代安装的平均用水量为 163 ～ 193L/ 负荷洗衣机，估计可以节水约 21.6 ～ 32.4 m^3/（户• 年）。

2. 节约的给水和排水费用

安装高效洗衣机和相关设备的给排水避免成本，可以通过估计节水（污水）量（见表 2-17）与当地给排水费率（除固定收费外）相乘来计算。附录 D 提供了代表性的美国给水和排水费率以及节水量相关的边际成本一览表。

3. 节能

高效洗衣机因减少热水器使用、提高电机效率和缩短烘干时间产生的估计节能量如表 2-18 所示，实际节能量随品牌、型号和使用方式（如负荷大小、水温和运行频率）而不同。例如安装 102L/ 负荷洗衣机替代平均用水量为 148L/ 负荷的洗衣机，可节能 192kWh/（人• 年）和 506 kWh/（户• 年），每户平均为 2.64 人，年节能量超过 40%。太平洋西北国家实验室通过更换年用水量为 57.9 m^3 的标准洗衣机（平均用水量 148L/ 负荷的洗衣机年洗衣 392 个周期）估计，高效洗衣机每年能耗可以从 1250kWh 电能或 1.97×10^5kJ 天然气减少至 725 ~ 778kWh 电能或 1×10^5 ~ 1.13×10^5kJ 天然气，相当于每个住宅年节 475 ~ 525kWh 电能或 8.37×10^4 ~ 12.55×10^4kJ 天然气（节水 21.2 ~ 40.9 m^3/（户• 年）），平均年节能量不少于 40%。[151]

住宅高效洗衣机的估计能耗和节能量　　表 2-18

生产或安装年份 *	洗衣机用能量 †	使用频率 ‡	估计用能量 §**			使用 102L / 负荷洗衣机的估计节能量			
						日节能量		年节能量	
	L/ 负荷	负荷 /（人• d）‡‡	kWh/ 负荷	kWh/（人• d）	kWh/（户• d）††	kWh/（人• d）	kWh/（户• d）††	kWh /（人• 年）	kWh /（户· 年）††
1998 至今	**102**	0.37	1.6	0.58	1.52				
1990 至今	148	0.37	3.0	1.10	2.91	0.5	1.4	192	506
	163	0.37	3.3	1.22	3.21	0.6	1.7	233	615
1980 ~ 1990	193	0.37	3.9	1.44	3.81	0.9	2.3	316	833
1980 以前	212	0.37	4.3	1.58	4.18	1.0	2.7	367	969

注：* 时间阶段是近似的。

† 数据是正常洗衣负荷的典型用水量，加黑的数据 102L/ 负荷代表主要器具制造商所报告的性能可靠的节水型洗衣机；也有一些制造商生产性能可靠、用水量更低的洗衣机。

‡ 美国能源部的假设稍有不同，它根据的是拥有洗衣机家庭洗衣 392 个周期 /（户· 年）。

§ 洗衣机的用能量是基于常规洗衣负荷的平均估计用能要求（结合热水器、洗衣机和烘干机）。加热热水的能耗通常占总能耗的 3/4。实际能耗与节能量随型号、电器设置、热水器温度等产品设计而不同。洗衣机的能耗和水耗通常并不直接相关。参照洗衣机的能耗等级确定实际能耗和节能潜力。

** 基于洗衣桶容积为 77 ~ 82L（可容纳 6.4kg 衣物）的洗衣机完成常规 3.6kg 洗衣负荷的一个周期。燃气加热和烘干系统将热量数据转换为电能。

†† 按美国每户家庭平均 2.64 人计算。

‡‡ 均摊到有无洗衣机的所有住户。

资料来源：Amy Vickers 及其咨询公司，本章参考文献 37、52、132、133、135 ~ 141、143 ~ 146、151、170、175 和 178。

用户选择的水温同时影响高效和大流量洗衣机，用户用冷水洗衣比用温水或热水洗衣更节能。用户洗衣机使用习惯调查发现，冷水温度平均为 18℃、温水温度平均为 34℃、热水温度平均为 49℃。

与安装高效洗衣机相关的能源避免成本可以用估计节能量（单位 kWh，见表 2-18）乘以当地电费或燃气费率（未含固定收费）计算。

4. 其他效益

与传统洗衣机相比，高效洗衣机能更好地处理不均衡的负荷（对衣物的磨损和撕扯更小），具有更好的脱水性能缩短烘干时间，因用水量减少而减少清洁剂用量、通过翻滚更好地利用洗衣用水。有些洗衣机制造商建议高效洗衣机使用低发泡清洁剂，其实仅减少单位负荷的清洁剂用量即可解决过度起泡问题。高效洗衣机的另一个实际效益是多数是前开门的，因此上面可以放置烘干机或作为工作间使用。[152]

2.2.5.6 高效洗衣机的相关成本

1. 硬件成本

高效前开门洗衣机的零售价为 600 ~ 1100 美元，略高于传统大流量垂直轴上开门洗衣机的 300 ~ 700 美元。[132] 然而，高效洗衣机超出的初始成本可以通过本节后续“激励”部分介绍的一些途径得到补偿。例如享受水电气公用事业所提供的新式滚筒洗衣机返利的住宅用户，可以获得 75 ~ 230 美元 / 台洗衣机的激励；自助洗衣房等商业用户通常从公用事业资助的洗衣机更换计划中获得更高的返利和退税。[131]

高效洗衣机替代传统洗衣机的平均节水、节能和节省清洁剂成本估计为 80 ~ 100 美元 /(户• 年)，投资回收期为 2 ~ 4 年，取决于当地费率和家用洗衣机的使用频率。更快的投资回收期可以通过返利或退税、退费等其他经济激励获得。[135]

2. 人工和材料成本

与大流量洗衣机相比，安装高效洗衣机无需额外的人工或材料成本。

3. 产品制造商

高效洗衣机的制造商详见第 5 章“节水网络”。

2.2.5.7 洗衣机适用的法律、规范和标准

当安装或调节任何器具、设备或连接水管及水系统时，应严格遵守所有适用于洗衣机的相关法律、规范、标准和卫生安全要求。

一些州或市规范要求由持有执业资格的水管工安装洗衣机。美国能源部 2004 年和 2007 年提出更严格的洗衣机能效要求，按照新标准生产洗衣机。

家用洗衣机的家电行业性能标准和卫生要求包括 ANSI/AHAM HLW-1 标准（家用洗衣机的性能评价流程）和 ANSI/ASSE1007/AHAM HLW-2PR（家用洗衣设备的卫生要求）。

2.2.5.8 实施洗衣机返利或更换计划

在规划用高效洗衣机更换大流量洗衣机的计划时，要考虑以下因素。

1. 选择高效洗衣机

家用高效洗衣机的洗衣桶尺寸或洗涤容量不同。美国标准尺寸的洗衣桶是 82L（宽度约为 69 ~ 74cm），可以洗涤高达 6.4kg 衣物。欧洲标准尺寸的洗衣桶相对较小，最大洗涤容量为 3.6 ~ 5.0kg。在北美设计了具有传统 6.4kg 洗涤容量的高效洗衣机更换大流量洗衣。这些高效洗衣机完成常规 3.6kg 洗衣负荷的平均用水量为 102L。欧洲洗衣机不仅洗涤容量较小，而且完成洗衣负荷也较慢。希望在家中用不到 1h 完成较大衣物负荷（被罩、毯子等大物件）清洗的用户一般比较青睐具有传统 6.4kg 洗涤容量的高效洗衣机。受空间限制且通常洗衣负荷较小（不超过 3.6kg）、洗衣时间不长的用户，可能喜欢洗涤容量较小的洗衣机。[133]

2. 规划

美国 19 个州的 200 余个水和能源公用事业正在实施加快安装高效洗衣机的计划 [149]。例如

美国能源部“能源之星”伙伴计划通过当地公共机构和组织发起大宗购买和返利计划促进高性能洗衣机的销售。

得克萨斯州奥斯汀市的“明智用水”计划是美国能源部的第一个地方合作伙伴。自 1997 年以来，该市一直在帮助当地器具经销商发布新闻、广告和其他促销活动鼓励用户购买高效洗衣机。该市为购买的每个符合要求的高效洗衣机提供 100 美元的返利，此外，用户还可以从当地能源机构获得额外的 50 美元返利。多户住宅可以从每个安装在公共使用区、符合要求的投币式洗衣机获得 150 美元的返利。[153] 在计划实施的前 2 个月，约有 150 个用户购买了高效洗衣机，预期年节水 3179.7m^3、节电 25.2MWh、节约天然气量 9670kJ。用户的年节水和节能成本平均为 42 美元（燃气加热和烘干器）或 82 美元（电加热和烘干器）。按使用寿命 13 年估计，燃气系统节省 624 美元，用电系统节省 1066 美元。[130]

（1）目标用户

可以安装高效洗衣机替代大流量家用（洗涤容量 6.4kg）和在多户住宅、自助洗衣房等类似场所的家用尺寸商用（洗涤容量 7.3kg）洗衣机。

（2）洗衣机的安装数量

美国约有 8100 万（77%）住宅拥有洗衣机，美国市场每年售出约 1050 万台洗衣机。[149]

一项对 1522 个住宅的调查发现，家用洗衣机完成的洗衣量为 7.4 负荷 / 周或 385 负荷 / 年。[139] 此数据高于由 1999 年美国住宅终端用水研究收集数据内推得到的独户住宅 7.0 负荷 / 周或 0.37 负荷 /（人 • d）（此数据均摊一小部分无洗衣机住宅）。[154] 美国能源部还假设了较高的洗衣机用水数据，平均为 7.5 负荷 / 周或 392 负荷 / 年。[155]

约 14% 的家庭用自助洗衣房、多户住宅和机构的家用尺寸商用洗衣机洗涤衣物。据估计，美国有 2000 ～ 3000 万台家用尺寸商用洗衣机，[156] 每年更换约 25 万台，多数洗衣机的使用寿命是 7 ～ 10 年。约 17% 的家用尺寸商用洗衣机安装在自助洗衣房里。[156] 投币式洗衣协会估计，美国约有 3.5 万个自助洗衣房，每个自助洗衣房的平均洗衣机数为 12 台。[156]

（3）洗衣机的使用寿命

传统垂直轴洗衣机在正常住宅条件下的使用寿命为 10 ～ 16 年，[157] 典型为 13 年。使用频率影响洗衣机的寿命长短。美国市场最新设计推出的高效洗衣机的寿命尚未知道，一些工程师希望通过设计改进拥有更长的使用寿命。

（4）激励

很多公用事业、组织和管理部门提供诸如返利、退费和退税等经济激励。例如位于波士顿的“能效财团”公用事业相关组织，推出一项高效洗衣机设计，通过各种返利计划促进高效洗衣机的开发和推广。截至 2000 年，为美国 20% 住宅服务的水电气公用事业参与了财团的洗衣机计划，19 个州的 200 余个参与机构提供 50 ～ 500 美元的返利；很多机构还为非住宅用户（如商业、多户住宅和自助洗衣房）提供超过 50 美元的返利；其他公用事业和机构根据合格产品的成本提供退费或退税。一些公用事业甚至向电器零售商提供激励，圣地亚哥电气事务部门向零售商提供每销售一台高效洗衣机 50 美元的经济激励。加利福尼亚、克罗里达、佛罗里达、洛瓦、马萨诸塞、新泽西、纽约、俄勒冈、得克萨斯、佛蒙特、华盛顿和威斯康星等州的水电气公用事业

发起了高效洗衣机返利计划。[138, 153, 158]

俄勒冈州能源办公室为购买洗衣机等节水节能家电的合格住宅用户提供高达购买价格 35% 的退税，[156] 相当于 120 ~ 230 美元。[153, 159] 俄勒冈州波特兰市的一个参与洗衣机返利计划的自助洗衣房 Posh Wash，安装了 50 台预期节水 75.7L/ 负荷的高效洗衣机，预期平均年节水和节能成本为 5500 美元，不包括洗衣店购买资源节水型洗衣机获得的一次性 5740 美元的退税。[160]

3. 高效洗衣机的安装与维护

高效洗衣机的安装和维护要求与大流量洗衣机的没有区别。不止一个高效洗衣机制造商建议使用低发泡清洁剂，发泡过量问题可以简单地通过减少清洁剂用量实现。

4. 洗衣机的再生利用

美国几乎所有州禁止处理或者要求将洗衣机等“白色家电”分类再生。[161] 一些州有白色商品收集和再生利用计划，促进老旧电器的废铁再生利用制造新产品。洗衣机平均含铁 20kg。根据美国环保局，使用废铁替代原始材料（生铁或铁矿）有 6 大益处：减少 97% 的采矿废物、节省 90% 的原材料、减少 86% 的空气污染和 76% 的水污染、节能 74% 和节水 40%。

2.2.6 洗碗机

“1886 年，约瑟芬•科克伦发明了首台可实用的洗碗机。

1920 年，首个可接水管的洗碗机问世；1935 年，便携式洗碗机上市；1940 年，首个全自动加热干燥洗碗机出现后水渍不再成为问题。”

——www.whirlpool.com

图 2-38　节水型洗碗机的用水量为 26.5L/ 负荷
（图片来自《厨房家电》）

本节介绍了减少住宅洗碗机用水量的 2 种措施：节水型洗碗机和洗碗机节水措施。本文讨论的节水型洗碗机是指在住宅和其他使用家用尺寸洗碗机的非住宅场所固定安装（非便携式）的洗碗机；洗碗机节水措施适用于家用洗碗机和一些非住宅和机构的大型洗碗机。

家用节水型洗碗机的高峰用水量为 26.5L/ 负荷，如图 2-38 所示。一些超节水洗碗机的用水量仅为 17.0L/ 负荷，但是这类产品并未广泛使用，而且价格相对较贵。有些情况下，超节水洗碗机比美国家电市场上在售的典型固定式洗碗机的清洗能力小，通常其用水量和性能不具备可比性。

自 20 世纪 90 年代中期以来，美国洗碗机的水效和能效显著提高。同时，与老式大流量洗碗机相比，洗碗机的运行噪声小了、清洗性能提高了。[162]

近年来洗碗机的水效和能效显著提高，可归因于 1987 年颁布的《国家电气节能法案》提出的能效要求，立法促进了制造商减少洗碗机的热水用量和相关能耗需求。提高效率的其他激励，还有波士顿能效财团发起的超级高效家电“能源之星”计划，促使节能洗碗机比传统洗碗机减少电耗 26%。[163]

2.2.6.1　洗碗机用水量

节水型洗碗机的估计平均用水量和节水量如表 2-19 所示。常规设置的节水型洗碗机的高峰用水量为 26.5L/ 负荷，有些超节水洗碗机用水量仅为 17.0L/ 负荷。据报告，一些欧洲品牌用水量为 17.0 ~ 20.8L/ 负荷的洗碗机需要 3.8 ~ 7.6L 的额外预洗水量，减少了净节水量。[164]

住宅节水型洗碗机的估计用水量和节水量　　**表 2-19**

生产或安装年份*	洗碗机用水量†	使用频率‡	估计用水量		使用 26.5L / 负荷洗碗机的估计节水量			
					日节水量		年节水量	
	L/ 负荷	负荷 /（人• d）**	L/（人• d）	L/（户• d）§	L/（人• d）	L/（户• d）§	L/（人• 年）	m^3/（户• 年）§
1997 至今	17.0	0.10	1.9	4.5				
1995 至今	**26.5**	0.10	2.6	6.8				
	26.5 ~ 39.7	0.10	3.4	8.7	0.8	1.9	242.2	0.6
1990 ~ 1995	36.0 ~ 45.4	0.10	4.2	10.6	1.5	3.8	518.6	1.4
1980 ~ 1990	53.0	0.10	5.3	14.0	2.6	6.8	969.1	2.6

注：* 时间阶段是近似的。

† 数据是洗碗机（不适用于紧凑型）满负荷运行一个周期的用水范围（平均值用于估计用水量和节水量）或典型用水量，加黑的数据 26.5L/ 负荷代表主要器具制造商所报告的性能可靠的节水型洗碗机；也有一些制造商生产性能可靠、用水量更低的洗碗机。

‡ 美国能源部的假设稍高，为 322 洗碗负荷 /（户· 年），只适用于拥有洗碗机的家庭。

§ 按美国每户家庭平均 2.64 人计算。

** 均摊到有无洗碗机的所有住户。

资料来源：Amy Vickers 及其咨询公司，本章参考文献 37、52、139、162、164 ~ 167、170、172 ~ 175 和 178。

常规设置的传统中大流量洗碗机的用水量为 26.5 ~ 53.0L/ 负荷，是目前美国住宅中最常见的洗碗机，其平均使用寿命为 13 年。无论传统洗碗机还是节水型洗碗机，它们的单位负荷实际用水量都随用户设置而变化。[139, 162, 165 ~ 167] 节水和大流量洗碗机在典型洗碗周期（包括预洗）的用水量如表 2-19 所示。

洗碗机的需水量随洗碗机型号、用户设置或机器检测到的污染程度而变化。因此，常规负荷下用水量为 26.5L/ 负荷的节水型洗碗机，当设置为诸如污渍、平底锅等重度污染负荷时，用水量增多；当设置成轻度污染负荷时，用水量减少。

洗碗机用水通常是室内住宅用水的最少部分之一，其平均用水量为 3.8L/（人• d）。据 1999 年美国住宅终端用水研究发现，洗碗机用水仅占独户非节水型住宅室内用水的 1.4%。[168] 均摊到所有住宅（含无洗碗机的住宅）的家用洗碗机平均用水量为 0.10 负荷 /（人• d），[169] 相当于平均每天用水量约为 37.8L/ 负荷。1980 年～ 20 世纪 90 年代末使用的洗衣机平均用水量估计为 2.6 ~ 5.3/（人• d）或 26.5 ~ 53.0L/ 负荷，如表 2-19 所示。这些数据不仅反映了洗碗机效率的提高，还反映了用户习惯的变化。例如一项美国住房与城建部开展的研究发现，按照0.17负荷/（人•d），洗碗机的平均用水量为6.1L/（人•d）。[36] 与1984年和1999年报告数据的差别反映了洗碗机用水在减少的事实，其原因可能是家庭规模减小和外出吃饭次数增多，外卖食品带入家中减少了洗碗用水（但增加了固体废物和循环需求）。

安装节水型洗碗机可以替代既有大流量洗碗机，无需特殊的连接或考虑。除安装节水型洗碗机外，用户还可以通过后续节水措施实现洗碗机节水。

2.2.6.2 节水型洗碗机

节水型家用洗碗机的高峰用水量为26.5L/负荷，一些顶级洗碗机品牌所提供的可靠、性能良好的产品已实现这一节水效果。也有一些性能良好的洗碗机用水量少于26.5L/负荷（如17.0 L/负荷、20.8L/负荷和22.7L/负荷），但是这些数据并不总是一致。[162, 166, 167]

洗碗机通过设计和运行创新改进了水效和能效，主要包括：改善控制清洗周期、减小用水量的电子元件；更好的集成泵、过滤和研磨系统，减少破碎和去除颗粒的需水量；将探测污染程度（如初始清洗水的透光性）、计算最低用水量的电子控制元件“智能化”。

2.2.6.3 洗碗机节水措施

人工洗碗和漂洗通常不如使用26.5L/负荷的洗碗机省水，原因如下：首先，在没有直接用水擦洗或冲洗餐具时保持水嘴开启，每min会浪费数升水。其次，研究发现，很多人在使用洗碗机前过度预洗餐具，造成水嘴浪费水，83%的反馈者有预洗习惯。[170]

可以通过以下措施减少洗碗用水量：

①洗碗机满负荷运行。

②在厨房水嘴上安装加气器或其他流量控制设备，减少清洗和冲洗碗等烹饪用具的用水量。这一措施不适用于直接将水嘴连接到洗碗机的情况，因为流量控制设备会妨碍洗碗机充足供水。

③在充满水的洗涤盆或容器里人工清洗碗或炊具，仅在漂洗环节才保持水嘴开启。

④用纸巾而非用水擦掉食物。

⑤除遇黏性、烧焦的食物以外，不要预洗餐具。

⑥向洗碗机装入餐具时，确保水可以接触所有餐具表面，装入不当可能造成部分或全部餐具复洗。

⑦ 对轻度污染的餐具，使用最小的用水周期。对多数洗碗机而言，将一般污染和轻度污染的餐具设置在严重污染负荷条件下清洗，并不能清洗得更加干净，只会带来水资源的浪费。

2.2.6.4 节水型洗碗机的性能

根据对一些品牌和型号洗碗机的评估发现，节水型洗碗机的性能与大流量洗碗机的相当。例如《消费者报告》在1999年和2000年对30余个用水量为17.0～43.5L/负荷的洗碗机性能进行了测试，研究发现，超过半数的型号表现出“良好”的清洗和洁净性能（还考虑了家电的能效、噪声和方便性）；“即使最糟糕的洗碗机也能通过在轻度污染周期下运行而节水，其用水量是正常周期的一半，可以满足很多负荷”。[162, 167] 一份更早的《消费者报告》（1997年）对占美国市场80%的五大品牌16个洗碗机的研究发现，洗碗机已经实现了提高用水效率“而不牺牲清洁性能”，[166] 表明洗碗机的节水和运行性能都得到了提高，可以获得可靠的产品。

2.2.6.5　节水型洗碗机取得的节水及相关效益

1. 节水

在住宅中用 26.5L/ 负荷的洗碗机更换大流量洗碗机的估计用水量和节水量如表 2-19 所示。例如住宅中安装 26.5L/ 负荷洗碗机替代用水量为 36.0 ~ 45.4L/ 负荷的洗碗机的估计平均节水量为 1.5L/（人• d）或 3.8L/（户• d），相当于年节水 518.6L/ 人或 1.4 m^3/ 户。

2. 节约的给排水费用

安装节水型洗碗机的给排水避免成本，可以通过估计节水（污水）量（见表 2-19）与当地给排水费率（除固定收费外）相乘来计算。附录 D 提供了代表性的美国给排水费率和节水量相关的边际成本一览表。

3. 节能

多数洗碗机能耗用于控制热水温度和干燥环节。节水型洗碗机因减小运行成本和热水用量产生的估计节能量如表 2-20 所示。实际节能量依洗碗机品牌、型号和使用模式（如负荷大小、污染负荷、水温和运行频率）的不同而变化。例如安装 26.5L/ 负荷洗碗机替代 36.0 ~ 45.4L/ 负荷洗碗机估计可以实现 1.0kWh/（人• d）或 2.6kWh/（户• d）的节能量，平均每户 2.64 人；相当于估计年节能 356kWh/ 人或 940 kWh/ 户。

住节水型洗碗机的估计能耗和节能量　　　　**表 2-20**

生产或安装年份*	洗碗机用能量†	使用频率‡	估计用能量§**			使用 26.5L / 负荷洗碗机的估计节能量			
						日节能量		年节能量	
	L/ 负荷	负荷 /（人• d）‡‡	kWh/ 负荷	kWh/（人• d）	kWh/（户• d）††	kWh/（人• d）	kWh/（户• d）††	kWh /（人• 年）	kWh /（户• 年）††
1997 至今	17.0	0.10	0.90	0.09	0.24				
1995 至今	**26.5**	0.10	1.40	0.14	0.37				
	26.5 ~ 39.7	0.10	1.83	0.18	0.48	0.4	1.1	155	410
1990 ~ 1995	36.0 ~ 45.4	0.10	2.38	0.24	0.63	1.0	2.6	356	940
1980 ~ 1990	53.0	0.10	2.76	0.28	0.73	1.4	3.6	496	1310

注：* 时间阶段是近似的。

† 数据是洗碗机（不适用于紧凑型）满负荷运行一个周期的用水范围（平均值用于估计用水量和节水量）或典型用水量，加黑的数据 26.5L/ 负荷代表主要器具制造商所报告的性能可靠的节水型洗碗机；也有一些制造商生产性能可靠、用水量更低的洗碗机。

‡ 美国能源部的假设稍高，为 322 洗碗负荷 /（户 • 年），只适用于拥有洗碗机的家庭。

§ 基于洗碗机常规负荷洗碗、炊具和器皿的平均估计能耗要求（结合冲洗、浸湿和烘干）。实际能耗与节能量随型号、电器设置、污染程度、水温等产品设计特征而不同。洗衣碗机的能耗和水耗通常并不直接相关。参照洗碗机的能耗等级确定实际能耗和节能潜力。

** 燃气加热系统，将热量数据转换为电能。

†† 按美国每户家庭平均 2.64 人计算。

‡‡ 均摊到有无洗碗机的所有住户。

资料来源：Amy Vickers 及其咨询公司，本章参考文献 37、52、139、162、164 ~ 167、170、172 ~ 175 和 178。

洗碗机需要能源来完成以下多种功能：将水加热到足以进行餐具清洗和消毒、运行电机、运行烘干餐具的加热器或风机。洗碗机的最大能耗是运行加热器，如果加热器的出水温度不够，那么洗碗机通常会升高温度并延长清洗周期，因为油性污渍和清洁剂需要 60℃才能充分溶解。[171, 172] 水温设置可以超过 60℃的灭菌型洗碗机，增加了能耗需求，但灭菌效果更好。[167]

与安装节水型洗碗机相关的能源避免成本可以用估计节能量（单位为 kWh，见表 2-12）乘以当地电费或燃气费率（未含固定收费）计算。

《消费者报告》关于洗碗机的多年研究发现，洗碗机的用水效率显著影响其运行成本。例如 17.0L/ 负荷洗碗机与 39.7L/ 负荷洗碗机的能耗成本差别为 300 美元（燃气加热成本为 0.148 美元 /kJ）~ 450 美元（电加热成本为 0.084 美元 /kWh）；数据根据洗碗机使用寿命 10 年、正常运行周期、水温 60℃估计。[162，165]

2.2.6.6 节水型洗碗机的相关成本

1. 硬件成本

平均用水量为 22.7 ~ 26.5L/ 负荷洗碗机的零售价为 300 ~ 690 美元，价格与水效较低的型号相比具有竞争力。用水量为 17.0 ~ 20.8L/ 负荷的超节水型洗碗机例外，其单价高达 1400 美元。[162，167]

2. 人工和材料成本

与大流量洗碗机相比，安装节水型洗碗机无需额外的人工或材料成本。

3. 产品制造商

节水型洗碗机的制造商详见第 5 章“节水网络”。

2.2.6.7 洗碗机适用的法律、规范和标准

当安装或调节任何器具、设备或连接水管及水系统时，应严格遵守所有适用于洗碗机的相关法律、规范、标准和卫生安全要求。

一些州或市规范要求由持有执业资格的水管工安装洗碗机。家用洗碗机需满足的家电行业性能标准和卫生要求包括 ANSI/AHAM DW-1 标准（家用洗碗机）和 ANSI/ASSE1006/AHAM DW-2PR（家用洗碗机的卫生要求）。

2.2.6.8 实施洗碗机返利或更换计划

1. 选择节水型洗碗机

多数新型洗碗机的“智能”控制器在正常工作时，可以更经济有效地用水、用能，减小运行成本，但是一些控制器并不总是可靠。电子探污技术总体在进步，但是当它不能有效工作时，洗碗机可能会消耗比重污染负荷还要多的水。[162]

2. 规划

正在准备实施与小流量坐便器和洗衣机类似的大规模洗碗机返利或更换计划。用户因为可以从家电制造商得到越来越多的可靠产品，所以对节水型洗碗机的接受度应该很高。例如一个独立的产品测试组织“消费者协会”发现，“很多清洗性能优良的洗碗机”是节水节能型洗碗机。[173]

（1）目标用户

可以通过安装用水量不超过 26.5L/ 负荷的节水型洗碗机，更换在住宅和其他使用家用洗碗机建筑中的大流量洗碗机。

（2）洗碗机的安装数量

约 50.2% 的美国住宅拥有洗碗机。[174，139] 2000 年美国市场约售出 579.1 万个洗碗机，2001

年售出 584.4 万个洗碗机（包括国内生产和进口的）。其中，约 97% 是固定式洗碗机，约 3% 是便携式洗碗机。[175]

45% ~ 55% 的美国住宅没有洗碗机，[176] 洗碗必须手洗。这些住宅平均每次洗碗用水 9.5L，相当于洗碗机 10.03 负荷 / 周（522 负荷 / 年）；代表用水量为 95L/ 周，或约 4.9m^3/ 年。手洗的平均水温为 46℃。[139]

拥有洗碗机住宅的洗碗机使用频率（相对于所有住宅洗碗机的平均使用频率 0.10 次 /（人·d）[177]）多少有所不同。一项对用户家电使用的全国调查发现，拥有洗碗机的住宅用水量为 36 ~ 45.4L/ 负荷，使用频率为 4.7 次 / 周（242 负荷 / 年）；典型用水量为 167.7 ~ 211.6L/ 周或 8.7 ~ 11.0m^3/ 年。[170] 而美国能源部假设拥有洗碗机住宅的洗碗机使用频率为 6.2 次 / 周或 322 次 / 年，[178] 此数据可以至少可追溯到 1987 年。[171]

（3）洗碗机的使用寿命

家用洗碗机的使用寿命为 10 ~ 16 年，[157] 使用频率为 4 ~ 6 次 / 周（200 ~ 300 负荷 / 年）的家用洗衣机的典型使用寿命为 13 年。使用频率多少会影响洗碗机的使用寿命。[165，178]

（4）激励

节水型洗碗机的返利、退费和退税等经济奖励，并不像高效洗衣机那么常见，因为洗碗机的节水潜力通常并不显著。然而，不止一个管理部门提供促进安装节水型洗碗机的经济激励。俄勒冈州能源办公室为购买洗碗机等节水节能家电的合格住宅用户提供高达购买价格 25% 的退税；为合格的商业用户提供高达购买价格 35% 的退税。[179]

3. 节水型洗碗机的安装和维护

节水型洗碗机的安装和维护要求与大流量洗碗机的没有区别。

4. 洗碗机的再生利用

美国几乎所有州禁止处理或者要求将洗碗机等“白色家电”分类再生。[161] 一些州有白色商品收集和再生利用计划，促进老旧电器的废铁再生利用制造新产品。固定式洗碗机平均含铁 10kg，而便携式洗碗机平均含铁 16kg。根据美国环保局的研究，使用废铁替代原始材料（生铁或铁矿）有 6 大益处：减少 97% 的采矿废物、节省 90% 的原材料、减少 86% 的空气污染和 76% 的水污染、节能 74% 和节水 40%。

洗碗是规划写书的最佳时间。

——阿加莎·克里斯蒂

参考文献

1. Wayne B. Solley, Robert R. Pierce, and Howard A. Perlman, *Estimated Use of Water in the United States in 1995*, U.S. Geological Survey Circular 1200, U.S. Dept. of the Interior, U.S. Geological Survey, Reston, Va., 1998.
2. Wayne B. Solley, Robert R. Pierce, and Howard A. Perlman, *Estimated Use of Water in the United States*

in 1995, p. 24.

3. Peter W. Mayer et al, *Residential End Uses of Water,* American Water Works Assoc. (AWWA) Research Foundation and AWWA, Denver, Colo., 1999, p. 114.
4. Personal communication, Jean Witherspoon, Water Conservation Officer, City of Albuquerque, N.M., July 15, 1998.
5. Water Conservation Potential Costs in the Greater Vancouver Regional District, prepared by Kerr Wood Leidal Associates Ltd., North Vancouver, B.C., and Amy Vickers & Associates, Inc., Amherst, Mass., for the Greater Vancouver Regional District, Burnaby, B.C., Canada, 2000.
6. Massachusetts Water Resources Authority, Boston, Mass., 1996.
7. Water Supply Conservation and Demand Management, Final Report to Wellington, N.Z., City Council, prepared by Montgomery Watson, Sydney, Australia, November 1994.
8. John Darmoody et al, "Water Use Surveys—An Essential Component of Effective Demand Management," *Proc. AWWA Annual Conf.,* Toronto, Ont., Canada, 1996.
9. Vermont Water Conservation Study, prepared by Amy Vickers & Associates, Inc., Amherst, Mass., for the Vermont Dept. of Environmental Conservation, July 1997.
10. David Howarth and Amy Vickers, "Water Conservation in the U.K.: Why We Don't Have Toilet Rebate Programs," *Proc. AWWA Annual Conf.,* Atlanta, Ga., 1997.
11. Jack A. Weber and Fraser M. Parsons, "Water Conservation Planning and Evaluation in Cairo, Egypt," *Proc. AWWA Annual Conf.,* Atlanta, Ga., 1997.
12. Mayer et al, *Residential End Uses of Water,* p. 86.
13. Peter H. Judd, *How Much Is Enough? Controlling Water Demand in Apartment Buildings,* AWWA, Denver, Colo., 1993, pp. 70–71.
14. Martin M. Karpiscak et al, "Evaporative Cooler Water Use in Phoenix," *Journal AWWA,* vol. 90, no. 4, 1998, p. 121.
15. Personal communication, Dave D. Todd, Supervisor of Water Conservation, City of Fresno, Calif., June 9, 1998.
16. Mayer et al, *Residential End Uses of Water,* p. 86.
17. 1997 Residential Water Use Summary, prepared by John Olaf Nelson, Water Resources Management, for AWWA's "WaterWiser" web site, www.waterwiser.org, 1997.
18. Final Report: Water Conservation Planning USA Case Studies Project, prepared by Amy Vickers & Associates, Amherst, Mass., for the Environment Agency, Demand Management Centre, Worthing, West Sussex, U.K., June 1996.
19. "Bubble, Bubble . . . or Toil and Trouble?" *Consumer Reports,* vol. 63, May 1998, p. 46.
20. Duane D. Baumann, John J. Boland, and Michael W. Hanemann, *Urban Water Demand Management and Planning,* McGraw-Hill, New York, 1998.
21. Kohler Co., *Bodies of Water: Kohler K-600 Design Manual,* Section 7 (Performance Showering), Kohler, Wis., 2000.
22. Mayer et al, *Residential End Uses of Water,* p. 86.
23. William O. Maddaus, *Water Conservation,* AWWA, Denver, Colo., 1987.
24. Amy Vickers, "New Massachusetts Toilet Standard Sets Water Conservation Precedent," *Journal AWWA,* vol. 81, no. 3, 1989, p. 48.
25. Amy Vickers, "Water-Use Efficiency Standards for Plumbing Fixtures: Benefits of National Legislation," *Journal AWWA,* vol. 82, no. 5, 1990, pp. 51–54.
26. *Energy Policy Act of 1992,* Public Law 102-486, 106 Stat. 2776, 102d Congress, Oct. 24, 1992.
27. U.S. General Accounting Office, Water Infrastructure: Water-Efficient Plumbing Fixtures Reduce Water Consumption and Wastewater Flows, document GAO/CED-00-232, U.S. General Accounting Office, Washington, D.C., August 2000, p. 7.
28. U.S. General Accounting Office, Water Infrastructure, p. 4.

29. Amy Vickers, "Implementing the U.S. Energy Policy Act," *Journal AWWA*, vol. 87, no. 1, 1996, p. 18.
30. Kimberley M. Knox, "Water Consumption Difference With Apartment Buildings With Master Meters Versus Individual Unit Meters," presented at the AWWA Annual Conf., Dallas, Texas, June 23, 1998.
31. Richard Bennett, "Water Submetering Questions and Answers: With a California Perspective," presented at the AWWA Annual Conf., Dallas, Texas, June 23, 1998.
32. William H. Bruvold and Patrick R. Mitchell, "Evaluating the Effect of Residential Water Audits, *Journal AWWA*, vol. 85, no. 8, 1993, p. 79.
33. J.C. Griggs et al, Water Conservation: Design, Installation and Maintenance Requirements for the Use of Low Flush WCs Flushed Siphonically or by Valves, Building Research Establishment, Watford, Hertfordshire, England, 1997, p. 36.
34. Mayer et al, *Residential End Uses of Water*, pp. 107–108.
35. Mayer et al, *Residential End Uses of Water*, p. 98.
36. Residential Water Conservation Projects—Summary Report, prepared by Brown & Caldwell Consulting Engineers for the U.S. Dept. of Housing and Urban Development. Rept. No. HUD-PDR-903, June 1984.
37. Mayer et al, *Residential End Uses of Water*, p. 95.
38. Thomas P. Konen, "Water Use in Office Buildings," *Plumbing Engineer*, July 1986.
39. Patrick J. Behling and Nicholas J. Bartilucci, "Potential Impact of Water-Efficient Plumbing Fixtures on Office Water Consumption," *Journal AWWA*, vol. 84, no. 10, 1992, pp. 74–78.
40. Amy Vickers, "So You Think You're Conserving Water?" *Fine Homebuilding*, Fall/Winter 2000, no. 135, pp. 6–8.
41. Steve Culpepper, "Choosing a Toilet," *Fine Homebuilding*, October/November 1997.
42. Nhora Cortes-Comerer, "In Search of the Perfect Flush," *Mechanical Engineering*, February 1988, pp. 40–47.
43. Thomas Horner, "Water Efficiency For Multi-Unit Properties," presented at Savewater96—A Symposium on Water Conservation, Westchester, N.Y., Mar. 12, 1996.
44. Allan J. Dietemann, "Flapperless Technology for the New Millennium," presented at the AWWA Annual Conf., Denver, Colo., June 13, 2000.
45. "In Search of a Better Toilet," *Consumer Reports*, vol. 63, May 1998, pp. 44–46.
46. U.S. General Accounting Office, Water Infrastructure, p. 31.
47. Evaluation of New York City's Toilet Rebate Program: Customer Satisfaction Survey Final Report, prepared by Westat, Inc., Rockville, Md., for the New York City Dept. of Environmental Protection, Dec. 16, 1996.
48. A Survey of Ultra-Low-Flush Toilet Users, prepared by The Wirthlin Group, Irvine, Calif., for the Los Angeles Dept. of Water and Power, October 1995.
49. Diane M. Mullville-Friel, Damann L. Anderson, and Wendy L. Nero, "Water Savings and Participant Satisfaction Realized: City of Tampa Toilet Rebate Program Evaluation," *Proc. Conserv96: Responsible Water Stewardship*, AWWA, Denver, Colo., 1996, pp. 371–375.
50. Dan Strub, "ULF Toilet Outreach Program Customer Feedback: First Quarter Report, FY 1998," Planning, Environmental and Conservation Services Dept., City of Austin, Texas, 1998.
51. Jim Olysztynski, "Jim Olysztynski on the Record: Study Shows Low-Flow Plumbing Has Paid Off," *PMEngineer*, vol. 4, no. 4, May 1998, pp. 10–12.
52. Statistical Abstract of the United States: 1998, U.S. Bureau of the Census, Sept. 29, 1998, Table 71.
53. Personal communication, John Olaf Nelson, Water Resources Management, June 2, 1998.
54. William S. Nechamen, Steven Pacenka, and Warren Liebold, "Assessment of New York City Residential Water Conservation Potential," *Proc. Conserv96: Responsible Water Stewardship*, AWWA, Denver, Colo., 1996, pp. 523-527.
55. New York City Water Conservation Programs: A Summary, New York City Dept. of Environmental Protection, New York, 1997.

56. Anthony J. Tarquin et al, "Effectiveness of an Ultra-Low-Flush Toilet Program," *Proc. Conserv93: The New Water Agenda*, AWWA, Denver, Colo., 1993, pp. 885-893.
57. Chris Gates, Judith Ramsay, and Ken Brown, "An Evaluation of the Effectiveness of a Municipal Toilet Replacement Program," presented at the AWWA Annual Conf., Toronto, Ont., Canada, June 26, 1996.
58. The CII ULFT Savings Study: Final Report, prepared by Hagler Bailly Services, Inc., San Francisco, Calif., for the California Urban Water Conservation Council, Aug. 5, 1997.
59. A Guide To Water Management: The MWRA Program for Industrial, Commercial and Institutional Water Use, prepared in collaboration with Douglas Kobrick of Black & Veatch Engineers, Massachusetts Water Resources Authority, Boston, Mass., June 1995.
60. Thomas W. Chesnutt, Casey N. McSpadden, and Anil Bamezai, Ultra Low Flush Toilet Programs: Evaluation of Program Outcomes and Water Savings, prepared for the Metropolitan Water District of Southern California, Los Angeles, Calif., November 1994.
61. Mayer et al, *Residential End Uses of Water*, p. 96.
62. Atossa Soltani et al, "Low-Volume Toilet Replacement: The Santa Monica Bay Saver Program," presented at the American Water Resources Assoc. Annual Symposium on Water Supply and Reuse: 1991 and Beyond, San Diego, Calif., June 1991.
63. Edward R. Osann and John E. Young, *Saving Water, Saving Dollars: Efficient Plumbing Products and the Protection of America's Waters*, Potomac Resources, Inc., Washington, D.C., April 1998.
64. International Council for Local Environmental Initiatives, Water Conservation, Santa Monica, USA, ICLEI Case Study 12, Toronto, Ont., Canada, 1993.
65. Wendy L. Corpening, "Commercial ULF Toilets—First the Good News," *Proc. AWWA Annual Conf.*, Anaheim, Calif., 1995, pp. 217–223.
66. Carolyn Seiler, "Flushing Out A Trend: Toilets as Street Material," *Proc. AWWA Annual Conf.*, Anaheim, Calif., 1995.
67. John M. Koeller, William P. McDonnell, and Harvey O. Webster, "After-Market Replacement of Flush Valve Flappers in Ultra-Low-Flush Toilets: A Study of Compatibility and Flush Volumes," presented at the AWWA Annual Conf., Dallas, Texas, June 23, 1998.
68. Ken Wilcox, "Alternative Toilets: To Flush, or Not To Flush," *Small Flows*, vol. 10, no. 1, Winter 1996 (April 1993 reprint).
69. Scott Whittier Chaplin, "Alternative Supplies: Rainwater Collection Systems, Graywater Systems, and Composting Toilets," *Proc. Conserv93: The New Water Agenda*, AWWA, Denver, Colo., 1993, pp. 1807–1816.
70. Clement Solomon et al, Fact Sheet: Composting Toilet Systems, National Small Flows Clearinghouse, Morgantown, W. Va., 1998.
71. Clivus Multrum, http://clivusmultrum.com, May 2, 1998.
72. Amy Vickers, "Low-Flow Toilets," *Fine Homebuilding*, June/July 1990, p. 62.
73. Incinolet: That Electric Toilet, product brochure prepared by Research Products /Blankenship, U.S.A., Dallas, Texas, provided to author May 1998.
74. Marty Carlock, "No Flush, No Fuss, No Odor: Clivus Waste-Composting System Could Help Solve Some Title 5 Problems," *The Boston Sunday Globe*, Apr. 21, 1996.
75. Elizabeth Atkinson, "Alternative Septic Systems: You May Have a Choice," *West Newbury (Mass.) News*, Jan. 29, 1997, p. 8.
76. The Ecos Catalog: Tools for Low-Water and Waterless Living, product catalog prepared by Ecos, Inc., Concord, Mass., 1997.
77. *The Water Conservation Manager's Guide to Residential Retrofit*, AWWA, Denver, Colo., 1993.
78. E-mail message to WaterWiser Discussion List, http://waterwiser-list@listserv.waterwiser.org, from Warren C. Liebold, Director of Conservation, New York City Dept. of Environmental Protection, November 1997.
79. Richard J. Scholze, "Investigation of Water Conserving Toilet Retrofit Devices," *Proc. Conserv93: The New*

Water Agenda, AWWA, Denver, Colo., 1993, pp. 1435-1438.
80. U.S. Environmental Protection Agency, *Water Conservation Plan Guidelines* (EPA-832-D-98-001), August 1998, p.166.
81. Thomas P. Konen et al, *Alternative Flushing and Retrofit Devices For the Toilet*, prepared by the Stevens Institute of Technology, Hoboken, N.J., for the Metropolitan Water District of Southern California, Los Angeles, Calif., June 1992.
82. Reducing Costs in Hospitals: A Case Study of Norwood Hospital, Massachusetts Water Resources Authority, Boston, Mass., February 1996.
83. Frank Gradilone and Michael S. Bennettt, "A Water Conservation Program for the Spring Valley Water Company," *Proc. Conserv93: The New Water Agenda*, AWWA, Denver, Colo., 1993, pp. 1671-1685.
84. Amy Vickers, "Achieving A High Customer Participation Rate With A Bulk Mail-Out Retrofit Program," *Proc. Conserv93: The New Water Agenda*, AWWA, Denver, Colo., 1993, pp. 1649–1659.
85. Technical Issues and Recommendations on the Implementation of the U.S. Energy Policy Act, prepared by Amy Vickers & Associates, Inc., Boston, Mass., for AWWA, Washington, D.C., Oct. 25, 1995.
86. Mayer et al, *Residential End Uses of Water*, pp. 107-108.
87. Warren C. Liebold, Director of Technical Services/Conservation, New York City Dept. of Environmental Protection, data cited at Plumbing Fixtures/Water Conservation Workshop, June 9, 1995.
88. The 1992 City of San Diego Residential Water Audit Program: Evaluation of Program Outcomes and Water Savings, prepared by Anil Bamezai and Thomas W. Chesnutt, A&N Technical Services, Inc., Encinitas, Calif., for the Metropolitan Water District of Southern California, December 1994.
89. Steve Reiber, "Investigating the Effects of Chloramines on Elastomer Degradation," *Journal AWWA*, vol. 85, no. 8, 1993, pp. 101–111.
90. Harvey O. Webster, William P. McConnell, and John M. Koeller, *Toilet Flappers: Materials Integrity Tests*, Metropolitan Water District of Southern California, Los Angeles, Calif., January 2000, pp. 7–13.
91. *Toilets 101: The Basics of Repairing Your Toilet*, Conservation Section, San Francisco Water Department, San Francisco, Calif., 1996.
92. Mayer et al, *Residential End Uses of Water*, pp. 90–94.
93. Sharon Whitley, "Water-Saving, No-Flush Urinal Seems Promising," *The San Diego Union-Tribune*, Dec. 8, 1996.
94. The Waterless Advantage,™ promotional literature prepared by The Waterless Co., Del Mar, Calif., 1997.
95. Water Management: A Comprehensive Approach For Facility Managers, prepared by Enviro-Management & Research, Inc., Washington, D.C., for the U.S. General Services Administration, Office of Real Property, Management and Safety, Washington, D.C., 1994.
96. Partial Reference List for Waterless No-Flush™ Urinals, promotional literature prepared by The Waterless Company, Del Mar, Calif., Nov. 11, 1996.
97. Sample Project Details, promotional literature provided by The Waterless Company, Del Mar, Calif., Nov. 11, 1996.
98. "Waterless Urinals Reduce Water and Maintenance Costs for Government Agencies," *FEMP Focus*, Federal Energy Management Program, U.S. Dept. of Energy, Washington, D.C., August/September 1997, p. 4.
99. No-Flush™ Urinals and Restroom Hygiene, product information prepared by The Waterless Company, Del Mar, Calif., 1996.
100. Patrick J. Higgins, More About Permitted Use of Waterless Urinals, e-mail message to WaterWiser Discussion List, http://waterwiser-list@listserv.waterwiser.org, June 17, 1996.
101. Personal communication, Allan J. Dietemann, Seattle Public Utilities, Feb. 4, 1997.
102. Waterless Urinals, memo prepared by Joseph W. Dooley, U.S. Office of the Deputy Under-Secretary of Defense, Energy and Engineering, Arlington, Va., Dec. 4, 1996.
103. Mayer et al, *Residential End Uses of Water*, p. 102.

104. Mayer et al, *Residential End Uses of Water*, pp. 94–101.
105. "Low-Flow Shower Heads: Which Give You the Best Shower for the Least Water?" *Consumer Reports*, vol. 60, February 1995, pp. 118–120.
106. Amy Vickers, "Water-Saving Showerheads and Faucets," *Fine Homebuilding*, October/November 1993, p. 82.
107. Personal communication, Warren C. Liebold, Director of Technical Services /Conservation, New York City Dept. of Environmental Protection, July 13, 1998.
108. "Improved Low-Flow Showerheads Make Retrofit Program a Success," *U.S. Water News*, December 1996, p.15.
109. Damann L. Anderson and Wendy L. Nero, "The Impact of Water Conserving Fixtures on Residential Water Use Characteristics in Tampa, Florida," *Proc. Conserv93: The New Water Agenda*, AWWA, Denver, Colo., 1993, pp. 611-628.
110. Operation Watersense, Massachusetts Water Resources Authority, Boston, Mass., 1996.
111. William Miller and Kathy Foley, "Regional Plumbing Retrofit Initiative Targeting West Central Florida Residents and Visitors," *Proc. Conserv96: Responsible Water Stewardship*, AWWA, Denver, Colo., 1996, pp. 263-267.
112. A Guide To Water Management: The MWRA Program for Industrial, Commercial and Institutional Water Use, p. 23.
113. Andrew P. Jones, High-Efficiency Showerheads and Faucets: Water Efficiency Technology Report #2, Rocky Mountain Institute, Snowmass, Colo., 1993.
114. D. Morgan et al, "Evaluation of Nine Residential Retrofit Methods," *Proc. Conserv96: Responsible Water Stewardship*, AWWA, Denver, Colo., 1996, pp. 251-256.
115. Denise Ruzicka, Thomas E. Reed, and Deborah Ducoff-Barone, "Retrofitting A Wet State," *Proc. Conserv96: Responsible Water Stewardship*, AWWA, Denver, Colo., 1996, pp. 256–261.
116. Efficient Showerhead Consumer Preference Study, prepared by Pacific Rim Resources, Inc., for Seattle City Light, Seattle, Wash., February 1992.
117. Mayer et al, *Residential End Uses of Water*, Table A .1, pp. 202–246.
118. Mayer et al, *Residential End Uses of Water*, pp. 107–108.
119. Mayer et al, *Residential End Uses of Water*, p. 94.
120. Mayer et al, *Residential End Uses of Water*, p. 94.
121. *How To Save Water At Home: A Step-By-Step Manual for the Do-It-Yourselfer*, Water Conservation Office, City of Albuquerque, N.M., undated, pp. 30–32.
122. Good Housekeeping Appliance Survey: Consumer Use Patterns, April 1997, Assoc. of Home Appliance Manufacturers and *Good Housekeeping*, Chicago, 1997.
123. Mayer et al, *Residential End Uses of Water*, Table A.1, pp. 202–246.
124. *Water Efficiency & Management for Hospitals* (bulletin), Masschusetts Water Resources Authority, Boston, Mass., Apr. 8, 1994.
125. U.S. Dept. of Energy, Final Rule: "Energy Conservation Programs for Consumer Products: Test Procedures and Certification and Enforcement Requirements for Plumbing Products; and Certification and Enforcement Requirements for Residential Appliances," *Federal Register* (63 FR 13308), Mar. 18, 1998.
126. Local Ordinances For Water Efficiency, prepared by The Bruce Company for the U.S. Environmental Protection Agency, Office of Policy Analysis, EPA Contract No. 68-W2-0018, Subcontract No. EPA 353-2, Work Assignment 24, Mar. 31, 1993, Appendix B (unnumbered).
127. William Pressman, *Kitchen Garbage Grinders in New York City*, prepared for the Emerson Electric Co., February 1991, p. 10.
128. Judd, *How Much Is Enough*, p. 8.
129. Mayer et al, *Residential End Uses of Water*, Table A.1, pp. 202–246.
130. Sandi D. Edgemon, Tony T. Gregg, and Michael C. Baechler, "ENERGY STAR® Partnerships Clothes

Washer Volume Purchase: Partnering With the City of Austin," presented at the AWWA Annual Conf., Dallas, Texas, June 23, 1998.
131. Consortium for Energy Efficiency, "Market Penetration of Energy Star Washers is Encouraging," *CEE Update: Residential Clothes Washers*, May 2000, p. 3.
132. "Product Updates: Top Loaders Meet the Front-Loader Challenge," *Consumer Reports*, vol. 66, January 2001, pp. 45–47.
133. "A New Spin on Clothes Washers: Is It Time to Switch to a Front-Loader?" *Consumer Reports*, vol. 63, July 1998, pp. 50–54.
134. Allan J. Dietemann, "Department of Energy Clothes Washer Standards Update," presented at the AWWA Annual Conf., Denver, Colo., June 14, 2000.
135. "Spin City: Ratings of Washing Machines and Clothes Dryers," *Consumer Reports*, vol. 64, July 1999, pp. 30–33.
136. J. J. Tomlinson and D. T. Rizy, *Bern Clothes Washer Study Final Report*, prepared by the Energy Division, Oak Ridge National Laboratory, for the U.S. Dept. of Energy, Rept. ORNL/M-6382, March 1998, p. ix.
137. "A Move to the Front: Front-Loading Washers Are Better for the Environment, But Are They Worth the Extra Cost?" *Consumer Reports*, vol. 62, July 1997, pp. 48–97.
138. "Washing Machines," *Consumer Reports Buying Guide 1998*, Consumers Union of the United States, Inc., Yonkers, N.Y., 1997, pp. 83–85.
139. John T. Erikson, excerpts from the *National Habits and Appliance Tracking Study*, Procter & Gamble Company, Cincinnati, Ohio, in a memorandum to James E. McMahon, Lawrence Berkeley National Laboratory, May 4, 1995.
140. "Washing Machines: What's Ahead? What's In Stores Now?" *Consumer Reports*, vol. 60, February 1995, pp. 96–101.
141. Clothes Washers: Energy Efficiency and Consumption Trends, Assoc. of Home Appliance Manufacturers, Chicago, Ill., 1993.
142. Energy Conservation Standards for Consumer Products—Dishwashers, Clothes Washers, and Clothes Dryers, technical support document, U.S. Dept. of Energy, Washington, D.C., December 1990.
143. "Washing Machines," *Consumer Reports*, vol. 50, June 1985, pp. 359–363.
144. "Washing Machines," *Consumer Reports*, vol. 47, October 1982, pp. 508–512.
145. "Washing Machines," *Consumer Reports*, vol. 43, October 1978, pp. 572–577.
146. ENERGY STAR® Partnerships: Volume Purchase of High-Performance Clothes Washers, program brochure, U.S. Dept. of Energy, Washington, D.C., June 1997.
147. Mayer et al, *Residential End Uses of Water*, pp.107–108.
148. Mayer et al, *Residential End Uses of Water*, p. 95.
149. Consortium for Energy Efficiency, "Residential Clothes Washer Initiative," *CEE Fact Sheet*, January 2000.
150. John Kesselring and Richard Gillman, "Horizontal-Axis Washing Machines," *EPRI Journal*, vol. 22, no. 1, January/February, 1997, pp. 38–41.
151. Sandi Douglas Edgemon, U.S. Department of Energy Clothes Washer Volume Purchase, Pacific Northwest National Laboratory (U.S. Department of Energy), Richland, Wash., 1997.
152. "Horizontal Axis Technology May Improve Clothes Washer Efficiency," *The Cross Section* (published by High Plains Underground Water Conservation District No. 1, Lubbock, Texas), September 1997, p. 2.
153. "Program Summaries," *CEE Update: Residential Clothes Washers*, Consortium for Energy Efficiency, Boston, Mass., May 2000, pp. 6–11.
154. Mayer et al, *Residential End Uses of Water*, Table A.1, pp. 202–246.
155. Lawrence Berkeley National Laboratory, *Buying Energy-Efficient Products*, "How to Buy Energy-Efficient Family-Sized Commercial Clothes Washers," prepared for the U.S. Dept. of Energy's Federal Energy Management Program, Washington, D.C., November 2000, p. CA-5.
156. Commercial, Family-Sized Washers: An Initiative Description of the Consortium for Energy Efficiency,

Consortium for Energy Efficiency, Boston, Mass., 1998, pp. 4–7.

157. InfoBulletin 1: Recycling Major Home Appliances, Appliance Recycling Information Center, Washington, D.C., June 1998.
158. Consortium for Energy Efficiency, *CEE Update: Commercial Clothes Washer Program Summary* (draft), June 2000.
159. Personal communication, Curt Nichols, City of Portland Energy Office, Portland, Ore., July 22, 1998.
160. "Oregon Laundromat Gets a Make Over," *Water Conservation News*, Water Conservation Office, California Dept. of Water Resources, Sacramento, Calif., October 1997, p. 8.
161. InfoBulletin 3: State White Goods Disposal Laws (August 1996), Appliance Recycling Information Center, Washington, D.C., June 1998.
162. "Dishing It Out: We Put 27 Dishwashers, Including Expensive European Models, to Very Tough Tests," *Consumer Reports*, vol. 64, March 1999, pp. 50–53.
163. Super-Efficient Home Appliance Initiative: Dishwashers, Consortium for Energy Efficiency, Boston, Mass., www.ceeformt.org/resid/seha/dishw/dishw-main.php3, Sept. 26, 2000.
164. "Dishwashers," *Consumer Reports*, vol. 66, May 2001, pp. 40–43.
165. "Dishing Out Dollars: Many Pricey Dishwashers Offer Surprisingly Few Pluses," *Consumer Reports*, vol. 63, March 1998, p. 37.
166. "Less Noisy, Less Thirsty: New Dishwashers Continue to Become Quieter and More Water Efficient," *Consumer Reports*, vol. 62, January 1997, p. 42.
167. "Clean Enough for You? The Best Dishwashers Do the Job on 'Normal,' Even If You Don't Rinse First," *Consumer Reports*, vol. 65, March 2000, pp. 47–50.
168. Mayer et al, *Residential End Uses of Water*, pp. 107–108.
169. Mayer et al, *Residential End Uses of Water*, p. 95.
170. Dishwashers and Clothes Washers: Water Consumption and Conservation Facts, Assoc. of Home Appliance Manufacturers, Chicago, Ill., 1991.
171. Dishwashers: Energy Efficiency and Consumption Trends, Assoc. Home Appliance Manufacturers, Chicago, Ill., Oct. 30, 1997.
172. "Dishwashers," *Consumer Reports*, vol. 52, June 1987, pp. 384–391.
173. "Dishwashers," *Consumer Reports 2000 Buying Guide*, Consumers Union of the United States, Yonkers, N.Y., 1999, pp. 90–92.
174. Statistical Abstract of the United States: 1998, Table 1223—Appliances and Office Equipment Used by Households, By Region and Family Income (1997), U.S. Bureau of the Census, Oct. 13, 1998.
175. Assoc. of Home Appliance Manufacturers, *Trends and Forecasts: Industry Shipments of Major Appliances*, Assoc. of Home Appliance Manufacturers, Washington, D.C., May 2000.
176. J. D. Lutz et al, Modeling Patterns of Hot Water Use in Households, Lawrence Berkeley National Laboratory, LBL-37805, UC-1600, November 1996, p. 5.
177. Mayer et al, *Residential End Uses of Water*, p. 95.
178. Lawrence Berkeley National Laboratory, *Buying Energy-Efficient Products*, "How to Buy an Energy-Efficient Residential Dishwasher," prepared for the U.S. Dept. of Energy's Federal Energy Management Program, Washington, D.C., October 1998, pp. RA-3 to RA-4.
179. Oregon Residential Energy Tax Credit, program brochure prepared by the Oregon Office of Energy, Portland, Ore., January 1998.

第 3 章　景观用水与节水措施

“植物不会浪费水，人会。”

本章阐述了包括草坪在内的景观灌溉用水，介绍了住宅和非住宅景观的节水措施，包括节水潜力及其成本效益，还提出了特殊的节水措施。

3.1　景观用水

3.1.1　室外住宅和非住宅用水

在美国草坪和景观（非农业）灌溉用水量虽没有明确的记录，但估计非常可观。根据美国地质勘探局调查，美国平均住宅需水量超过 0.98 亿 m^3/d，其中约 0.30 亿 m^3/d（约 30%）是草坪灌溉等室外用水。[1] 一块典型的美国郊区草坪每年约需要 37.9m^3 补给水（非雨水）。[2]

在夏季月份特别是炎热干燥天气里，很多美国供水系统的日高峰需水量比冬季平均日需水量高 1.5 ~ 3.0 倍。当高峰用水量特别大或持续时间较长时，尽管多数供水公用事业具有在一定范围内满足高峰需水量的能力，但通常要求公众限制用水，特别是草坪灌溉用水。在用水高峰期，供水系统主要关注保持适当的系统水压满足用水和冲厕等基本功能以及高层建筑（如医院、高层办公楼）用水，特别是消防用水。

在美国，尽管很多景观的设计和灌溉措施未能有效用水，也不再代表本土环境，但是景观灌溉的可任意支配性还是值得商榷的。一方面，过量灌溉增加用水成本，消耗大量水资源和其他自然资源，加重草坪等景观的化学污染，而且需要相当多的时间、人工和能耗养护。另一方面，灌溉景观支持重要的功能性、娱乐性、审美和经济等社会效益，包括水土侵蚀控制、温度调节及运动场、公园和高尔夫球场等休闲区创建。这样的灌溉区不仅提高土地的功能和审美价值，而且增加住宅和商业房地产的经济价值以及周围社区的公共室外空间价值（图 3-1）。[3]

随着更多社区、供水企业和个人勇于承诺停止浪费用水，影响景观用水的传统观念正在发生变化。过去曾认为景观灌溉用水促使出现用水高峰是不可改变的，使扩建供水和处理设施成为必然。而今，由新墨西哥州阿尔布开克市等管理的供水系统，正在用创新的节水策略挑战这种观念。阿尔布开克市自 1995 年实施以到 2004 年减少 30% 人均需水量为目标的综合长期节水计划以来，已经减少了约 20% 的人均需水量。在计划开始前，室外用水量占总用水量的 50%，现在约占 40%，尽管人口增长，仍然实现了节水。据阿尔布开克市节水官员吉恩•威瑟斯彭介绍，节水效果可归因于计划中的一些措施，包括节水型景观、限制用水浪费条例和向减少草坪的业

图 3-1 这个自然景观庭院仅靠雨水就足以保持枝繁叶茂，相反，一个典型的美国独户住宅每年草坪灌溉用水约 37.9m^3

（图片来自 Andy Wasowski）

主提供高达 250 美元的返利。[4]

3.1.1.1 室外住宅用水

“我们谈论缺水，却在沙漠中建立了一些特大城市，并坚持用肯塔基早熟禾包围自己。我们的言语是撒哈拉沙漠，而政策却是亚马孙河。”

——Richard Lamn，科罗拉多州长（1975 ~ 1987）

在美国，用于草坪、景观灌溉和其他用途（如洗车、清洁、游泳池等）的室外住宅用水估计为 120.0L/（人·d），摘自由供水公用事业向美国地质勘探局报告的国家用水数据库。室内外住宅用水为 382.3L/（人·d）[5]，一项独立研究发现室内独户住宅平均用水为 262.3L/（人·d），[6] 余下的 120.0L/(人·d) 为室外用水。平均 80% ~ 90% 的室外住宅用水 (94.6 ~ 109.8L/(人·d)) 用于灌溉草坪、植物和花园。

1. 室外独户住宅用水

全国各地平均室外独户住宅用水变化极大，如图 3-2 所示，美国和加拿大的室外人均日用水量从数升到数百升不等，占住宅总用水量的 10% ~ 75%。[7] 在美国得克萨斯州、加利福尼亚州和西南炎热干旱地区，通常人均室外用水量最大，远超过当地天然降雨量。

而美国其他地区，特别是降水充沛、气候凉爽的新英格兰和太平洋西北地区，室外用水通常没有那么多。地处凉爽、湿润气候的室外用水通常占住宅平均用水量的 10% ~ 30%。例如佛蒙特州 [8] 和波士顿 [9] 都市区的用水研究报告称，室外用水不到住宅年用水量的 10%，而且这个百分比在温暖月份也没有很大的增长。另一方面，这种模式由于近年来东北地区的夏季高峰需

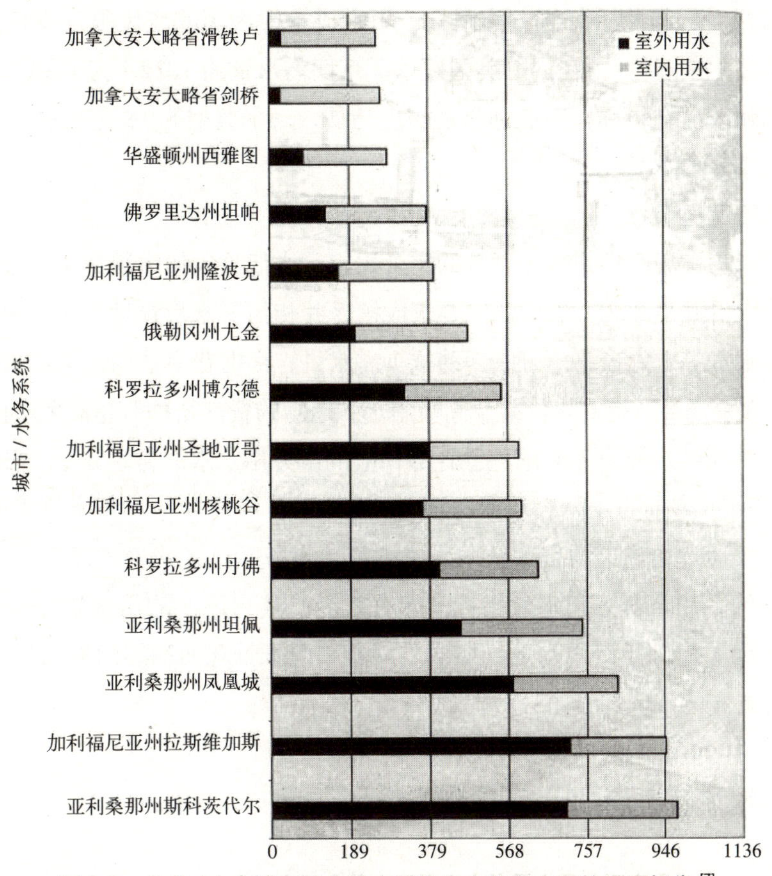

图 3-2 北美 14 个城市独户住宅平均室内外用水量的调查报告 [7]

水量持续增长而发生改变，随着生活日益富裕，更多住宅安装了地埋式灌溉系统，夏季越来越热似乎也有责任。

在气候温暖、降雨普遍充沛的东南地区，本土和节水型景观易于繁荣。尽管如此，与美国其他地区类似，在美国东南地区大量的室外用水并不少见。

影响住宅景观灌溉用水的主要因素有气候、天然降雨量、水价、家庭收入，影响最大的可能是流行的景观审美。如今，繁茂的绿色草坪是美国理想住宅的标准地被植物。

独户住宅通常使用大量的室外草坪和景观灌溉用水。堪萨斯州约翰逊县第一供水区的节水管理者 Nancy G.Scott 指出："这些渴望大型、繁茂、维护良好草坪的用户通常是受过高等教育、富裕的专业人士"。其他与大量室外用水相关的用户特征包括新建住宅、大面积草坪、自动灌溉系统和高耗水草坪。[10]

2. 室外多户住宅用水通常较低

多户住宅公寓的人均室外用水通常很低，甚至微不足道，户均室外用水也比同一地区的独户住宅室外用水低很多，但拥有大型景观灌溉系统、游泳池、喷泉和用水维护措施（如清洗人行道）富裕的多户住宅例外。

3.1.1.2 室外非住宅用水

商业和公共景观的非住宅室外用水大部分用于灌溉草坪。非住宅用户的灌溉需水量变化很大，因景观区域尺寸、植物、气候、降雨量、用水成本等因素的变化很难概括。总体而言，灌溉包括 16000 个高尔夫球场[11]在内的美国娱乐区草坪需水量为 1022.1 万 m^3/d[12]，约为纽约市用水量的 2 倍。据州政府官员称，在亚利桑那州皮马县，一个典型的 18 孔高尔夫球场用水 70.0 万 m^3/ 年、日均 $1892.7m^3$。[13]

3.1.1.3 增加水费鼓励节水

增加水费可有力地激励用户减少过量的室外用水。中低收入住宅用户尤其对水价敏感，富裕住宅用户有时对水价并不关心，仅当法律要求或接受并相信节水教育时才会控制浪费。递增的费率结构和季节性水费等定价策略，可以帮助减少需水量。根据费率结构，用户减少用水的时间可长可短，有时只在夏季数月提高水价减少高峰用水。递增的费率结构对超额用水收取更高的水价，例如用水不超过 $37.9m^3$ 水价为 3 美元，超出 $37.9m^3$ 的部分用水水价为 5 美元，依此类推。

加利福尼亚州尔湾市的尔湾牧场水务区（IRWD）已经成功地利用水价策略遏制了室外用水量的过度增长。通过实施递增费率结构，尔湾牧场水务区已经减少了近 50% 的用户室外用水量。他们为服务的各用户群分配水量指标，即有效灌溉其房地产的用水量上限，假定室内用水为 302.8L/（人• d），室外灌溉用水是气候、蒸发量和灌溉景观面积的函数。[14]超过分配水量指标的用户需支付更高的水价。

3.1.2 景观用水浪费之源

灌溉安排不当、过于频繁或灌溉时间过长，是景观灌溉用水的主要浪费之源。温暖天气里，经常可以看到低效的灌溉系统和措施。经常可以看见灌溉系统由于未能准确指向附近草坪范围而过量喷洒产生径流，造成人行道、路面和公路区浸水，如图 3-3 所示。此外，其他原因包括灌溉系统设计不佳、设备效率低和维护管理不当。关于景观审美和功能的固有观念，也是一个潜在的用水浪费原因。仅从近年来开始，公众和“绿色产业”（例如园艺师、景观建筑师、零售和批发苗圃、灌溉系统设计师、承包商和景观维护管理者）才开始意识到景观节水的需要。

图 3-3 由于过量灌溉草坪造成的街道径流是室外用水浪费的最常见现象之一

（图片来自丹佛市水务局）

3.1.2.1　疯狂草坪？

近年来，美国人开始不过度“痴迷”于草坪及其养护产品，这是由于一个人工维护良好的草坪会浪费水并且让其拥有者花费时间和金钱并对其周围的“大环境”造成污染。在美国居住区、企业、政府和路边种植的草坪草约覆盖 12.1[15] ~ 20.2[16] 万 km^2，超过宾夕法尼亚州面积和美国任何一种农作物的种植面积。[17] 约 6000 万美国住宅定期维护草坪。[18] 每年消费 7.5 亿美元播种草坪和另外的 250 亿美元用于割草机、灌溉管、园艺剪刀、园艺手套等相关工具。[19] 每年割草机约消耗近 227.1 万 m^3 汽油。[20] 同样可观的是住宅业主施用的草坪化学物质量，单位面积草坪施用的农药是农民对农作物施用量的近 10 倍。[21]

“我们做了太多错上加错的事。”

——尤吉・贝拉

3.1.2.2　美国草坪审美的起源

在《草坪：美国痴迷的历史》书中，作者弗吉尼亚斯・斯特科・詹金斯将美国当今价值数十亿美元的草坪草产业追溯至早期欧洲移民的园艺文化影响和内战后的经济影响。[21] 美国内战后开始重建和发展，住宅和景观随之发展起来。在 1868 年，美国授予首个割草机专利，[22] 随后在 1871 年授予首个洒水机专利。[23] 弗兰克・J・斯科特在 1870 年出版的《美化郊区住宅地面的艺术》中，劝说业主“让您的草坪变成自家的天鹅绒长袍”。那时独户住宅逐渐兴起成为美国习俗，[24] 斯科特，一位以其名注册的草坪维护公司的创建者，赞美草坪称“一块修剪平滑的草坪迄今为止是郊区住宅地面美观的第一要素”。[25]

直到 20 世纪初，美国草坪随着种子、草坪维护和灌溉设备供应商及高尔夫产业的带动而迅速扩张。到 1902 年，上千个高尔夫俱乐部在美国成立。[26] 一个世纪之后，草坪已经深深地根植于美国文化之中。“草坪”这个词被列入美国 155 个社区名称之中，不计其数的草坪形象或生活产品上市出售。[27] 詹金斯称美国门前草坪象征着人类对环境的控制和凌驾于自然之上的优越感：“美国已经从基于当地植物和气候的区域景观，发展为基于审美观考虑庭院植物来满足家庭幸福的全国景观”。然而，如此驾驭自然的尝试尚未完全成功，而且完美的绿色地毯是一个永恒的挑战而非固有的现实。

哈德森河学校（1825 ~ 1870 年以来活跃的美国首个风景绘画学校）：“将欧洲的自然理念逐渐融入对美丽家乡的自豪，美国画家首次致力于风景画而非肖像画中……这些画家的作品反映了新的原野概念——人不过是微不足道地闯入美丽而非可怕的风景中”。

3.1.3　景观节水进展

新的景观设计方法、更好的草坪和植物选择以及灌溉技术的改进是促进景观灌溉节水的关键。目前美国流行的以精剪绿草垫为荣的草坪审美观正在改变。萨拉・斯坦在其著作《种植诺亚花园：庭院生态的深入探险》一书中称，草坪与沥青的生态价值相当——“荒谬昂贵、生态贫瘠、除害虫什么都不长的地方”。[28]日益严重的缺水和增长的用水成本、气候变化和变异（包括干旱更加频繁）、减少草坪维护时间和渴望更多不依赖于化学物质的自然景观，将推进更加可持续的未来景观。[29]

3.1.3.1 明智用水灌溉原则

近年来，一些强调低耗水、本土植物等节水措施的景观设计和管理方法已经萌芽生根。诸如明智用水、旱生园艺和自然景观的术语阐述了多少有些不同的景观设计和管理概念方法，这些方法目标相同——更少的需水量、更少的维护时间、更低维护成本和基本无或完全没有草坪或花园化学物质。

旱生园艺（Xeriscape）™，是一个注册的术语，起源于希腊语“xeros”（旱生）和英语“landscape”（景观）中的“scape”。旱生园艺的概念包括改善景观质量和节水及保护环境的7个原则：

①适宜的规划和设计；

②土壤分析；

③适宜植物的选择；

④实用草坪面积；

⑤节水灌溉；

⑥使用覆盖物；

⑦适当的维护。

旱生园艺的原则和术语，由后来成为丹佛市水务局的丹佛节水工作小组于1981年提出。自那时起，该原则就激发了很多节水示范园艺、计划和条例的诞生，特别是在美国炎热干旱的区域。一些公用事业已经将这些原则纳入室外节水计划，促进使用本土或低耗水植物、减少草坪（有时通过“草坪换现金”返利计划推进）、改进灌溉时间表（例如改变灌溉频率和每天灌溉时间）。地方绿色产业成员通常拥护并支持这些计划，业主、商人和公共财产管理者等计划参与者，已经不同程度地将其景观变成更节水而繁茂美观的区域。[30]研究表明，实施明智用水或旱生园艺景观措施比传统景观措施减少用水至少50%，通常景观维护和化学物质成本也随之减少。[31]

促进景观节水的明智用水、旱生园艺和类似表达通常可以互换使用，但它们并非总是表达相同的意思。一些节水管理者在向公众培训低耗水景观措施时，倾向于使用旱生园艺的概念，这个术语引出了“什么是旱生园艺”的问题，不少节水计划包含旱生园艺的原则，但使用诸如明智用水、智能用水或低耗水等术语，而避免使用旱生园艺，因为它会被误解为类似只有石头和沙子的沙漠一样的条件。事实上，凉爽湿润地区的人们很难将节水型景观方法与“旱生”的定义相关联，尽管事实上旱生园艺的原则很容易适用于新英格兰和大西洋西北区域等地区。此外，一些人认为旱生园艺将会过时或不是生态可持续的，因其接受补充灌溉、景观化学物质和使用非本土植物的原则。在炎热干旱区域，用旱生园艺的术语表示节水景观计划或许有意义，然而在湿润凉爽区域，明智用水景观等术语更易于接受。

3.1.3.2 超越旱生园艺：自然景观运动

一个名为自然景观运动正在美国和加拿大兴起。自然景观方法以很多方式超过了旱生园艺和类似的明智用水原则，设计和管理者倡导依靠本土植物、除雨水外仅在必要时需要最少灌溉的理念。自然景观的目的是保持和重新引入本土植物，以实质上消除极端干旱气候以外的补充灌溉需要。这种依托自然的方法体现了寻求与自然更加和谐、健康关系的哲学。[32]

“美国景观将在未来数十年里彻底转变，西部各州将正在耗尽水资源，婴儿潮一代担心孩子们玩耍的草坪含有化学物质，传统草坪有时需要过多维护时间。”

——《玛萨斯图尔特生活》的园艺编辑 Margaret Roach

越来越多地区开始恢复本土自然景观，包括住宅庭院、社区房地产、高尔夫球场、公路和公共景观。在美国中西部，很多住宅和公共场所已经换成本土草坪和植物。例如，位于芝加哥北部 40km、面积为 2.7km^2 的“穿越大草原”居住区，如图 3-4 所示，通过重建曾经在此繁荣的本土草原植物确定其景观。草原雀麦草、牛毛草、弗吉尼亚野麦等草种和紫色三叶草等野花是重新种植的本土植物。由于这些植被的恢复，曾经被赶走的豹蛙等野外生物又出现了。除再现地区自然美景以外，本土草原草还帮助控制土壤侵蚀，与传统草坪相比，减少了 50% 的径流量。此外，这些草坪还为流入湖泊、用于社区游泳和钓鱼的降雨提供了一个天然过滤器。帮助开发“穿越大草原”的历史学家维基·蓝妮称：“大草原的美来自于我们亲手失去的力量”。为进一步重建与大草原时代的文化联系，设计过“穿越大草原”上很多住宅的玛格丽特·麦卡雷和其他芝加哥筑师通常在古树园林周边的宽敞街道上修建屋檐、门廊和住宅。社区通过征收 0.5% 的购房税（平均 1500 美元）帮助支付草原和湿地管理费。“穿越大草原”上的房子聚集在约 0.8km^2 的土地上，以保留超过 1.8km^2 的开放空间。[33]

图 3-4 自然景观措施依靠本土植物和草种，例如伊利诺伊州“穿越大草原”住宅区

（图片来自迈克尔·沙德）

经设计，在一个类似的恢复本土景观计划中，位于伊利诺伊州霍夫曼庄园的西尔斯百货公司总部弃用传统企业草坪（如图 3-5 所示），取而代之的是广阔草原和野花的开放空间。公司主管设备的总裁理查德•科特巴称其为“比修建草坪压力更小的景观”。[33]

图 3-5　位于伊利诺伊州霍夫曼庄园的西尔斯草原石校园办公区，拥有约 0.8km² 的本土草原草和林地

（图片来自节水设计论坛）

杜维斯岛是一个位于南卡罗来纳州查理斯顿海岸、面积 4.9km² 的离岛，全岛只允许种植本土植物。自 1991 年开发以来，其总体规划留出 65% 的永久保护面积。根据开发策略，杜维斯岛不允许种植正式的草坪，所有植物必须是离岛本土植物。[34]

一些组织也在推进这种自然景观的理念和实践。“野生者”自然景观公司，是一个位于威斯康星州阿普尔顿市、拥有约 3000 员工的非盈利组织。该公司提倡用本土物种促进生物多样性和环境友好型景观。近年来出版了一些关于自然景观措施的资料——野生者®期刊，[35] 成为地方官员关于自然景观的参考资料[36]。

3.1.3.3　再生水的利弊

将处理过的市政污水再生用于灌溉的措施得到越来越多的应用，特别是用于如高尔夫球场、游乐场和市政公园等大型草坪区。在某些情况下，再生利用对灌溉区是一个合理、经济的方法，否则需要大量宝贵的饮用水。事实上，拥有丰富的可再生利用污水的区域，远比淡水供应过量的社区多。与此同时，很多生态保护人士认为利用再生水帮助和支持景观灌溉大量用水并没有考虑到问题的根本——选择不当的景观设计、需水量大的不适应和非本土植物、过多和控制不当的灌溉系统以及缺乏室外污染的环境影响意识。

关于再生水是可持续的资源措施，特别是用于住宅灌溉，是一个有争议的观念。在美国自 20 世纪 90 年代早期开始，因安装小流量器具和设备，住宅室内用水减少了，相应的可再生利用的人均室外污水量也减少了。对于一个典型的灌溉周期使用上千升水、超过日常室内用水量的业主，通过公用事业提供的再生水或住宅中水增加灌溉供水并不是一个真正可持续的系统。从资源管理的角度看，再生水在一些地区可以帮助补充地下含水层，而在其他地区可能争夺溪流和江河用于保护自然栖息地和河道流量的重要补给水，特别是在水位低的夏季。

像其他“供给方”选择一样，再生水系统也需要可观的材料、能源、化学物质和资金等资源，以及建设、运行和管理其处理、储存和配送设施。一些社区可能发现投资再生水比开发新的饮用水供应具有更大的成本效益；而另外一些则质疑为满足大量草坪灌溉而做经济和资源投资的意义，因为他们认为这种需求没必要而更关心无论用什么资源过量灌溉的后果。此外，大规模使用再生水在北美仍然相对较新，对其实际成本尚未全面知晓。例如北卡罗琳娜州卡里镇于 2001 年初投资 1000 万美元建设再生水灌溉系统提供给住宅和商业用户，[37] 为用水大户如景观和建筑公司提供免费再生水。而另一个观点，加利福尼亚州库卡蒙加牧场的灌溉顾问大卫•戴维斯指出，当再生水必须贮存在地下时，使用再生水灌溉很昂贵，“很多用水区称再生水比自来水成本低 20% ～ 25%，但事实是因持续经由土壤过滤损失而增加了 10% ～ 15% 的需水量”。[38]

3.1.3.4　计量灌溉用水

除高尔夫球场和棒球场等灌溉用水大户以外，住宅和非住宅的灌溉用水通常未与其他用水分开计量。室外用水量大的地区例外，如佛罗里达州、加利福尼亚州和西南地区确实有独立的自动灌溉系统水表（有时称“扣除水表”）。一些用户更喜欢单独计量室外用水，因其只收取给水费而无排污费（因灌溉用水不流入排水管道而不会产生污水处理费）。一些水务公用事业以比室内用水更低的价格收取由扣除水表计量的灌溉水费，而另外一些收取更高水价或超额收费，帮助弥补与室外用水相关的高峰供水能力投资和运行成本。超额收费还提供减少景观灌溉用水的经济激励。公园、球场和道路隔离带等市政和其他公共财产通常没有单独的计量水表（尽管他们非常有助于实现节水目的）。

3.1.3.5　自动灌溉系统的兴起：是一种倒退吗？

尽管在一些地区，公众对节水的价值、节水型景观措施和本土植物的意识逐渐增加，而在新建独户住宅中包含自动灌溉系统的趋势也在不断增长。自动灌溉系统如使用得当可以明显节水。但不幸的是，大部分业主为图方便，以一种“设置然后遗忘”的方式去操作，造成不管景观是否需要而持续灌溉的现象。自动灌溉系统以前并不常见，它们在当下的盛行可能反映了生活富裕和很多有工作的成年人不愿花时间完成拖水管浇草坪等任务的事实。此外，住宅园艺和完美绿草坪及其维护所需的供水似乎在增长，尤其是在婴儿潮时代出生的业主中。

3.1.4　景观节水的成本效益

“节水和资源利用效率并不意味着绿色产业的业务终结——相反，节水景观提供了大量销售更有价值的服务的机会，可以引进新植物和新技术升级场地，吸引新业务。”

——汤姆•阿什，《节水景观管理：如何从未来的节水中获利》

许多经济和环境成本与灌溉不当有关，尤其是在高峰需水时期。为满足高峰时期的景观灌溉用水需求，供水系统必须拥有额外的输送和处理能力。这种加强的基础设施提高了供水系统的投资和运营成本，也增加了用户的水费。景观灌溉用水过量造成非可持续用水对环境的负面影响、地下水资源超采、河川径流减少、水质恶化和水资源共存生态系统的破坏。

公用事业和住户可以通过景观灌溉节水获得一些效益，同时，景观节水措施也有一些成本和行为习惯要求。

效益包括：

①减少高峰用水需求；

②减少地下水的超采和污染；

③减少供水成本；

④提高供水公司收入的长期稳定性，减少费率调整频次；

⑤缩小供水设施的容量（水库、贮存池、水井、泵、电机）；

⑥减少径流量、水土侵蚀和暴雨管理成本；

⑦创建独特、有吸引力的房地产；

⑧减少草坪化学物质的使用（化肥、杀虫剂、除草剂）；

⑨减少景观维护的能耗成本（电动和燃油割草机、鼓风机和磨边机）；

⑩减少大气污染和燃油割草机等设备的噪声；

⑪提高割草机和灌溉系统的使用寿命；

⑫减少割草和景观维护的人工成本；

⑬增加本土植物多样性；

⑭保存野生生物栖息地和河道内流量；

⑮减少过度灌溉造成的植物病虫害、腐烂和死亡；

⑯减少替代供水系统的建设和运行需要（如再生水或淡化水）。

成本包括：

①不顾长期效益，改变室外用水习惯的阻力；

②在从传统到节水型景观的转变阶段增加的维护时间；

③与耗水草坪等外来入侵植物相比，接受低耗水本土植物外观的困难；

④传统绿色产业产品和服务供应商因未能提供节水和自然景观服务而潜在减少的业务；

⑤潜在的供水公用事业短期收入不稳定性和当室外需水因节水而减少时更加频繁的费率调整。

“无论条件如何，环境终究是我们自身品味、抱负和成败的反映。”

——伯德·约翰逊女士，伯德·约翰逊夫人野花中心

3.1.5 景观用水审计的基本步骤

提高景观用水效率的首要步骤通常包括用水审计和准备现场节水计划。

住宅景观节水审计需要约 1h，取决于完成的步骤数量和与用户沟通时间长短。公园和高尔夫球场等大型景观区的用水审计需要 4 ~ 8h，灌溉量大的区域甚至更长。还需要额外时间完成后续分析和办公室文案工作。

景观用水审计通常为那些灌溉控制器程序错误和灌溉系统故障或设计不佳的住宅和非住宅区用户带来最大的节水量。住宅和大型用水审计方案的设计差别很大，但是那些逐个教育用户节水概念、介绍现场具体节水措施、提供和安装节水设备及技术支持的方案，均应会带来至少 10% ~ 15% 的景观节水量。[39]

一个简单的住宅或小型景观数据收集形式如附录 F“景观和灌溉用水审计样表”所示。实施住宅或小型景观用水审计的基本步骤和推荐的节水措施如下。

3.1.5.1　说明审计目的

向用户解释室外用水审计的目的（如识别用户和大型社区的节水途径）。用户可能也对节水的间接效益感兴趣，如避免或减少使用化肥、除草剂和杀虫剂，或减少能耗和人工需求。

3.1.5.2　检查室外用水量

基于水费账单数据或实际水表读数，检查用户用水量，尤其是用于景观灌溉等室外用途的水量。从总用水量中减去平均冬季或室内用水量，可为冬季不灌溉的用户得到一个简单的估计室外需水量（温暖地区拥有四季景观的例外）。如果用户的平均室内用水量未知，从总需水量中减去住宅每个居民约 265L /（人. d）的估计用水量，得到用户的室外用水量。（其他方法可以确定更准确的景观需水量，而这个简易方法应该可以满足教育用户的需要。）

3.1.5.3　评价草坪、景观和灌溉特征

评价用户的景观和灌溉用水特征。记录灌溉总面积（可以用计量轮确定），包括每个灌溉区的面积和需要灌溉的植物品种，尤其是草坪草。记录杂草、土壤紧实度或褐斑等草坪状态。一些政府机构（地方、县和州立）和私人公司已经在地理信息系统文件中收集了详细的住宅景观和不透水面积等特征信息。这些数据对于节水管理者很有价值，因掌握这些数据后，可不需要再进行现场测定，可帮助优化审计和用于编制水量预算。

3.1.5.4　测定灌溉设备用水量

通过运行用户的手动或自动灌溉系统，测定一个典型的灌溉周期用水量。测量每个灌溉区单位时间的用水量和总的灌溉时间。为保持审计在 1h 以内，可能有必要仅运行用户部分典型灌溉时间表，根据收集的数据调整并做出最佳估计。对于自动灌溉系统，定位灌溉控制器并记录下面数据：一个灌溉周期需要的时间、每周灌溉天数、灌溉区域数目、每个区域灌溉持续时间、雨水传感器和湿度感应器状态或“周期和浸泡”特征。在每个区域运行灌溉控制器，每次运行后从水表读取单位时间用水量和总用水量。每次运行时，检查洒水喷头、微灌发射器和起泡器的漏失，并检查破裂处或故障点，如喷头倾斜、缺失和过量喷洒。对每个区域完成这个过程，记录所有发现的问题。对手动操作的喷灌器和软管完成类似的水量测定。

有时测定喷灌系统的喷洒均匀性，也作为景观用水审计的一部分，如图 3-6 所示。“收集罐”测试法在整个灌溉区内等间隔均匀放置刻度容器或小罐（例如金枪鱼罐）收集用水，测定灌溉的均匀性和水量。假设无过量喷洒和径流现象，65% ~ 75% 的喷洒均匀度是可以接受的。[40]

一些节水管理者只在审计大型景观区时才会使用“收集罐”测试法。对于住宅和小型商业房地产，通常用户了解灌溉时间（以 min 计）和灌溉频率（每周灌溉天数）比了解喷洒均匀度更有用。此外，收集罐测试法需要花费审计员更多时间（至少增加 30min），结果准确度取决于小罐的准确设置。审计人员可以指出明显过量喷洒或喷洒不足的区域代替收集罐测试法，帮助用户提高喷洒均匀度。

图 3-6　收集罐测试法用于测定喷灌系统的喷洒均匀性和效率

（图片来自丹佛市水务局）

“根据一项调查，24% 的草坪都有某种草坪装饰。”

——www.uselessfacts.net

3.1.5.5　提出景观节水建议

最好尽量不去打扰自然，追随其建议，调整我们自己帮她实现计划……

——1908 年《工匠杂志》

1. 推荐明智用水和自然景观的原则和植物

向用户提供关于节水和自然景观设计及管理方法的基本信息，包括本土、适合本地、低耗水（但无入侵性）植物系列的推荐清单。

用本土植物阻止入侵植物危害

非本土“外来”植物是起源于其他具有不同生态系统、气候、土壤、湿度和光照条件地区的非本土植物。并非所有非本土植物都有入侵性，但多数有，因而只种本土植物的观念正在增多。非本土植物物种被引进新环境的原因很多，包括作为“外来植物”或耐旱品种。很多非本土耐旱品种特别强壮（这也是其偏爱缺水条件的原因），但是在某些条件下，它们能侵略性地生长为单一外来物种，取代之前天然存在的茂盛的植物、草坪、湿地、草原和森林。入侵植物通常改变和减少本土动物、植物的空间、水分、光照和营养，它们还破坏本土植物的授粉和种子传播关系，增加水土流失，并与很多动物和水生生物赖以生存的珍希濒危植物物种形成竞争。据美国公园服务部门进行的一项研究，外来植物和生物对美国的天然生态系统构成重大威胁，正在破坏美国部分自然史和特征。例如一种外来入侵的植物物种——千屈菜，已经占据了美国东部很多地区的湿地，并扼杀了本土植物物种。在美国，约 4000 个非本土植物物种扎根生长，已经证明其中约 20% 每年可对农业造成数十亿美元的损失。因此，业主和管理人员应小心选择外来低耗水草坪草、花卉物、灌木和乔木，避免引入弊大于利的外来入侵物种。[72]

2. 推荐每周供水量

检查每次灌溉运行时记录的需水量，并指导用户如何调整灌溉周期节水。向用户建议每周灌溉天数和每块区域灌溉分钟数。传统灌溉草坪依不同气候通常每周最多需水 25.4mm，有时需要 50.8mm 的灌溉水量，其中部分可以由降雨供给。灌溉的频率通常每周一次或有时两次，每次不超过 15 ～ 30min,每次应在早晚时段灌溉,避免一天中的高温蒸发时段。这个粗略算法可因地区、气候和季节而有所不同，但是用水审计应使用户比过去用水减少。有时让用户了解 92.9m^2 面积上的 25.4mm 水深，相当于 2.4m^3 水，会有所帮助。也应向使用灌溉系统控制器的用户建议每周灌溉频率和每个灌溉周期时长、每个灌溉区域的需水量、抵消蒸发失水的补给水量和在降雨暂时无需灌溉时调节控制器。绿色草坪通常能用蒸散参考值 50% ～ 80% 的灌溉水量保持健康。[41，42]

3. 指明“硬件”保护措施

根据需要，推荐或提供节水设备（例如水管上的自动截流阀、自动雨水感应器或在雨中或雨后能关闭自动灌溉系统的开关），维修或调节洒水器、水管和灌溉系统控制器。建议用户灌溉控制器多长时间重设一次（通常至少每月 1 次适应季节变化）。对于有游泳池的住宅，提供关于游泳池覆盖、漏失和水温的建议（以控制蒸发损失）。

3.1.5.6　留下信息和安装节水设备

除检查灌溉系统效率以外，还向用户提供雨量计，在自动灌溉系统上安装雨水感应器，在手动水管上安装截流阀，提供关于草坪和景观设计及低耗水植物和草种的建议，建议如何减少环境负担和控制用水成本。提供适合用户的其他节水措施和节水计划信息（如灌溉系统改造和返利）以及本土和低耗水植物的销售清单。

3.1.5.7　进行审计后跟踪

通过审计后跟踪电话、拜访或信件，检查节水效果并提醒用户实施推荐的措施。一些公用事业跟踪用户在审计前后的用水量评估审计的有效性。具有定制账单能力的公用事业可在用户的水费账单上直接提供审计前后的用水数据。

3.2　景观节水措施

本节介绍了适用于住宅和非住宅房地产的节水景观灌溉措施和技术，为每种措施提供了以下信息：

①目的。描述措施的一般用途和背景信息。

②节水政策和规章。适用于所述景观措施和灌溉设备的节水法规、条例和政策范例。

③节水措施。识别每种景观措施和灌溉系统的潜在节水措施。

④节水量和成本效益。介绍与措施有关的节水潜力和相应的成本效益。

⑤实施。讨论与措施大规模实施相关的理念和考虑。

适当时，提供案例研究阐述节水潜力、成本效益和计划实施的考虑。

3.2.1 明智用水景观规划与设计

“我希望自己和景观设计领域专业人士，不是反对使用非本土植物的变革，而是教育我们是什么随着时间的潮起潮落成就了大自然，并将其置于生活中随处可见的景观设计之中。”

——伯德·约翰逊女士，伯德·约翰逊夫人野花中心

明智用水和自然景观的规划、设计和实施，与世界通用的传统方法非常类似。主要区别是它们考虑了现场的节水注意事项、本土和适应性植物、自然特征、降雨和气候特征等。

仔细评估诸如植物选择、草坪面积、灌溉要求、土壤条件、覆盖选用和维护措施等关键注意事项，并纳入节水景观设计中（如图 3-7 所示）。经常有人误认为明智用水或旱生园艺设计仅是沙漠环境的再现，只适用于美国西南部等有限地区。相反，明智用水和旱生园艺的原则是普适而适应自然的。例如，在美国西南部的低耗水景观可能强调仙人掌、肉质植物和砂岩。相反，在中原地区的节水景观却以草原草等本土适应性植物为特征。

图 3-7 明智用水景观规划和设计包括对现场特征和本土低耗水植物资源指导等因素的仔细考虑

（图片来自 Amy Vickers 及其公司）

使用明智用水设计的住宅庭院、公园、商业或机构景观，可以像传统景观一样繁茂、华

丽和迷人，如图 3-8 所示。对娱乐和散步功能场所的需求可以很容易纳入低耗水景观设计之中，增加其美学特征。明智用水或旱生园艺景观因选用的是本土的，或者可以适应当地自然条件旺盛生长的花卉、灌木和乔木，从而促进了自然环境的恢复。马里兰州蒙哥马利郡环保局的公共教育协调员约瑟夫·M·凯泽称：这种方法“使草坪草再无立足之地，栖息地植物和无化学物质的花园管理措施正在将野生生物带回到我们的住宅与生活之中。”[43]

图 3-8　丹佛市一个获奖的旱生园艺景观
（图片来自丹佛市水务局）

明智用水景观的规划和设计应考虑至少 6 项现场基本条件：

①现有土壤、植被和地形；

②当地气候和微气候；

③向阳区和面阴区

④植物用水分区（低耗水、中等耗水和高耗水）；

⑤房地产用途和偏好（功能和美观）；

⑥用户的景观维护偏好。

3.2.1.1　明智用水景观的基本原则

设计和维护节水景观的基本蓝图可以总结为 8 个步骤。

1. 将植物按需水量分组

将本土和耐旱植物种在一起，与喜水植物分开。这样做更容易灌溉，而且更节水。

2. 使用本土和低耗水植物

大自然提供了丰富的草坪草、灌木、多年生植物、观赏植物、乔木等一旦扎根可以在缺水甚至无水的本土或适应性环境中繁茂生长的植物。

3. 限制草坪面积仅满足实用需要

如不加限制草坪所需的景观灌溉用水份额如同“狮子大开口”。用户可以在景观区的其他部分种植耗水少而易于维护的漂亮植物，限制草坪面积，仅满足娱乐等功能性用途即可。

4. 使用高效灌溉系统

如果景观需要灌溉，至少确保灌溉系统尽可能高效。设计和安装良好的灌溉系统、雨水感应器、自动截止阀、程序正确的控制器以及水管和喷头的日常维护是高效自动灌溉系统的必要组成部分。

5. 明智的灌溉时间安排

即使最节水的灌溉系统也可能浪费水，因为用水量取决于它的允许运行频率和时间。一周浇 1 次或 2 次，每次 15 ~ 30min 适合多数住宅景观，特别是那些不习惯浸水的景观。通常过量灌溉的草坪和植物需要逐渐减少水量以避免冲击。一旦形成合适的“水压”和更深的根系，它们应该能够适应水量的减少。

6. 确保土壤健康

健康的土壤对植物而言如同一双好鞋——可以固定和供养它们茁壮成长。用腐熟肥和其他营养物等有机质改良土壤能帮助植物涵养水分和抵抗蒸发。应间或用草耙等设备翻松草坪或步行区下夯实的土壤。

7. 记住覆盖

覆盖植物周围土壤（在树干周围留点空间）减少蒸发、限制热应力和抑制杂草生长。营养覆盖物包括腐熟肥、碎树皮、树叶和木屑。

8. 定期维护

所有景观区域需要维护保持美观和健康，并帮助减少用水量。控制杂草，避免从植物中窃取水分。尽量少使用化肥，避免因植物过度生长而增加需水量。检修水管和洒水喷头的漏失。确保灌溉系统程序设置合理，随温度和降雨的季节变化进行调节。

3.2.1.2 景观规划与设计相关的节水政策与规章

1. 致力于减少景观用水浪费的条例

美国一些社区已经制定了相关条例减少由景观灌溉过量、设计不佳和径流过量造成的用水浪费。例如新墨西哥州阿尔布开克市创立了节水景观和浪费用水条例，帮助减少 30% 的人均用水量。该城市为减少草坪灌溉和灌溉相关的用水浪费，已经建立了低耗水植物、改善灌溉系统设计、时间安排和维护方法的地方要求。在新开发区，至少 80% 的植物必须是中低耗水的，否则，需要做景观用水预算。[44] 加利福尼亚州水务局创建的地方模范节水景观条例包含类似的条款。[45]

2. 联邦房地产的可持续景观措施

美国政府在 2000 年制定了针对所有联邦机构的景观计划、政策和措施的要求，促进在辖区和联邦资助项目中使用节水等具有环境和经济效益的景观措施。要求的目的是促进“可持续的景观设计和维护”，认识到自然和人类资源、场地设计、建筑设计、供水、能源管理、防止浪费和设备维护与运行的内在联系。[46, 47] 这个要求基于 5 个基本原则：①景观使用当地本土植物；②设计、使用和促进对自然栖息地负面影响最小的建设措施；③尽量减少污染；④实施诸如高效灌溉技术、明智灌溉和覆盖等节水和节能的景观措施；⑤创建本土和野生花园等室外示范工程。

3. 要求提交包含明智用水或旱生园艺设计要素的景观规划

在美国一些社区，必须提交新建或改建景观设计，确保其满足节水要求方能得到批准。批准的标准通常包括：限制灌溉面积、用水预算、高效灌溉设计和维护要求等特征。例如佛罗里达州迈阿密北岸，需要提交和获批纳入节水原则和措施的景观规划，才能发放建筑许可。要求包括：植物必须根据耗水区分组和灌溉，高耗水区不能超过景观面积的 40%。条例称："旱生园艺技术应该是景观设计和规划不可分割的组成部分。除非景观规划遵守本条例规定，否则不得发放建筑许可。"[48] 加利福尼亚州景观法案[49]、佛罗里达州模范景观规范[50] 和加利福尼亚州北马林市政水务局的景观规章[51] 均包含类似规定。

4. 新建景观的场地准备要求

为提高土壤保水性和植物吸水率，一些社区要求新建和改建景观进行场地准备（例如通风、松土、有机质和覆盖改良）。这些要求帮助新建草坪和植物长出更深长和健康的根系，使得植物能在水少的情况下茁壮生长。范例包括加利福尼亚州模范节水景观条例，[45] 佛罗里达州模范景观规范[50] 和科罗拉多州奥罗拉和博尔德建立的政策。[50]

"直到我们学会热爱家乡的土地和美丽，才会产生有价值的景观艺术。"

——让·詹森，风景园林设计师和生态环保人士（1860 ~ 1951）

3.2.1.3　景观规划和设计的节水措施

与景观规划和设计相关的节水措施包括：[52 ~ 56]

1. 评估既有景观

从房地产底图开始，绘制场地基本特征，如住宅或其他结构、场地方位、自然露出的岩石和既有植物。将只需很少或无需灌溉生长的本土和适应性植物作为改造景观的基础。（如果存在杂草或其他入侵植物，这个重新设计阶段是将其铲除的最佳时机。）然后，将描图纸放在底图上做场地分析。[53, 54] 指出场地既有植物和地形特征，包括降雨、土壤条件、风、坡度和梯度、日照和蔽荫面积，现有植物和审美偏好。

2. 编制景观总体规划

在评估既有景观后，为节水或旱生园艺准备总体规划，应致力于解决一些设计问题。

（1）功能草坪区

节水景观通常通过减少草坪面积获得最大节水量。应清晰界定散步、休息、野餐等娱乐活动所需要的草坪量。非功能性区域可由抗旱草坪草、地被植物和与喜水草坪一样美观的"硬景观"（由非生物材料覆盖的景观）覆盖。[53, 57] 设计实用草坪区域的更多信息详见 3.2.3 节"实用草坪区域"。

（2）非功能性植物和硬景观区

非功能性景观区域可以填充本土和适宜的（非入侵的）花卉、乔木、灌木及露台、平台、碎石和石景花园等硬景观。混凝土和人行道等不透水地面产生径流，相反，碎石等多孔材料铺装的透水地面能帮助防止人行道、行车道和停车场积水。[53]

（3）景观形式

如果需要补充灌溉，则景观形式将影响节水。例如不规则的设计、狭窄的草坪或植物带和小面积可能很难用矩形喷洒范围的自动灌溉系统高效灌溉，或者会造成向附近人行道和道路过量喷洒，而这些设计更适于滴灌、喷壶或手持软管灌溉。[53]

（4）坡度和排水

景观坡度和排水也影响场地节水。土壤类型和坡度影响土壤水分入渗量和径流量。为促进雨水和灌溉水滞留，在植物需水量大的区域建造浅池。这种简单的集水技术提高了入渗确保根系更加饱和。坡度很小或没有坡度更适合需水不多的区域，例如，灌溉坡度最小化可以帮助减少径流和保持表层土。因此，对于陡坡而言，并不适合选择需要灌溉的草坪草，尤其是在占地面大的区域，因其很难均匀灌溉，需要更多时间割草，而且在炎热干燥季节更易出现褐斑。[53]雨水收集技术的其他信息见 3.2.4 节“景观灌溉系统与设备”。

（5）日照和蔽荫

记录一天中日照和蔽荫时段。承受午后炙热阳光的景观区域与持续蔽荫的区域需要不同植物品种。蔽荫处比阳光区温度约低 7℃。[53]

（6）耗水区

节水或旱生园艺景观植物可以分成 3 类耗水区：低耗水（仅靠降雨灌溉）、中耗水（偶尔需要灌溉）和高耗水（需要定期灌溉）。节水景观无需包含每类植物代表，可以只包含低耗水植物。低耗水区仅靠天然降雨无需补充灌溉，中耗水区通常仅在炎热干燥的时段需要灌溉，节水景观通常限制高耗水区，这些区域因其高度可见通常称作高影响区，如在住宅或商业建筑入口处。[30, 58]节水植物和草坪选择详见 3.2.2 节“本土低耗水草坪与植物”。地面覆盖物也可以保持水分，详见 3.2.7 节“覆盖物”。

（7）表层土壤保护

保护优质表层土，它比下层土具有更好的生长和持水能力。可先积蓄表层土，待场地重新整坡后再回填。已受到破坏或贫瘠的土壤需要改良，[53]详见 3.2.6 节“土壤改良”。

3. 考虑维护偏好

当设计景观和选择植物时，应考虑景观拥有者或管理者愿意花费维护时间和资金多少。[54]旱生园艺景观维护措施的更多信息见 3.2.8 节“节水景观的维护”。

4. 考虑预算

低耗水景观未必比传统景观的成本更高，多数情况下成本更低。例如缩小或取消灌溉系统将会减少投资成本及未来水费。更小的草坪面积，特别是无需大量灌溉的区域，将会带来更少的割草、化肥用量和相关维护成本。保持一些既有花卉、乔木和灌木，特别是能提供荫凉而需水最少甚者无需灌溉的植物，可以获得经济、审美和节水效益。

“电动割草机于 1915 年由兰索姆 • E • 奥兹发明。”

——www.absolutetrivia.com

3.2.1.4 节水景观规划和设计的节水量和成本效益

据研究报告，部分或全部转变成节水景观的住宅多年来的实际节水率为 20% ~ 50%，[60 ~ 62]甚至更高。将传统、高耗水景观改变成节水景观的节水量因改变前后的景观和灌溉条件不同，差别很大。从传统灌溉景观转变为无需补充灌溉的节水景观的潜在节水量为 100%，除植物种植初期时用水以外，但这个幅度的节水量并不常见，因为多数节水房地产业主进行补充灌溉。

景观重新设计的成本取决于一些因素：专业景观设计师费（如有）、重新设计区域尺寸、购买和种植的植物数量和品种、种植材料（土壤、化肥和覆盖物）、人工和灌溉系统改造更新成本。种植低耗水景观的大部分成本用于新植物和相关材料；依重新设计区域的尺寸、植物种类和地面覆盖物的选择不同，成本为数百到数千美元不等。从长期看，这些投资将会通过减少灌溉水量、草坪量和化学物质使用量（如化肥、除草剂和杀虫剂）、减少割草时间节能（汽油或电力）、减少割草机维护需要（如刀片磨刃）和减少景观维护人员（如割草）得到抵消。

明智用水景观的附加效益之一是帮助减少草坪维护和化学物质成本。较小的草坪面积需要更少的割草时间，从而减少割草机动力燃油和用电量。同样的，由于节水景观所选花卉、乔木和灌木自然适合或很容易适应场地，通常无需化肥促进生长。

“当我们寻求保护自然的方式并腾出空间时，前景可能令人生畏，但是我们必须记得有很多成功的故事。尽管我们可能无法挽救每一个单一物种，但我们可以尽己所能保护它们。有些答案离我们很近，如同在自家后院；有些很远，如同那些直达国家边境的公路。”

——伯德·约翰逊女士，伯德·约翰逊夫人野花中心

案例研究 1

得克萨斯州奥斯汀市住宅旱生园艺比传统景观节水约 43%。据奥斯汀市环保和节水服务部门对 6000 多个独户住宅景观用水进行的研究表明，按旱生园艺原则设计和维护的 836m^2 以下的住宅房地产比传统景观用水平均减少 43%。这项研究还证明了影响室外用水的其他因素：抗旱草坪草品种，如野牛草和狗牙草，比传统狗牙草等喜水品种（需要频繁使用草坪化学物质保持健康）平均每个景观减少 31% 的用水量，约 662.4L/d。高收入住宅的景观用水明显多于中低收入住宅。而且，这项研究还表明室外用水和景观维护之间的关系：供水量越多，维护所需的时间和资金越多。[61]

案例研究 2

加利福尼亚州独户住宅节水景观减少 42% 的用水量。在奥克兰东湾市政公用事业辖区，一项针对 1000 余户独户住宅的研究发现，节水景观住宅比传统景观住宅减少 42% 的用水量。传统景观住宅拥有维护良好的占庭院面积超过 70% 的草坪。这项研究还表明，节水景观的节水量随场地尺寸增大而成比例的增加。[62]

案例研究 3

奥斯汀“旱生园艺”返利计划减少室外用水。1993 年～ 1997 年，得克萨斯州奥斯汀市环保和节水服务部门实施了“旱生园艺”室外节水计划，向独户住宅业主提供多达 240 美元（0.86 美元 /m^2，最大 279m^2）的返利促使其用低耗水草坪等植物替代高耗水景观。在计划实施的 4 年间，469 个项目得到总共 77621 美元的返利。评估调查表面，计划参与者中约 89% 称旱生园艺用水少于传统景观。这项研究结合水费账单数据表明，旱生园艺住宅景观与传统景观相比夏季平均节水 810.1L/d。计划参与者中约 75% 感到旱生园艺景观的视觉效果很好，而且需要较少维护；

超过 60% 还报告化肥使用量减少。[63]

案例研究 4

一些旱生园艺景观灌溉过量。一些业主仍然对其包含本土耐旱植物的景观过量灌溉。在凤凰城对 18 所住宅实地考察发现，拥有旱生园艺的业主比拥有传统景观的用水量增加 30%，这些住宅均具有自动灌溉系统。美国坦帕市亚利桑那州立大学都市园艺专家克里斯• 马丁说:“这是行为问题，不是植物问题……人们并非依植物需水量供水”。对凤凰城 40 个场所的相关调查表明低耗水植物被过量灌溉，甚至使用滴灌系统。这些植物的灌溉效率仅为 35%，而农业应用的滴灌平均效率超过 80%。[64]

案例研究 5

悉尼绿色奥运村与自然相融合。2000 年澳大利亚悉尼夏季奥运会建设的奥林匹克公园，位于霍姆布什湾附近，面积 7.7km^2，其设计和运行融合了众多节水和环境友好特征。道路和建筑设计中引导收集雨水经投资 1000 万美元的污水处理厂过滤后，回用于 50 万人冲厕及运动场和景观灌溉用水。收集雨水回用于建筑制冷，4 个农场帮助减少餐饮废物产生并再生为肥料。场址曾经是工业废弃地，还采取了其他节水和节能、避免废物和污染、恢复湿地等自然特征的措施。[59]

“住宅景观如果不是完全重新栽种，那么至少应补充本土物种。您家附近有公园吗？从袖珍公园到州立、市立或工业公园等不同类型的公园都是本土物种的天然候选场地。充满本土植物的道路隔离带和路边也许是世界上最大的花园，正逐渐得到驾驶员的喜爱和赞赏。”

——伯德 • 约翰逊女士，伯德 • 约翰逊夫人野花中心

3.2.1.5 实施明智用水景观规划和设计促进计划

“没有哪块地小到无法播种改变的种子。”

——常绿基金会

公用事业或其他赞助机构可以通过以下行动促进明智用水景观规划和设计计划的实施。

1. 建立纳入生态可持续措施的明智用水景观观念或习惯标准

对于很多供水系统和社区，遵循节水原则是建立当地节水景观标准的简单、证明可行的直接方式。一些社区或许想结合本地景观、旱生园艺原则和相关环境目标建立自己的节水景观标准。对草坪和景观维护的关注不只限于提高用水效率的需求，公众、环境和政府越来越关注控制暴雨径流、减少或避免使用草坪化学物质、减少供水污染、控制威胁本土植物物种和生态系统的杂草等有害植物的相关问题。在一些社区，关心可持续生态景观问题的园艺、环境和教育爱好者正在联合行动，他们启动了动态、切实可行在自有住宅房地产里融合本土植物和节水概念的项目，例如伊利诺伊州迪尔菲尔德市威尔莫特小学，如图 3-9（*a*）、（*b*）所示。

2. 准备本土和适应性低耗水草坪草、花卉、灌木和树木

详见 3.2.2 节“本土低耗水草坪与植物”。

（a）

（b）

图 3-9 （a）在伊利诺伊州迪尔菲尔德市威尔莫特小学建设自然景观前，这里是传统草坪和杂草丛生的树林；（图片来自唐纳德・沃帕）；（b）威尔莫特的景观因 50 个家长和孩子在 2024m^2 的场地种下 1500 棵本土草和非禾本草及 5 棵本土树木（1 棵红橡树、1 棵大果栎和 3 棵白橡树）而改变（景观设计来自唐纳德・沃帕，图片来自布雷・拉帕波特）

3. 为明智用水景观提供返利或其他激励

一些供水企业向建设明智用水景观的用户提供返利和退费。例如得克萨斯州圣安东尼奥市水务系统以退费的方式向建设节水景观的业主提供返利，申请返利的场地必须由园艺师检查合格并批准。返利额度为 1.1 美元 /m^2，改造景观面积至少为 92.9m^2（100 美元）；最大返利 500 美元，面积 465m^2。[66]

4. 发展与当地绿色产业的合作伙伴关系

成功开展减少室外用水的社区计划必须教育和引导当地绿色产业。建筑商和开发商也必须接受教育，因为他们会影响风景园林规划师等绿色产业专业人士建设和改造的设计参数。为绿色产业专业人士、花园俱乐部和公众联合组织的节水景观措施专题研讨会等是良好的开端。明智用水苗圃和植物商店通常提供注明本土和低耗水植物的标签，这是一个可以促进用户更换高耗水植物的销售策略。

5. 建立明智用水示范花园

很多具有节水观念的社区和供水系统通过建立地方示范花园启动了明智用水和自然景观计划。示范花园通常种植在显眼的公共场所，如公园、图书馆、学校或供水公用事业总部（如图 3-10 和 3-11 所示）。位置明显的企业、商业和机构也是展示花园和资源管理的理想地点，可为业主和类似房地产管理者建立示范。旱生园艺示范园通常提供文献和标示，解释旱生园艺的原则和应用；

通常包含植物名、灌溉措施和维护要求。当地节水示范场地的设计、建设和维护过程，对社区从传统高耗水景观转变为更加可持续和节水的环境发挥着重要作用。例如，当地绿色产业专业人士和示范园工作人员将了解项目目的和维护需求，考察节水景观措施的效益和推销潜力。同样，当地居民参观场地了解其优势，可能更积极寻求类似的服务和产品，创建自己的低耗水景观。

图 3-10　伊利诺伊州迪尔菲尔德市威尔莫特小学介绍自然景观的路牌。植物选择和建造计划由就读于这所小学的学生的母亲吉娜• 拉帕波特和帕特丽夏• 格雷克斯伯格创建。目标是使早开和晚开鲜花在学生在校的 5 月和 9 月大量盛开

（图片来自布雷・拉帕波特）

图 3-11　杰里米• 拉帕波特同学欣赏威尔莫特小学自然景观中的秋季花

（图片来自布雷・拉帕波特）

6. 生态恢复项目改造社区、商业和学校

盖里保罗• 那伯汉在其著作《栖息地文化：自然、文化和历史》中介绍，越来越多的教师、家长和孩子发起“回归自然的校园庭院”计划，通常结合使用本土花卉、乔木和灌木的自然景观理念。这些计划创建的“学习场所”栖息地不仅恢复了自然植被环境，而且也使一些之前在当地消失的昆虫、鸟类和动物得以回归。[65]

目前超过 50 个联邦、州和国际组织帮助或赞助促进本土植物和自然景观计划，帮助恢复生态退化区域，或发展研究指导包括本土植物的游乐区和自然。一些组织和计划如下：

建立在威斯康星州阿尔普顿市的野生自然景观设计公司是一个致力于促进本土植物和自然景观的非盈利全国组织，教育并与成员和社区分享“植物根系”水平的信息，促进生物多样性和环境友好措施。

总部设在得克萨斯州奥斯汀市的伯德·约翰逊夫人野花中心（原国家野花研究中心）是一个非盈利教育机构，教育人们环境的重要性、经济价值和本土植物的自然美，与美国和世界各地的本土植物社区和环境组织建立联系。

一些区域和当地组织努力开展本土植物的识别和花园示范。例如本土植物保护倡议（NPCI）是一个支持保护、改善和 / 或恢复美国公共和私人土地原生植物群场地的全国合作计划。项目通常分 3 类：保护和恢复，信息和教育，清查和评估。NPCI 是一个由一些联邦代表机构和 150 多个非政府组织合作创建的植物保护联盟（PCA）合作计划的合伙人。联邦机构包括美国土地管理局、农林服务、鱼和野生动物服务及国家公园服务部门。PCA 联系资源和专家发展和谐的全国本土植物保护方式。

多伦多的常绿基金会与学校、社区、政府和商业合作将规划不良的柏油路、混凝土和草坪区域转变成更健康、有生机的教育环境。其使命是通过在校园操场、社区公共土地和住宅景观中创建和保持健康、有活力的室外空间，将全加拿大的社区和自然联系起来。该组织相信当地景观管理能为大家创造充满生机的社区、健康的自然环境和可持续的社会。

建立在马萨诸塞州弗雷明汉镇的新英格兰野花学会是美国致力于保护温带北美植物的最古老的组织之一。计划包括不同教育、园艺和保护方案。

更全面的类似组织清单以及联系信息见第 5 章“节水网络”。

3.2.2　本土低耗水草坪与植物

“欢迎来到完美的野生世界。”

——伯德·约翰逊女士，伯德·约翰逊夫人野花中心

选择本土和低耗水草坪草与植物是减少或消除补充灌溉需要的关键。

依靠本土和低耗水植物的景观既可以美观，又可以兼具节水功能，如图 3-12 所示。对特定区域，可以有数百种需水很少或无需灌溉的本土或适应性原生草、地被植物、灌木、乔木和花卉。据《景观革命：不要反对自然花园》的作者 Andy Wasowski 和 Sally Wasowski 称，本土植物只与位置和遗传纯度有关，具有 3 个显著特征：

图 3-12　种植节水草的草坪（格兰马草和野牛草）比传统草坪草节水 90%

（图片来自丹佛市水务局）

①植物由洪水、风、迁徙哺乳动物的皮毛、鸟类或动物粪便带来。

②植物进化了“相当长时间”，目前在当地生长茂盛。

③植物未受到人类的基因干扰。[67]

原产地或起源地是识别本土植物的另一个重要因素。在特定地点进化的植物是当地特有的，在当地条件下生长的特有植物，比在其他地方不同条件下生长的同类植物更适合于当地。据瓦索斯基称，“植物的起源地决定了它是否是所在地区的原生或本土植物。”[68]

根据在干旱环境生存能力所选择的植物或草坪草称为耐旱或抗旱植物。植物耐旱性差别很大，一些植物几乎没有抵抗干旱条件的能力，而另外一些植物却有很强的耐旱能力。植物在缺水或干旱条件下会枯萎并出现干枯、打卷、褶皱或落叶等症状。[69]

节水景观设计者应咨询适合本地区的原生和适应性植物物种清单，识别特定地区的植物选择，了解微气候可能增加或减少一些选择。例如美国加州大学的合作推广服务出版了《景观物种用水分类》，是该州 6 个主要生长区的景观植物用水需求指南。[70] 其他很多州立和县立机构和大学可以获得类似的指导文件。

应仔细准备或咨询本土和低耗水植物清单，避免美国和世界其他地区高度关注的入侵植物潜变问题。园艺学家和生态学家已经开始对扼杀本土植被及抢占湿地、草原和生态系统的入侵植物发出警告。当非本土入侵植物种植没有其在本土环境下生长的地方疾病、病虫害和寄生虫等天敌的环境中时，它们能以惊人的速度生长和繁殖。入侵植物不仅威胁本土植物而且破坏野生生物的食物资源、破坏排水方式、侵占静水航运和娱乐空间。(例如在 1884 年新奥尔良博览会后引入佛罗里达州的凤眼兰造成多种生态、经济和美观问题。凤眼兰已经占据了一些湖泊和水道，形成厚厚的浮垫，阻挡其他水生植物生长需要的阳光，并威胁着以这些植物为食物和栖息地的鱼类。凤眼兰还缠住船舶螺旋桨和游泳者，造成安全和航运问题。) 一旦外来入侵植物生长起来，如果不大量使用昂贵的除草剂是难以控制的，多数入侵植物的昆虫等生物控制方法尚未明确。避免外来入侵植物的最好方法是“遵循自然”，只选择天然适应本地的植物。[71]

3.2.2.1 本土和低耗水草坪与植物相关的节水政策与规章

1. 限制新景观中的草坪和高耗水植物比例

限定草坪和高耗水植物占景观总面积的比例，可以帮助降低整体灌溉需求。例如，加利福尼亚州马林市政水务局允许高耗水草坪和植物占总景观区的最大比例为 35%。[73] 佛罗里达州(佛罗里达示范景观条例)、科罗拉多州博尔德市和亚利桑那州图森市已采取类似的限制草坪和高耗水植物景观量的条例。[50]

2. 限制新开发区高耗水植物

规定新建或改造景观只能使用本土和低耗水草和植物，有助于避免景观长期过量灌溉。例如，新墨西哥州阿尔布开克市要求新建开发区的景观区的高耗水植物不得超过 20%，或必要时建立超额费率用水额度，超出部分按年用水量征收 0.21 美元 /2.8m^3 的超额费率。[44] 阿尔布开克市要求全市公共资产 100% 的新景观使用中低耗水植物；公园和高尔夫球场每年允许用水额度分别为 0.25mm/m^2 和 0.28mm/m^2，超过额度的用水也征收 0.21 美元 /2.8m^3 的超额费率。[74]

3. 要求道路隔离带和路边使用低耗水植物

在道路隔离带和停车场“孤岛”等狭窄地带种植的灌溉草坪无法有效灌溉，且通常是形成径流的场地。禁止高耗水草坪或植物带，不仅节水，也有利于减少道路危险。在亚利桑那州梅萨市、钱德勒市、吉尔伯特市、固特异尔市和凤凰城，已经对这些地带可以使用的植物做出限制。[50]

4.“杂草”条例

一些社区已经通过了杂草条例，要求草坪一旦达到一定高度时需要修剪，通常为20.3 ~ 30.5cm。尽管这些法规的目的是确保街区面貌令人满意，但业主的审美标准可能与关注景观用水和成本、更喜欢本土景观和自然栖息地的物业管理者有所不同。例如，芝加哥杂草条例禁止“杂草平均高度超过 25.4cm”。[75] 野生自然景观机构总裁布雷• 拉帕波特为捍卫自然景观挑战杂草条例，在报告中称“随着自然景观植根，我们必须废除不良法规——自然景观和利奥波德土地伦理与落后的杂草法规存在冲突，我们必须为此做些什么”。[76]

“何为杂草？一种尚未发现优点的植物。”

——拉尔夫•瓦尔多•爱默生

“在习惯于碧草如茵的乡村文化中，村民和村官将模棱两可的杂草条例用于处罚那些选择‘生长’而反对‘割草’的人，充满有害入侵性杂草的庭院与特意种植自然景观的庭院有着天壤之别。”

——野生自然景观机构总裁布雷•拉帕波特

3.2.2.2 本土和低耗水草坪和植物的节水措施

选择本土和低耗水草坪和植物的节水措施包括：[53, 77, 78]

1. 选择本土、抗旱或低耗水草坪草

为非功能草坪区选择本土、抗旱或低耗水草坪草，对于需要修剪的功能草坪区可能必须选择一些传统草坪草。应根据当地降雨条件和草在干旱或低水条件下的生存能力选择草坪草。每种草对其生活条件的适应多少有些独特，因此难以证明和预测一种具体草种在指定场地的发展。需水量超过天然降雨的草坪，能驯化促进根系深度生长从而减少需水；否则，它将需要补充灌溉以保持绿色外观、甚至生存。无论种植哪种草，都需要初始灌溉使其在地面上生长。[77] 在某些情况下，充氧和改良土壤可以提高草坪保持水分的能力，减少过度灌溉和径流。在种植本土或低耗水草坪草前做好这些改造，将会提高其成功适应的机会。

世界各地现存 10000 余种草，但在美国只有少数用于草坪草。[25] 草坪草可以分成暖季型或冷季型，是为特定区域选择本土或适应性草坪草的重要因素。在美国为识别冷季草或暖季草划分为 5 个区域：[77]

①东北地区——凉爽湿润；

②东南地区——温暖湿润；

③大平原区——凉爽干燥；

④西南地区——温暖干燥；

⑤西北地区——凉爽湿润。

（1）冷季草

在美国北部和中部地区最常见的草是肯塔基早熟禾、牛毛草、翦股颖和黑麦草等在凉爽温度下（如春、秋季）生长最好、最绿的冷季草品种，但是在夏季高温下自然地变成褐色。肯塔基早熟禾——一种细叶冷季草，在加拿大和美国（甚至在干旱地区）可能是最受欢迎的草坪草，但是从用水的角度看，它也许是最不可取的，因为一年至少需要889mm的降雨量才能使其生存。[77]为试图保持肯塔基早熟禾在夏季的绿色，特别是在炎热干旱情况下，需要大量用水甚至滥用，否则，它们很快会变成褐色。[77]

冷季草种喜欢凉爽蔽荫的栖息地，最适宜生长在春、秋季温度范围为16～24℃的北方气候。在炎热的天气下它们可能变成褐色，特别是暴露在正午阳光下；但是它们在凉爽的秋、冬季，比在温度低于10℃会失去叶绿素的暖季草种，更能保持绿色。[77]冷季草在其鼎盛时期比暖季草更绿，但是在炎热天气下，它们需要加强灌溉以保持其外观。一般而言，暖季草被认为比冷季草更抗旱，[79]但是这两种草坪草一旦建立深层根系，通常都可以抵御干旱或高温。

（2）暖季草

暖季草在温暖的夏季生长最好，保持最绿。在美国南部地区，暖季狗牙草和结缕草是最常见的草坪草选择；野牛草、百喜草、百足草和地毯草也有使用。暖季草最适合于美国南部气候，因为当温度攀升到10℃以上时，它们就从休眠中醒来，直到温度达到27～32℃时才生长。例如野牛草在温暖的气候下，如果没有补充灌溉时，经过盛夏可能会变成棕褐色，但接受降雨或灌溉后会迅速变绿。暖季草仅在生长季节保持绿色，当温度降至10℃以下时，开始变成棕褐色，随着气温跌破冰点变成褐色。[77]暖季草在阳光充足的区域生长最好，而且比冷季草需水更少。[79]

无论业主或房地产经理选择什么类型的草坪草，值得注意的是在凉爽、湿润的英国草坪草等气候下能自然繁荣（即生长、保持绿色），在北美大部分地区等其他气候类型下，需要更多用水和努力才能在自然变成褐色的休眠期保持绿色。不必惊讶，美国最受欢迎并需要大量灌溉的草坪草，即肯塔基早熟禾最初来源于英国。[25]英国殖民者在抵达美国后，认为在开放空间种草能使他们想到家乡。[80]

在第一次世界大战期间，威尔逊总统在白宫前的草坪上牧羊。

（3）本土草

本土草是自然景观无所不在却常被忽略的特征，例如未加修剪的路旁绿化带、树林和一些节水景观。被称为丛生禾草的美国本土草可以自然成簇生长，如果按草坪草（如高羊茅）维护，可以长成草坪的外观。必要时施肥、灌溉、除草使其自然生长——长成数十厘米高，产籽后变成褐色。本土草主要在一年中最热的时候生长，而不是最湿润的时候。[25, 77]

本土草原草和丛生禾草等是路旁绿化带、填埋场地、企业和机构房地产、公园和高尔夫球场非赛区等非功能性草坪区的理想观赏植物选择。北美常见本土草包括格马兰草、柳枝稷和野牛草等。草原野牛草等野牛草因不产生种子穗，可以作为首选。[81]

注意：当允许作为观赏植物的本土草生长到其自然高度时，有可能成为火灾隐患，尤其在炎热干旱时期。为保护人们和房地产，可以修剪房屋和小区周围等建筑物或出口道路附近的大片草。[82]

（4）耐旱和低耗水草坪草

一些耐旱和本土草坪草种可用于替代遍及北美地区的喜水草，[83]如表3-1所示。如果本土草等植物种植在非友好的微气候下，并不总是耐旱的。[84]一般而言，草坪草的根系越深，越耐旱。根的深度由草的品种和草坪灌溉方式决定。根深 1.5m 的天然深根草包括狗牙草、高羊茅、结缕草和小冠花，[85] 如果这些草被过量灌溉，仍可能出现浅根结构。草坪草如百慕大草、高羊茅和结缕草等，在经受干旱或缺水条件压力后，重新灌溉，通常能变绿。[86] 高羊茅因其可以保持传统草坪的外观，是很好的替代肯塔基早熟禾的低耗水草。在降雨丰富和几乎总是温暖的地区，如海湾各州和夏威夷，更加喜水的百喜草、野牛草、百慕大草和结缕草可以是很好的低耗水草选择。在温暖干旱的地区，如果没有补充灌溉是最难种植草坪草的地方。[77] 气候也对耐旱植物和草有一些影响，例如，高羊茅在炎热湿润的环境下比在光照强的炎热干旱的气候下具有更高的耐旱性（如新墨西哥州阿尔伯克基市或得克萨斯州圣安东尼奥市）。

传统草坪草的耐旱性 *　　**表 3-1**

耐旱性（差到一般）	耐旱性良好到优异			
	品种	暖季 †	冷季 ‡	北美适用性
百喜草	小须芒草	•		美国和加拿大大部本土植物（魁北克到亚伯达，南至佛罗里达和亚利桑那）
翦股颖草（匍匐、普通、毛状）	百慕大草	•		非本土植物；适于太平洋西北沿岸，美国大西洋中南部
早熟禾（肯塔基、加拿大、一年生）	格马兰草	•		美国高原沙漠景观
百足草（多年生、一年生）	野牛草	•		美国大平原
圣奥古斯丁草	紫羊茅		•	加拿大西部，南至墨西哥
	细羊茅		•	大西洋中部地区和美国中部高海拔区到南部低海拔区
	宾夕法尼亚蓑衣草	•		美国中东部
	加州草坪蓑衣草	•		加利福尼亚；也可用于科罗拉多和得克萨斯州
	结缕草	•		非本土；适于美国南方地区

注：* 耐旱草的耐旱性因微气候、气候变化、土壤和蔽荫条件等因素，可能与上述有所不同。有很多草种，每种的特征和生长需要多少有些不同。草坪草通常是几个品种混合销售。

† 暖季草最适生长温度范围是 27 ~ 35℃，多数在夏季生长。冬季休眠，叶子褐变。

‡ 冷季草最适生长温度范围是 16 ~ 24℃，在春、秋生长最佳，通常在冬季常绿。夏季休眠、生长缓慢，叶子褐变。

资料来源：本章参考文献 82、83 和 85。

“据了解全国 4000 余种本土植物物种濒临灭绝，给我们敲响了警钟，带来了野花中心的使命。难道这些植物将仅留在记忆中，与我们的后代甚至失去了那一点点微弱的联系？食物、纤维或药物的来源也会随之消失吗？面临人口不断扩大及其对土地的影响，我们该如何保护这些物种呢？”

——伯德·约翰逊女士，伯德·约翰逊夫人野花中心

2. 选择本土和低耗水植物

选择本土或低耗水植物可减少或消除补给水需要。一般而言，本土植物在扎根后仅依靠天然降雨（植物扎根后），在景观中就可以生长得很好。适应性低耗水或耐旱植物通常至少需要一些补充灌溉，但是如果仔细选择特定的土壤、光照、蔽荫和现场温度特征，有些可能无需补充灌溉。

在选择植物和草坪草前，要预先评估指定现场的微气候和外来土壤条件，因为它们可能彻底改变原本适合的选择。在新建商业和住宅区时，移除原有植被和表层土的现象并不少见。在此情况下，不可更换原来的表层土，因置换的土壤有时会压实。新增的硬景观如人行道、车道和停车场，加上来自于建筑物的热量和玻璃反射的阳光，会增加热量和光照强度。

向园艺师、园艺会所、合作推广办、园艺花圃、市政公园和娱乐部门、水务公用事业和风景园林规划师、设计师以及相关专业人士咨询各种资料，编辑当地低耗水或本土植物清单。在选择本土和低耗水植物时，使用专门为当地和现场特征编辑的植物清单。一般而言，避免使用其他地区的旱生园艺植物清单，因为选择不适应的植物可能导致失败，而且这样的清单可能包含入侵性植物。

“我们在科罗拉多州反复核查旱生园艺植物清单和该州入侵杂草清单。我们还与各县核查，因为一种植物可能在一个县成为问题，而在其他地方则不会。提倡每个促进低耗水植物的人都做这样的核查，确认清单是最新的，并识别新的入侵植物。例如，在科罗拉多州，圣约翰草被列为入侵杂草，但因其有益健康，很多人仍在种植和出售。我们需要时刻警惕自己所推广的植物。”

——利兹，园艺师，丹佛市水务局节水经理、园艺师

根据植物的视觉美观、耐旱性、需水量和对地方土壤和气候的适应性选择植物，避免选择入侵植物。本土和适应性（非入侵性）草坪草品种和植物通常可以从当地的一些资源获得。

（1）本土植物

本土植物清单可以识别特定地区的本土乔木、灌木、花卉和地被植物。本土植物适应生存在起源地的温度和气候条件下，并且“一定会”节水。（这种“确定性”成功，可能因土壤质量恶劣、新开发区和非正常微气候条件下表层土高度密实和贫瘠等因素导致失败。）本土植物通常根系较深而叶片表面蒸发缓慢。本土植物在其共同喜好的条件下成群生长时尤其繁茂。由于本土植物自然适应当地的一般土壤，因而很少需要或无需化肥。除节水以外，种植本土植物有利于恢复自然环境，吸引本土鸟类、蝴蝶、昆虫等动物们回归。[82]

“野生生物减少这一关乎人类命运的事实正在得到理解。野生生物因为家园遭到破坏而减少，而它们的家园也是我们的家园。”

——雷切尔·卡森

本土野花因其美丽、节水和维护少等自然属性，越来越受欢迎。在精心混栽野花的区域，可以从春季到秋季欣赏繁花。此类景观通常每年秋季需要收割，而且每 3 ～ 4 年需要重新播种。

关于本土植物的组成尚存争议。当某种植物起源于其他地方而在当地长时间繁茂生长时，很难确定一种植物在什么意义上应被认定为“本土化”。例如，从弗吉尼亚州到得克萨斯州很受欢迎的落叶灌木紫薇，是 1747 年从中国引入北美的。[82]

（2）抗旱和低耗水植物

生长缓慢、抗旱的多年生植物或灌木因维护需求少，是很好的节水景观选择。被描述成“很难生长”、“容易感染疾病或害虫”或“需要频繁照顾”的植物可能是外来物种或不能适应非友

好微气候的本土物种。据埃勒夫森等人称，耐旱植物的共同特征包括：[82]

①泛灰色，有绒毛或全裂叶；

②矮生、抓地植物；

③草本和一些产生芳香油的芳香植物。

3. 避免入侵植物

基于最新入侵植物和杂草清单，反复核查包括非本土物种的节水植物清单。谨慎使用来其他地区的咨询植物清单，例如，加利福尼亚州的耐旱植物可能在夏威夷或佛罗里达州南部等其他不同气候下是高度入侵性植物。[87] 据估计，美国已有 40 余万 km^2 土地遭受外来植物侵害。[88]

4. 在购买植物前查证其生长条件

在购买新的草种、花卉灌木或乔木前，尝试确定它们的扎根条件，因为这些条件，尤其是用水需求会影响植物能否适合其永久环境。前期过量灌溉可能使植物即使在其自然或适应性栖息地也难以在新的环境下扎根。例如，通常可以预期本土和低耗水植物一旦扎根则需水很少或无需补充灌溉，但如果它们之前种植在过量灌溉的条件下（例如在不节水的商业温室里），那么它们也许很难适应少量灌溉的景观。同样，很多在凉爽湿润条件下生长最佳而且经过“水分胁迫”技术驯化的植物和冷季草能在炎热、干燥环境下生长很好（尽管不一定呈现像其他自然生长物种一样的茂密和绿色）。

5. 考虑微气候

另一个影响植物选择的因素是景观现场的微气候和小气候（例如，由使地面超过正常温度的黑色沥青所造成的“热岛效应”）。微气候足以改变正常的气候条件，使特定现场的温度、湿度和光照特征更适于非本土植物而不是本土物种。

6. 按类似用水需求将植物分组（耗水区）

为避免灌溉过量或不足，按用水需求将植物分区种植（例如繁茂、过渡和干旱区）。距房子最近的区域可包含最茂盛、产生蔽荫的植物，例如大灌木和乔木；因为这个区域可以从屋顶和雨落管获得比其他区域更多的降雨径流，而有利于需要灌溉的喜水植物和草坪。其他用水区可能更适合靠降雨或少量灌溉（不多于一周一次）生存的耐旱和中低耗水植物。[89]

7. 正确种植植物

为本土和低耗水景观选择的植物应仔细种植，给予最好的生长机会。

①根据植物对水分、阳光或蔽荫的需要，将其种植在恰当的位置。

②挖出大小适合植物扎根生长的基坑。

③必要时，改良土壤。

④从容器中仔细移出植物，整理凌乱的根系，小心不要损坏根或叶。

⑤浸透植物及其整个根区。

⑥添加覆盖层（5.1 ~ 10.2cm 深，取决于植物）给土壤降温，保持湿度并减少杂草生长。[89]

3.2.2.3　本土和低耗水草坪与植物的节水量和成本效益

本土和适应性植物可以获得的节水量各异，取决于更换的植物和之前的灌溉程度，但至少可以期待减少 20% 的用水量。例如，新墨西哥州阿尔布开克市通过了一项条例，要求所有新建住宅相关的景观包含的高耗水植物不得超过 20% 或满足景观灌溉的限制用水额度。1996 年 1 ~ 6 月条例实施前独户住宅用水（490.3m^3），分析表明，条例实施后用水（353.7m^3）减少 28% [90]。

除节水外，本土植物还带来其他好处。重建本土植物物种是恢复因非本土、高耗水外来植物入侵而消失的自然环境的一个必要步骤。本土植物天然适应环境，无需或需要很少化肥、杀虫剂或水等，减少了景观维护需要和成本。这种措施还能促使鸟类等野生生物繁殖，并可天然防治病虫害。[91]

"传统草坪草的覆盖安装费用超过 3.0 美元 /m²，播种成本为 1.0 ~ 2.0 美元 /m²；这与本土草原草和非禾本草本植物的种植成本 0.5 ~ 1.0 美元 /m² 形成对比。"

——自然景观公务员资料读物

3.2.2.4 实施本土和低耗水草坪和植物促进计划

公用事业和其他机构可以通过下述行动，促进选择本土和低耗水草坪和植物计划。

1. 标示植物

鼓励花园中心和植物商店标示本土和低耗水植物，帮助潜在用户识别它们。作为商业激励，公用事业部门或当地政府可帮助在当地报纸和网站上提供景观宣传版块，资助或参加园艺中心与植物商店的标示植物展销会。

2. 准备当地低耗水本土和适应性草坪草、花卉、灌木和乔木清单

公共和绿色产业需要精心准备适合特定地区或当地的低耗水本土和适应性（非侵入性）花卉、灌木和乔木清单。公用事业或地方政府应推广和更新植物清单，并使用户和绿色产业更易通过水费账单、计划参与资料和当地网站获得。

3. 避免入侵植物和杂草

入侵植物清单可以从很多资料获得。其中之一是"自然保护协会的荒地杂草管理和研究计划"，列出了北美洲的入侵植物（见第 5 章"节水网络"）。

案例研究：旱生园艺的返利

一些供水系统向用本土和低耗水植物或类似自然景观措施替代既有高耗水草坪和植物的用户提供返利。这样的案例有拉斯维加斯的内华达州南部水务局、新墨西哥州阿尔布开克、得克萨斯州奥斯汀等。阿尔布开克的旱生园艺改造返利计划以退费的方式为合格用户提供高达 250 美元（1.6 美元 /m²，最多 155 m²）的返利。阿尔布开克计划参与者必须将其高耗水景观改造为满足城市指南的节水旱生园艺景观。指南要求景观中至少 50% 的面积由城市批准清单上的低耗水植物所覆盖才能合格。符合返利资格的景观区域不能使用喷灌系统，只允许使用滴灌、浸泡或泡沫系统。在植物之间或下面的开放土壤至少有 5.1cm 厚的覆盖物，允许使用碎石和树皮等有机覆盖材料，但除非连接集水系统不允许使用防渗塑料。用户提交景观改造计划申请表，在得到批准前由市政审查人员现场检查。[92]

3.2.3 实用草坪区域

"我乐观地认为，本土植物因环境、经济和情感因素，不仅会生存、还会茁壮生长。自然之美滋养着我们，给人类带来精神快乐，是人们的深层需求之一。"

——伯德·约翰逊女士，伯德·约翰逊夫人野花中心

限制草坪仅用于娱乐和休息区等实用功能空间，能明显降低景观灌溉需求。

草坪在世界很多地区尤其是北美的城市、住宅和企业公园景观中占主要地位，但是保持其绿色和茂盛需要相当大的水量和维护。在传统灌溉景观中，草坪草通常是最大用水来源。通过将住宅房地产从传统灌溉景观转变成低耗水或本土景观所获得的节水量通常主要来自草坪面积的减少，如图 3-13 所示。通过减少草坪面积节水尤其适用于炎热干旱气候，在这种气候条件下为保持草坪正常生长和绿色需要消耗大量的水。然而，位于凉爽湿润气候、降雨充沛、几乎不需或无需补充灌溉的草坪，因减少面积而节约的水量并不可观。保持景观正常生长和美观所需水量不仅受草坪量影响，还受草的种类、种植地点和维护需要的影响。里查德·贝内特和迈克尔·汉辛斯基在《节水景观指南》中称："严格的草坪草限制并不能解决低效管理的真正问题，也不能保持草坪草提供的效益"。[93]

图 3-13 这个伊利诺伊州大草原上的庭院种植本土早熟禾代替草坪草

（图片来自伊利诺伊州大草原的 Michael Sands）

与明智用水和自然景观措施类似，限制草坪作为功能区域创造了重新定义景观的机会，如图 3-14 所示。马里兰州蒙哥马利郡环保局的公共教育协调员约瑟夫·M·凯泽建议："草坪将永远成为我们文化的一部分——现成方便的室外娱乐环境。如何维护这些草坪以及分配多少土地，是未来要解决的主要环境问题。……我们是继续种植贫瘠的（尽管绿色）沙漠，还是释放一点让位于我们周围的自然生态系统呢？"[43]

图 3-14 一个无草坪的后院

（图片来自丹佛市水务局）

3.2.3.1 实用草坪区相关的节水政策与规章

1. 禁止草皮条例

佛罗里达州海滨规划规范不允许铺草皮，鼓励自然景观方法。这个社区的大部分业主避免使用草坪、割草机、灌溉、吹叶机、磨边机、化肥和杀虫剂，相反，保留大量灌木林等本土植物及松针等覆盖物。[94]

2. 限制新景观中草坪和高耗水植物量

加利福尼亚州马林市政水务局要求草坪区域和游泳池面积之和不超过由饮用水灌溉的新建和改造景观区总开发面积的25%，限制中水灌溉区域的草坪和泳池面积之和不超过景观区总面积的40%。[73] 附近的北马林水务区有类似条例。[51]

3. 禁止狭长草坪的政策（例如人行道和公路隔离带）

种植在道路和停车场隔离带等狭长地带的灌溉草坪，通常是过量喷洒和出现径流的场地，可能导致路面湿滑。这些区域更适合种植无需或只需很少灌溉（如滴灌）和较少维护的低耗水植物。[51，73]

3.2.3.2 草坪区域的节水措施

"自从羊仅靠草和灌木就能生存以来，山地国家的羊比牛多。"

——www.absolutetrivia.com

与实用草坪区域相关的节水措施包括：[53，77，78]

1. 限制草坪仅用于功能区域

仅在提供娱乐、宠物、少量人流等实际用途的区域种植草坪。尽管草坪应足够大以满足功能需要，但最好使其保持小而实用。在不会引起径流和过量喷洒的易灌溉区种植草坪，避免在难以修剪和有效灌溉的狭窄、畸形地带种植草坪，避开陡坡、裸露岩石周围和浓荫。[77，95]

在选择合适的草坪区域时，也要考虑草坪带来的调节气候、控制水土流失、防止火灾、控制噪声和产生氧气等环境效益。[96] 常用地被植物代替草坪减少粉尘、噪声、眩光和调节温度。

高尔夫球场通过在实用区域以外使用本土景观的方式，能节省可观的草坪灌溉、化学药剂和修剪费用。例如，美国堪萨斯州哈金森的草原沙丘乡村俱乐部在其18洞场地周边建有0.8 ~ 1.0m高的本土沙丘。[97]

2. 选择合适的草种

当选择本土和低耗水草种时，考虑的其他因素有蔽荫、温度、土壤质量、耐旱性和灌溉需要。例如，需要充足水量保持绿色和茂密的早熟禾等冷季草不适合于炎热干旱的美国东南部。野牛草和格马兰草等耐旱草将是更好的选择。

3. 使用替代性地被物

用低耗水替代性地被植物、花卉、灌木以及有机和无机碎屑覆盖物替代非功能性草坪区域。草坪设施和动物饲喂站等不用水的装饰物，岩石、石子和鹅卵石等天然地被物，也可以代替草坪区域，以减少景观维护时间和成本。有很多设计可替代草坪和草坪材料。例如，史蒂夫·丹尼尔斯在《野生草坪手册：代替传统前院草坪》[98] 中列举了一些替代草坪草的植物，例如石南属和景天属植物、蔽荫区域的苔藓和光照区的野花。

4. 不同用水区使用独立灌溉系统

按需水量将草坪区域纳入景观灌溉区域。因为草坪可能是景观中耗水量最大的部分，为避免过量灌溉其他植物，应使用独立灌溉系统。

5. 实用节水草坪草的维护

详见 3.2.8 节“节水景观的维护”。

3.2.3.3　实用草坪区域的节水量和成本效益

需要补充灌溉的景观，通过限制草坪面积可节水 15% ~ 50%；停止灌溉并改造为本土或仅靠降雨灌溉的景观可节水 100%。

维护一个大量灌溉、修剪整齐的绿色草坪的经济和环境成本很高。美国环境保护局估计，在美国每年约施用 3200t 草坪化学物质，年增加 5% ~ 8%。[99] 这些草坪化学物质最终流入河流、湿地、蓄水层和水库。此外，加利福尼亚州大气资源局称，一个 2.6kW 的汽油割草机运行 30min 释放的碳氢污染副产物量相当于一辆 1997 年制造的汽车行驶 136.8km 的排放量。[29]

案例研究

本土草原和湿地植物相对于非本土草坪草的节水量和节省成本。应用生态服务公司（位于威斯康星州布罗德黑德）的一项研究估计，本土草原草或湿地植物景观的 20 年维护成本约为 0.7 美元 /m²，非本土草坪草景观从播种或铺设草坪开始的维护成本超过 4.9 美元 /m²。本土草原景观节约的投资和维护成本主要来自避免安装地下自动灌溉系统及节省的灌溉、化肥、表层土和割草成本。本土草坪草景观的年养护成本约 168 美元，来自每年燃烧、偶尔修剪等相关费用。

3.2.3.4　实施实用草坪区促进计划

公用事业和其他机构可以通过下述行动，促进限制草坪或实用草坪区计划：

开展社区草坪最小化活动。近年来，美国一些社区、组织和个人发起了草坪最小化行动。起源于康涅狄格州新伦敦康州学院的“今天美国小草坪”倡议是其中之一。SALT 通过宣传减小草坪带来的节水和节能效益，促进美国草坪向更生态合理的景观方向转变。[100]

“自然景观节省最多的是维护成本。一个自然景观的安装和 10 年维护综合成本是传统景观维护成本的 1/5。”

——自然景观公务员资料读物

3.2.4　景观灌溉系统与设备

确保节水灌溉设备和措施只在必要的时间地点用水。这些设备和措施不仅可以节水，而且可以避免由道路径流和路面湿滑引起的安全隐患（如图 3-15 所示）。

许多草坪草和植物可以在很少补水甚至无补水的长期的干旱条件下存活，调节补水灌溉系统和设备节水。节水措施包括自动关闭软管喷嘴、雨后关闭灌溉系统感应器、土壤湿度感应器、

图 3-15　景观过量灌溉容易造成道路径流

（图片来自简·海勒·普勒泽）

渗水管、改进灌溉系统设计、适应天气的灌溉系统设计、滴灌、改进喷头、雨水收集、水桶、漏失维修及其他简单的调节和维修。

草坪和景观灌溉区可以通过手动或自动系统灌溉。手动灌溉通常用手持式水管或放置在草坪上的喷灌器（拖动软管）完成。自动灌溉系统的水管和喷头通常埋在地下，通过程序化的控制器操作（也称为定时器或计时器）。如果正确使用两种灌溉方式都能节水。然而，使用移动式喷灌器或具有自动截止阀的手持式水管的手动灌溉，用水通常少于自动灌溉系统。（在干旱期，首先限制自动灌溉系统用水，只允许手动灌溉。）原因之一是灌溉系统控制器并非总能安排最有效的灌溉时间。很多自动灌溉系统存在“方便滋生浪费”现象[101]。

自动灌溉系统造成水的浪费通常是因为使用者或景观管理者不了解或不愿费心设置正确的灌溉频率和时间。即使灌溉制度设计合理，但如果灌溉系统设计不当，例如喷头位置设计不当（例如将水喷洒到人行道和马路上），也会造成难以克服的内在缺陷。优秀的自动灌溉系统设计可以最大程度地节水，但是其合理使用不仅需要对控制器进行正确编程，还需要对系统定期检查和维修，以确保有效输水并排除故障。手持式水管通常可以在需水的时间、地点直接使用。手动喷头，因仅在需要时而非程序设定自动运行时手动开关水嘴而更加节水。

3.2.4.1　景观灌溉系统与设备相关的节水政策与规章

1. 要求新建景观使用高效灌溉系统的条例

一些州和社区要求使用滴灌、微灌等节水灌溉系统和控制器（例如降雨感应器 / 关闭设备），可以通过景观规划审查过程强化此要求。加利福尼亚和佛罗里达州以及科罗拉多州博尔德市、亚利桑那州图森市具有此类条例[50]。

2. 要求所有灌溉系统具有“雨水关闭设备”的条例

美国一些社区要求使用感应器和阀门控制器在雨中和雨后关闭水管和灌溉系统。佛罗里达州希尔斯伯勒县[102, 103]和北卡罗来纳州卡里郡[104]的社区有此类条例。

3. 要求路边草坪区等狭窄植物带使用渗水管而非喷灌器的条例

使用渗水管灌溉路边和狭窄植物带是一种节水方式，而传统喷灌系统通常会引起超范围喷水和径流。得克萨斯州科珀斯克里斯蒂有规定这些区域灌溉的条例[105]。

4. 要求使用非饮用水、节水灌溉系统或两者结合灌溉高尔夫球场等商业草坪设施的条例

越来越多具有集中灌溉需求的社区要求新用户，有时也要求老用户只能用经过处理的市政污水灌溉。佛罗里达州科利尔县[106]、亚利桑那州凤凰城、梅萨和斯科茨代尔已设立此类条例[50]。

5. 禁止用水浪费

许多社区已经禁止诸如饮用水流入排水沟、人行道、道路及其他非景观区等用水浪费。新墨西哥州阿尔伯克基、亚利桑那州凤凰城和加利福尼亚州弗雷斯诺建立了禁止浪费室外用水的禁令[50]。

6. 允许中水灌溉景观的政策

加利福尼亚州允许将住宅建筑中水回用于景观灌溉[107]。这里定义的中水包括了来自浴盆、淋浴、浴室洗手盆、洗衣机和洗衣盆的未经处理的废水，但不包括来自坐便器、洗涤槽或洗碗机的废水。在独户住宅中安装一套包括管道、阀门和水箱在内的中水系统成本为数百到数千美元，这取决于系统大小和是否雇专业人员进行安装[108]。

案例研究：北卡罗来纳州卡里镇在 1997 年发布的雨水感应器条例

“条例不仅适用于新建系统，而且要求既有系统在 9 个月内达到要求（1998 年 5 月），从而及时赶上需水高峰季。条例要求被刊登在地方报纸和随水费账单派送的小册子上。灌溉行业也通过广告告知将提供安装帮助，以满足镇里的要求。在其后的冬天，对独立的灌溉系统水表（约 2000 个）进行全面检查，发现住宅系统达标率约为 75%；商业部门得到特别关注，达标率为 100%。”[109]

“条例受到广泛接受。其设备不贵（约 30 美元），货真价实。小册子强调，用户将不仅节水，而且将减少灌溉系统的损耗，减少径流流入已经易于富营养化和出现死鱼的纽斯河流域。条例对感应器技术的定义较为宽泛，新兴技术（例如土壤感应器）也能满足其要求。的确有少数系统用土壤湿度感应器代替降雨感应器。”

——北卡罗来纳州卡里镇节水协调员珍妮花 · 普拉特

3.2.4.2　景观灌溉节水措施

景观灌溉相关的节水措施如下。

1. 选择“不灌溉”

不灌溉尽管对一些人而言是个有争议的方法，但是仅靠雨水进行景观灌溉是一个选择[110]。仅靠雨水涵养与灌溉草坪的优缺点如表 3-2 所示，一些业主和房地产管理者对仅靠雨水涵养草坪和景观非常满意。它具有很多优点：节水和减少水费、少量或没有草坪化学物质、减少人工和景观维护管理成本以及减少负面环境影响。

仅靠雨水涵养草坪与灌溉草坪的优缺点比较 **表 3-2**

(a) 仅靠雨水涵养草坪

优点	缺点
①更加自然的外观；	①“自然草坪”可能与传统草坪发生美学冲突，与邻居灌溉、完美修剪的绿色景观形成对比；
②生长季（春、秋季）和雨后常绿；	②在炎热干旱的夏季，草坪叶片将变成棕褐色，杂草生长可能增多；
③无需补水；	③一些地区，如果在植物生长季节降雨很少或无降雨，非本土或不耐旱的草坪草可能会死亡；
④减少修剪需要，节省时间；	④可能给向往完美四季草坪的买房者带来房地产价值的负面影响
⑤根深使得草坪在干旱时能存活；	
⑥减少或消除草坪化学物质，与自然平衡更好	

(b) 灌溉草坪

优点	缺点
①始终如一的绿色和繁茂外观符合美观草坪的传统观念；	①需要频繁大量用水，增加水费；
②给向往完美四季草坪的买房者带来房地产价值的保持和增值影响	②修剪整齐的外观需要大量用水、化学物质和人工可能与当地节水目标或环保价值冲突；
	③增加雨水排放径流，增加流入当地河流、流域、蓄水补给区的草坪化学物质；
	④增加维护管理成本；
	⑤增加化肥和草坪化学物质成本，具有负面环境影响；
	⑥增加对植物病虫害的敏感性；
	⑦在旱季禁止室外用水时，浅根植物更可能变成棕褐色或死亡；
	⑧增加割草需求

严格依靠雨水灌溉必须接受在炎热、干旱时期草坪草会自然变成棕褐色的事实。许多草坪，尤其是含冷季草种的，在酷热的阳光下只有以人工方式不断进行补充灌溉才能使草坪呈翠绿色。休眠是帮助草在炎热和干旱条件下存活的自然机理，草坪将随着雨水和凉爽温度的回归而恢复。一些地区，例如加利福尼亚州部分地区以及西南部分地区，在一年中最热的几个月几乎没有降雨，非本土或适应雨水灌溉草坪将会休眠，有些情况下会死亡。在此情况下，可以用耐旱或本土或适应性草坪草或地被植物代替草坪。一旦替代植物扎根，应能在有限的自然降雨下存活，但依所选的植物材料不同，有些看上去可能不像传统草坪。

如果逐步将草坪、花园或景观区域改造为仅靠雨水涵养的灌溉系统则更容易获得成功。在将这种措施应用于整个景观之前，建立几个测试区检查植物的反应可能会有帮助。新植草坪和其他植被（尤其是非本地和非适应性植物）与既有花园、农作物、果树一样，如果突然停止所有补水，可能出现不良反应或无法存活。例如，在完全停止灌溉定期接受大量补水灌溉以保持翠绿的草坪之前，应减少补水频率使草坪草的根系更深，增加其存活机会。逐渐增加修剪高度也有助于保持水分。正确种植仅用雨水涵养的草坪草和植被通常比过量灌溉的草坪和植物根系更深。间歇深度浸透可以使草坪和植物的根系更长，增加其在干旱时的存活机会。然而，由干旱、微气候及其他气候引起的极端条件能威胁任何植物的生存，甚至是本土、耐旱植物。

2. 检查和维修漏失

"很多用水审计是为那些由于发现用水账单急剧增加，而认为用水系统发生漏失的用户所做的。我们的员工通过观察水表几分钟核实现场存在漏失，并告知住户如何确定是否漏失。如果确实存在漏失，我们结合漏失及其原因、目测并用土壤探针确定。我们用探针（如地形允许）确定最有可能通向房屋的水管。通常只要一点力气即可把土壤探针从7.6cm插到15.2cm的草坪土壤中。当我们能很容易把探针插到超过30.5cm深度时，那么就知道已经发现非正常湿度区。我最近用这个简单的工具发现一个住宅区每个月漏失700.3m^{3}水。"

——理查德·查普曼，CTSI公司

无论使用何种景观灌溉设备，手动、喷灌器或滴灌，都需要定期检查漏失情况。当发现漏失时，应立即修好以节水、避免财产损失或人身安全风险。由于并非所有漏失和用水量损失都很明显，所以每年至少要检查一次灌溉系统，记录漏失和故障。过绿和湿润的地方可能显示漏失来源，但埋在疏松沙壤下的管道或滴灌管的漏失并不明显。水费账单记录的不明原因的用水量增加，可能追溯到漏失。有时在自动喷灌器和滴水灌溉系统发生漏失时会在管子附近发出嘶嘶声，表明水正在系统中流动。根据灌溉设备类型不同，发生漏失的潜在原因和来源也不同。

（1）水管漏失

定期检查水管、喷嘴、手动操作喷灌器是否发生漏失或破裂。手持式水管如果老化或承受汽车驶过等重复压力，可能会发生微小破裂而漏失，水管漏失用防水胶带可以很容易修好。喷嘴有时在水管连接处会滴水或喷水，可以通过清洗连接处的砂砾解决，用生料带缠绕水带接口螺纹可以更加密闭。

（2）喷灌系统漏失

漏失的水管，损坏的喷头、扩散器、旋翼头和低水平渗流是喷灌系统常见的浪费用水来源。漏失的明显标志包括草坪过度生长和过绿区域、喷头和地上水管附近的浸透区域、喷头堵塞和水管破裂。

（3）滴灌系统漏失

滴灌系统发生漏失问题可能来自踩踏或动物咬嚼管道系统或胶带，滴灌系统也容易被故意破坏。滴灌系统因低压操作，其漏失的水量损失不像喷灌系统漏失那么明显。然而，如果滴灌系统漏失造成植物水分不足可能会危害植物。

3. 避免振荡喷灌器和产生水雾或细雾的喷头

振荡喷灌器喷向高空，由于蒸发和风的作用引起水的损失，而作为灌溉目标的植物则失去大量灌溉水。与此类似，产生水雾和细雾的喷头和水管喷嘴通常效率不高，尤其是将其置于离灌溉区域一定距离处。

图 3-16　室内植物灌溉容器用于室外可以节水

（图片来自 Amy Vickers 及其公司）

4. 用容器灌溉小面积和个别植物

与自动喷灌器或手动水管和喷灌器相比，使用水桶和其他容器（如图 3-16 所示）灌溉小花园、花卉、植物、灌木是一种高效的方式。

5. 雨水收集和水箱使用

雨水收集是指雨水的获取、导流和储存，用于景观灌溉有时也作为饮用水水源。雨水收集用于景观灌溉仅在收集水量足以满足用水需求的地方使用。雨水通常收集在水箱、水桶或大型蓄水池中，也可以滞留在收集池或塘中。雨水水箱除用于灌溉和饮用目的外，有时还可用于消防。在岛上和世界其他许多地方普遍应用的雨水收集，在美国得到越来越多的接受，尤其是夏威夷、西南地区、得克萨斯州。例如，得克萨斯州首府奥斯汀市的一位节水计划协调员比尔•霍夫曼称，得克萨斯州近年来已有数千个雨水水箱投入使用 [111]。还有一些关于如何设计和建造住宅雨水收集系统的政府出版物，包括由新墨西哥州阿尔伯克基市节水办公室起草的《雨水收集：天空的供水》[112]，由得克萨斯州水务发展部出版的《得克萨斯州雨水收集指南》[113]。

水箱可以依据所需容积大小在现场建造或依形状尺寸购买。在炎热气候下，尤其在淡水供应有限的岛上通常可以发现屋顶水箱，水箱也可以设计成与房屋或建筑毗邻、收集连结屋面排水沟的雨落管中雨水的蓄水池或水桶。在夏威夷有 8000 多个住宅雨水收集系统，从屋顶收集的雨水量相当大；92.9m^2 的屋顶在一场 6.4mm 的降雨中能够收集到 567.8L 水 [114]。雨水一旦通过水箱、其他大型收集设备或雨落管收集系统收集起来，即可用于景观灌溉或直接注入水池或水塘。可以将道路、停车场、庭院、甚至人行道等固体表面设置坡度，或安装雨水管收集雨水径流，导入水箱、水塘或水池。景观坡度技术包括在丘陵和斜坡底部创建小的洼地以收集雨水径流、把阶梯地面建成斜坡收集径流或直接排到草坪和花园区 [115]。

通常，业主可以在房屋旁放置一个或多个雨水桶收集屋面径流灌溉景观，如图 3-17 所示。商业雨水桶通常由塑料制成，容积约为 284L，如图 3-18 所示。在雨水桶上安装简易水嘴即可从中取水，如图 3-19 所示。容积为 208L 的清洁旧圆桶可以重新加工成蓄水桶。设计的屋面水箱能容纳数立方米水，地面或地下水池能容纳达 113.6 m^3 水。水箱或水池上应有安全盖，如碎石屏障或水池安全网，以防儿童和动物掉入其中。如果雨水用作饮用水源，则应增加过滤和处理系统。

6. 使用手动灌溉（手持式水管和便携式喷灌器）

（1）自动关闭喷嘴

在手持式水管上安装自动关闭喷嘴或自行关闭喷洒附件，可以有效地为典型草坪和花园补充灌溉。大多数土壤在灌溉 10 ～ 15min 后饱和，大致相当于人愿意站立灌溉的最长时间。可关闭的喷嘴有多种喷洒模式，例如淋浴器、喷雾、浸湿、锥形和喷射。带有自动关闭喷嘴的水管如图 3-20 所示。

图 3-17　雨水收集系统可以提供一些住宅景观补给水

（图片来自丹佛市水务局）

图 3-18　雨水桶可收集和储存 283.9L 雨水。雨水桶附件含防止儿童和动物坠入的安全网格，防止树叶、小虫和木棍落入的碎屑屏障，溢流管和开关阀

（图片来自园丁供应公司）

图 3-19　水嘴和橡胶软管可以轻松获得雨水桶中的集水

（图片来自克里斯蒂・赫德）

图 3-20　带有自动关闭喷嘴的软管

（图片来自 Amy Vickers 及其公司）

(2) 流量控制设备

流量控制设备可用于设置手动操作、便携式喷灌器的运行时间和流量，无需看护喷灌器。与需要用电或电池的自动灌溉系统控制器不同，发条式控制设备（类似于厨房定时器）可以安装在手动灌溉设备的软管水嘴处，每次使用时可以重新设置。手动喷灌器控制设备如图 3-21 所示。

(3) 带有可变喷洒模式和低喷灌密度的喷灌器

使用靠近地面、喷出大滴水的喷灌器。便携式喷灌器（例如：固定、旋转或振荡喷头）通常有圆形喷洒模式，因景观区设计为圆形区域，因此这种喷灌器效率较低。为灌溉那些难以喷到的区域，业主通常将手动喷灌器放置在可能喷到人行道、车道、街道的地方，这将引起径流和用水浪费。为避免发生上述问题，应选择具有可变喷洒模式的喷灌器，如图 3-22 所示。可变喷头具有多种喷洒模式，适合于圆形、方形、矩形、半月形以及窄的道路隔离带。高喷灌密度的喷灌器更适用于沙土，而低喷灌密度喷灌器可以使黏土径流减到最少[116]。

图 3-21　流量控制设备，手动喷水系统的发条式定时器可以预先设定草坪等景观区域仅在必要时灌溉

（图片来自 Amy Vickers 及其公司）

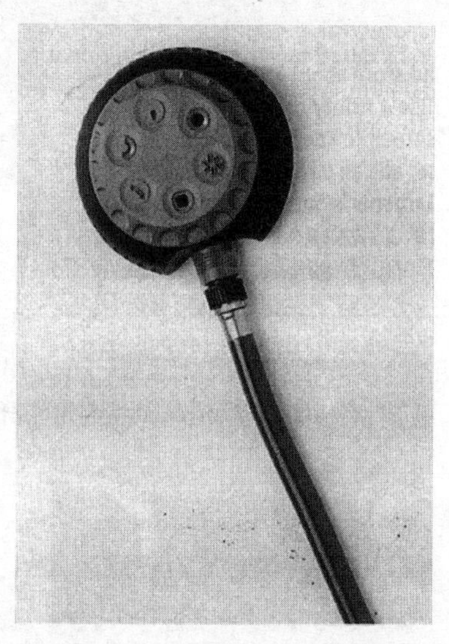

图 3-22　带有多种喷洒模式的手动喷灌器可以帮助避免形状不规则区域的喷灌径流（例如圆形、半月形、长方形和正方形）

（图片来自园丁供应公司）

(4) 渗透管

渗透管是一种便宜而灵活的滴灌系统替代选择，水管上面有数千个小孔将水在低压下缓慢、均匀地渗出，如图 3-23 所示。渗透管小孔布水范围约为 7.6cm，宽于多数滴灌喷射器（滴灌系统的送水设备）。渗透管输送水的速率缓慢而稳定，因此对于灌溉花园、灌木、多年生植物、灌木和乔木周边区域效率尤其高，其有效利用的关键是在目标植物获得充足水分后将其关闭。渗透管易于使用，可以像橡胶软管那样到处移动，并且通常可以调节长度。它们通常需要用压力调节设备将水压降至不超过 68.9kPa。

7. 使自动灌溉系统效益最大化

(1) 灌溉系统设计

自动灌溉系统的设计影响其用水效率。应设计或改造灌溉系统使其最大程度地控制在草坪和其他景观区域，而不应在硬景观或其他非灌溉区浇水或产生径流。设计优良的灌溉系统按照植物需水区布置喷头和滴水线，例如草坪草需要弹出式喷头，而菜园或灌木植物区更适合使用缓释滴灌器。

（2）每月调节灌溉系统控制器

灌溉系统控制器也称作计时器或定时器，是一种靠电或电池运行、用于控制自动灌溉系统的灌溉频率和时间的设备，如图 3-24 所示。（自动灌溉系统控制器与在手动水管及喷灌器上使用的不用电的电动定时器和每次使用必须要重新设置的类似设备不同。控制器通常安装在软管水嘴附近的外墙或独立基座上。）

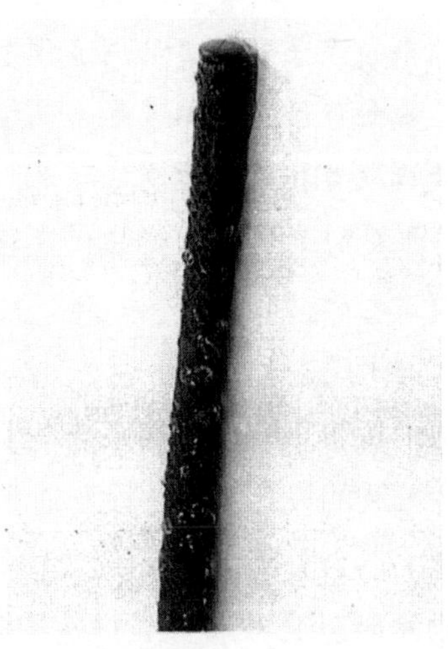

图 3-23　缓慢释放水的渗透管，可以帮助植物根系向深处生长，使其需水更少

（图片来自园丁供应公司）

图 3-24　电子灌溉系统控制器（定时器）通过正确编程和定期调整适应整个生长季的景观用水需求，安排节水灌溉

（图片来自园丁供应公司）

为使用水效率最大化，灌溉系统控制器应至少每月重新设定一次，以响应降雨和温度条件变化。然而在现实中，业主或景观管理人员因为不知道如何调节或忽视控制器的正确运行，很少能做到。有些控制器不论在多么炎热干燥气候，都被故意设定为大流量以确保草保持常绿。最普遍、也是最低效的措施是每季设定一次灌溉系统控制器。不幸的是，在整个灌溉季靠同样的灌溉周期，忽略了多数草在春季和处于休眠的夏季需水不同的事实。同样，新种植物草坪和其他植被在初始时需水量大，一旦扎根需水量就会相应减少[53, 57]。

一旦设置好控制器的程序后，它将在预先设定的时间启动灌溉每一个用水区（一组喷头或滴灌器满足具有相同灌溉需求的植物）。具有多程序设计能力的控制器允许用户设定每个用水分区的灌溉周期，这样每个用水分区的植物将得到其所需的准确水量，可以避免一些植物灌溉过度而另一些灌溉不足[53]。

节水灌溉控制器的特征

好的灌溉系统控制器应具有几个基本特征：数字或其他显示确保灌溉时间准确；按独立灌溉制度向每个用水区送水的多程序选择；每个灌溉日有多个开始时间，允许每个用水区实现更频繁却更短的灌溉周期，可以帮助防止径流；允许多种制度选择，如：基于多日区间（例如每五天灌

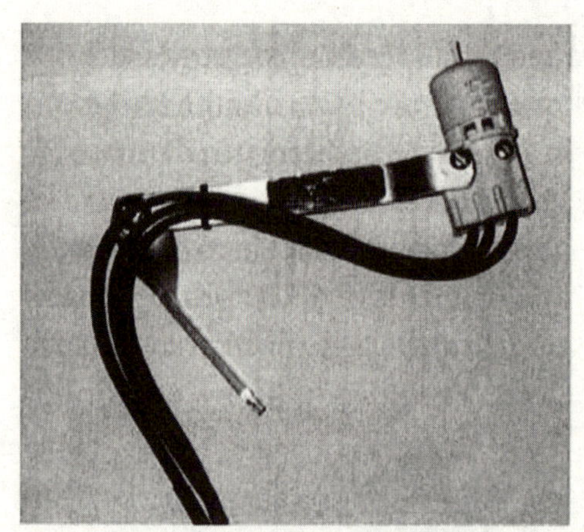

图 3-25 降雨响应关闭设备在雨中和雨后停止自动灌溉系统灌溉

（图片来自格伦·希尔顿产品公司）

图 3-26 安装与自动灌溉系统相连的降雨响应关闭设备

（图片来自丹佛市水务局）

溉一次）的制度，每周规定灌溉日期（例如每周日和周三）或按奇数/偶数街道地址进行灌溉；雨水延迟程序在下雨时自动忽略预定的灌溉时间；用水预算特征使其按百分比调节而无需对每个灌溉区域重新编程；测试功能可以用于检查灌溉系统分区和电路连接。一些控制器还具有与植物根区附近土壤湿度相连能提高灌溉效率的湿度感应器[53, 117]。一些住宅和非住宅房地产灌溉控制器与气象站连接，可以下载蒸散率和天气数据自动调节程序，此特征更常见于大型的景观区域中心灌溉系统控制器。灌溉行业正在持续改善和更新控制器技术，有些情况下，用节水特征更好的新控制器替代设计较差的控制器不失为明智之举。

（3）雨水关闭设备

雨水关闭设备阻止自动灌溉系统在雨中和雨后运行，有一些可选的设计。这些设备通常连接到灌溉系统控制器上，当关闭设备上的雨水收集杯或感应器检测到雨水时就会改写预先设定的灌溉程序。一旦关闭设备中的雨水消失，预先设定的灌溉程序就会重新启动。雨水关闭设备是一种简单、经济、有效地阻止灌溉浪费的工具。雨水关闭设备及其安装分别如图 3-25 和图 3-26 所示。

（4）喷灌器组件的维护

每季检查几次喷灌系统的喷头和其他组件，以确保合理运行并使室外用水浪费最小化。最常见的喷头类型有自动弹起式（如图 3-27 所示）、齿轮驱动转子式、冲击式、水流转子式。喷头和其他组件发生损坏、错位或漏失时应及时维修或更换，喷灌系统的调节和维修可以解决许多问题。

①径流：喷头的喷水速率，即输送流量，应低于土壤入渗率以使径流最小。喷灌系统的喷水速率通常以“cm/h”计量。流量，即喷头的布水总量，通常以“L/min”计量。缩短灌溉周期可以减小喷灌系统布水总量[53]。

②误喷：流到人行道、车道、街道和其他硬景观表面的误喷或水流是室外用水浪费的主要来源。方向错误的弹起式喷头通常可以将喷嘴调节到希望的方向。方向错误的冲击式转子喷头通常可以移动卡圈到正确位置。错向的齿轮驱动转子喷头和流动转子喷头的调节依产品制造商不同而异，可能需要使用专门工具或下压喷头顶部[118]。

图 3-27　自动弹起式喷头

（图片来自简・海勒・普勒泽）

③喷洒受阻：如果可能，清理阻塞喷洒或水流路径的过度生长的灌木等。如果无法清除，还可以使喷洒模式变窄、重新放置喷头或给喷头加盖帽。然而，给喷头加盖帽（关闭既有喷头）可能增加其他喷头的压力[118]。

④喷头、密封、管道和阀门损坏：更换损坏或破裂的灌溉喷头、喷嘴、冒口和密封（盖帽）。维修破裂或漏失的管道，维修或更换损坏或漏失的阀门[118]。

⑤喷头阻塞或卡住：去除喷头中阻塞喷嘴或冒口的污物或沙粒。在多数喷头中，喷嘴前放置可以取出用刷子清洗的筛网或组件。齿轮驱动、冲击式和水流转子可能卡在某一位置。旋转机构周围聚集沉淀钙通常是引起冲击式转子卡住的原因，专业灌溉人员用钢丝刷可以清除这些沉淀。齿轮驱动转子和水流转子通常不能维修而必须更换[118]。

⑥喷头过高、过低或倾斜：过高的喷头容易被剪草机、行走或其他外力破坏或损毁。为此，需要在喷头周围挖坑，降低高度或更换短节（连接喷头与管道的塑料）。更换基坑周围的土壤确保压实。如果喷头在地面放置过低或被大量杂草压倒引起布水不良，用上述类似的方法重新设置提高喷头。同样的，倾斜的喷头应重新挖坑、调直、再压实[118]。

⑦喷洒半径过长或过短：如果喷灌器喷洒过远（喷洒半径过长）或未能喷洒足够远（喷洒半径过短），用螺丝刀、通用手柄或产品供应商提供的其他工具进行调节[118]。

⑧低水头排水：低水头排水发生在一个灌溉系统关闭而下一个系统开始灌溉时，水仍然会从刚刚关闭的低压喷头中继续流出。这种情况可能出现潮湿点和混凝土变色。在喷头底部安装止回阀可以解决这个通常发生在坡地的问题[118]。止回阀在冰冻气候条件下必须放空以防爆管和损害灌溉系统[53]。

（5）喷灌器布水均匀度

布水均匀度是对喷灌器布水均匀和有效程度的检测。如果布水均匀度低，则会造成一些草坪和植物区未能充分灌溉而另一些区域灌溉过度而浪费水。即使在一天之中，布水均匀度也会因风力条件或水压波动（在灌溉系统用水较多的热天，水压会趋于下降）而变化。测定布水均匀度的简单方法是“收集罐”测试。

理想的布水均匀度为100%，但实际中由于受到风和景观坡度等因素的影响不可能达到。草坪可接受的最小布水均匀度是60% ~ 70%，地被植物、灌木、乔木可以略低，[53] 一些行政辖区设置了特定布水均匀度百分比目标。位于加利福尼亚州萨克拉门托市的加利福尼亚水资源局的节水专家玛莎• 普瑞维兹称，对多数居住区景观用水审计发现布水均匀度不到 50% [119]。通过对灌溉系统的合理设计和定期维护，例如维修损坏、弯曲、堵塞的喷头，保持正确的操作压力、合适的喷头间距（重叠喷水模式用于补偿布水不均），匹配的喷灌密度（当特定区域，尤其是草坪区域，使用不同弧度模式时统一配水），能够达到较好的均匀度。布水均匀度对草坪草，比对灌木或地被植物更重要，因为草坪需要均匀的湿度保持其绿色外观。另外，除补充灌溉外，灌木和树木因拥有比草更深广的根系结构，通常可以通过其他来源获得水。

（6）运行压力

检查喷灌系统所需运行压力并与实际水压进行比较，其差值会影响系统运行和用水效率。居住区喷灌系统通常设计运行压力为 0.20 ~ 0.34MPa。新开发区的住宅或房地产尤其可能出现灌溉系统水压超过运行限压，在此情况下可能需要减压阀。滴灌系统比喷灌系统更加需要频繁减压。当地水务系统应能确定断连接房地产的主要管道压力，在水管水嘴处安压力计能测定喷灌系统的实际压力。水管水嘴的最大流量（以“L/min”计量）可以通过全开旋塞并测定 1min 内容器收集的水量确定 [116]。

（7）多场地中央灌溉控制器

大面积景观区如高尔夫球场、运动场、娱乐场所、公园绿地、综合办公区、道路中间绿化带的灌溉系统通常由多个控制器操作，通过由灌溉专业人员在办公室监控计算机中央控制器进行协调。中央灌溉控制器通常与由气象站定期更新的蒸散量数据仪连接。灌溉专业人员能够迅速调节中央控制器以响应气候条件、系统压力变化和漏失，去提高灌溉系统的效率 [53]。科罗拉多州奥罗拉市已经投入 100 多万美元建设可以安排 90 个公园灌溉制度的中央控制器，使其公园灌溉系统自动化，公园工作人员无需再手动开关喷灌器。自动化的控制器系统还用于帮助城市更容易地识别损坏和漏失的管道 [120]。

（8）土壤湿度感应器

有经验的园丁可通过观察和触摸估计土壤的湿度，但是对于经验较少的人而言，用土壤湿度感应器有助于安排灌溉。湿度感应器对均匀土壤最有效，这也意味着对许多草坪和景观并不实际，因为景观区域通常是混合土壤，而湿度因地不同。在此情况下，湿度读数可能只适用于个别可以依湿度控制灌溉的区域。收集准确的数据需要用便携式感应器或安装若干固定感应器获得多个读数，对住宅区和小型商业灌溉场地费时而昂贵。

常用的土壤湿度感应器有土壤湿度计和电阻块两种。便携式土壤湿度计和湿度感应器相对便宜，可以从草坪和花园商店获得，当探测器插入土壤中时给出湿度读数。便携式感应器对于手动灌溉开关水管或喷灌器非常有用。固定湿度感应器用于自动灌溉系统，也有插入地面的探测器，并由电线与灌溉系统控制器连接。控制器根据感应器的湿度读数调节灌溉制度。合理使用湿度感应器能够促进高效灌溉和节水。有线的固定湿度感应器需要合理安装和定期维护(例如：更换石膏块、去除电线腐蚀）才能提供准确读数 [53]。

（9）其他灌溉系统

对一些景观区域而言，其他灌溉方法可能比自动灌溉系统更高效，可选的有滴灌系统、渗透管和手动灌溉。滴灌对于非草坪区域效率很高，但对于草坪草因布水范围小通常并不实际。渗透管对于花园、灌木、乔木而言，是比喷灌系统更好的选择，因为它们像滴灌系统那样以缓慢、稳定、少量的方式输送水。手动灌溉，尤其是手持式水管通常比自动灌溉系统效率更高，因为只有当人们感觉必要时才用水管灌溉。

8. 滴灌系统的安装

（1）滴灌基本原理

滴灌，是微灌（微灌有很多方式，包括滴灌、地下渗灌、扩散器灌溉、低喷射仰角和小流量喷洒灌溉等）的一种形式，通常被认为是非草坪区最节水的一种自动灌溉系统。滴灌系统可以节约多达 75% 的喷灌系统用水量，既省钱又减少了危害景观和水流的土壤侵蚀。滴灌使用小口径管道或塑料带在低压下将小水滴直接发送到植物根部，其他类型的微灌发射器使用小水流或微喷。尽管滴灌系统可能需要较高的初始采购成本，但是在多数情况下额外成本会随时间从节水、节能（对于用泵取水的房地产）和节省的景观化学药剂中收回。滴灌系统对于花园、灌木、花卉、乔木可能是最好的选择，但是对于草坪效率通常较低，因为覆盖大面积区域需要大量（昂贵的）滴灌管道。

住宅和小型房地产的简易滴灌系统，可以自己动手用安装工具完成，专用工具包通常在家居建材商店、苗圃店、五金店可以买到。一些滴灌产品制造商和经销商提供电话安装帮助，其他可准备用户订制的景观计划。大型滴灌系统需要由景观专业人员设计和安装。滴灌系统可以埋在地下也可以置于地面，地下滴灌管通常放置覆盖层减少发射器堵塞或蒸发。由于滴灌系统仅在需要用水的地方灌溉，所以能阻止杂草生长，防止由过量或不足灌溉造成的病害（弄湿叶子表面，正午浇灌烫伤植物叶子，滋生真菌病和水果、蔬菜上的斑点）[121]。

滴灌系统由下述基本组件构成，如图 3-28 和图 3-29 所示：

图 3-28　滴灌

（图片来自丹佛市水务局）

图 3-29　一年生植物的地上滴灌系统

（图片来自丹佛市水务局）

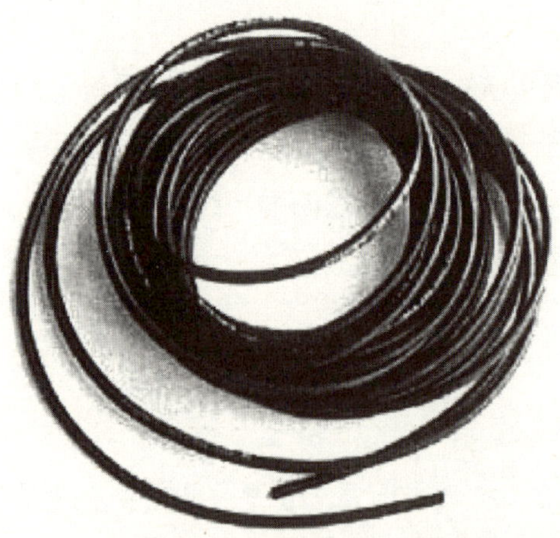

图 3-30　滴灌系统的微型管比传统灌溉管更小、更易于搬运

（图片来自 Amy Vickers 及其公司）

①微型管：微型管和塑料带安装在植物附近，通过喷射器将水直接传送到植物根系旁（如图 3-30 所示）。

②过滤器：过滤器阻止泥沙堵塞滴灌管和喷射器（早期设备存在的问题）。

③压力调节器：由于滴灌系统在低水压下运行最佳（0.14 ~ 0.20MPa），所以通常需要压力调节器将高压系统降低到所需的压力水平。小型压力平衡发射器可以替代减压阀直接调节整个系统的水压，如图 3-31 所示。

④滴灌喷射器：滴灌喷射器（如图 3-32 所示）与微型管或塑料带连接，直接置于植物根系或旁边，以缓慢、恒定的速度输送水，流量以“L/h”计。

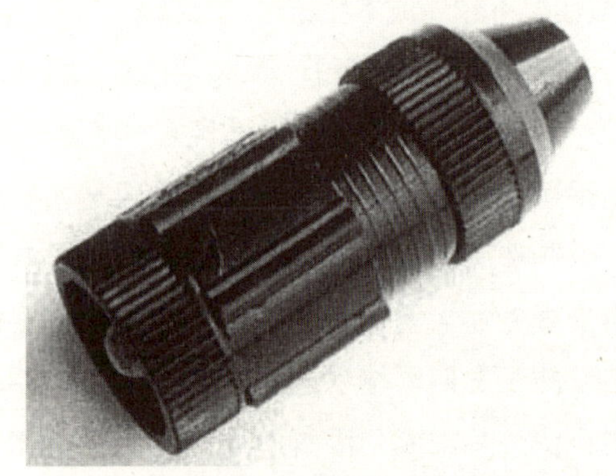

图 3-31　压力调节器将滴灌系统中水压降低到 0.07 ~ 0.20MPa

（图片来自 Amy Vickers 及其公司）

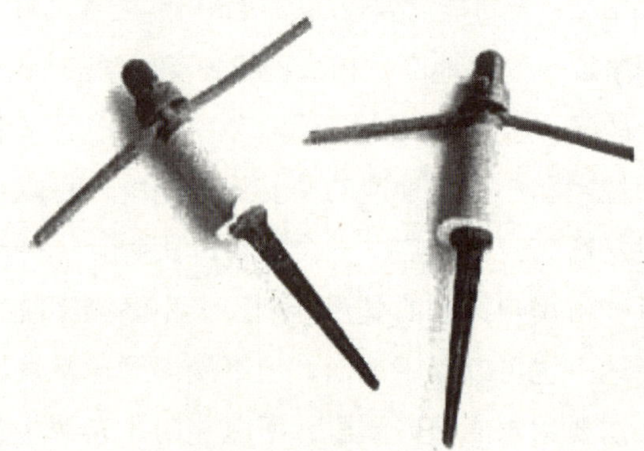

图 3-32　与微型管相连的滴灌喷射器，将水缓慢直接输送到植物根系

（图片来自 Amy Vickers 及其公司）

⑤微型喷雾器：微型喷雾器除用水更少以外，是迷你版的顶喷喷灌器，如图 3-33 所示。微型喷雾器将水从单独的升流管中输送到多个植物位置。每个微型喷雾器的流量受喷射器类型和尺寸以及控制器影响，或两者共同控制。

图 3-33　微型喷雾器靠近地面，用水少于传统喷灌器

（图片来自丹佛市水务局）

⑥扩散器：扩散器置于地上，将水输送到目标位置，例如：灌木、乔木、密集种植的花床。通常比滴灌喷射器的流量大。

⑦回流防止器 / 水封阀：安装回流防止器可以阻止灌溉水由于虹吸作用而回流到社区供水系统。许多供水系统和社区要求滴灌等灌溉系统具有此类防止供水污染的安全设备。

（2）滴灌系统的改造

更换和升级系统设备可以提高滴灌系统效率。

（3）滴灌系统的保护

当滴灌系统靠近步行区时容易遭受损坏或故意破坏。覆盖层为滴灌系统提供很好的保护，并且能够减少蒸发量。使用硬聚氯乙烯管和受保护的喷射器也可以减少损坏 [53]。

（4）滴灌系统的维护

应定期检查滴灌系统的损坏和漏失情况。由于微型管细小、柔软并且置于地面上，可能会被动物咬嚼。损坏的微型管造成的漏失在地面上可能明显也可能不明显，取决于土壤的孔隙率和管上覆盖层的类型。微型管和喷射器可能随时间堵塞，依使用频率、土壤条件、喷射器设计（一些喷射器设计的防堵性能优于其他）进行清洗和更换。类似的，应定期检查和清洗过滤器确保运行正常。

最佳管理措施促进节水和保护水质

灌溉协会的水资源管理委员会正在为州、联盟、地方机构、供水公司、灌溉承包商以及用户，建立自愿灌溉最佳管理措施。据委员会主席约翰• 奥萨称“灌溉最佳管理措施是一项自愿灌溉活动，既经济、又实用，在减少水耗和保护水质的同时保持有益健康的、功能性的景观”。[122]

3.2.4.3　高效景观灌溉系统与设备的节水量和成本效益

本节讨论使用特定节水灌溉设备的估计节水量，介绍了这些灌溉系统组件的预计成本和其他效益。

1. 自动关闭喷嘴

在手持式水管上使用自动关闭喷嘴预期可以节约 5% ~ 10% 的室外用水量。喷嘴价格约为 7 ~ 15 美元。

2. 流量控制设备（用于手动喷灌器和水管）

在手动喷灌器或水管上安装流量控制器的节水总量尚未确定。此类设备价格为 15 ~ 25 美元。

3. 可变喷洒模式的喷灌器

用可变喷洒模式喷头替代传统喷头（例如固定转子式）的节水量尚未确定，但节水多数可以减少径流。可变喷洒模式喷头的价格为 20 ~ 35 美元。

4. 渗透管

用渗透管替代喷灌器或手持式水管的节水量尚未确定。依渗透管长度不同，其价格为 20 ~ 40 美元，压力调节器价格为 6 ~ 10 美元。

5. 雨后关闭设备

安装响应降雨的自动灌溉系统关闭设备估计能够节约 5% ~ 10% 的室外用水，雨水感应器的价格为 15 ~ 45 美元。

6. 灌溉系统控制器（自动地埋式喷灌和滴灌系统）

通过改进灌溉系统控制器程序的节水量尚未确定，但估计至少为 10% ~ 15%。居住区使用的自动灌溉系统控制器依据其提供的功能，价格为 50 ~ 250 美元。商用控制器和中央控制器的价格达数千美元。

7. 土壤湿度探测器和感应器

如果其提供的湿度数据用于调整灌溉制度，使用土壤湿度探测器或感应器估计能节约 5% ~ 10% 的室外用水。简单的手持式探头和土壤湿度探测器价格为 15 ~ 20 美元。湿度传感器和土壤湿度计价格为 35 ~ 125 美元。至少每 2 年更换 1 次的石膏块价格为 5 ~ 10 美元，读取其数据的湿度计价格为 150 ~ 250 美元。简单的湿度传感设备，例如土壤湿度计，因轻便、容易读数，对于居住区是更好的选择。

8. 喷灌系统维修

更换损坏的喷灌器组件的价格为 1 ~ 50 美元。更换弹起式喷头的价格为 7 ~ 11 美元，冲击式喷头和齿轮驱动转子的价格为 15 ~ 20 美元，水流转子价格为 20 ~ 25 美元。喷嘴的价格为 1 ~ 5 美元。损坏或松动的喷头帽的价格约为 1 美元。更换损坏的 *DN*25 阀的价格约为 50 美元，维修价格更低。

9. 滴灌

对于非草坪区域用滴灌系统代替传统喷灌系统的估计节水量为 25% ~ 75%。住宅区自己动手安装滴灌系统的工具包，含 15.2m 水管的价格约为 50 ~ 100 美元；定制的滴灌系统依灌溉区域的大小和安装系统的类型，价格为数百或数千美元。由取得执业资格的安装人员安装滴灌系统的成本为 10.8 ~ 16.2 美元 /m^2。

10. 雨水收集（水箱）

“雨滴以 35.4km/h 的平均时速到达屋顶。”

——www.uselessfact.com

水箱或雨水塘能够收集的雨水量取决于其容积、降雨频率、降雨量和雨水使用速度。例如，拥有 278.7m^2 屋面面积的住宅，在一场约 25.4mm 的暴雨中能接收约 6.8m^3 雨水，输送到水箱或水塘再利用 [123]。假定业主平均每个季度草坪灌溉用水为 37.8m^3，则收集雨水水量相当可观。

除节水以外，雨水收集还有一些环境和经济效益。例如，多伦多市资助的涉及 150 个独户住宅的雨水桶安装计划。计划参与者反馈：56% 的人称每周至少清空一次水桶浇灌庭院，每桶节水 208.2 ~ 246.1L（试验计划中使用 3 种不同尺寸的桶）；有 63% 的反馈者称水桶不够大，无法满足室外所有用水需求 [124]。雨水收集因为可以直接利用而无需经过处理、水泵输送和管网配水，还可以节约能耗和化学药剂成本。雨水收集的另一个优点是可以减少暴雨径流，也能降低由径流引起的侵蚀和洪水。雨水也比从河湖中取水干净，因为地表水源常含有溶解性盐和矿物质及工业污染物 [114]。

屋顶水箱除可以收集雨水外，还给屋顶提供一层延长其使用寿命的覆盖物。大型雨水收集池也减少了业主的人身和火灾保险费用。用塑料制作的、容积约为 284L 的商业雨水桶的零售价格约为 85 ～ 125 美元。更大的拥有数百升容积的雨落管水箱价格为 250 ～ 350 美元。小型家用水箱系统的价格为 800 ～ 2000 美元。更大的水箱价格范围从 7.6m^3 的 2500 美元，到 113.6 m^3 水池的 15000 美元。大型地上和地下水箱通常由水泥和其他强化材料制作，需要内衬和覆盖以抑制藻类和细菌生长，阻止昆虫、动物和碎屑进入设备。可以增加紫外消毒砂滤器和净化器处理水。大型地面水箱可能需要一台水泵，其至少 50 美元还需电费。一些社区有禁止使用水箱或需要经过许可才能使用的条例。

雨水塘是廉价的雨水收集系统。例如，假设雨水塘是手工开挖的，那么一个面积 4.9m × 7.9m × 0.6m（深）的雨水塘需要花费 100 ～ 175 美元购买塑料防水布、防水布桩、一根 15.2m 的花园水管以及一台排水泵 [125]。

案例研究：佛罗里达苗圃通过雨水和灌溉水现场收集和回用系统节水

乔恩苗圃是佛罗里达州尤斯提斯市一块面积为 0.6km^2 的商业苗圃，它通过简单的雨水和灌溉水径流与回用系统，减少了 75%（567.8m^3/d）的地下水取用量。排列的植物床、铺设的小路、车行道以及洼地所收集的雨水和灌溉水储存在两排滞留塘中。回收水用泵送入顶喷喷灌系统回用。除减少用水和水泵输送成本外，苗圃主人乔• 拉克里现在较少使用肥料，因循环水中包含植物床径流带来的肥料。系统第一阶段占地 68797m^2，成本 10 万美元；第二阶段占地 0.1km^2，成本 16.8 万美元，其中一半成本由圣约翰水务局列为部分替代供水计划而得到补偿 [126]。

11. 过度灌溉的成本

除支付不必要的水费外，景观的业主还要承受过度灌溉造成多种成本的损失。例如，屋顶、草坪、人行道、车行道和路面等区域上的径流慢慢侵蚀混凝土和沥青。径流增加导致的湿滑，对人身安全构成威胁。恶化的沥青会造成地面深穴，维修成本为 150 ～ 300 美元。

3.2.4.4　实施高效灌溉系统与设备促进计划

公用事业和其他机构可以通过下述行动，促进高效灌溉系统与设备计划。

1. 完成景观用水审计

许多公用事业为住宅和非住宅用户提供免费的景观用水审计，测定室外用水效率并帮助将节水措施落到实处。典型的审计任务包括测定室外用水量，分析土壤、草坪和植被，帮助重新设置自动灌溉系统控制器，和提供关于节水景观措施的信息和相关节水计划。景观用水审计的步骤已经在前面介绍。

2. 为高效灌溉系统和水箱提供返利等激励

得克萨斯州奥斯汀市的节水计划为接受灌溉审计和安装推荐的节水设备或改造措施的用户提供最多 150 美元的返利 [127]。此外，安装永久性雨水收集系统的业主和商人可以得到 30%、多达 500 美元的返利 [128]。

3. 提供高效灌溉设备

配送室外节水设备例如雨后关闭设备、水管的自动关闭水嘴，简易雨量计通常也作为景观用水审计的一部分提供。

4. 提供升级景观用水效率的技术支持和返利计划

帮助用户改造低效灌溉系统和更换高耗水草坪草等技术支持和返利计划，可以加快节水景观措施的实施。

5. 为灌溉专业人员和景观管理者制定节水培训标准

随着用户对节水景观需求的增加，灌溉专业人员和景观管理者需要接受关于节水景观概念和措施的教育，以确保新建和既有灌溉系统在未来更加高效。雨鸟灌溉公司的克里斯·潘恩称“用户更加意识到灌溉。随着经济和环境条件允许在景观领域投资更多，高效灌溉对保护投资至关重要。用户正在更加明智地选定承包商”。[129] 灌溉协会（弗吉尼亚州福尔斯彻奇市）和加州理工大学灌溉培训和研究中心（加利福尼亚州圣路易斯奥比斯波市）等组织机构为灌溉系统设计者、承包商、审计员、管理者提供了各种培训和认证计划。

“草坪为达到最佳颜色和外观所需的水量令人震惊。最好的办法是让草休眠 1 ~ 2 个月。……休眠对于多数冷季草及其混合草是正常的；草的颜色会随着夏末的雨水和凉爽空气的到来而恢复。”

——约瑟夫·凯泽，蒙哥马利县（马里兰州）环保局，公共教育协调员

3.2.5 景观灌溉制度

“我绝不让学校干扰我的教育。”

——马克·吐温

有效的灌溉制度包括了解草坪和植物需水量并设置相应的灌溉频率和持续时间。了解何时要水、需水多少，并调节灌溉制度以响应植物和天气特征的变化，对高效用水和植物最佳健康状况至关重要。需水量和频率的确定因地而异。尚无一种单独直接的方法可以高效安排灌溉，因为一些特定现场因素会影响植物的需水量和可利用水量，尤其是发生气候和季节变化时。例如，新种植物和草坪草在初期种植时需水多于扎根后需水。草坪在生长季节（通常是春季）和休眠期、寒冷季节的需水量也有所不同，降雨类型明显影响灌溉制度。

草坪和景观经常会灌溉过于频繁和灌溉时间过长。许多草坪和景观区按照每周 1 ~ 2 次，每次不超过 15 ~ 30min 的灌溉制度能够茂盛生长。时间通常越短越好。人们有时发现植物出现棕褐色斑点时，就认为是由灌溉不足引起的而过度灌溉，然而事实并非如此，棕褐色斑点可能是由土壤盐度过高、草坪化学物质使用过多、线虫类、动物等多种原因引起的。另外，灌溉过度会引起草坪和植物病毒、真菌、昆虫增多，这些条件也会形成棕褐色区 [130]。在炎热的夏季月份或干旱时期，许多业主和景观管理者认为能保持草坪和植物存活的唯一方法是过度灌溉。这种措施不仅增加了水费，还增加了径流、植物病害、根系腐烂、棕褐色斑点以及修剪草坪和维护费。

过度灌溉似乎更加普遍出现在依靠自动灌溉系统的独户住宅房地产等草坪和景观。自动灌溉系统通过控制器程序设定每个灌溉阀或灌溉站的开始日期、开始时间、站点运行时长。当程

序设计合理时，控制器为草坪和植物提供精准的水量、位置和最短时间，促进节水。事实上自动灌溉系统的平均用水效率约为 50%。也就是说，每供应 2L 水，就浪费 1L。如果自动灌溉系统控制器使用正确，并定期调节和维护，那么用水效率可以高达 85% ~ 90%[131]。然而，这样的效率是非常罕见的，因为多数人不知道或不愿意正确设定控制器程序。对于多数系统而言，效率范围在 60% ~ 70% 可能是更加实际的目标，这也是一种改造。

大型复杂自动灌溉系统，例如用于高尔夫球场和专业运动场的自动灌溉系统，越来越依靠蒸散量（ET）数据和远程气象站信息，安排灌溉和节水。蒸散量是指在一定时期内植物叶子和土壤失去的总水量，通常以一天失去的水深（以“cm”或“m”计）表示。蒸散量受温度、光照、湿度、风速和风向等几个环境因素的影响。参考蒸散量（ET_0）是一块 10.2 ~ 15.2cm 高、水分充足、冷季草区域的估计标准蒸散量，以 cm/ 年、cm/ 月、cm/ 周或 cm/d 表示，ET_0 是确定植物（包括草坪）需水量的基础。由于必须对植物种类（例如植被类型）、种植密度（例如树叶表面积）和微气候（例如吸热和反热表面积）等影响因素进行调节，ET_0 对规划景观植物和草坪灌溉需水量是非常有用的参考点，因其代表在当地气候条件下的特定用水量[132]。特定草种、植物或作物的用水可以用 ET_0 和特定植物调节系数（K_C）计算得到：$ET_C= ET_0 \times K_C$。ET_C 估计值可以用于确定每日失水量、指明何时需要灌溉以及用水量。对于加利福尼亚州居民，出版的《景观植物用水分类》列出了调整加利福尼亚灌溉管理信息系统（CIMIS）气象站 ET_0 数据的估计植物调节系数[133]。一些研究和节水管理者发现使用 ET 可能会过高估计植物实际需水量而造成过量灌溉[134]。

草坪灌溉的注意事项如下：

在清晨（例如早晨 3 ~ 7 点）灌溉通常好于在白天和晚上灌溉。在白天灌溉由于高温和风造成蒸发率高；通常不鼓励在晚上灌溉，尤其是炎热的晚上（不低于 29℃），因为残留的湿气会导致植物真菌病和昆虫侵害。避免在有风天灌溉，尤其是喷灌。车行道、人行道和道路不应灌溉或不允许形成径流，因为这样做浪费水、增加流入雨水排放管的水量、引起土壤侵蚀，并且因道路湿滑引起交通事故。草坪应仅在需水时灌溉，最典型的是在草叶开始变暗和变灰时灌溉。草坪下面的大部分土壤能够接受 10 ~ 15min 的水然后饱和；对于有坡度的草坪如果灌溉时间过长，那么当土壤达到饱和后将会引起径流。如果草已经具有深根（如图 3-34 所示），那么多数草坪在春天生长季节每周最多需要 2.5cm 水（含雨水），夏季需水更少。在少雨或无雨的炎热、干旱地区，传统渴水草（例如早熟禾）每周可能需要 5.1cm 水。草坪接收的降雨量可以用简易雨量计测定，如图 3-35 所示。为估计水管、喷灌器或自动灌溉系统输送 2.5cm 水的时长，可以在草坪上放置一些金枪鱼罐子，通过计算容器的平均收集量，确定达到 2.5cm 水深需要的时间。健康土壤应能润湿 10.2 ~ 15.2cm 深（这并不意味着需要用 10.2 ~ 15.2cm 水，仅指雨水和灌溉水应浸湿地面以下的深度）。可将土壤湿度探针或螺丝刀插入土中，检查土壤湿润深度。确定景观灌溉频率时，记住在仲夏，即使定期灌溉，保持草坪草为绿色而无棕色斑点通常是昂贵和注定失败的。割草使其不低于 5.1 ~ 7.6cm，较高的草可以为土壤遮阴，降低地表热量和减少蒸发。让草循环，将割断的草留在修剪过的草坪上。割掉的草中含有 90% 以上水分，将其留在草坪表面并允许渗入土壤表面，形成临时覆盖层以保持土壤湿度和减少灌溉补水需要[101]。

图 3-34 每周用水“2.5cm 规则”适用于许多灌溉景观

（图片来自 Amy Vickers 及其公司）

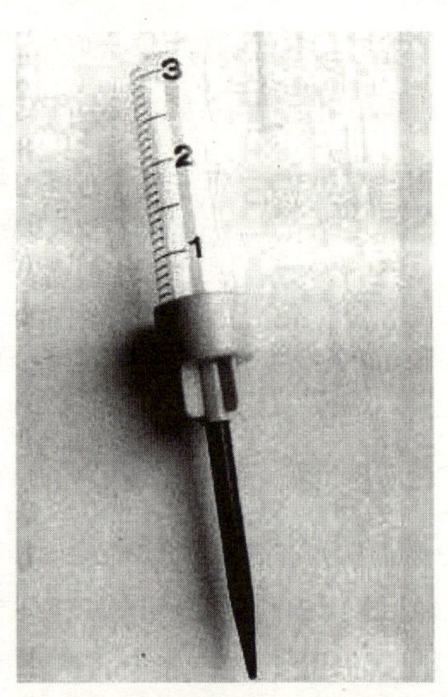

图 3-35 雨量计可以测定降雨量

（图片来自 Amy Vickers 及其公司）

降雨总量和有效降雨

那些想从降雨总量中分解出满足景观灌溉需求的业主和管理者会发现，监测净可用有效降雨是一种有用的方法。在很多地区，尤其在夏季，出现历时短的强降雨，其净可用有效降雨少于总降雨量。因此，仅用月平均降雨量和 *ET* 数据在一定程度上会误判该区域所需补给灌溉量，除非这个因素被考虑在内[10]。

3.2.5.1 景观灌溉制度相关的节水政策与规章

1. 推荐或强制的灌溉制度

得克萨斯州奥斯汀市向其所有用户推出，在正常条件下（充足的系统能力和非干旱气候），在 5 月 1 日～ 9 月 30 日期间每 5 天灌溉 1 次的灌溉制度。此计划对用户而言是自愿参加的，但要求所有市政部门加以遵循。奥斯汀市不鼓励在上午 10 点～下午 7 点之间灌溉。据奥斯汀市一位节水管理者托尼• 格雷格称，50% 的城市供水“用户已经认真地采取了这种制度”并且在自愿的基础上每 5 天仅灌溉一次[135]。按地方条例，在需水量超过预设的第二阶段触发水平时，同样的制度和小时数将变成强制性[136, 137]；强制性的 5 天灌溉制度也适用于洗车；第二阶段触发水平设置为不超过供水系统最大能力，以确保足够的灭火能力。按照用户街道地址最后一位数字奇偶，灌溉制度随每年 5 月和 7 月的水费账单一起发出。第一次违反强制性限制会受到当面或挂号信警告，第二次违反者会收到传票。违反第二阶段强制性条件的，会受到最高达 2000 美元的罚款[136, 137]。

“奇数 / 偶数”灌溉制度可能增加用水

有些社区设定隔天灌溉一次的灌溉制度，例如在干旱时期，但是现在通常不鼓励这种频率的灌溉制度。因为经验表明，这样做通常会导致过度灌溉。以门牌号奇数 / 偶数为基础的灌溉制度可能因为容易记住而引起用户注意，例如门牌号为偶数的用户可以在每周二、周四、周六使用室外用水，门牌号为奇数的用户可以在每周三、周五、周日使用室外用水。然而，在奇数 / 偶数制度下，用户有时会误认为应该隔天灌溉一次，尽管他们以前并不这样做[139]。

“避免陷入奇数/偶数灌溉制度，依据街道地址选择每 4 天或 5 天灌溉 1 次的灌溉制度或其他方法。得克萨斯州实施奇数/偶数灌溉制度的城市发现不但没有减少需水量，有些情况反而增加了需水量。”

——托尼·格雷格，得克萨斯州奥斯汀市，节水管理者

2. 推荐或强制的灌溉时间

一些社区有限制只能在深夜或清晨时段灌溉草坪和景观的条例，例如，不允许在上午 9 点～下午 5 点之间灌溉。佛罗里达州迈阿密戴德县具有这种条例[138]。

3. 紧急情况下限制灌溉

在干旱或紧急供水条件下，供水企业或市政条例通常禁止室外灌溉（包括灌溉景观、游泳池注水、洗车和冲洗人行道或街道）。

3.2.5.2　景观灌溉制度的节水措施

灌溉制度相关的节水措施包括：

1. 在多数地区每 5 ～ 7 天灌溉一次，在炎热干旱气候最多每周 2 次

许多传统草坪每 5 ～ 7 天灌溉一次能够保持健康，炎热干旱地区的草坪每周大概需要灌溉 2 次。如果降雨充足，可以完全免去补充灌溉。灌溉需求随地区、土壤和天气不同而异，但许多传统草坪和植物在生长季节每周至少需要 2.5cm 水（包括雨水）。过度灌溉的草坪应慢慢减少灌溉量以避免植物热激反应。灌溉越少，则草需水越少，因为草坪在适当用水压力下根系生长得更深，在缺水、甚至干旱时都能存活。如果允许草坪长出深根并接收适度灌溉，那么土壤应具有足够湿度保持水分。对于浅根草，不频繁的深度灌溉优于频繁而不足量的灌溉。

2. 限制灌溉周期最长为 15 ～ 30min

草坪草和景观区的灌溉周期应持续不超过 15 ～ 30min，取决于植物需水量、景观坡度、喷灌器分布、土壤入渗率等因素，如表 3-3 所示。通常，喷灌器或水管中的水流速度应小于土壤入渗率。土壤入渗率越小，为了完全吸收喷灌速度应越慢。一旦达到土壤持水能力，就饱和了；如果继续灌溉，会产生径流。一些高度密实的土壤仅需 5min 就能达到入渗率。任何坡度的草坪，在喷灌器灌溉开始约 15min 后将产生径流。对于高入渗率（沙质土壤和壤土）的平坡土壤，每周需要喷灌约 30min 可以使草充分浸湿。极不透水土壤，例如黏土或黏壤土，每周需要两个 15min 的灌溉周期代替一个 30min 周期以避免径流[140-142]。有时，对已经过度灌溉的草坪区，应分阶段减少灌溉频率和持续时间实施节水，这样可以使草根调整适应。减少灌溉用水将促使过度灌溉草坪的浅根变深，使其在更加节水的条件下存活。

普通土壤入渗率 *　　**表 3-3**

土壤	饱和入渗率（mm/h）	
	坡地	平地
轻沙质土壤或沙质壤土	12.7	25.4
壤土	5.2	12.7
黏土或黏壤土	2.5	6.4

注：* 水量超过入渗率将产生径流，入渗率未包含茅草和土壤密实度的影响。

资料来源：本章参考文献 141 和 142。

水管输水量取决于水管管径和操作压力，如表 3-4 所示。景观灌溉区域的估计用水量随景观区域面积和每周灌溉深度不同而异，灌溉深度每增加 2.5cm 而增加的用水量，如表 3-5 所示。

花园水管估计用水量 * **表 3-4**

水管口径（mm）	每次灌溉用水量（L）			
	15min	30min	45min	60min
DN 15	283.9	567.8	851.7	1135.6
DN 16	363.4	726.8	1090.2	1453.6
DN 20	499.7	999.3	1499.0	1998.7

注：* 基于一根全开（未堵塞的）15.2m 水管在 0.28MPa 压力下操作。节流喷嘴、变喷洒喷嘴和更高或更低的压力将改变所列流量值。
资料来源：本章参考文献 157。

灌溉景观估计用水量 * **表 3-5**

灌溉区域的每周用水深度（cm）	灌溉区域的每周用水量（m^3）				
	$93m^2$	$186m^2$	$279m^2$	$372m^2$	$465m^2$
1.3	1.2	2.4	3.5	4.7	5.9
2.5	2.4	4.7	7.1	9.4	11.8
5.1	4.7	9.4	14.2	18.9	23.6
7.6	7.1	14.2	21.3	28.3	35.4
10.2	9.5	18.9	28.3	37.8	47.2

注：* 假设灌溉区域均匀分布（以 cm 计），尽管实际均匀度和水量通常是变化的。

3. 在清晨时段灌溉

草坪和景观灌溉通常应该只在清晨凉爽时段进行。多数地区在早晨 3 点～ 7 点之间气温最低、风最小。在白天灌溉，因炽热的太阳和风造成蒸发损失最大，所以效率很低 [143]。避免在有风条件喷灌（白天或晚上），在有风、晴天时喷灌器用水的 40% 由于蒸发而损失。一些场所建议避免晚上灌溉，因为在炎热的晚上（29℃或更高）过度潮湿使草坪和植物更易遭受病害，但是这个尚未列为重要问题，尤其是如果人们正确判断用水量。

特定地区优先灌溉时段因当地气候条件和供水系统应对高峰需水能力不同而异。一些供水系统指定特定灌溉时间，以便更好地管理高峰需水量；有些情况下，用水公用事业推荐室外用水时段范围，以降低高峰时段或干旱时期需水量。许多节水社区，建议即使在正常条件下，也不要在中午灌溉或进行室外用水。非灌溉时段通常为 8 ～ 12h，例如在上午 9 点～下午 5 点或上午 7 点～下午 7 点禁止灌溉。

这些规则可能只在灌溉月份有效，例如在炎热的沙漠地区和佛罗里达州部分地区全年有效、或在北美其他地区 4 ～ 10 月有效。在干旱条件或供水受到限制的地区，禁止中午灌溉是长期有效的。例如，佛罗里达州希尔斯伯勒县有一项条例允许草坪和景观在每周仅灌溉 1 天（偶数地址周二、奇数地址周日），并且禁止在允许灌溉的当天上午 8 点～下午 6 点之间灌溉 [144]。

4. 每月至少调整一次自动灌溉制度

每月至少应调整一次灌溉控制器。控制器可以用于设定系统的开始日期、每个灌溉周期开始时间、每个站点或阀门的运行时间[131]。从理论上讲，控制器应帮助景观业主和管理者实现更大节水效果，而自动灌溉系统的实际节水量平均约为 50%，意味着每灌溉 2L 水中有 1L 被浪费[131]。尽管灌溉系统的效率从未达到 100%，但应该能够接近 85% ~ 90%[131]。自动灌溉系统控制器，如果正确使用，可以设定程序向植物和草坪提供准确位置的准确水量和所需的最短时间。

一项对坦帕市住宅和商业房地产的研究表明，改变灌溉制度是灌溉系统达到最大节水量的方法，包括减少个别用水区域的运行时间、将灌溉频率降低为每周 1 ~ 2 次、随天气和季节变化调整灌溉周期等[78]。类似的，由南加州都市水区提供的一份关于 902 个商业、工业和公共机构设施用水的调查表明，减少灌溉频率是当地最经济、有效的节水方法之一[145]。

5. 基于 ET 数据调整的灌溉制度

灌溉控制器根据气象站 ET 数据安排灌溉可以显著提高用水效率，尤其如果控制器也能测定土壤湿度。基于 ET 的灌溉制度，对大型商业和公共住宅更加普遍，而它们在居住区的使用正在增加。基于 ET 的灌溉制度根据由当地每日气象数据和现场特定数据（例如，草和植物的种类、土壤类型、降雨量、持续时间、根深、覆盖面积、坡度和微气候）决定的 ET 进行预测。

基于 ET 的灌溉制度通常调整实际用水少于 ET 系数，因为很多草坪草无需 100% 的 ET 系数也能保持绿色健康。例如，堪萨斯州强森郡 1 号水务区在 1000 多个住宅中实施景观灌溉审计时发现：超过 1/3 的住宅接受明显少于 ET 系数的灌溉用水，而其景观与那些接受水量不低于 ET 系数的景观相比，同样美观[146]。

寻呼技术自动调节住宅灌溉系统控制器

一种利用无线数据通信技术、像寻呼机一样工作的新型 ET 控制器即将上市。一些既有控制器可以改造为 ET 控制器，从当地气象站接收卫星信号；这个信号和土壤湿度数据一起，可以自动调整灌溉制度使用水最优、浪费最少。南加州欧文牧场水务区对 ET 控制器在 40 个住宅测试现场的研究发现，平均节省水费 20%、节省住宅用水量 7%。测试现场住宅中几乎 100% 居民称，景观外观和健康状况在安装 ET 控制器后保持不变或更好。所有住宅的居民都说这项技术非常方便，因为他们不必在天气变化时设置或改变控制器[147]。已经尝试过发布基于 ET 的灌溉指南，例如在报纸上发行或邮寄给住宅用户，但效果不好。多数用户认为记住简单的单次灌溉时长(min)和灌溉频率（每周天数）比在报纸或电话、广播、电视查找 ET，定期重新计算灌溉制度要容易得多。

气象站和网络为设定灌溉控制器程序提供 ET 数据

从气象站和网络获得当地 ET 数据，设定灌溉控制器程序。曾经主要由农民和农业机构使用规划农业灌溉的气象站的 ET 数据和相关信息，正在得到水务机构、灌溉专业人员、高尔夫球场和公园管理者等需要优化景观灌溉制度的用户使用。例如，每天成千上万的灌溉控制器登录美国最大的气象网络之一，即加利福尼亚灌溉管理信息系统（CIMIS）获取当地实时 ET 数据和其他信息。加利福尼亚灌溉管理信息系统收集来自加利福尼亚地区 100 多个气象站的计算机气象数据，尽管其最初发展是为了帮助农民规划灌溉，但目前系统 50% 的数据要求用于设定城市景观灌溉制度[148]。

6. 按用水分区调整灌溉制度

灌溉草坪、花园和景观区域通常有不同的需水量和灌溉频率需求。将具有类似用水需求和生长条件的植物分区种植，比混合种植更容易合理灌溉。业主的普遍错误是将所有景观元素（草、花卉、灌木、乔木等）视为具有相同灌溉需求。例如，一些业主将喷灌器设置为360° 旋转，以便喷水弧度能够触及尽可能多的植物。基本灌溉制度应考虑低、中、高独立用水分区的需水[121]。

草坪灌溉需求依草的种类和品种、降雨、气候以及最重要的用户对外观的选择不同而异。高度灌溉的草将保持常绿，但需要大量用水、更加频繁的修剪和更高的维护成本。仅靠雨水涵养、外观更加自然的草在生长阶段是绿色的，但在休眠期会变成棕褐色。暖季草，在夏季保持绿色需水少于冷季草需水，但在蔽荫区域生长不佳。冷季草，通常在春、秋季变绿，但在炎热、干旱的夏季除非经常灌溉否则会变成棕褐色。在没有补充灌溉的情况下，暖季草在光照区茂盛，而冷季草在蔽荫区占优势。同时种植这两类草的草坪可以形成多少有些拼凑的景观，但是一旦这些草扎根，将需要很少或无需补充灌溉[79]。

除新种植和需要扎根的树以外，树木通常具有深根能够接触地下水，而无需额外灌溉。万一极度干旱，树木表现困难则需要补充灌溉。在需要补充灌溉时，可以把渗透管放在树的周围（不是树干而是树的滴灌线处，即树冠的地面周长）以便根毛接触水分。在已经扎根的树干周围放置土壤或其他覆盖物通常无效，因为多数树木具有深根结构[121]。

7. 建立现场用水预算

景观用水预算是根据特定景观用水需求的量化公式计算的现场灌溉限额。一些供水公用事业用预算预测或指导用户室外用水，目地通常是为设定高峰用水费率和费用。决定现场用水预算的因素包括：面积（灌溉和非灌溉区）；草坪草、植物和水景（例如喷泉或水塘）的需水量，包括 ET 因子；灌溉系统效率；有效降雨（有效降雨不含径流或深层渗透损失）[40]。

景观用水预算，如果未按照包括草坪草在内的许多植物在低于其指定 ET 因子时就能茁壮生长的事实进行调节，那么可能估计过高。（这是因为 ET_0 是针对水分充足的冷季草，而具有深根的冷季草在许多情况下，即使水分不足也能茁壮生长。）例如，许多草坪能够在其 ET 系数的 70% ~ 80%（有时更低）时保持补水，草坪无补水仍能保持绿色可以证明。一些概念方法和公式可以用于建立年度、月度、每周和每天景观用水预算，有不同介绍资料，包括加州理工大学（圣路易斯奥比斯波）灌溉培训和研究中心开发的出版物和培训手册以及灌溉协会（弗吉尼亚州福尔斯彻奇市）等。

3.2.5.3 高效景观灌溉制度的节水量和成本效益

案例研究 1：基于 ET 灌溉制度节水

越来越多的高尔夫球场、运动场、娱乐场所和大型草坪根据 ET 数据节水和控制成本，通常效果很好。例如南加州 4 个商业场所由传统灌溉程序转变为基于 ET 数据的预测程序，实现了可观的节水和节省成本效果。4 个场所灌溉区域的平均面积为 $3252m^2$，一季的历史用水平均为 172.7cm 深，而基于 ET 数据每季需水为 114.3cm。建立基于 ET 数据的灌溉制度后，4 个场所每季平均用水为 111.8cm，节水量相当于 1.5 ~ 4.3L/（m^2•d），或节省 0.4 ~ 1.1 美元 /（m^2•年）[149]。

案例研究 2：改善灌溉控制为学校每季节水 2.8 万 m^3

西雅图附近海岸公立学校为分布在 $38.8km^2$ 上的 14 个操场和办公景观购买中央灌溉控制系

统，从西雅图公用事业节水灌溉计划中获得 2.7 万美元（50%）的返利。在中央控制系统安装前，每个场地的灌溉系统用独立定时器手动操作，每个灌溉季节需要 130 个工作小时来调节定时器。新的中央控制器使用雷达（在每个灌溉现场安装天线和其他硬件）传送 ET 追踪系统，提高了 ET 数据向每个现场灌溉系统传送的准确度和速度[150]。

3.2.5.4　实施节水景观灌溉制度促进计划

公用事业和其他机构可以通过下述行动，推动景观节水灌溉制度计划：

利用软件和培训程序。可以从灌溉协会（弗吉尼亚州福尔斯彻奇市）、加州理工大学（圣路易斯奥比斯波）灌溉培训和研究中心等商业资料和灌溉协会得到关于节水景观灌溉措施的软件程序。

3.2.6　土壤改良

土壤质量影响植物对水的有效吸收和持水能力，进而影响景观用水效率。在某处天然存在的或需要引入的优质土壤是创造生长环境的重要因素，这种环境对于明智用水或天然景观的移植和生长是十分必要的。优质土壤容易保持水分因而减少灌溉量。考虑购买和维护草坪与植物所需的时间和费用，提供最佳土壤条件是值得投资的。

确保优质土壤的关键是：首先通过土壤测试确定质量，然后充分改良或松动土壤以形成种子生长和植物扎根的最佳环境。随着植物成熟，可能偶尔需要改良土壤和补充营养，这取决于植物种类及其生长条件。一些园艺师建议在种植前改良土壤，而其他认为没必要，并非多多益善。过度施肥的土壤会引起植物和杂草过度生长，造成需水多于正常情况。除非土壤损坏或贫瘠，否则本土或适应性土壤除偶尔松动外无需任何改良[53]。

3.2.6.1　土壤改良相关的节水政策与规章

要求将土壤入渗率纳入灌溉制度的政策。由于土壤入渗率和坡度影响植物选择和灌溉量，一些景观政策和规章要求灌溉流量低于入渗率。这种措施比看起来更难实现，因为除土壤和坡度外其他因素也影响入渗率（例如植物材料、阳光和温度）。至少，植物选择和布局及灌溉量应考虑土壤入渗率、坡度和其他景观特征[53]。

3.2.6.2　土壤改良的节水措施

“许多景观维护合同规定定期施肥，而不管土壤、草坪或植物的实际情况如何。应经过目测植物状况或土壤测试确定景观的营养需求，而非合同。”

——汤姆·阿什，《节水景观管理：未来如何从节水中获利》

土壤改良的节水措施包括：

1. 简单的“目测和触摸”土壤测试

快速、简单的土壤测试方法是用螺丝刀或其他探测器在土壤表层下挖数厘米土壤进行测试。或者用土壤探测器反映土壤的表观和触感，并揭示根系和湿度、深度，如图 3-36 所示。探

图 3-36　简单手持式土壤探测器能揭示草坪或植物根区土壤的干湿情况

（图片来自 Amy Vickers 及其公司）

测器应很容易进入土壤，如果不行，表明土壤过于干燥或密实。通常，草坪下面土壤应在地面以下 10.2 ~ 15.2cm 保持湿润。其他地面覆盖物下面土壤应在地面以下 15.2 ~ 30.5cm 保持湿润[151]。土壤探测器是告诉人们地面以下的情况从而更好地决定灌溉的有效工具。很多人假定如果土壤表面干燥，那么根区也干燥，这个错误的假设很容易导致过度灌溉。加利福尼亚州奥兰治县的研究表明，使用土壤探测器的住宅，7 ~ 9 月灌溉用水减少 15%。[152]

2. 土壤分析

土壤质量影响植物的存活或茂盛。在选择植物之前，应测试土壤决定哪种植物对它的适应性最好，以及是否需要改善土壤以使其更好地供养植物和保持水分。收集一些样品可能是必要的，因为景观的现场土壤条件可能有所不同。避免在没有测试的情况下对土壤特征或质量做出假设，即使附近的土壤特征也不能代表景观现场的土壤条件。例如土壤可能由于化学物质的投加或过度使用、废物处理、表层土移除和压实而到受损害（尤其是较新的房地产）。这些条件可能并非显而易见或是声称土壤条件极好的邻居所未知的[53, 78]。土壤测试通常简单又便宜，可以由地方农业或合作推广办公室提供。一些植物苗圃或当地农贸市场提供简单测试。基本的土壤测试将显示 pH 值，并指明是否需要施用石灰改变 pH 值使植物更好地吸收营养（例如氮、磷、钾和其他矿物质）。

3. 保持既有表层土

除非表层土遭受损害，否则既有表层土通常比下层土更好。当景观现场建设或整坡时，贮存原始表层土通常是明智的，在最后的平坡过程中再把原始表层土放回原处[53]。

4. 减少土壤压实

在种植之前，翻动或松动至少 15.2cm 厚的土壤。这对于那些由于建设、卡车或机械在土壤表面活动造成的压实尤其重要，而这个问题在新建或重建场地很普遍。类似的，在种植之前应先松动新栽花卉、灌木、乔木被压实的根系。[53]

5. 准备土壤

当土壤改良对植物有利时，通常建议添加堆肥或粪肥等有机或无机材料。例如，沙质土壤如果用有机物改良可以更好地保持水分和营养物。黏土用有机物翻松后可以更快地吸收水分，并帮助减少径流和侵蚀。通常土壤改良的原则是每年添加 5.1 ~ 7.6cm 的堆肥、碎叶或其他优良有机材料，依土壤类型和气候有些许不同。乔木和灌木周围的土壤可以添加 5.1 ~ 7.6cm 的有机覆盖层（例如粗糙的树叶、碎树皮、松针叶或木屑）改良，这种材料的分解促进腐殖酸渗入土壤中[55]。在土壤大面积损害或压实的区域可能有必要用旋转碎土机将土壤改良剂破碎为泥土，如图 3-37 所示。

图 3-37　通过旋转碎土机将土壤改良为泥土并减少压实度有时对植物和草坪草的生长和节水是必需的

（图片来自丹佛市水务局）

6. 避免草坪过量施肥

过量使用化肥等草坪化学物质，会造成过度生长、过度灌溉的恶性循环，并增加人工修剪的需求。过度使用景观化学物质也会造成不利的环境影响，包括地下水污染和其他对人体健康、野生生物、水生栖息地的潜在危害。由伍兹霍尔海洋学研究院完成的一项对马萨诸塞州科德角社区的研究表明，消除景观用肥料是最简单、费用最低的减少城镇地下水营养过度的方法。[153]

3.2.6.3　土壤改良带来的节水量和成本效益

低耗水景观土壤改良的潜在节水量尚未建立。当土壤未被损坏或贫化时，也能节省成本，因为许多本土和适应性植物更喜欢自然的土壤条件而无需改良。

3.2.6.4　实施土壤改良促进计划

公用事业和其他机构可以通过下述行动，促进明智用水景观优质土壤计划：

1. 为用户提供地方土壤分析服务

合作推广服务和其他苗圃通常提供帮助用户确定土壤是否改良的免费或低收费的土壤分析。

2. 促进堆肥、充氧和覆盖

一些社区已经发起住宅堆肥和草循环计划，减少固体废物，促进自然材料（例如树叶、草）作为覆盖物或堆肥回用于草坪和花园。在一些郊区和市区，城市的公园主管部门资助堆肥计划使居民能够在公园和社区花园等中心收集区拾到堆肥材料。

3.2.7 覆盖物

使用覆盖物可通过减少蒸发损失、冷却土壤和控制与植物争水的杂草，达到节水目的。合理使用覆盖物还可以减缓土壤侵蚀和压实。根外追加施肥是在草坪表面施用一薄层肥料，增加土壤的有机物含量、改善蚯蚓活动，也是保护草的浅根的覆盖方法。[101]

有机覆盖物通常是首选，因其易于向土壤提供营养，且不向环境增加化学物质，如图 3-38 所示。它们通常无需花费费用或花费很少费用，对于拥有景观的家族业主，像割掉的草和树叶这类普通的覆盖物材料是非常易于获得的。在凉爽气候下，岩石、砾石、卵石和云石“覆盖物”可以是一种选择，但因其辐射太阳热量，增加植物和土壤的温度和用水量损失，通常避免在炎热、光照充足的区域使用。[154]

图 3-38 覆盖物：木屑、堆肥、树皮及腐殖土

（图片来自丹佛市水务局）

3.2.7.1 覆盖物的节水措施

覆盖物相关的节水措施包括：

1. 选择覆盖物

有机或无机覆盖物材料和非纺织物，可以用于增加景观区域的节水和审美特征。

（1）有机覆盖物

有机覆盖物包括剪草、碎叶、木屑、树皮覆盖物、松针叶和干盐草。泥炭土因泥炭从土壤中吸水致其干燥，无助于节水。细密结构覆盖物比粗结构覆盖物保湿效果更好，但是腐烂更快[154, 155]。

（2）草的循环

草的循环用割剪下来的草作为覆盖物，帮助恢复土壤氮含量并减少蒸发。根据园艺学家汤姆·阿什的说法“与传统智慧相反，覆盖剪草不会导致草坪上茅草堆积。茅草是由植物嫩枝、茎和根茎引起的，覆盖剪草很快会被分解，不会在草坪上堆积成为茅草”。[156]

（3）无机覆盖物

无机天然地面覆盖物包括岩石、小卵石、卵石、鹅卵石、海滩石头和大圆石。在植物周围和在人群或动物密集区放置这些覆盖物时要小心，因为它们相当于热源，如果暴露在阳光下会引起温度升高。通常要避免用大理石碎片，因为它们能危害植物并反射阳光，伤害眼睛和烧焦叶子。大理石碎片还会使土壤 pH 值升高，导致植物缺铁和叶子变黄。[157]

（4）非织造织物

非织造的景观织物和报纸可用作覆盖材料，保持土壤湿度并使营养物和空气自由渗入土壤中。景观织物修剪为植物周围的土壤面积的大小，并且通常用有机覆盖物覆盖。报纸的使用方式相同，但应限制在两张报纸厚度，避免过厚阻碍水和营养物[154]。非纺织物也可以作为防止植物根系沿人行道和车行道生长的屏障，可以防止淤积和阻塞[155]。

2. 施用覆盖物

对灌木、花床等施用 5.1 ～ 7.6cm 的有机覆盖物并均匀铺开。为控制杂草生长，要施用厚达 10.2cm 的覆盖物。但要注意，覆盖物过厚会导致根较浅。覆盖物要远离植物底部避免伤根。必要时向草坪表面施加约 1.2cm 的堆肥覆盖物。覆盖物通常会在季末融入土壤中。待覆盖物铺开后，彻底灌溉覆盖物和植物，因为干燥的覆盖物能阻止水分进入土壤。细密结构覆盖物（剪草、堆肥、碎叶和腐叶土壤）可能更适合柔弱的一年生或多年生花和蔬菜。木质覆盖物通常更适合乔木和灌木等永久性植物。[101，154，158]

3.2.7.2　覆盖物的节水量和成本效益

覆盖物据报告与裸土相比，可以防止土壤湿度波动[154]，但是覆盖物可以减少灌溉需求的程度尚未完全测定。当覆盖物用于覆盖以前种植的灌溉草坪和植物的区域时，节水量相当于之前该区域的用水量。

除提高保湿能力以外，覆盖物还可以阻止一些威胁植物生长和增加需水量的土壤病虫害。当覆盖物用于代替草坪或植物时，可减少除草剂、化肥、杀虫剂等景观化学物质的使用，因而可节省费用并减轻污染负荷以及地下水和地表水的恶化。[159]

3.2.7.3　实施覆盖物使用促进计划

公用事业和其他机构可以通过下述行动，促进景观区使用覆盖物的节水计划：

1. 促进住宅堆肥和草的循环

在草坪表面施用一薄层肥料的根外追肥，可以增加土壤的有机物含量、改善蚯蚓活动，并作为覆盖物保护草的浅根。

2. 宣传免费和廉价覆盖物

从市政卫生和公园部门通常可以获得免费或廉价的木片、碎叶，将这些信息包含在水费账单、社区报纸和地方网站中。

3.2.8　节水景观的维护

"让我拥有一片芳草萋萋的田野吧。"

——沃尔特 • 惠特曼

对节水景观和草坪进行合理、持续维护可以使用水量降到最低，并确保植物正常生长和美观。除定期进行用水审计评估景观用水效率以外，节水草坪和景观还有一些基本维护原则。一些措施依区域和气候不同略有差别。

3.2.8.1 景观维护相关的节水政策与规章

要求进行定期景观用水审计的条例：在加利福尼亚州，当地所有行政辖区都要实施景观节水条例，促进居住区和非居住区景观节水。该州创建了“加利福尼亚州节水景观范例”。[160, 161] 该范例规定，所有超过 4047m^2 的景观区域和由水务公用事业供水的景观区域至少每 5 年进行一次用水审计等最低要求。条例还详细说明了如何计算确定景观最大用水限额、估计用水量和总用水量。

3.2.8.2 景观维护的节水措施

草坪和景观维护相关的节水措施包括[53, 130]：

1. 及时维修损坏的灌溉系统

损坏或不正常的可调节喷头、漏失水管以及手动或自动喷灌系统的其他损坏部件应及时维修，使用水量损失最小。

2. 有效维护草坪草

以下维护措施有助于保持草坪健康、减少灌溉需要：

（1）帮助草发展深根

健康草坪草的根通常至少为 10.2 ~ 15.2cm。根越深，草坪草越能够承受干旱和灌溉的减少。在春天生长季，促进草坪草深根的生长最为有效。在夏季，草坪草通常进入休眠期，保持但不发展其根系。在秋季，草坪草通常生出新根[162]。

（2）设置割草机刀片处于高位

割草高度对确定用水量和草坪外观至关重要。最佳割草高度取决于草的品种和当地气候条件。应按建议的最大切割高度割草，通常最小 5.1cm、最大 10.2cm。保持割草刀较长可以帮助草坪深根生长并保持湿度，使草坪更加耐旱，并且可以使杂草很少生长。把草剪得太短会使其倾向于弱根生长和褐变。通常优先选择覆盖割草机，因为它们把剪断的草放回草坪上，待其分解后使土壤更肥沃[53, 130]。割草时间宜选择在顶部需要割下 2.5cm 之前，草长得过高，不仅切割比较困难，而且在草坪上留下厚厚的一层[53, 130]。

（3）干燥时割草

草修剪得好坏影响其持水能力。在干燥时割草，草的高度均匀并且剪下的草不粘在一起。草坪割草机的刀片应锋利，钝的刀片使草呈磨损的外观，并且钝的动力割草机能耗更大。

（4）草的循环措施

如果割草技术正确，剪断的草应保留在草坪上。剪断的草含水 85%、含氮 5%；将其留在草坪上可以帮助保持湿度，减少蒸发，保持凉爽。剪断的草还可以帮助草坪更肥沃，并且能够用作覆盖或堆肥材料[101]。

（5）草坪充氧

约每年给草坪充氧一次可以帮助土壤保持湿润，并吸收营养物和空气。

3. 少量施肥

减少施肥总量和频率以节水并减少景观对化学物质的依赖。避免过量使用草坪肥料，因为草过于繁茂则需要过量的水保持其外观，这种条件会招致真菌侵害[163]。

4. 利用雨落管

让雨亲吻你，让银色的雨珠敲击你的头，让雨为你唱摇篮曲。

——兰斯顿·休斯，《四月雨歌》

将住宅、车库和建筑屋顶的雨落管引向灌溉非食用草坪和花园，而非道路。置于雨落管下面的雨水桶可以与滴灌系统相连。

5. 控制杂草

杂草与草坪和植物竞争水分。手动除草和覆盖物可以使杂草生长最少[164]。

6. 减少修剪

花卉、灌木和乔木应只在需要控制其生长速度和减少需水量时修剪[78]。

7. 害虫综合治理措施

害虫综合治理是可持续草坪和景观的治理系统，它依赖于物理、机械、文化、生物、教育步骤来消除促进害虫横行的条件。例如少量的线虫等灭害蠕虫可以用于杀死食根的地下白蛴螬。如果不加以控制，这些白蛴螬会使植物生病或杀死树木，导致重新种植，增加灌溉需求和额外成本。

3.2.8.3　景观维护的节水量和成本效益

除涉及维修损坏或调节不当的灌溉系统部件的措施以外，来自景观维护的节水大多是间接的。例如仅调节不当或破裂的喷头每分钟可能会损失数升水。

与常规景观相比，节水景观和本土景观通常需要更少的时间、费用和维护以保持其健康美观。因为节水景观强调减少水和化学物质的使用，仅具有实用草坪或无草坪，很少出现植物过度生长和害虫问题。总之，节水草坪和景观通常需要更少的工作和费用。

3.2.8.4　实施景观维护促进计划

“活到老，学到老。”

——中国古谚

公用事业和其他机构可以通过下述行动，促进明智用水景观基本维护计划：

持续进行关于节水景观维护的公众教育。教育公众室外用水节水措施以及自然和节水园艺景观措施是一个持续过程。介绍节水和自然景观概念及相关措施的教育手册、讨论会以及以社区为基础的园艺活动是可行的方式。可以招募当地绿色产业的风景园林专业人员、园艺中心、园艺俱乐部和市政机构等成员支持这些活动。

3.2.9 水景与喷泉

“水池是花园之眼，清澈见底地映出了景物之美。”

——路易丝·碧碧·怀尔德

图 3-39 装饰喷泉可以通过简单的循环系统节水

（图片来自 Amy Vickers 及其公司）

喷泉、水池、瀑布、溪流等水景出现在公园（如图 3-39 所示）、花园、政府建筑、办公楼、花房、门廊、宾馆和汽车旅馆、娱乐和水上公园、动物园、墓地、大型购物中心和住宅等各种室内外环境中。

许多现代水景设计为循环用水，少于仅靠水泵流量的系统需水。循环水系统运行的水景耗水量可以按补充（例如蒸发或飞溅损失水量）、维护（例如滤池反冲洗和水泵、水管、附件清洗用水）和漏失水量估计。雨季（负的净蒸发）可能需要移除水景中的水以避免外溢[165, 166]。

非循环系统的水景用水量可以按水泵流量乘以运行时间粗略估计，应按运行条件和安装的水泵类型调整。（在极少情况下，安装独立水表测定实际需水量。）带有水位控制泵的喷泉，在炎热、干旱、有风等蒸发量高时用水较多。在干旱地区和干旱季节蒸发损失更大，将增加需水量，例如当水位降低时需注满水塘[165, 166]。

由未连接水泵的水管供水的简易水景用水量可以按流量和运行时间估计，按漏失和压力变化调整。带水泵的水景用水量可以通过确定泵的大小和出水量估计，通常在喷水高度 0.3m 时以 L/h 计量，并按循环回用流量调整。依水泵类型，喷水高度在 0.3 ～ 4.0m 的小型喷泉用水为 0.2 ～ $2.0m^3/h$。喷水高度为 4.6 ～ 7.0m 的较大喷泉用水为 2.8 ～ $15.9m^3/h$[165]。

水景的流动用水，有时作为浪费用水的例子而遭到批评，尤其是在干旱或供水不足时。在一些情况下，这种评价是正确的，应关闭或至少暂时关闭，尤其如果该特征位于象征社区或公用事业节水责任（或缺乏责任）的明显位置。在另外一些情况下，水景的高效运行可以使浪费最小化，并仍然让人们增强由水的流动引发的独特感受。没有什么比流动的水更能舒缓心情和恢复力量，因此一个象征性姿态无需牺牲另外一个。伦敦喷泉协会创始人若希尔·希尔玛称“喷泉是凝聚世界的魔法”。[167]

3.2.9.1 水景和喷泉相关的节水政策与规章

1. 要求灌溉系统和喷泉等水景用单独水表计量

要求灌溉系统和水景用独立水表计量，为用户提供其用水量信息和减少流量或限制运行时间节省的费用。凤凰城要求所有室外用水都须安装独立水表[50]。

2. 限制或禁止人工湖、喷泉等水景使用饮用水

在旧金山、亚利桑那州钱德勒市、梅萨市和凤凰城等地，再生水或地下水等替代水源，是水景和人工湖供水唯一可以接受的水源 [168]。加利福尼亚州帕洛阿尔托市等其他地区，则限制水塘、喷泉和某些景观区域等水景使用饮用水 [169]。

3.2.9.2　水景和喷泉的节水措施

用于喷泉、水塘和瀑布等水景的节水措施包括 [165，170-172]：

关闭连续补水的水景，或更换为循环系统。

循环利用再生水和地下水等替代性水源，使水景用水浪费最小化。

为喷泉和其他水景安装水表监测水量，识别漏失和早期控制故障。

限制水景运行时间，并仅在建筑使用时运行。

定期检查循环水系统和水位控制泵（包括压力灌浆、衬层、密封和排水阀）是否存在可能抑制设备用水和用能效率的破裂、损坏等故障。

使用较小的水泵流量、数量、水嘴、喷洒形式和减压阀，从而在保持水景外观的同时减小流量和蒸发损失。

调节喷泉的方向、压力和流量使其正确喷射，确保喷泉不会向空中（增加蒸发损失）和附近硬景观过量喷水。

在刮风和下雨天，避免运行喷泉和其他有喷水特征的室外水景。

降低水塘和喷泉水位，避免和减少水飞溅到硬景观上。

定期检查水景的管道、池塘内衬、水泵和连接处是否有漏失。

在干旱季节，关闭水景通常很明智。在缺水季节即使运行具有循环系统的喷泉，也会给公众传递错误信息。

3.2.9.3　水景和喷泉的节水量和效益成本

室内装饰性水池的节水措施是将其覆盖以减少蒸发损失。例如 9.1m × 4.6m 水池暴露在温度为 26℃和相对湿度为 30% 的环境中，一周约损失 7.6cm 水深，相当于 5.7m^3 [173]。每天仅运行池子 12 个小时，而在其余 12 个小时中覆盖，每周将节水 2.9m^3，一年节水 147.6m^3。按每 3.8m^3 给水排水服务费 4 美元估算，那么此措施可以节省 156 美元。如果用 65 美元购买水池覆盖物，则此措施的回收期约为 5 个月。

参考文献

1. Wayne B. Solley, Robert R. Pierce, and Howard A. Perlman, *Estimated Use of Water in the United States in 1995*, U.S. Geological Survey Circular 1200, U.S. Dept. of the Interior, U.S. Geological Survey, Reston, Va., 1998, p. 27.
2. Charles Fenyvesi, "His Whole World Is Grass: Lawn Guru Reed Funk Speaks to the Tough Little Cultivar Inside Us All," *U.S. News & World Report*, Oct. 28, 1996, p. 62.
3. Richard E. Bennett and Michael S. Hazinski, *Water-Efficient Landscape Guidelines*, American Water Works Association (AWWA), Denver, 1993, p. 1.

4. Personal communication, Jean Witherspoon, Water Conservation Officer, City of Albuquerque, N.M., Dec. 14, 2000.
5. Solley, *Estimated Use of Water in the United States in 1995*, p. 24.
6. Peter W. Mayer et al, *Residential End Uses of Water*, AWWA Research Foundation and AWWA, Denver, 1999, p. 86.
7. Mayer et al, *Residential End Uses of Water*, p. 114.
8. Vermont Water Conservation Study, prepared by Amy Vickers & Associates, Inc., Amherst, Mass., for the Vermont Dept. of Environmental Conservation, July 1997.
9. Final Report: Water Conservation Planning USA Case Studies Project, prepared by Amy Vickers & Associates, Amherst, Mass., for the Environment Agency, Demand Management Centre, Worthing, West Sussex, U.K., June 1996.
10. Nancy G. Scott, "Demand Management Strategies to Address Peak Day Demands," presented at the AWWA Conservation Workshop, Austin, Texas, February 1998.
11. Ken Gewertz, "The Course Suits Them to a Tee," *Harvard University Gazette*, vol. XCII, no. 35, July 9, 1998, p. 9.
12. Bruce F. Shank, "Recreational Turf Generates $350 Million in Irrigation," *Irrigation Journal*, February 1996, p. 22.
13. "New Golf Courses May Soon Be Forbidden to Use Groundwater," *U.S. Water News*, vol. 16, no. 2, February 1999.
14. Mary DeSena, "Irvine Ranch Water District Uses Rate Structures to Spur Conservation," *U.S. Water News*, vol. 15, no. 21, September 1998.
15. Andy Wasowski, with Sally Wasowski, *The Landscaping Revolution: Garden With Mother Nature, Not Against Her*, Contemporary Books, Chicago, 2000, p. 20.
16. Charles Fenyvesi, "His Whole World Is Grass," p. 61.
17. Thomas Farragher, "For Some Neighbors, It's a Turf War," *The Boston Globe*, Apr. 5, 1998, sect. B, p. 1.
18. National Gardening Assoc., *National Gardening Survey, 1991–1992*, National Gardening Assoc., Burlington, Vt., 1992, p. 11.
19. Herbert Muschamp, "Looking at the Lawn, and Below the Surface," *The New York Times*, New England edition, July 5, 1998, Arts & Leisure sect., p. 1.
20. F. Herbert Bormann et al, *Redesigning the American Lawn: A Search for Environmental Harmony*, Yale University Press, New Haven, Conn., 1993, p. 92.
21. Virginia Scott Jenkins, *The Lawn: A History of An American Obsession*, Smithsonian Institution Press, Washington, D.C., 1994.
22. Jenkins, *The Lawn*, p. 29.
23. Jenkins, *The Lawn*, p. 30.
24. Bormann, *Redesigning the American Lawn*, p. 22.
25. Sy Montgomery, "Lawns: An Un-American American Obsession," *The Boston Globe*, Aug. 25, 1997, sect. C, p. 1.
26. Jenkins, *The Lawn*, p. 31.
27. Jenkins, *The Lawn*, p. 184.
28. Sara Bonnett Stein, *Planting Noah's Garden: Further Adventures in Backyard Ecology*, Houghton Mifflin, Boston, 1997.
29. Jenkins, *The Lawn*, p. 187
30. Fox McCarthy, *Origins of Xeriscape*,™ Cobb County–Marietta Water Authority, Marietta, Ga., 1998.
31. Cooperative Extension Service, The University of Georgia College of Agricultural & Environmental Sciences, *Xeriscape™: A Guide to Developing a Water-Wise Landscape*, The University of Georgia College of Agricultural & Environmental Sciences, Athens, Ga., February 1992, p. 1.
32. Bret Rappaport, "From the President: Natural Landscaping Wins One," *Wild Ones® Journal*, March/April 1997, vol. 10, p. 3.

33. Patricia Leigh Brown, "House & Home: It Takes a Pioneer to Save a Prairie," *The New York Times*, New England edition, Sept. 10, 1998, p. D1.
34. Wasowski, *The Landscaping Revolution*, p. 126.
35. Wild Ones–Natural Landscapers, Ltd, *Wild Ones Journal*, Appleton, Wisc., 1997.
36. Northeastern Illinois Planning Commission, *Source Book on Natural Landscaping for Local Officials*, Northeastern Illinois Planning Commission, Chicago, May 1997.
37. "Drought Has North Carolina Residents Thinking Twice About Water Reuse," *U.S. Water News*, vol. 17, no. 8, August 2000, p. 21.
38. David Davis, as quoted by Cynthia Greenleaf in "Reclaimed Water Use Is Increasing in Irrigation Systems," *IBT Journal*, October/November 2000.
39. Memorandum of Understanding Regarding Urban Water Conservation in California, California Urban Water Conservation Council, Sacramento, Calif., amended Sept. 16, 1999, pp. 17, 28.
40. Bennett, *Water-Efficient Landscape Guidelines*, chapter 4.
41. Tom Ash, *Landscape Management for Water Savings: How to Profit From a Water Efficient Future*, Municipal Water District of Orange County, Calif., Fall 1998, p. 30.
42. Texas Agricultural Extension Service–Bexar County, Bexar County Master Gardeners, and Texas A&M University, San Antonio Evapo-Transpiration Pilot Study Report, prepared for the San Antonio Water System, San Antonio, Texas, 1998, p. 2.
43. Joseph M. Keyser, review of *The Lawn: A History of an American Obsession*, by Virginia Scott Jenkins, *Audubon Naturalist News*, December 1994, p. 20.
44. City of Albuquerque, Water Conservation Landscaping and Water Waste Ordinance, ordinance 18-1995, Albuquerque, N.M., 1995.
45. California Dept. of Water Resources, Model Water Efficient Landscape Ordinance, California Dept. of Water Resources, Sacramento, Calif., 1992.
46. Office of the Federal Environmental Executive, Guidance for Presidential Memorandum on Environmentally and Economically Beneficial Landscape Practices on Federal Landscaped Grounds, *Federal Register*, vol. 60, no. 154, Aug. 10, 1995, pp. 40837–40841.
47. Executive Order, "Greening The Government Through Leadership In Environmental Management," *The Weekly Compilation of Presidential Documents*, Apr. 22, 2000.
48. City of North Miami Beach, Ordinance No. 2000-9, an ordinance of the city council of North Miami Beach, Fla., amending Sections 24-115 through 24-125 of the Code of Ordinances of the City of North Miami Beach: Implementing and Requiring Additional Water Conservation Measures, Incorporating a Water Use Zone Table, Requiring Use of Xeriscape Plant Materials, and Amending Irrigation Requirements, Oct. 3, 2000.
49. State of California, Water Conservation in Landscaping Act, Assembly Bill 325, California Government Code Section 65591-65600, 1992.
50. The Bruce Company, Final Draft: Local Ordinances for Water Efficiency, prepared for the U.S. Environmental Protection Agency, Office of Policy Analysis, EPA Contract # 68-W2-0018, Subcontract # EPA 353-2, Work Assignment 24, Mar. 31, 1993, Appendix B.
51. North Marin Municipal Water District, Regulation 15: Water Conservation, North Marin Water District, Novato, Calif., May 1992.
52. Cooperative Extension Service, *Xeriscape™: A Guide to Developing a Water-Wise Landscape*, pp. 1–16.
53. Bennett, *Water-Efficient Landscape Guidelines*, chapter 5.
54. City of Albuquerque, "Xeriscape Basics," *The Complete How-To Guide to Xeriscaping*, prepared by Cooney, Watson & Associates, Inc., for the city of Albuquerque, N.M., undated, p. 4.
55. Virginia Polytechnic Institute and State University, Creating a Water-Wise Landscape, Publication No. 426-713, Blacksburg, Va., 1995.
56. T. Ching, "Gardening: Xeriscaping Helps When the Water Supply Is Low," *The New York Times*, July 1, 1990, p. 50.

57. Ash, *Landscape Management for Water Savings*, p. 6.
58. Cooperative Extension Service, *Xeriscape™: A Guide to Developing a Water-Wise Landscape*, p. 2.
59. Mitchell Zuckoff, "The Greening of Sydney," *The Boston Globe*, Sept. 5, 2000, pp. C1 and C3.
60. John Olaf Nelson, "Water Saved by Single Family Xeriscapes," presented at the AWWA Annual Conf., New York, June 22, 1994.
61. Fred Fuller, Tony Gregg, and James Curry, "Austin's Xeriscape It! Replaces Thirsty Landscapes," *Opflow*, AWWA, December 1995, p. 3.
62. "Conserving, Traditional Homes Compared: Landscaping Can Cut Use by 42%," *U.S. Water News*, April 1993, p. 9.
63. City of Austin, Texas, Xeriscaping: Sowing the Seeds for Reducing Water Consumption, prepared for the U.S. Bureau of Reclamation, Austin, Texas, May 1999.
64. Kyra Epstein, "Xeric Landscapes Not Saving Much Water, Phoenix Study Says," *U.S. Water News*, vol. 17, no.7, July 2000, p. 21.
65. Gary Paul Nabhan, *Cultures of Habitat: On Nature, Culture, and Story*, Counterpoint, Washington, D.C., 1997, p. 86.
66. San Antonio Water System, Watersaver Landscape Rebate Planning Guide, San Antonio, Texas, 1999.
67. Wasowski, *The Landscaping Revolution*, p. 26.
68. Wasowski, *The Landscaping Revolution*, p. 28.
69. Connie Ellefson, Tom Stephens, and Doug Welsh, "Practical Turf Areas," *Xeriscape Gardening: Water Conservation for the American Landscape*, Macmillan Publishing Co., New York, 1992, part 1(Xeriscape Landscaping), pp. 8–9.
70. L. R. Costello and K. S. Jones, *WUCOLS: Water Use Classification of Landscape Species (A Guide to the Water Needs of Landscape Plants)*, University of California Cooperative Extension, San Francisco and San Mateo County Office, revised Apr. 1, 1994.
71. Beth Hickenlooper, "Natural Florida Under Attack: Exotic Plants Are Taking Over the Landscape, Threatening More Than the Extinction of the State's Native Vegetation," *Streamlines*, produced by the St. Johns River Water Management District, Palatka, Fla., Summer 1998, vol. 8, p. 4.
72. United States Park Service, http://www.denix.osd.mil/denix/Public/ES-Programs/Conservation/Invasive/understand.html, Nov. 30, 2000.
73. Marin Municipal Water District, Ordinance 326: An Ordinance Revising Water Conservation Requirements, Section 11.60.030 (Requirements For All Services), Marin Municipal Water District, Corte Madera, Calif., Aug. 28, 1991.
74. City of Albuquerque, Dept. of Public Works, Water Conservation Office, http://www.ci.albuquerque.nm.us/waterconservation/program.html, Dec. 1, 2000.
75. Bret Rappaport, "May All Your Weeds Be Wildflowers: All About Weed Ordinances and Why They Are Applied to Natural Landscapes," *Wild Garden*, vol. 1, no. 1, 1998, pp. 32–36.
76. Bret Rappaport, "As Natural Landscaping Takes Root We Must Weed Out the Bad Laws: How Natural Landscaping and Leopold's Land Ethic Collide With Unenlightened Weed Laws and What Must Be Done About It," *The John Marshall Law Review*, vol. 26, Summer 1993. This article can also be accessed at http://www.epa.gov/glnpo/greenacres/weedlaws.
77. Ellefson, "Practical Turf Areas," *Xeriscape Gardening*, part 1 (Practical Turf Areas).
78. U.S. General Services Administration, *Water Management: A Comprehensive Approach for Facility Managers*, Office of Real Property Management and Safety, U.S. General Services Administration, Washington, D.C., prepared in collaboration with Enviro-Management & Research, Inc., Washington, D.C., 1994, pp. 3–45.
79. L. D. Leuthold and E. Mohr, Maintaining Good Lawns With Less Water, KSU Special Horticulture Report (Water Conservation Series), Cooperative Extension Service, Kansas State University, Manhattan, Kans., 1996.
80. Personal communication, Fox McCarthy, Water Conservation Coordinator, Cobb County–Marietta

Water Authority, Marietta, Ga., October 1998.
81. "Home Landscapes Offer Great Opportunity for Water Conservation," *The Cross Section*, High Plains Underground Water Conservation District No. 1, Lubbock, Texas, March 1995, p. 3.
82. Ellefson, "Practical Turf Areas," *Xeriscape Gardening*, part 1 (Appropriate Plant Selection).
83. Stevie Daniels, guest ed., *Easy Lawns: Low Maintenance Native Grasses for Gardeners Everywhere*, Brooklyn Botanic Garden, Brooklyn, N.Y., 1999.
84. Cooperative Extension Service, *Xeriscape™: A Guide to Developing a Water-Wise Landscape*, p. 9.
85. Warren Schultz, *The Chemical-Free Lawn*, Rodale Press, Emmaus, Pa., 1989, pp. 16–22.
86. *Water-Wise Gardening For California*, Sunset Publishing Corp., 1998, p. 12.
87. Ellen Kraftsow, "Forum: Irrigation/Landscaping: Specifying Native and Non-invasive plants," posted at the WaterWiser Conf., <waterwiser-list@listserv.waterwiser.org>, Nov. 21, 1997.
88. Andy Solomon, Tim Ahern, and Matt Stout, "Clinton Issues Executive Order Designed to Combat Invasive Species," *U.S. Water News*, vol. 16, no. 6, June 1999, p. 9.
89. City of Albuquerque, "Xeriscape Basics," p. 7.
90. City of Albuquerque, Water Conservation Annual Report 1997, Albuquerque, N.M., p. 7.
91. Northeastern Illinois Planning Commission, *Source Book on Natural Landscaping for Local Officials*
92. City of Albuquerque, Start Your Journey Toward...The Xeri City, Albuquerque, N.M., 1998.
93. Bennett, *Water-Efficient Landscape Guidelines*, p. 57.
94. Bret Rappaport and J. Wolfe, "Green Development Makes Dollars and Sense: Innovative Development Pioneers Ecological and Cost-Saving Landscaping," *Professional Wildscaping*, October/November 1998, pp. 8-14.
95. Ted Shelton and B. Hamilton, *Landscaping for Water Conservation: A Guide For New Jersey*, Rutgers Cooperative Extension Service, New Jersey Agricultural Experiment Station, New Brunswick, N.J., 1992, p. 7.
96. "Benefits of Turfgrass," *Irrigation Journal*, October 1994.
97. J. F. Cigard, "X-SCAPE From the Ordinary," *Golf Course Management*, November 1995, p. 21.
98. Stevie Daniels, *The Wild Lawn Handbook: Alternatives to the Traditional Front Lawn*, Macmillan, New York, 1995.
99. Jenkins, *The Lawn*, p. 186.
100. Smaller American Lawns Today, Connecticut College, New London, Conn., http://www.conncoll.edu/ccrec/greennet/arbo/salt/impacts.html, Dec. 1, 2000.
101. Joseph M. Keyser, "Creating a Water-Wise Landscape," *Gazette Newspaper*, Gaithersburg, Md., July 18, 1997, p. C-20.
102. Norman H. Davis, "Maximizing the Installation of Automatic Rain Shutoff Devices," *Proc. Conserv96*, AWWA, Denver, 1995, p. 279.
103. Board of County Commissioners of Hillsborough County, Ordinance No. 94-12, An Emergency Ordinance Amending Hillsborough County Ordinance No. 91-27: Requiring Automatic Rain Sensor Devices or Switches on Automatic Irrigation Systems, Providing for Definitions, Providing for an Effective Date, Hillsborough County, Fla., Nov. 2, 1994.
104. Town of Cary, Town Ordinance Section 19-48, Cary, N.C., 1997.
105. "Conserve Regional Water Supplies With Efficient Landscape Water Use," *The Cross Section*, High Plains Underground Water Conservation District No. 1, Lubbock, Texas, July 1998, p. 2.
106. Greenleaf, "Reclaimed Water Use Is Increasing In Irrigation Systems," pp. 19–20, 36.
107. State of California, Graywater Systems for Single Family Residences Act of 1992, Assembly Bill 3518, 1992.
108. Marsha Prillwitz and L. Farwell, "California's Graywater Standards Are Finally Approved," *Water Conservation News*, California Dept. of Water Resources, Division of Planning & Local Assistance, Water Conservation Office, Sacramento, Calif., Summer 1994, p. 4.
109. Jennifer Platt, "Irrigation/Landscaping: Rain Sensor Ordinance," www.waterwiser.org, Aug. 3, 2000.

110. Doug F. Welsh, "Practical Turf Areas: The Controversial Xeriscape Guideline," *Turf News*, special issue, 1991, p. 47.
111. H. W. (Bill) Hoffman, "Rainwater Harvesting & Conservation and Reuse—Developing Sustainable Water Supplies Off the Grid in Texas," *Proc. Conserv99*, AWWA, Denver, 1999.
112. City of Albuquerque, *Rainwater Harvesting: Supply From the Sky*, City of Albuquerque Water Conservation Office, Albuquerque, N.M., 2000.
113. Wendy Price Todd and Gail Vittori, *Texas Guide to Rainwater Harvesting*, 2nd ed., Texas Water Development Board, Austin, Texas, 1997.
114. Mary DeSena, "New Guide Offers Tips on Rainwater Harvesting," *U.S. Water News*, May 1997, p. 15.
115. Ellefson, "Water Harvesting," *Xeriscape Gardening*, part 1 (Efficient Irrigation).
116. Ellefson, "Efficient Irrigation," *Xeriscape Gardening*, part 1 (Planning and Design).
117. Luke Frank and Doug Bennett, "Low Volume Irrigation Design and Installation Guide," Water Conservation Office, City of Albuquerque, N. M., Water Conservation Office, 2000, p.9.
118. Conservation Services, Water District No. 1 of Johnson County, "Definitions for the Sprinkler Evaluation Summary," Water District No. 1 of Johnson County, Merriam, Kans., 1998.
119. Personal communication, Marsha Prillwitz, Water Conservation Specialist, U.S. Bureau of Reclamation, Sacramento, Calif., October 1998.
120. Mary DeSena, "Denver Suburb Saves Water and Labor with State-of-the-Art Computerized Sprinkler System for Parks," *U.S. Water News*, October 1997, p. 15.
121. Joseph M. Keyser, "Water-Wise Irrigation," *Gazette Newspaper*, Gaithersburg, Md., Aug. 15, 1997, p. C-20.
122. "Association News: IA Water Management Committee Unveils BMPs," *IBT Journal*, October/November 2000, p.16.
123. Mary DeSena, "Texas Architect Specializes in Designs That Save Water," *U.S. Water News*, October 1996.
124. Shelley L. Grice, "The City of Toronto Trial Rain Barrel Installation Programme," presented at the AWWA Annual Conf., Toronto, June 1996.
125. R. Dodge Woodson, "Recycling Water for Irrigation," *Watering Systems for Lawn & Garden*, Storey Publishing, Pownal, Vt., 1996, chapter 4.
126. R. Gonzalez, "Water Conservation Pays Off for Eustis Grower," *Stream Lines*, St. Johns Water District, Fla., vol. 6, 1996, p. 2.
127. City of Austin, http://www.ci.austin.tx.us/watercon/efficient.htm, City of Austin Planning and Conservation Department, Austin, Texas, Dec. 3, 2000.
128. City of Austin, http://www.ci.austin.tx.us/watercon/rainwaterharvesting.htm, City of Austin Planning and Conservation Department, Austin, Texas, Dec. 3, 2000.
129. Cynthia Greenleaf, "The Golden Age of Irrigation," *Lawn & Landscape*, vol. 21, no. 10, October 2000, pp. 14–19.
130. New York City Department of Sanitation, Leave It on the Lawn, New York, June 1994.
131. D.B. Beck, "ET Scheduling Simplified: Stepping Up Runtimes," *Irrigation Journal*, October 1996, p. 14.
132. Irrigation Training and Research Center, *Landscape Water Management Principles, Version 1.01*, California Polytechnic State University, San Luis Obispo, Calif., October 1994, p. 7.
133. California Dept. of Water Resources, http://wwwdpla.water.ca.gov/urban/land/land.html, Dec. 2, 2000.
134. Peter H. Gleick, "The Power of Good Information: The California Irrigation Management Information System (CIMIS)," *Sustainable Use of Water: California Success Stories*, Pacific Institute, Oakland, Calif., January 1999, chapter 16 (pp. 179–185).
135. Personal communication, Tony Gregg, Water Conservation Manager, City of Austin, Texas, Oct. 5, 1998.
136. Roger Duncan and Randy J. Goss, Emergency and Peak Day Ordinance, Memorandum to mayor and

council members, City of Austin, Texas, Aug. 12, 1998.
137. City of Austin, City Code Article II: Emergency and Peak Day Water Use Management, 81' Code, § 4-4-21, Ordinance 860703-K and Ordinance 970604-A, 1997.
138. Lloyd Hathcock, conference posting on www.waterwiser.org, Sept. 7, 2000.
139. Tom Ash, conference posting on www.waterwiser.org, Mar. 9, 2000.
140. T. E. Bilderback and M. A. Powell, Efficient Irrigation, publication no. AG-508-6, North Carolina Cooperative Extension Service, March 1996.
141. Ellefson, *Xeriscape Gardening*, p. 113.
142. Schultz, *The Chemical-Free Lawn*, p. 106.
143. Ellefson, "Philosophy for Efficient Irrigation," *Xeriscape Gardening*, part 1 (Efficient Irrigation).
144. Board of County Commissioners of Hillsborough County, Ordinance No. 00-10, An Emergency Ordinance Amending Hillsborough County Ordinance No. 91-27: Providing More Stringent Water Use Restrictions and Providing for an Effective Date, Hillsborough County, Fla., Mar. 17, 2000.
145. Evaluation of the MWD CII Survey Database, prepared by Hagler Bailly Services, Inc., San Francisco, for the Metropolitan Water District of Southern California, Los Angeles, Nov. 19, 1997, p. 6.
146. Personal communication, Nancy G. Scott, Conservation Manager, Water District No. 1, Johnson County, Kans., Nov. 3, 1998.
147. Dale Lessick, "Residential Landscape Water Efficiency Technology Utilizing New ET Controller Technology," AWWA Annual Conf., Denver, June 13, 2000.
148. Ed Craddock, "Monitoring Water Demand with CIMIS," *Water Conservation News*, California Dept. of Water Resources, Sacramento, Calif., January 1998, p. 3.
149. C. G. Gelinas and B. Brant, "A Systems Approach to Saving Water and Energy," presented at the 18th World Energy Engineering Congress, Atlanta, November 1995, p. 5.
150. Robert Ayers, "Sports Turf Irrigation: Using Water Rebates to Improve Irrigation Control," *Irrigation Journal*, June 1998, p. 10.
151. The Water Right Soil Probe, manufacturer's product brochure, Water Right, Costa Mesa, Calif., 2000.
152. Ash, *Landscape Management for Water Savings*, p. 24.
153. Ellen O'Brien, "Deep Division Takes Root Over Fertilizer Ban," *Boston Globe*, June 27, 1999, p. C-1.
154. Cooperative Extension Service, *Xeriscape™: A Guide To Developing A Water-Wise Landscape*, p. 14.
155. Gary L. Wade, Water Conserving Xeriscapes, Cooperative Extension Service, University of Georgia, Athens, Ga., Spring 1997.
156. Ash, *Landscape Management for Water Savings*, p. 28.
157. Shelton, *Landscaping for Water Conservation: A Guide For New Jersey*, pp. 9-10.
158. Ash, *Landscape Management for Water Savings*, p. 26.
159. Bruce Adams, "Xeriscape™ — The Key Answer for Urban Environmental Protection," *National Xeriscape News*, Summer 1990, p. 4.
160. State of California, Model Water Efficient Landscape Ordinance, Assembly Bill 325, Sacramento, Calif., 1993.
161. California Landscape Contractors Assn., A Guide to California's Model Water Efficient Landscape Ordinance, June 1992, p. 1.
162. S. Brauen and G. Stahnke, *Principles of Turfgrass Management: Water Use and the Healthy Lawn*, Seattle Public Utilities, Everett Public Works Department, and Tacoma City Water, Seattle, undated, p. 3.
163. Shelton, *Landscaping for Water Conservation: A Guide For New Jersey*, p. 8.
164. Cooperative Extension Service, *Xeriscape™: A Guide To Developing A Water-Wise Landscape*, p. 16.
165. Helen Nash and Eamonn Hughs, *Waterfalls, Fountains, Pools & Streams*, Sterling Publishing Co., Inc., New York, 1998, pp. 75–90.
166. Larry Calabro et al, *The Water Audit Guidebook*, Division of Water Supply Management, Rhode Island Department of Environmental Management, Providence, R.I., April 1996, p. 32.
167. Thelma Seear, quoted in "Fountain Fantasies, From Cascades to Curbs," by Julie V. Iovine, *The New*

York Times, New England Edition, June 11, 1998, p. C-4.

168. The Bruce Company, "Final Draft: Local Ordinances For Water Efficiency," prepared for the U.S. Environmental Protection Agency, Office of Policy Analysis, EPA Contract #68-W2-0018, Subcontract #EPA 353-2, Work Assignment 24, Mar. 31, 1993, Appendix B.
169. The Bruce Company, "Final Draft: Local Ordinances For Water Efficiency," prepared for the U.S. Environmental Protection Agency, Office of Policy Analysis, EPA Contract #68-W2-0018, Subcontract #EPA 353-2, Work Assignment 24, Mar. 31, 1993, p. 11.
170. Calabro, *The Water Audit Guidebook*, Appendix E.
171. Bill Hoffman, Texas Water Development Board, Austin, Texas, quoted in "Design Makes Decorative Urban Fountains More Water-Efficient," by Ric Jensen, *The Cross Section*, Lubbock, Texas, November 1995, p. 2.
172. A Guide to Commercial/Industrial Water Conservation, prepared by Black & Veatch Consultants, Los Angeles, for Los Angeles Department of Water and Power, Los Angeles, 1991, p. 38.
173. Calabro, *The Water Audit Guidebook*, p. 48.

第 4 章　工业、商业与机构用水与节水措施

“天才只不过是重新审视显而易见的事。”

——古谚语

本章阐述了工业、商业与机构用水（ICI）和适用于多种相关工艺、设备和产品的节水措施，包括节水潜力及其成本效益，通常还提供了案例研究。

4.1　工业、商业与机构用水

4.1.1　工业、商业与机构用水概况

在美国，商业和工业（除采矿业和热电业）日均总用水量分别为 3630.2 万 m^3/d 和 1.0 亿 m^3/d，共计 1.4 亿 m^3/d。根据 1995 年美国地质调查局的全国用水量调查，商业和工业耗水量占总用水量的 15%。而美国 70% 的商业用水和 18% 的工业用水来自城市供水管网，其余则来自自备水源（地下水、地表水、海水及再生水）。[1]

对很多公共供水系统而言，工业、商业与机构用水代表了 20% ～ 40% 的城市计费供水量，而用水大户常常取用自备井等非计量水源供水，使用再生水和海水供水也逐渐增多。与居民生活用水除在干旱或水费激增期间以外相对稳定不同，工业、商业与机构用水响应经济条件、生产变化、建筑入住率和天气模式而显著波动。此外，通常每个工业、商业与机构用户的场所或账户的用水量远高于住宅用水，因此，以用户为单位的节水潜力相当高。有时，即使只有一个或少数工业、商业与机构用户实施了节水措施，尤其是工业用户，可能对地方供水系统带来显著影响，因为它们占整个系统总需水量的很大部分（如图 4-1 所示）。

图 4-1　工业用水是公共供水系统中用水量最大的用户

（图片来自 Amy Vickers 及其公司）

与住宅用水相比，工业、商业与机构终端用水相当复杂，受各种因素影响，即使是同一类型的用水设施常常表现不同的用水特征和节水潜力。因为同一类型的工业、商业与机构用水设施可能有显著不同的节水机会（效益或成本），所以工业、商业与机构用户群发展节水计划对供

水公用事业而言是一个挑战。例如，两个规模、入读率和气候相同的学校，如果其中一个有冷却塔和自助餐厅，另一个有过时的直流冷却系统和游泳池，它们的用水需求明显不同。这种差异使我们很难将学校作为一个用户群提出一揽子的用水特征和潜在效率的假设，更不要说整个工业、商业与机构的所有用户了。因此，在没有现场审计之前，很难建立确定一个建筑用水效率的简单标准[2]。

气候对工业、商业与机构用水有明显影响，因为温度和降雨量随季节和区域变化，影响设施冷却和景观喷灌等用水量[3]。水价变化，例如水价上涨或季节（高峰）水费，影响一些工业、商业与机构用水量。然而，因为用水成本通常只占工业、商业与机构运行预算中很小部分，所以节水措施或许不是优先考虑的事。经济因素可降低或提高商业和工业活动及其相关用水，但通常对机构（例如学校、医院、办公楼等）用水影响很小或没有影响。

商业设施和机构用水量通常与其服务人数相关，例如用户人数（旅馆 / 汽车旅馆、饭店、零售店和杂货店、聚会场所、运动场），学生数（学校），访客和病人数（医院和医疗机构）和办公人员数（办公楼）。

虽然对工业、商业与机构用户大类和子类的用水效率有一些估计方法，但是对每个设施进行现场用水审计可以得到最准确的评估。对工业用户而言，用水量及用水效率的变化是一个或多个因素的函数，取决于工业和用水类型。例如得克萨斯州水务局对工业用水的研究发现，精细炼油厂用水量与油产量成正比，还有一些类型的工业用水量与其产品产量呈线性关系（例如装瓶工艺），而其他工业随着产量增大其单位用水量减少。[4]

"加利福尼亚，得克萨斯和纽约 3 个人口最密集的州占美国公共供水量的 30%。"

——美国地质调查局

4.1.1.1 工业、商业与机构用户

供水公用事业识别工业、商业与机构用水特征的方法各不相同。此外，用户分类和很多零售供水企业的收费系统，都不利于节水管理者评估工业、商业与机构用水和具体用户子类的节水目标计划。例如，一些公用事业只是按水表尺寸将用户分类，在此情况下，多数非住宅用户使用 *DN*25 ~ *DN*50 的水表，但是饭店等小企业可能使用 *DN*15 的水表（这样就很难将其与住宅用户分开）。其余非住宅用户很可能用 *DN*80 的水表，一些大企业用户使用 *DN*100 ~ *DN*300 的水表。多户住宅如果与零售商共用水表或使用比独户和小型多户住宅常用水表更大的水表（超过 *DN*20），有时被列入商业用户子类。其他公用事业按分类识别用户，例如，非住宅、工业、商业、机构、公共、政府、市政（公园和市政设施等，可能含公共建筑）或类别组合，如工业和商业。

4.1.1.2 按标准产业分类代码追踪用水

为更好地追踪用户大类和子类的用水，供水公用事业应当根据工业、商业与机构用户水表尺寸和标准产业分类代码（Standard Industrial Classification ，SIC）或北美产业分类系统（North American Industry Classification System ，NAICS）代码仔细分类。此 4 位数字 SIC 代码由美国商

务部制定，将一个场地归类并界定其活动特征。例如标准产业分类代码 5800 系列代表“餐饮”，5812 是饭馆。8200 系列代表“教育设施”，8211 是中小学。[5] 自从 20 世纪 90 年代末以来，标准产业分类系统（SIC）已经被美国、加拿大和墨西哥联合分类的北美产业分类系统（NAICS）所取代。然而，自来水行业还没有将新系统纳入措施，所以旧的标准产业分类代码仍然普遍使用，旧代码和新的北美产业分类系统代码并非一致。

相同 SIC 代码、不同用水现场的用水量并不一样，当然，也取决于员工和用户人数、产量、运行时间等因素。当收集到此类因素的补充数据时，相同标准产业分类代码的用户可以按用水效率比较，例如按单位员工、用户、病人、学生或居民平均的用水量。基于温哥华地区 5000 多个工业、商业与机构用户的实际计量水费数据得到的 37 个 SIC 分类的年均和日均用水量，如表 4-1 所示。

从 5000 个 SCI 用户水费记录调查中遴选的工业、商业与机构用水*　　表 4-1

用户	日均需水量 m^3/（个·d）	标准产业分类代码	调查的个体数	年均需水量 m^3/（个·年）
肉牛饲养场	4.1	211	12	1503.6
乳牛场	11.4	241	14	4155.9
兽医服务站	1.3	742	7	479.6
肉类加工厂	143.6	2011	12	52423.5
装瓶工厂	423.1	2086	3	154415.7
锯木和规划厂	70.7	2421	70	25801.5
纸浆厂	2521.8	2611	1	920447.4
炼油厂	515.9	2911	12	188306.4
水泥厂	16.2	3241	3	5928.3
普通仓储	7.3	4225	966	2668.4
飞机场	201.4	4582	18	73523.1
商店和办公	9.2	5300	339	3367.1
杂货店	28.4	5411	110	10348.7
商店和零售店	8.9	5535	646	3251.4
加油站	6.4	5541	245	2324.3
餐饮业	17.0	5812	452	6189.7
花店	23.8	5992	2	8672.9
旅馆 / 汽车旅馆	54.3	7011	232	19813.3
自助洗衣房	17.4	7216	8	6352.2
工业洗衣店	228.4	7218	2	83380.3
殡葬服务 / 火葬场	2.4	7261	6	884.4
汽车修理厂	2.2	7539	29	817.8

续表

用户	日均需水量 m^3/（个·d）	标准产业分类代码	调查的个体数	年均需水量 m^3/（个·年）
洗车店	8.7	7542	24	3180.0
公共高尔夫球场	30.3	7992	73	11067.0
娱乐公园	138.9	7996	6	50711.2
娱乐休闲设施	22.4	7999	214	8177.8
牙科诊所	1.4	8021	7	501.1
普科和外科设施	117.8	8062	58	42983.4
医院	31.1	8069	14	11344.6
中小学	17.0	8211	370	6206.6
大学	316.3	8221	65	115443.7
职业学校	18.5	8249	5	6744.7
幼儿园	2.7	8351	18	986.8
宗教组织	3.6	8661	394	1325.5
行政办公室	12.5	9111	393	4543.7
监狱 / 教管所	100.6	9223	4	36701.9
购物中心	26.8	9998	172	9785.9

注：* 数据来源于温哥华地区的工业、商业与机构用户
资料来源：本章参考文献 6

1. 工业用户

工业用户的用水通常包括小规模或大规模的产品制造和加工工艺，例如那些涉及化学、食品、饮料、纸业及附属产品、钢铁、电子和计算机（例如芯片）、金属加工、炼油和运输设备（汽车、卡车、火车和飞机）。

工业用水通常主要有4种用途：热传输（制冷和供热）、物料运输（工业加工）、冲洗和作为原料。在美国工业用水中，冷却和冷凝用水（用于空调舒适和设备与工艺冷却）历史上是唯一最大用水量，据说占工业、商业与机构总用水量的50%以上。[7] 服务和制造设备通常使用大量冲洗和加工用水，食品加工和饮料设备消耗大量水作为产品的一部分。丹佛水务局在一项食品加工业用水调查中发现，其用水量的42%用于清洗和卫生，19%用于制冷和供热，14%用于一次性冷却，13%用于加工，其余用于卫生间和其他用途。[8]

计算机和电子制造业通常消耗大量用水清洗电路板和硅片，而且工艺要求高纯水。一项对加利福尼亚硅谷的计算机和电子制造业的调查发现，用水中40%用于清洗，20%用于冷却，20%用于净化烟气，10%用于净化水，其余用于卫生间、景观和其他用途。[9]

2. 商业用户

商业用户通常提供零售服务或产品，主要包括商店、零售店、办公楼、饭店、宾馆和汽车旅馆、洗衣店和自助洗衣房、食品店、洗车、高尔夫球场、娱乐公园和其他商业场所。商业用户分类

不应包括（但可能包括）多户住宅、农业用户或其他非住宅用户。

商业用水主要用于生活用水（例如卫生器具）、冷却和供热系统、景观灌溉用水。宾馆和汽车旅馆的清洁和卫生用水也很可观。例如，对美国加利福尼亚州圣何塞一栋办公楼的用水调查显示，40% 用于卫生间，28% 用于冷却和供热系统，22% 用于景观灌溉，其余用于厨房或其他用途。[10]

3. 机构用户

机构用户分类包括政府和公有或私有为公众服务的公共设施，例如联邦、州、郡、市政的政府建筑和设施，学校和大学，医院和卫生设施，监狱，军事设施，客运枢纽站，运动场和教堂等。

机构用水主要用于冷却和供热系统、生活用水和景观灌溉。生活或卫生间用水通常占机构用水的主要部分（35% ~ 50%），但在 20 世纪 90 年代全美实施能源法案安装节水型卫生器具和设备以后可能有所变化。未升级改造为新型冷却和供热系统或维修不善的老旧设施通常不节水而且用水量很大；直流冷却系统、蒸汽和通风系统漏失等也可能是用水浪费和损失之源。除医院和旅馆以外，清洁和卫生用水占机构用水第二位，这是几乎所有工业、商业与机构用水预算的一部分。[11]

4. 工业、商业与机构用水“基准”数据（估计值会有所不同）

工业、商业与机构设施用水变化很大，通常因地而异。按假设数据而非经验数据规划节水量和节水潜力应谨慎，但通常假设估计是唯一可以获得的信息。以下为工业、商业与机构设施估计平均用水的例子。

工业、商业与机构设施估计用水量　　　　表 4-2

工业、商业与机构设施	L（人/d）*	L（员工/d）†
机场（每个乘客）	18.9	
服装和配件商店		257.4
汽车经销商和服务站		185.5
汽车维修、服务和停车		821.4
娱乐休闲设施		1616.4
公共浴室和泳池	37.9	
营地	56.8 ~ 378.5	
建设地		79.5
乡村俱乐部（每个会员）	94.6	
牙医诊所		980.4
储蓄所		223.3
工厂（每班每个工人）	132.5	
食品店		371.0
卫生服务		344.5
高速公路休息区（每人）	18.9	
旅馆（双人间带独立卫生间）	227.1	

续表

工业、商业与机构设施	L（人/d）*	L（员工/d）†
旅馆（无独立卫生间）	189.3	
旅馆和其他寄宿场所		870.6
医院（每张床）	1135.6	
自助洗衣房（自助，每个客户）	189.3	
制造业		503.5
活动房屋（每户）	946.4	
电影院（每个顾客）	18.9	
博物馆、植物园、动物园、花园		787.4
非储蓄金融机构		590.5
养老院		745.7
公共管理处		401.3
饭店（每个顾客）	7.6 ~ 37.9	
零售店（每个卫生间）	1514.2	
零售交易		352.0
学校寄宿（每个学生）	378.5	
学校日校（每个学生）	56.8 ~ 94.6	
加油站（每辆车）	37.9	
购物中心（每 92.9m^2 面积）	1135.6	
社会福利事业		401.3
耐用商品批发		109.8
非耐用商品批发		329.3

资料来源：* 德伯利和戴维斯《土地开发手册》，麦格劳希尔出版，纽约，1996。
† 摘自规划管理咨询公司开发的 IWR-MAIN 需水分析软件 6.1 版《用户手册和系统描述》，卡本代尔，III，1996.

4.1.2 工业、商业与机构用水浪费来源

考虑到非住宅部门用水的复杂性和多样性，通常很难评价工业、商业与机构用水效率及其浪费。一方面，如果可以得到单位产量的需水量历史记录，可以提供水效的有用信息；另一方面，因为许多工业、商业与机构设施生产多种混合产品，唯一可用的生产指标是销售额，但是这对比较类似设施的用水意义不大。如果存在，计算单位员工数、单位厂区面积或单位产量可用于估计工业、商业与机构特定设施或用户群的用水。

历史上，递减式费率和低廉水价曾经使工业和商业受益很多，但几乎没有节水经济激励。对一些工业、商业与机构用户而言，用水成本占总运行成本的比例很小，节水不是优先选择。除在干旱期和公众注意到的极端用水例子以外，例如电视新闻偶然报道公司草坪或公园附近人行道过度喷灌，公众通常不会注意到非住宅用户造成的用水浪费。因此，通常需要激励措施鼓

励工业、商业与机构用户采取节水措施，例如递增式水费（要求用户对超额用水支付额外水费），限制或禁止某些非节水用途（例如直流冷却系统），增强公众意识和制定更有效的节水政策，提高工业、商业与机构用户的经济、环保和节水管理效益意识。

工业、商业与机构终端用水及节水研究总结

美国给水工程协会研究基金（American Water Works Association Research Foundation，AWWARF）资助进行了一项工业、商业与机构用水和节水研究（2000）。分析了加利福尼亚和亚利桑那州 5 个供水企业采集的工业、商业与机构水费数据样本，指出了节水潜力的关键因素，用水指标（影响用水的因素）和工业、商业与机构用水审计收集数据的缺口。

①工业、商业与机构各部门，通过节水措施实现的节水潜力范围是 15% ～ 50%，典型的是 15% ～ 35%。预期偿还期是 1 ～ 4 年，一般少于 2.5 年。

②许多工业、商业与机构设施无需饮用水。应检查每个工业、商业与机构的用水需求，确定是否可以使用或现场循环非饮用水，或使用再生水的可行性。

③工业、商业与机构设施的通用需水指标包括：用户人数（例如员工、游客、客人、学生、病人、囚犯等），用水频率，运行时间，建筑面积，给水排水处理成本，卫生间和卫生器具数量（类型和安装年份），厨房用水器具类型和数量，洗衣设施，游泳池和运动或健康俱乐部设施，制冷和供热系统类型（水源或空气源），气候（降雨和温度模式），灌溉系统类型（滴灌或顶喷喷灌）和灌溉景观面积。

④大量用水的工业、商业与机构设施，如仓库、监狱、军事基地、公用系统和客运枢纽站已经被多数用水审计计划所忽视，因此通常未接受推荐的节水措施。

⑤工业、商业与机构的用水审计和节水资料通常匮乏，许多评估工作未包含推广节水、计划成本和实施条件等对其他设施有实际借鉴意义的具体信息。

⑥需要给水排水和能源公用事业之间的协调和合作，才能实现工业、商业与机构的节水潜力。[12]

滑雪业因过量用水和负面环境影响受到批评

一些环保组织近年来对滑雪场提出批评，指出滑雪业和造雪需要大量用水造成当地供水负担，干扰天然河川流量，危害水生生物，造成当地空气污染和蔓延。滑雪区公民联盟和科罗拉多野生学会等组织称，在美国 200 多个滑雪场，因未充分使用滑雪小屋、上山吊椅和车辆造成能源浪费。在 2000 年，包括 20 个全美最大滑雪场在内的 160 个滑雪区，签署“可持续雪坡”承诺，提出自愿在滑雪区减少负面环境影响。例如，每个滑雪区都有一些滑雪路径、建筑和游客设施扩建区的环境目标等级标准。国际滑雪组织主席白瑞克称：“环境是我们行业的事业，应当高度重视”。[13] 一项有关这些自愿环境保护目标的评估，批评了在西部 10 个州、51 个主要滑雪场地的问题，并建议公众“此时应选择更加环境友好型的滑雪场”。[14]

4.1.3　工业、商业与机构节水进展

近年来，出现了一些鼓励工业、商业与机构部门提高用水效率的政策激励和其他因素。

美国清洁水法。美国清洁水法 [15] 促使许多工业和商业用户减少化学物质使用和废物负荷，

迫使它们进行更好的预处理和更加策略地使用化学物质、水和能源。

污染防治法和计划。由联邦政府和州政府联合发起的污染防治法间接促进节水和污水再生利用。工业废水的再生利用和循环使用通常可以提供满足商业用水大户废水排放要求的预处理制度。

节能计划。电气公用事业发起的节能计划，有时与供水公用事业节水计划配合，有助于改善一些工业、商业与机构用水设备的用水效率。

节水和节能型冷却和供热系统、卫生器具与家电的国家标准及联邦计划。20 世纪 90 年代建立的联邦用水设备（例如冷却和供热系统、制冰机和自动饮水器）和卫生器具与家电（坐便器、小便器、水嘴、淋浴器、洗碗机和洗衣机）的节水节能要求，促进了美国和联邦政府在全球的 50 多万个设施用户和商业的用水和用能改进。为响应 1992 年美国能源法案，[16] 美国总统克林顿在 1994 年发布 12902 号执行令（联邦设施节水和节能），[17] 要求各地联邦机构对可以节水和节能之处进行审计，尽可能购买排名前 25% 的节能型产品（或效率至少高于国家标准的 10%）；1999 年，总统又签署 13123 号执行令（通过能效管理绿化政府），因为“联邦政府作为每年花费 2000 亿美元购买产品和设备的主要用户，能够推进节能、节水、可再生能源产品的使用，帮助培育新兴技术市场”。[18] 13123 号执行令在 12902 号执行令的基础上，进一步要求联邦机构建立节水目标，购买指定的使用寿命长、成本效益好的能源之星 ® 或其他高能效的节能产品和设备，在 2010 年将其设施的单位面积温室气体排放降到 35%（相对于 1985 年）。（“使用寿命成本”是在整个项目、产品或措施使用寿命内的投资、安装、运行、维修和处理成本的总和。）[18] 联邦（或其他）节水、节能设备和家电购买者，可以在美国能源部能源管理计划制作的“购买能效产品”[19] 活页本中找到有用的技术指南，或上网找到（详见第 5 章，节水网络）。

改善水冷技术和设备。现代水冷技术和设备几乎都是循环系统，大量减少安装新的低效直流（单程）冷却系统。同样的，风冷压缩机和真空泵正在逐步取代老旧型号的水冷设备，虽然水冷设备比风冷设备通常因能更有效地抑制热量而更加节能。[20]

提高给排水服务费。在许多社区给排水服务费一直在提高。[21] 提高价格和成本，既出于必然，也作为激励促进节水，可以鼓励更多工业、商业与机构用户优化用水。然而在有些社区，增加水费造成很多工业、商业与机构用户开始使用自备井降低用水成本，导致其即使使用相同或更多水量，水表的计量用水量也较低，缺乏节水经济激励。

干旱和长期缺水。在近 25 年里，美国许多地区甚至全球范围出现过长期缺水和干旱的现象，这就迫使许多供水公司和一些商业减少用水量，而一旦度过用水危机这些现象并不持久。在美国，干旱又重新被大众所关注，因为持续缺水已经造成了很严重经济和环境损失。每年由干旱造成的经济损失估计超过 60 亿美元，这个数据尚未包括私人部门的损失，例如农业和牲畜等损失同样影响批发和零售业乃至终端用户。为解决这些问题，美国联邦政府在 1998 年发布了国家干旱政策草案 [22]，还组建了国家干旱政策委员会。在 2000 年，该委员会发布了一篇重大报告《为 21 世纪的干旱做好准备——国家干旱政策委员会报告》，推荐节水政策和计划，促进地方、州政府及联邦加强协作，为应对未来干旱和消除负面影响而努力。[23]

“绿色”商业措施。越来越多的商业和工业认识到这些措施可以产生的经济、法律和政治利益并改善公众形象，而自愿采取环保或绿色措施。

替代水源。许多工业和商业用水无需达到饮用水水质标准，例如某些清洁、加工、漂洗、冷却、加热和喷灌等行业。当无需达到饮用水标准时，应考虑成本更低和更加资源节约的替代水源，例如市政再生水、现场处理的工艺废水、非现场处理的工艺水、中水（未经处理的住宅废水，除坐便器和其他可能接触人类废物的污水以外）和收集的雨水。

除这些政策导向，一些美国供水公用事业、联邦和州立机构、商业及组织近年来资助了工业、商业与机构用水审计和研究项目，帮助建立水效知识体系。本章介绍的案例和工业、商业与机构节水措施已经证实，这些努力通常改善那些主动优化运行的工业、商业与机构用户的财务最终效益。

“国家真正的财富在于拥有的地球资源——土地、水、森林、矿产和野生生物。在利用它们满足当前需要并同时为后代进行保护之间，需要微妙的平衡和持续的计划。它们的管理不应，也不能是政治问题。”

——雷切尔·卡森

4.1.3.1　工业、商业与机构节水措施的类型

据供水公用事业节水计划报告，工业部门最常用的节水措施是对用水设备和工艺进行现场工程改造，例如优化和循环利用冷却水及工艺水，依序重复使用，改善控制系统和工艺改造。商业和机构部门的节水措施通常包括用水器具更换或改造（特别是安装小流量坐便器和小便器），改进流量控制系统，更有效的景观灌溉设施，软管自动截止阀及改进维护程序。可以得到再生水的设施，通常将其用于冷却塔补给水、景观灌溉等非饮用水用途。由于工业和商业用户用水的多样性和复杂性，有些需要超纯水（如半导体制造厂的晶片冲洗），使用再生水并非总是经济的。[3, 28]

4.1.3.2　工业、商业与机构节水措施的节水潜力

据对成百上千个工业、商业与机构用水设施的案例研究和节水审计报告，节水措施的节水率低至 10%、高达超过 90% 不等。[11, 29 ~ 31] 工业、商业与机构设施使用节水措施所产生的平均节水范围估计为 15% ~ 50%，典型的为 15% ~ 35%。偿还期一般在 1 ~ 4 年，典型的少于 2.5 年。[12]

由工业、商业与机构用水审计形成的大型数据库和实际用水或目标节水计算的研究，已证明了节水效果。例如，据美国环保局和加利福尼亚水务局发布的报告，对 6 个州的 741 个商业现场进行的用水审计研究发现，节水措施带来的节水潜力为 20% ~ 26%。该研究所评估的 741 个商业用户可分为 22 类，并主要位于加利福尼亚州、佛罗里达州、明尼苏达州、纽约、俄勒冈州和得克萨斯州等地的 12 个用水服务区。[32] 据现场用水审计估计的各种商业和机构用水设施和节水措施的平均节水潜力，如图 4-2 所示。

1997 年对加利福尼亚南部都市用水区的 902 个工业、商业与机构用水设施进行的一项用水审计研究，估算现场平均节水潜力是 29%，大部分节水量与生活卫生器具、工业工艺和景观灌

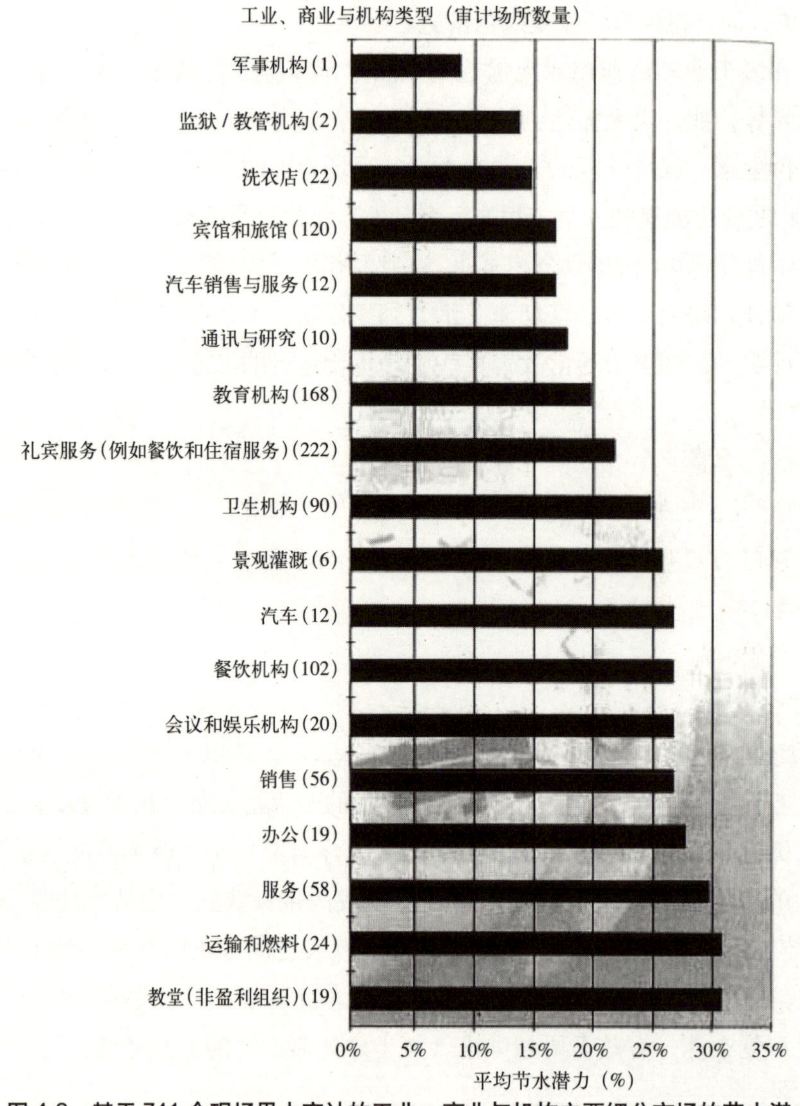

图 4-2　基于 741 个现场用水审计的工业、商业与机构主要细分市场的节水潜力 [32]

溉相关。[30] 在节水措施成本效益和相关节水计划规划方面，研究发现调查的工业、商业与机构现场具有以下特征：[28]

①在多数现场，最大节水率（63%）来自生活卫生器具节水措施，尤其是使用小流量坐便器、小便器、淋浴器和水嘴。

②调节冷却设备的放空周期和循环利用工艺用水也能实现显著节水，尤其是工业部门。

③削减灌溉周期可能是现场调查中最有效的节水措施。[33]

④如果用水审计只关注生活用水节水措施，那么可能过高估计多数工业、商业与机构设施的用水效率。具有综合生产工艺的设施通常需要更加复杂的分析才能识别节水途径。[28]

案例 1：美国环保局开展旅馆和学校节水减排 WAVE 计划

美国环保局的自愿节水联盟(Water Alliances for Voluntary Efficiency ,WAVE)计划促进商业、工业和机构节水，尤其是宾馆和汽车旅馆、学校、院校和大学。根据该计划的负责人约翰• 弗劳尔称，环保局将该计划作为自愿减排计划的一部分，以此鼓励私有企业部门减少用水的同时增加效率、盈利和竞争力。节水被认为是一项减排措施，因为它减少了对给排水管道设施的需求（延长设备使用寿命和推迟未来扩建项目），降低了污水处理药剂需求，减少了给排水加热、处理和输送能耗。

自愿节水计划有许多参与者（旅馆、汽车旅馆等商业和机构用户）和支持者（水务公用事业、用水服务公司、制造商和政府机构）。这些合作伙伴同意对其在美国的房地产进行用水审计和改善有收益的用水效率（收益标准简单为投资回收期不超过 2 年）。例如，WAVE 伙伴之一"拉昆塔旅馆"，自 1995 年在 28 个州 300 余个旅馆发展积极节水计划以来，已经节水 20%，超过 378.5 万 m^3，节省数百万美元的成本。在旅馆已经实施的措施包括安装小流量坐便器、小便器、淋浴器及水嘴。位于纽约市的哥伦比亚大学已经通过多种节水措施，减少了 25% 的用水量，节省超过 100 万美元的投资成本和 20 万美元的年运行成本。哥伦比亚节水措施的投资偿还期为 1.8 年。该计划已经开发了名为 WAVE• Saver 的用水分析软件，它可以帮助工程师模拟用水和开发定制适用于用户卫生间、洗衣房、厨房、家务设施、泳池、冷却塔及景观设施的节水措施计划（相关成本效益）。[24] 类似地，代表 12000 个旅馆的美国宾馆和汽车旅馆协会，也有一个"保护地球"节水计划。参与者包括佛罗里达州奥兰多、加利福尼亚州阿纳海姆的迪士尼房地产，他们为客房提供重复使用的被单和毛巾，促进节水和保护环境。国际假日酒店在其全球 2100 个旅馆中的 360 个已经发起了类似的计划，经验表明只有一部分用户要求每天洗烫。[25]

案例 2："绿色"建筑措施增多

一些机构和专业组织致力于"绿色"建筑措施，促进建筑设计节水、节能和资源高效利用以及创新和人居友好。例如美国环保局与美国能源部联合发起了能源之星计划——一组通过技术支持和产品标识提高设备和建筑能效（通常含水效）的项目。3000 多个组织（包括大型和小型商业、医院、学校和大学）参与能源之星计划，升级其制冷和供热设备降低 25% 的能耗。能源之星计划资助了信息热线，为个人、企业、政府和机构准备购买资源节约型产品的消费者提供帮助。一些政府资源，特别是美国能源部的联邦能源管理计划（Federal Enery Management Program ，FEMP）可以帮助联邦机构设计、指定和购买节能节水型产品。FEMP 通过直接帮助、培训和购买措施的相关软件工具等方式，帮助实施联邦节水和节能法律和执行条例。[26] 这些资源的联系信息详见第 5 章"节水网络"。

4.1.4　工业、商业与机构节水的成本效益

公用事业和工业、商业与机构节水用户取得了一些效益，同样，也付出了一些节水成本和改造行为。

4.1.4.1　效益

①减少给排水服务费；

②避免或降低用水增容费或限额，干旱超额水费和罚金；

③减少给排水取用、加热、处理和输送成本；

④延缓给排水和能源价格上涨；

⑤减少化学物质的使用和水溶性危害物质的处理与处置；

⑥减少用水软化和反渗透过滤技术需求；

⑦减少污染物排放（防止污染）；

⑧改善水质符合污水排放标准；

⑨改进既有设备能力、家电、水泵、水箱和冲洗槽的利用；

⑩改善社区状况成为环境友好型。

4.1.4.2 成本

节水设备初始投资（“硬件”）；

节水设备的安装（人工）；

措施实施期间潜在的故障停机时间（例如，改造既有设备、工艺、管道及相关接口）；

一些节水投资仅能在长期收回投资（初始投资费用），而有时只有短期投资回报可以得到接受；

增加单位废水排量中的化学物质和其他污染物浓度，即使这些污染物的总量没有增加（更高效的用水可能影响工业、商业与机构达标排放，排放许可要求污染物排放浓度达标而非排放总量）；

员工初始抵抗改变用水措施（例如，维护和清洁无水小坐便器而非冲洗式小便器）；

调整改变运行、维修和安全程序。

波特兰的工业、商业与机构用水 BEST 计划证明可以节水、节省资源和成本

俄勒冈州波特兰能源办公室发起了一项名为“商业的环境可持续未来（Businesses for an Environmentally Sustainable Tomorrow，BEST）”的自主计划，为实施节水措施的商业提供技术支持、退税等财政激励和服务。计划的最初目标是促进应用环境可持续措施帮助地方商业在更高效率和收益下运行，从而改善经济发展并保护环境。波特兰地区 55 个获得“BEST 商业奖”的工业、商业与机构，已经量化了各项措施达到的节水、节能、减排及促进清洁和高效运输的结果。2000 年的年节约总量如下：[27]

① 324.4 万 m^3 水；

② 1150 万美元的避免成本；

③ 3830 万 kWh 电；

④ 2.76×10^{10}kJ 天然气；

⑤ 2600m^3 汽油；

⑥ 63900t 固体废物；

⑦ 1513 万 km 避免运输里程；

⑧ 98000t CO_2 排放量。

4.1.4.3 设定工业、商业与机构节水目标

节水目标应具体：准备在哪实施什么措施，每个措施的预期节水量和成本效益，何时达到目标。例如：密苏里州堪萨斯市的一个企业将在 7 月 15 日前通过用需要很少或无需额外灌溉的本土草（例如，野牛草和须芒草）、覆盖物和植物，更换 75% 的需灌溉肯塔基早熟禾（非本土、非

耐旱草），实现减少至少 60% 的景观灌溉用水。剩余 25% 的花和植物将使用由天气控制器自动控制（由卫星控制）的新型滴灌系统。为达到最大节水目标，安装独立灌溉区和自动雨水截止阀替代顶喷喷灌灌洒系统和控制器。实施这些措施的成本为 7500 美元，每年避免成本（减少水费、药剂费、割草费和灌溉系统维修费）共计 3750 美元，每年估计节水量为 1892.7m^3，投资偿还期是 2 年。

4.1.5　工业、商业与机构用水审计基本步骤

工业、商业与机构设施节水的首要步骤是进行用水审计，随后准备现场节水计划。成功的工业、商业与机构设施节水计划应当建立在可靠的用水审计和实施具体节水措施的战略计划基础上。

完成工业、商业与机构现场用水审计需要 4 ～ 8 个小时，加上后续在办公室的数据分析和文案工作，时间可长可短，取决于设施的尺寸、类型及用水的复杂程度。例如，对小型社区院校做用水审计可能只需要 1 ～ 3 天，而对大型大学进行用水审计可能需要一周甚至更多时间。同样的，小工厂只需审计员在现场工作一天，但是大型复杂的工业企业需要更多时间。如果现场有灌溉系统还需要额外审计时间。

完成工业、商业与机构用水审计的费用各不相同，取决于所需的专业水平。一些供水公用事业雇佣经过培训的工程师和技术人员完成工业、商业与机构用户用水审计。经过培训的咨询工程师和技术人员，一般收费是 40 ～ 150 美元 /h，但是因审计预算通常根据现场或项目确定，具体收费不定。

本节列举了完成工业、商业与机构设施用水审计和发起一项有效节水计划所需的基本步骤。[34, 35] 附录 G 中提供了完成工业、商业与机构用水效率调查的简单样表。

4.1.5.1　获取工业、商业与机构设施拥有者、管理者和雇员的支持

有必要获得管理支持，确保可以获得计划实施所需的人力、时间和资金资源。通过强调节水的优点及相关效益促使获得支持，例如，减少给水和排水、能耗、化学物质的运行成本，使公众认可其为环境友好型组织。

4.1.5.2　完成现场用水清单

用水管理计划的基础是知道各处的用水量是多少。收集现场所有水表读数。随工厂管理者或工程师彻底调查收集各用水工艺、设备、器具和活动等的用水信息，尤其是记录计量或估计的用水量和流量。调查最终成果应该是识别和量化设施用水量的水量“平衡表”。

4.1.5.3　计算用水相关成本

利用审计结果和水量平衡表数据，准备现场用水量和成本总结报告。用水相关成本包括给水和排水服务费、能源成本（例如水泵输送和加热用水）、化学处理成本（例如冷却塔）和污水预处理成本。如果过量用水或漏失已经造成财产损害，减轻损害的成本应当考虑在内。其他应考虑的成本是未来可能上涨的给水和排水服务费、化学物质成本和能源成本。

对用水相关成本评估应基于至少 2 年现场历史数据，因为计量耗水量反映的季节和商业波

动可以给出平均用水正态分布图。知道设施用水的真正成本可以更加准确地计算节水措施的投资价值。

4.1.5.4 识别和评价节水措施

识别每个用水活动所有潜在可行的节水措施。基于对每项措施的用水和节水潜力分析，确定其投资成本和相关费用。此外，估算措施的避免成本（例如，减少的给排水费用、减少的能源和化学物质成本）。基于以上数据，估算简单的投资回收期，即预期节省的费用等于投资成本所需的时间。投资回收期可以按如下进行计算：

$$\text{简单的投资偿还期（a）} = \frac{\text{投资成本（美元）}}{\text{年净节约（美元/a）}}$$

多数工业、商业与机构用户愿意实施回报期不超过 2 年的节水措施。然而，投资回收期更长的措施也可能是很好的投资选择。估计长期投资回报，还要考虑利率。

4.1.5.5 利用生命周期成本估算投资回收期

生命周期成本是更加准确评价节水措施成本效益的方法，因为它不仅考虑了初始投资，还均摊了生命周期内的成本效益（例如，减少的给排水费用、能源和化学物质等避免成本），同时还包括利率的变化。一项似乎昂贵的投资措施在进行成本效益均摊之后可能变得经济有效。

4.1.5.6 准备并实施行动计划

准备一份书面的工业、商业与机构设施用水管理计划，应当清晰陈述计划目标、用水方式、准备实施的节水措施、目标节水量、节水措施的相关成本效益、估计偿还期、实施措施的计划表和计划负责人。一旦计划得到批准，应当及时实施。

4.1.5.7 追踪和报告进展

监测已经实施的节水措施结果，确定节水量和相关运行费用。让员工知晓用水设施需水量的变化，可以在员工午餐厅或其他可见场所张贴用水量变化曲线。在员工公告栏、公司报告、设施交易场所和专业组织出版物及媒体新闻中公布节水进展。

注意事项：在推荐或实施节水措施之前，节水管理者和设施管理者应当核实措施的可行性，而且无负面的健康、安全、环境或法律影响。对一些特殊用水和工业，例如但不限于医疗和食品加工设施（包括食品的准备和出售），应由地方、州、联邦监管机构和官员审核。例如，州和地方卫生规范通常管理卫生器具、建筑结构、冷却系统或医院、养老院和其他医疗机构电力设备的改造。同样，需要美国农业食品安全和检测局批准肉类加工用水的改变（通常包括卫生用水的限制变化），确保这些变化遵照设施许可和其他必备条件。因此，在工业、商业与机构设施中核查所有节水措施适用的健康、安全、环境等法规是一个基本准则。[36]

加利福尼亚工业、商业与机构在干旱和紧急用水情况下的节水响应

根据加利福尼亚水资源局（DWR）的早期工业节水管理指南《工业/商业干旱用水指南》，许多工业、商业与机构用户出乎意外地接受节水计划，响应当地的干旱情况。例如服务于加利福尼亚州奥克兰等邻近社区的东湾市政公用事业区的工业用户，目标只是减少用水 9%，而实际节水达 28%。这些经验对其他现场应对干旱或其他紧急用水情况非常有价值。根据 DWR 的调查研究，工业对这个计划的接受很大程度取决于用水公用事业的市场策略。[37]

4.2　工业、商业与机构节水措施

本节介绍了适用于工业、商业与机构设施的常见用水活动、工艺和设备的节水措施。因为许多适用于工业、商业与机构部门的措施涉及特殊工艺和设施独特的运行调整和工程设计，因此并未介绍具体的节水产品。节水型工业、商业与机构产品的专业组织和供应商信息见第 5 章“节水网络”。

本节介绍的措施含以下信息：

①目的。讨论了节水措施的目的，以及工业、商业与机构用水设备、工艺或活动的用水和运行特征。

②待收集的用水审计信息。概述了工业、商业与机构用水审计应收集的信息类型，帮助识别可以实施的具体节水措施。

③节水政策和法规。提供了适用于特定工业、商业与机构用水设施的节水条例、法规和政策。

④节水措施。识别每个主要类型的工业、商业与机构终端用户的节水措施。

⑤节水量和成本效益。工业、商业与机构节水措施相关的节水潜力和节省的给水排水与能源成本等效益，通常因其用水的多种变化而对特定现场而言是独特的。在没有充足数据可用时，这些信息可能被忽略。影响工业、商业与机构用水、节水潜力和成本节约的因素有：人口（员工、居住者、学生、病人及囚犯等数量）、生产的产品类型和数量及其所用工艺、既有用水效率水平。

在适用的地方，提供了与节水措施相关的节水潜力、成本效益、计划实施注意事项的案例研究。

4.2.1　计量与辅助计量

从技术层面上来讲，水表及其读数对实现工业、商业与机构设施节水是必要的工具。水表通过提供用水地点和水量信息，帮助监测用水、识别浪费、指出特定用水类型的节水措施。通常，所有来自公共水源和自备井、计费和非计费的设施用水均应定期由正确尺寸的水表准确计量。

工业、商业与机构设施主要使用 3 类水表：总表、辅助水表和流量计（包括类似的临时计量设备）来监测用水量和效率。

4.2.1.1　总表

当工业、商业与机构用户开始接受公共供水时，供水部门通常会安装总表，以便计量设施的总进水量。对具有多栋建筑的用水大户，供水部门通常会安装多个水表。在此情况下，用户的给水排水费用账单通常列出每个水表在计费期间的读数。

总表主要是为满足供水收益（用于计量用水量和收费），但用户也可以同时受益，尤其是在水表频繁（每天、每周或每月）读数的情况下。此外，从私人自备井或其他水源取水的用户也能获益，因为总表读数可以帮助了解需水量基准和用水模式（例如，季节性变化、生产活动差异等）。更重要的是，用户自行读表可以核对验证水表读数和给水费、排水费用的准确性。向员工通报用水信息对于提高其节水意识、鼓励其选择和实施节水措施是非常有效的。此外，定期用水信息报告可以使员工知晓实现节水目标的进展。

4.2.1.2 辅助水表

在用水量大的设施中安装永久性辅助水表有很多益处。辅助水表可以监测特定（通常较大）用水量，例如冷却塔、灌溉等显著用水来源。由于辅助水表可以帮助确定具体设备和工艺的用水量和成本，工业、商业与机构用户可以根据读数评估用水效率并指出节水措施。辅助水表检测到超出预期的用水量是用户追踪潜在低效用水来源的信号。随着节水措施的实施，工业、商业与机构用户可以根据辅助水表提供的数据绘制水量图，进一步控制与调整用水量。

辅助水表的另一个益处是帮助工业、商业与机构用户比较供水量和污水排放量，可以用于减少排水成本。许多供水公用事业按计量供水收取排污费，尽管很多蒸发或用于灌溉等消耗用途的水量并未排入污水系统。如果工业、商业与机构用户通过蒸发或其他工艺消耗了大量用水，可以根据辅助水表计量消耗水量，调整排污费账单。

"对很多人而言，水只是从水嘴里流出而已，除了立即接触以外，很少想到其他。"

——桑德拉·波斯特，《最后的绿洲》

4.2.1.3 流量计和临时计量设备

有一些流量计、累加器和类似的手持式检测设备（例如数据记录仪）可以长期或临时监测现场、设备或工艺的流速或流量（例如，漂洗工艺、高压灭菌或公共水嘴的流量）。

4.2.1.4 水表类型

工业、商业与机构现场使用的总表和辅助水表通常是累积型水表。目前通用的累积型水表主要有 3 种：

1. 容积式水表

容积式水表含有振荡活塞或转盘，当水旋转运动时水表将监测的流速转换为流量，如图 4-3 所示。由于容积式水表在计量小水量时非常准确，所以常用于住宅和小型商业设施中。然而，容积式水表并不适合在大流量情况下长期连续运行，如果在此情况下使用，它们将受损坏从而提供不精准的读数。容积式水表常安装在公称口径 *DN*16 ~ *DN*50 的管路。[38, 39]

图 4-3 容积式水表为住宅和小型商业设施（*DN*16 ~ *DN*50）等小流量提供准确读数，但对大流量连续流的计量不太准确

（图片来自 JBS 公司）

2. 涡轮式水表

涡轮式水表具有螺翼形叶轮，当水流入水表时旋转，水流速度与叶轮转速成正比，如图 4-4 所示。涡轮式水表最适合计量大流量，例如，灌溉多、用水量大的工业或商业用户；也可以准确计量一些中等流量[38]。如果涡轮式水表的叶轮被沉积物覆盖或堵塞，则计量流量偏小。涡轮式水表常安装在公称口径为 *DN*50 ~ *DN*200 的管路。[39, 40]

3. 复合式水表

复合式水表将两种水表合二为一，用于需要大、小流量的设施，如图 4-5 所示。例如，工业过程中的用水量白天大、晚上小，用复合式水表计量最准确。通常情况下，复合式水表中大口径组件是涡轮式水表，小口径组件是容积式水表。容积式水表用于计量小流量，当流速增大时由涡轮式水表计量。复合式水表记录单一表盘的总流量或各水表的单独流量（在此情况下，需要两个水表的读数确定总流量）。复合式水表通常安装在大流量的工业和商业设施公称口径为 *DN*80 ~ *DN*200 的管路。[39，40]

图 4-4　涡轮式水表为工业、商业和大量灌溉用户提供可靠读数

（图片来自 JBS 公司）

图 4-5　合二为一的复合式水表安装在大、小流量设施上

（图片来自 JBS 公司）

在大型工业、商业与机构现场中，主要使用涡轮式和复合式水表。[41] 此外，超声波和电子流量计也可以安装在管道内外，计量具体工艺或设备的用水量，它们既可以测定瞬时流量也可以测定累积流量，超声波流量计如图 4-6 所示。例如，流量计可以和水表联合使用，提供连续读数和累积流量。

图 4-6　超声波流量计可以计量瞬时和累积流量

（图片来自 JBS 公司）

4.2.1.5 水表规格和读数

多数工业、商业与机构现场的水表公称口径为 *DN*25 ~ *DN*50，其余的通常是 *DN*80，少数为 *DN*100 ~ *DN*300。虽然水表尺寸是按照用户供水管道的公称口径配备的，但由于实际流量通常低于管道的设计最大流量；此外，随着设施用水的变化，曾经尺寸合适的水表未必满足当前水量需求，所以水表读数并非总是可靠的。[42] 因此，建议将水表尺寸分析作为现场用水效率评估的一部分。手持式总表或其他数据记录设备可以保障水表计量的准确性，提供实际流量的有用信息。

合适的水表尺寸主要取决于设施的流量和需水类型，以及流量的日变化和季节变化。例如，一栋楼配备涡轮式水表计量高耗水的饮料装瓶工艺，如果该建筑改造为办公楼，则不能记录所有用水，因为办公用水通常远低于装瓶工艺用水（这种情况也适于用小流量器具改造的建筑）。波士顿给水排水部门于 1989 年发起了一项减小水表尺寸的计划，减小了 2070 个水表尺寸，其中有些缩小了 50%（例如用公称口径 *DN*50 替代 *DN*100 水表）。经过一次性投资约 70 万美元安装尺寸正确的水表之后，水表读数准确度的改进为相关部门每年增加净收入超过 500 万美元。[43]

水表计数器通常有指针式和字轮式 2 种类型。指针式既可用于直读式水表，也可用于瞬时水表。直读指针式水表看似汽车里程表，通常单位为 m^3。这种指针式水表的指针旋转指向读取的数据；应仔细记录旋转指针位置，否则读数将偏离实际值十倍甚至更多。字轮式水表与电表类似，有 6 个独立读数记录不同单位流量。每个水表主体上标识或刻有唯一的序列号。[44, 45]

工业、商业与机构用水辅助计量的价值在于利用收集的信息优化用水和降低成本，应当经常读取辅助水表才能产生有益的信息。实际上，许多辅助水表都是按天读取。

4.2.1.6 水表待收集的用水审计信息

工业、商业与机构用水审计待收集的水表信息包括：

①供水公用事业提供的总表和用户安装的辅助水表和流量计的现场位置。总表可能容易或不容易定位，如图 4-7 所示。

图 4-7 工业、商业与机构设施的总表有时置于离房地产较远的基坑中

（图片来自 Amy Vickers 及其公司）

②安装水表的类型。

③每个水表的读数单位（m^3 等）。

④水表读取频率。

⑤安装日期、测试频率和近期校准情况。

⑥设施的连接管道口径。

⑦入户管水表处水压。

⑧连接设备要求的流速和流量（冷却塔、锅炉、生产线、卫生器具和家电等）。

⑨如果安装减压阀，查看压力设置。

⑩所有水表用水记录（至少 3 年）。

⑪所有适用于现场的健康、安全、运行、控制、管理等要求或政策。

4.2.1.7　与水表相关的节水政策和法规

一些社区、公用事业等供水机构已经采取相关政策和条例要求大型工业、商业与机构设施通过使用水表节水，列举如下。

联邦机构用水审计和节水措施要求。美国 1992 能源法案 [16] 和 13123 号联邦执行令，要求每个联邦机构对其所有设施完成综合用水审计和实施投资回收期不超过两年的节水措施。每个联邦机构必须每年向美国能源部和管理及预算办公室汇报实现节水节能目标的进展情况。

冷却塔和特定工业工艺排污津贴所需的独立水表。供水公用事业有时允许或要求在冷却塔等耗水的工业工艺补给水管道上安装独立水表。排污津贴允许工业、商业与机构用户从污水水费账单中减去未返回排水管的消耗水量（例如装瓶作业）、直流冷却用水量、蒸发损失水量（例如冷却塔）。[46] 例如，纽约对一些耗水工业提供排污津贴，污水排放费按少于 100% 计量流量估计。[47]

连接灌溉系统管道所需的独立水表。供水公用事业有时要求灌溉系统管道安装独立水表，特别是当室外用水价格和收费不同于室内用水时。[46]

符合美国水表标准。在美国，几乎所有水表都是根据美国给水工程协会制定的标准设计和测定（AWWA 标准 700 系列水表）。

“人类大脑 80% 是水分。”

——www.uselessfacts.net

4.2.1.8　水表的节水措施

在工业、商业与机构设施可以实施的水表节水措施有：[48 ~ 50]

①设施管理者应当定期读取现场所有水表读数。建议年用水量少于 3785.4m^3 的现场按月读取水表，年用水量 3785.4 ~ 28390.6 m^3 的按周读表，年用水量超过 28390.6 m^3 的按日读表。记录读数的日期和时间作为日常维护程序。

②为大型设备或子工艺安装辅助水表并记录读数，例如冷却塔和锅炉的补给水和泄污水、工艺用水、灌溉和其他大量用水。

③在设施没有运行时读表，例如晚上，看看此时是否有流量。

④定期测试和校准水表以确保其准确度。

⑤当流量因增加或减少设备或工艺变化而改变时，重新选择水表尺寸。

⑥定期向员工报告用水和变化情况。

4.2.1.9 水表的节水量和成本效益

水表提供间接节水，提供可以用于评估用水和识别减少非必要用水、漏失和损失的信息。

1. 水表

工业、商业与机构设施中的水表成本依类型和购买数量不同而异。常用尺寸水表的价格估计如下：

①流量计：50 ~ 900 美元；

②公称口径 *DN*25 ~ *DN*50 的涡轮式水表：175 ~ 450 美元；

③公称口径 *DN*25 ~ *DN*50 的复合式水表：400 ~ 800 美元；

④公称口径 *DN*80 的涡轮式水表：400 ~ 700 美元；

⑤公称口径 *DN*80 的复合式水表：1300 美元；

⑥公称口径 *DN*100 的涡轮式水表：600 ~ 1200 美元；

⑦公称口径 *DN*100 的复合式水表：1800 美元；

⑧公称口径 *DN*150 的涡轮式水表：1600 ~ 2500 美元；

⑨公称口径 *DN*150 的复合式水表：2500 美元。

2. 审计用的流量测试和漏失探测设备

一些设备对完成工业、商业与机构设施用水审计非常有用。压力表和皮托管通常用于监测水压和流量，校验水表的准确度。皮托管（或皮托杆）可以通过测定流过该管的水流速度确定流量，也可以用于校准大型水表的准确度，如图 4-8 所示。一套流量测试工具包括便携式压力表和皮托管工具包，价格约为 600 ~ 1100 美元，取决于监测范围。通用的流量测试工具包可以监测较大范围的流量（例如，在 0.27 ~ 0.82MPa 下 0.4 ~ 6.1m^3/min），当然并非所有审计都需要这么大的流量范围。便携式水表测试设备成本为 700 ~ 1100 美元。有多种设备可以探测漏失，从简单的工业听漏仪或超声波测漏仪到可以检测漏失波动和相对大小的电子感应器。听漏仪或超声波测漏仪成本为 15 ~ 50 美元，更复杂的电子测漏设备成本为 900 ~ 2500 美元。

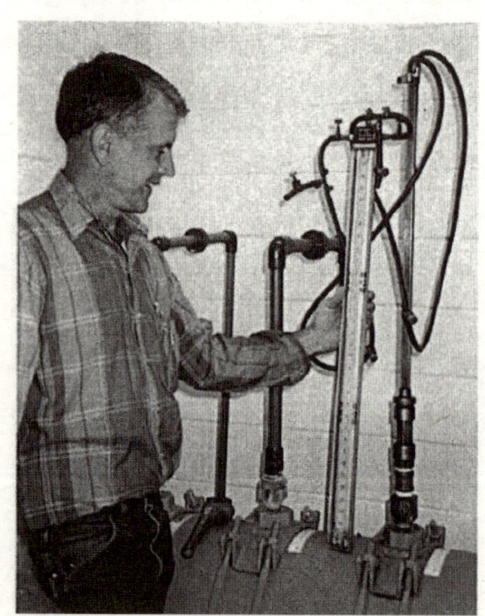

图 4-8 皮托管可用于测试水表准确度和管道流量

（图片来自 JBS 公司）

案例 1：冷却塔辅助水表帮助识别阀门损坏的漏失。在马萨诸塞州剑桥的工业、商业与机构设施冷却塔，由阀门损坏造成的持续溢流问题，因冷却塔辅助计量维护人员定期监测读数而得以及时发现和维修。如果没有辅助水表，这些问题可能持续数月才被发现，不仅浪费用水和费用，而且很可能危及财产。[51]

案例 2：加拿大国家研究委员会减少 20% 用水。加拿大国家研究委员会的研究设施包含 50 多栋楼，其中很多拥有实验室等科学和工程研究设施。这些设施的大部分用水用于设备冷却、冷却塔和生活用水等。每栋楼单独计量，水表按月读数和调节。作为实施节水工作的一部分，两三个月持续调查发现水表读数和供水总量之间存在很大的差异（有些超过 20%）。在 1991 年对 50 栋楼进行完整用水审计并启动节水计划之前，每年 13% ~ 20% 的供需差很正常。实施的节水措施包括安装循环冷却系统，冷却塔用水再生利用于其他可能的工艺冷却，以及在部分建筑里安装小流量坐便器和淋浴器。实施节水措施 1 年之后，用水量减少了 20%，供水账单费用也减少了约 10 万加元。[52]

4.2.2　清洗与卫生

工业、商业与机构设施中的清洗和卫生用水有多种方式。本节分成手洗（产品、表面等）、洗车（包括自动洗车）、蒸汽灭菌和压力灭菌 4 部分介绍。

1．清洗和卫生待收集的用水审计信息

在工业、商业与机构设施用水审计中，待收集的清洗和卫生用水措施包括：

①清洗活动的用水频率。

②待清洗的面积、设备和器具。

③用水清洗设备的类型。

④所有适用于现场的健康、安全、运行、控制、管理等的要求或政策。

2．清洗和卫生相关的节水政策和法规

1. 联邦机构用水审计和节水措施要求

关于节水和节能的联邦法律和执行条例要求包括：①美国 1992 能源法案[16]设定了全国公共和私人设施卫生器具（坐便器、小便器、淋浴器和水嘴）的最大用水量标准（见表 2-1）；② 12902 号执行令（联邦设施节水和节能），要求各地联邦机构对可以节水和节能之处进行审计，尽可能购买排名前 25% 的节能型产品（或效率至少高于国家标准 10% 的产品）[17]；③ 13123 号执行令（通过能效管理绿化政府），在 12902 号执行令的基础上，进一步要求联邦机构建立节水目标，购买指定的使用寿命长、成本效益好的节能之星®或其他高能效的节能产品和设备，在 2010 年将设施单位面积温室气体排放降到 35%（相对于 1985 年）。[18]，实施投资回收期不超过两年的节水措施。每个联邦机构必须每年向美国能源部和管理及预算办公室汇报实现节水节能目标的进展情况。

2. 清洗车辆的软管要求安装截止阀

在亚利桑那州旧金山和古德伊尔，用水限制要求在手洗车辆的软管上安装截止阀，在水管不用时止住水流。[53]

4.2.2.1　手洗

手洗通常包括用水、水管或布清洗各种物品，包括食物（例如加工）、工具、设备、地板、桌子和其他表面。

1. 适用于手洗的节水措施包括：[54, 55]

（1）应在用水清洗之前清扫地面和表面，除非适用的健康规范等法规（如食品、饮料和医疗设施）另作要求。这样既可以节水，也可以节约人工、能源和清洁化学物质成本。

（2）使用高压、小流量带有自动截止阀的软管清洁地面等表面，减少用水量、增加喷洒清洁的效果。

（3）便携式高压泵可以使清洁用水量减少 40%。

（4）有各种蒸汽清洁剂可用于去除污渍。

（5）在可能的条件下，原位清洁系统利用高压高温强化清洁效果；原位清洁系统应内循环，尽可能避免连续运行冲洗水流而产生溢流。

“早期水管由皮革制成，在 19 世纪由天然橡胶取代。第二次世界大战刺激了大量合成橡胶包括聚氯乙烯或 PVC 的发展。”

——《大英百科全书》

2. 手洗的节水量和成本效益

一个节水措施的例子是在清洗购物中心外人行道的水管上安装带有节流水嘴的自动截止阀。如果维护人员将流量为 18.9L/min 水管改造成 7.6L/min 水管，按每天合计共用 2h 计算，那么一天的节水量估计为 1.4m^3，或一年超过 495.9m^3。按照给水排水合计费率是 1.1 美元 /m^3 计算，每年这项措施节省的成本约为 525 美元。2 个节流自动截止阀估计成本为 40 美元，这项措施的投资回收期约为 1 个月。喷水管上的自动关闭喷嘴有很多形式，成本为 10 ~ 25 美元。

4.2.2.2 人工洗车与自动洗车

除商业洗车以外，洗车是汽车经销商、车队和卡车等多种工业、商业与机构设施的日常维护措施。一些设施有自动洗车系统，如图 4-9 所示；其他靠人工洗车。

图 4-9 根据国际洗车协会，商业自动洗车机每洗一辆车用水 189.3 ~ 321.8L

（图片来自简・海勒・普勒泽）

洗车设备的用水量主要取决于清洗系统的类型和设计是否包括再生利用。在凤凰城对 3 种商业自动洗车设备的研究发现，它们的用水量存在很大差异，从 106.0 L/ 车到 238.5L/ 车不等。[56] 根据国际洗车协会的数据，无回用系统的自助洗车平均用水量为 56.8L/ 车，龙门（静态）自动洗车平均用水量为 189.3 ~ 227.1L/ 车，传输式自动洗车平均用水量为 249.8 ~ 321.8L/ 车。具有回用系统的洗车设备，将洗车废水经沉砂、除油和油脂后处理过滤回用，可以减少一半以上用水。[57]

专业洗车运营商主要关心的成分如下：

① TSS（总悬浮固体）；

② TDS（总溶解固体）；

③油脂；

④ BOD（生化需氧量）；

⑤ COD（化学需氧量）；

⑥清洁剂；

⑦铅；

⑧锌。

“在这些污染物中，专业洗车运营商只引入清洁剂。”

——国际洗车协会

其他影响洗车设备用水的因素包括手动预洗时长、喷嘴数量和流量、管道流速、漏失和设备维护。根据洗车行业的资料显示，通过蒸发和细雾（携带损失）的水量损失估计为 11.4 ~ 28.4L/ 车。[56] 洗车设备的用水量还取决于车辆大小和受所在地区影响的洗车频率。（例如，在冬天道路撒盐时，洗车需要额外水量去除残余盐分和污垢。）

洗车形式通常有 3 种：自动传输式或“隧道式”、龙门自动式和自助式。自动传输式洗车是将车拖到清洗轨道上，经由喷头、刷子或布条（摩擦系统）、高压喷嘴（无摩擦系统）和气流冲洗、漂净和烘干等过程。清洗程序通常由时间和移动感应器控制，几乎没有人为控制其用水量。一些自动清洗公司雇佣水管工在汽车进入轨道前用水管和刷子手动预洗保险杠和轮胎。自动传输式洗车传送线用水包括：预洗（手持式水管的自动喷嘴或手动喷头）、冲刷和初次冲洗（包括清洁剂、自动刷和冲洗喷头）、摇杆板刷（刷上喷头清洗车辆边侧和底盘）、封蜡（车辆表面，通常是可选择的）、最后冲洗、鼓风机（干燥和去除水渍）、（有时）工人用抹布手动擦干。洗车也有附带用水（通常很少），例如食品和饮料设施、卫生间、汽车服务和景观等。[56]

龙门自动洗车通常设于加油站和投币洗车站，车辆停在龙门内，机器在车四周往复清洗。自助洗车通常是投币式的，允许用户通过水杖或软管控制用水量。（如图 4-10 所示）。

1. 洗车和自动洗车的节水措施

适用于洗车和自动洗车的节水措施包括：[56 ~ 58]

（1）安装循环系统再生利用洗车水，最后冲洗可能还需使用非再生水。

图 4-10 自助洗车通常是投币式，用水量为 56.8L/ 车

（图片来自 Amy Vickers 及其公司）

（2）通过安装过滤器、储存池和高压水泵系统，改造既有洗车设备，尽可能循环利用洗车水。

（3）限制喷嘴数量并设置为需要的最低压力和流量。

（4）合理设置自动洗车系统的方向、弧度和喷雾时间，在不与车辆接触时，确保关闭洗车系统；充分利用重力有效用水；在顶部使用较大喷嘴，两侧使用较小喷嘴。

（5）在软管上安装自动截止阀，或预先设定自助洗车系统的定时器。

（6）增大传送速度以缩短冲洗周期，使洗车时间不超过 40s/ 车。

（7）在清洗前先清扫自助洗车仓；使用高压杖替代软管。

（8）在预洗、清洗、上蜡和冲洗等控制点，通过更换废旧电磁阀或保持电磁阀完全切断使滴水最少。

（9）定期检查漏失，并维护所有用水设备。

2. 洗车的节水量和成本效益

案例研究：西雅图洗车行业再生利用洗车废水。西雅图的灰线公共汽车公司安装了洗车废水再生利用系统，实现节水 93%，洗车新水取用量从 1324.9L/ 车降至 94.6L/ 车，因为公司甚至在洗车最后冲洗环节也用再生水漂洗（约 37.9L），所以节水量相当高。安装再生利用系统的成本为 8.5 万美元，从西雅图公用事业的“智能用水技术”计划获得 4.24 万美元返利，每年节省给水和排水费用约 53000 美元，这个节水工程的投资回收期不到 1 年。西雅图的另一个自动洗车设施也安装了再生利用系统，将新水取用量从 265.0 ～ 302.8L/ 车降至 64.4 ～ 79.5L/ 车，节水 75%，这个系统最后冲洗仍用新水。这个再生利用系统的初始投资为 5 万美元，从西雅图公用事业获得 2 万美元返利，每年节省给水和排水费用约 13000 美元，这项措施的投资回收期不到两年。[57，59]

4.2.2.3 蒸汽消毒

水蒸气是无色、无味气体，由分散着微小水滴的气化水组成，看似白雾状。

蒸汽消毒一般用于医疗和牙医诊室、医院和养老院，清洁和消毒容器、设备、手术工具和托盘。蒸汽消毒器用水产生蒸汽，后续过程用水冷却蒸汽，在一些单元创造真空环境加速消毒物品的干燥进程，一些老式蒸汽消毒器用连续水流冷却蒸汽，有时每天运行 24h。蒸汽消毒的用水流量不同，通常为 3.8 ~ 11.4L/min，甚至在蒸汽消毒器不使用时也持续运行。预设清洗周期的新型蒸汽消毒器比连续运行模式的消毒器更加节水。[60, 61]

1. 蒸汽消毒的节水措施

适用于蒸汽消毒的节水措施包括：[60-62]

（1）选择具有循环和自动关闭设备等节水特征的新型消毒器。

（2）未必总是用水冷却消毒器。在一些情况下，可以用膨胀水箱收集蒸汽，使蒸汽冷凝水在排出前冷却到满意的温度。

（3）在不影响消毒器正常运行的情况，安装电磁控制阀，可以在消毒器未使用时关闭连续水流。

（4）如果消毒器的运行依赖于不能切断（例如通过改造或更换部件都不能切断）的连续水流，询问消毒器制造商或服务承包商能否将流量调至可接受的最低水平。

（5）未污染的蒸汽冷凝水和消毒器非接触冷却水，可以作为冷却塔、锅炉等非饮用水的补给水源。

（6）检查消毒器在不使用时是否可以关闭(这取决于在用型号和设施的运行时间等很多因素)。

（7）确保工作人员选择了合适的消毒器运行时间，例如如果特定负荷 1 个周期只需要 10min，就不要设成 30min。

2. 蒸汽消毒的节水量和成本效益

案例研究：医院通过循环利用非接触冷却水实现节水。马萨诸塞州诺伍德医院的用水审计表明，医院消毒系统通过收集、冷却、输送和循环冷却系统改造可以节水。该措施估计年节水 1.5 万 m^3，相当于医院总用水量的 8%，年节省成本 27500 美元，投资回收期不到 1 年。[63]

4.2.2.4　压力灭菌

压力灭菌通常用于消毒实验室器械和设备，有时也用于医疗诊室、医院和卫生机构消毒传染性废物。除使用环氧乙烷作为消毒媒介和利用高温、高压蒸汽流输送环氧乙烷以外，压力灭菌和蒸汽消毒类似一些压力灭菌也用持续蒸汽流创造真空环境加速干燥过程。压力灭菌的用水流量通常为 1.9 ~ 7.6L/min。[60, 62, 64]

1. 压力灭菌的节水措施

适用于压力灭菌器的节水措施包括：[60, 62, 64, 65]

（1）选择具有循环和自动关闭设备（可以预设运行时间和在不使用时自动关闭）等节水特征的新型压力灭菌器。

（2）如果大型压力灭菌器一直在小负荷下运行，将其改造或更换为容量较小的单元设备。

（3）在不影响压力灭菌器正常运行的情况，可以安装电磁控制阀，在压力灭菌器未使用时关闭连续水流。

（4）如果压力灭菌器的运行依赖于不能切断（例如通过改造或更换部件都无法切断）的连续水流，询问压力灭菌器制造商或服务承包商能否将流量调至可接受的最低水平。

（5）未污染的压力灭菌器非接触冷却水，可以作为冷却塔、锅炉等非饮用水的补给水源。

(6) 检查是否可以在不用时关闭压力灭菌器（这取决于在用型号和设施的运行时间等很多因素）。

(7) 确保工作人员选择了合适的压力灭菌器运行时间，例如如果特定负荷 1 个周期只需要 10min，就不要设成 30min。

2. 压力灭菌的节水量和成本效益

压力灭菌器节水措施的一个例子是只在满负荷条件下运行。如果两个用水量分别为 7.6L/min 的压力灭菌器，每天满负荷运行 5 个周期、每个灭菌周期 10min，替代每天非满负荷运行 8 次，一天可以节水 454.2L。在医疗机构实施这项措施，按年平均运行 260 天计算，可以节水 118.1m^3/年。实施这项措施无需任何成本，按给水排水综合服务价格 1.1 美元 /m^3 计算，年节省约 125 美元，立即得到回报。

医院和卫生机构的用水类型

医院和卫生机构因患者容量、服务和运行程序不同，用水差别很大。差别来自现场或非现场康复设施、洗衣服务、景观、制冷和供热系统等多种因素。虽然不能简单地比较一个设施与另一设施的总用水量，但用水类型遵循一定趋势。典型医院用水可以分为以下 9 类：生活用水占 35%（卫生器具和设施）、制冷用水 15%、洗衣 15%、消毒 10%、真空泵 7%、X 射线机、膳食准备和杂用水分别为 5%、景观用水 3%，[66] 杂用水包括康复游泳池、水处理和软化设备、空调设备。

4.2.3 工艺用水

商业和工业部门的工艺用水主要用于清洗产品，去除或运送原料、污染物或产品，控制污染或处理废物。工艺用水较常用于清洗和漂洗，物料转运，摄影和 X 光胶片冲印，制浆、造纸和包装产品。各种工艺用水量依用途和现场不同而异。

4.2.3.1 工艺用水待收集的用水审计信息

工业、商业与机构设施工艺用水待收集的用水审计信息包括：

①审查设备产量，通过图表表达进水和排出废水量，确定或估计各工艺终端总用水量，包括所有循环和再生水。

②确定所有工艺用水的运行时间和实际水泵与流量特征。

③审查设施给水和废水水表数据，与操作人员交流水源情况，包括公共和自备水源（自备井和水池）以及再生和循环工艺水源。

④确定每个用水工艺的水质要求（例如未处理、再生、饮用或超纯水）。

⑤检查排放废水总量，审查可能识别其化学成分的记录。

⑥所有适用于现场的健康、安全、运行、控制、管理等要求或政策。

4.2.3.2 工艺节水相关的节水政策和法规

联邦机构用水审计和节水措施要求。详见 4.2.2 节“清洗与卫生。”

4.2.3.3 工艺清洗与漂洗

工艺清洗和漂洗是耗水量大，但对许多工业、特别是金属加工和计算机芯片制造又是必需的运行环节。洗涤槽用水可以是静态、连续流动或逆向流动模式，如图 4-11 所示。静态漂洗槽是充满水和工艺化学物质的水槽，将产品浸泡在槽内去除污染物和其余物质，对需要多遍漂洗的工艺定期放空水槽重新注入新水。恒定满流漂洗槽或连续流动漂洗，需要向水槽连续注水，溢流与污水排放管相连。一些恒定流漂洗槽即使只是偶尔使用也在连续运行。漂洗槽通常是制造工艺的必要组成部分，可能涉及精巧的工艺和化学反应。因此，漂洗槽在进行节水改造前，应谨慎评估。[62，67～69]

图 4-11　工艺清洗和漂洗通常是耗水量大的运行环节
（图片来自丹佛市水务局）

在电子和金属加工行业，产品元件通常需要用超纯去离子水清洗生产过程中积累的残留化学物质。去离子水由公共或自备水源经过过滤、离子交换、反渗透、碳吸附或紫外消毒等处理技术生产。由于去离子水的生产相对较贵，减少其使用量也将降低产品成本。[69] 在某些情况下，去离子水可以处理之后再生利用。[70]

案例研究：通过改进印刷电路板制造环节来节水。俄勒冈州波特兰美锐集团的福里斯特格罗夫基地，为计算机制造印刷电路板，该工艺需要大量用水和用能。福里斯特格罗夫基地实施了很多节水措施，年节水量达 4.8 万 m^3，年节省成本 19 万美元。节水措施包括调整工艺喷嘴、阀门和浮子等的布局、频率和流量，用于清洗经过剥离和蚀刻的印刷电路板。节水措施还包括将其闭路冷水系统扩展到其他工艺上，将废水过滤再生用于冲洗污泥压滤机，并安装二次反渗透膜处理系统，可节水 $81.8m^3$/ 周。此外，建筑基础周围过剩的用水也用泵抽出经处理后再生利用，而不是像以前一样直接排入市政污水管道；同时还安装了节能灯、电力开关和程序控制面板。美锐集团在科罗拉多州的拉夫兰基地也实施了类似的节水措施。[71]

1. 清洗和漂洗工艺的节水措施

适用于清洗和漂洗工艺的节水措施包括：[11，62，67～69，72～74]

（1）识别所有用水工艺，判断是否可以通过工艺优化、水的再生利用、更高效率的技术、更换水源等措施来节水。应采用适合特定设备和工艺的节水技术或改造措施。

（2）识别最适合的清洗和漂洗工艺。可以选择换成较小的水箱和水槽、将连续流改造为间歇流系统、对单独加工工艺进行批量处理、尽量定量用水而不用连续漂洗和清洗水流。

（3）在设备上安装进水水表、控制阀和感应器（如电子眼或液位感应器），当完成漂洗、清洗或注水时停止水流；将流量调节至最小需求量。使用测量电导率或总溶解固体的仪器监测水质，控制漂洗、电控流量和漂洗给水阀的用水量。

（4）尽可能安装自动定时器控制的漂洗截止阀，尽管在一些情况下，手动控制阀优于允许使用非必要流量的自动控制阀。

（5）使用可以连续循环清洗和漂洗水的自动清洗器，清洗可循环使用容器等物品。

（6）当一个工艺的漂洗排水适合另一个工艺漂洗用水时，循序漂洗。例如酸浴的漂洗出水可用作碱浴的漂洗水。

（7）尽可能处理电镀和金属加工工艺的漂洗水，回收金属、化学物质（返回电镀槽）和漂洗水（返回冲洗系统）。考虑将膜系统、蒸发 / 冷凝系统作为分离电镀液与漂洗水的方法。

（8）处理并将电镀和金属加工工艺用水回用于某些冷水漂洗。通过使用气刀减少带出液（产品从电镀槽分离出的工艺溶液）改善漂洗水水质。在进入漂洗槽前，让带出液充分排入电镀槽。在电镀槽中使用湿润剂降低表面张力，可以减少一半带出液。

（9）对多槽系统而言，一种选择是将第一个冲洗槽作为静态槽而非连续溢流槽，尽可能保留第一个槽的带出液；这个方法还可以减少额外漂洗和补充用水量。另一个选择是使用逆流漂洗，漂洗水按照与工艺相反的顺序依次流经水槽；这种方法将新水留在一个水槽进行最洁净的漂洗，使前槽用水少于后槽。在某些情况下，使用 2 个逆流水槽代替 1 个顺流水槽节水量可达 50%。逆流系统可能需要额外的水槽、管道和地面空间。

（10）如果与工艺配套，以回用漂洗水等回收水的喷洒漂洗系统替代漂洗槽。使用合适的喷嘴，使漂洗和清洗喷洒指向准确。喷洒漂洗对扁平、具有小孔或杯形的物品最有效。

（11）除非工艺严格要求，避免或尽量少用软化水、反渗透水和去离子水，因为它们需要额外的、无法用于其他非饮用用途的反冲洗水。尽可能减少连续漂洗可以减少反渗透需水量。循环利用去离子水要求谨慎控制污水避免元件损坏，特别是电子工业；处理方法包括许多工艺使用的生产去离子水的方法。由于漂洗槽初始水量很可能污染物浓度最高，只循环利用后续工艺污染较轻的漂洗水可能更有意义。通过优化使用、消除充气漂洗、将连续流系统转变为间歇流系统，可以保持去离子水的水质。

（12）尽可能将洗涤水再生或回用到下一个清洗工艺。必要时，用气浮法和过滤等方法处理漂洗水。

（13）用水泵将换热用水，例如未发生化学变化的冷却和加热用水，送到储存池供其他工艺使用。

（14）避免不必要的稀释，洗涤槽中使用最大允许污染物浓度。

（15）使用干预防护电导率仪减少溶剂脱脂工艺的漂洗用水，控制漂洗槽补给水量。

（16）恢复、处理和再生利用滤池反冲洗水。

（17）安装挡水板和滴水盘。在工艺和漂洗槽之间安装排水板，使带出液流回工艺水槽中。

（18）维修工艺设备的漏失。

（19）减小或消除工艺运行完成后的持续细流。

（20）电镀前检查所有部件，延长水槽使用寿命；部件应干净、干燥、无锈、无屑以减少污染。用旧溶剂擦除或预洗污染部件。

（21）安排湿式工艺生产，使一天中漂洗时间较短。

（22）如果无需高压供水，应安装减压设备。低压便携式水泵可用于清洗站，减少排水总量。

“倾听来自地球的声音。”

——莎士比亚

“身教重于言教。”

——本杰明·富兰克林

2. 工艺清洗的节水量和成本效益

商业和工业对其工艺清洗和漂洗过程的节水潜力和效果做了很多研究，尤其是电镀和电子工业。例如，加利福尼亚州硅谷地区的 10 个电子制造厂通过监测用水、循环和再生用水、设备改造、改进景观灌溉方法和员工培训等方式，实现了显著的节水和节省成本效果。这些公司涉及半导体芯片、集成电路等电子产品的研发、测试、制造和销售。每个公司年节水量为 0.8 ~ 138.2 万 m^3 不等，通常减少 20% ~ 40%，年节省成本 2.8 万 ~ 15.3 万美元，投资回收期通常不到一年。[69, 75]

案例研究 1：元件制造厂通过工艺改造和反渗透节水。英特尔公司在新墨西哥州里奥兰珠市的微芯片制造厂自从实施多种节水创新措施以来，日用水量由预期的 3.8 万 m^3/d 减至 1.5 万 m^3/d。此外，在 1995 ~ 1999 年，英特尔在减少用水的同时，芯片产量却增加了 70%。节水主要通过安装高回收率的反渗透系统、改善芯片清洗和漂洗技术及景观节水实现。生产计算机主机、移动电话和其他便携式电子产品的芯片都需要大量超纯水。英特尔公司的反渗透系统可以在生产芯片用水中悬浮大量硅，因此大大减少了纯水的使用。在初步研究中，系统实现了 85% 的回收率，每 4.5L 水可以生产 3.8L 纯水。英特尔公司还通过将制造工艺的用水回用于冷却塔补给水、废气洗涤和景观灌溉等，年节水约 2865.6m^3。当英特尔公司芯片加工槽用水的流体动力学计算机模型显示 50% 的流量未用于冲洗芯片时，公司设计了新的半导体洗净设备，改变水槽的形状和容积，优化漂洗用水量；该设备不仅节水，而且节省能源和化学物质，英特尔公司已经在其全球设施上使用这个新的设计。在里奥兰珠市制造厂里有 0.1km^2 的地方已经升级为旱生景观设计，选用低耗水植物和更高效的灌溉系统，这些改进措施减少了约 60% 的室外用水。[76]

案例研究 2：空气净化器用海水替代淡水。圣地亚哥孟三都公司的纽特健凯尔寇工厂生产用于食品、药品、个人护理品、纸张和织物、油漆及涂料、油田钻井液和水泥材料的稳定、增稠和悬浮藻胶产品。使用水填充式空气净化器控制藻胶副产物——挥发性有机化合物（VOC）。在实施节水措施以前，空气净化器使用大量淡水。一项对净化器的工程评价使净化器的设计产生重大变化，允许空气净化器使用海水，而圣地亚哥拥有大量海水资源。这个措施通过安装优质、防腐蚀铜镍合金管将海水从海湾运输送到4个净化器中。此外，新管道使用了特殊涂层以减少腐蚀性海水对净化器的污染。使用这个措施后，该厂在1995年底淡水年用量减少56.8万m^3；总用水量降低20%，减少给水和排水费用超过100万美元。[77]

案例研究3：金属加工和处理工业节约漂洗水。加利福尼亚州圣何塞金属加工厂的两个案例表明此这类工业用户可以实现的节水措施和节水量。生产计算机主机大容量磁盘的高密度磁盘公司（Hi-Density Disc），开始再生利用冲洗水并实施其他工艺改造，包括安装新水槽、管道和筒式过滤器减少废水排放。此外，公司还创建了积极的培训和监管计划确保员工遵守节水原则和程序。这些措施实现年节水量合计8706.4m^3，减少了29%的用水量；年节省成本20万美元，偿还期不到一个月。然而，节水措施对公司的一个负面影响是增加了因排放废水浓度增高而违反废水排放标准的情况。另一个Dyna-Craft金属加工厂，在漂洗机械上安装气刀减少漂洗用水量，还安装了限流器减少去离子水用量。使用这些措施年节水4.9万m^3，减少25%的用水量；年节省成本12.9万美元，投资回收期为2个月。[69，75]

4.2.3.4 物料转运

在物料转运过程中，水用于漂洗、清洗、原料或产品运输、污染控制和废物处置等工艺的物料（食品而非计算机）转运。例如，用水道将食品或蔬菜从货运卡车转运到生产线的过程。当大箱产品从卡车卸到平台之后，用水将产品从水箱转运到分类设备中。[69]

1. 物料转运的节水措施

适用于物料转运的节水措施包括：[69，76]

（1）在水箱和水槽中回用水道水，通常不做处理。

（2）降低水箱和水槽中水深，减少流量。

（3）间歇排放代替连续排放产品转运用水。

（4）过滤或循环工艺用水作为其他非饮用水。

2. 物料转运的节水量和成本效益

案例研究1：使用循环水冲走辣椒皮。新墨西哥州宝德食品厂是世界上最大的青椒和辣椒生产基地之一，每天烘焙和制备转运约453.6t辣椒。公司在1992～1995年实现节水27%，用水量从5.8L/kg辣椒减至4.3L/kg辣椒。公司将滤去辣椒皮的工艺用水经过氯消毒后循环用于（不接触食物）去皮水槽；每年还循环利用17.8万m^3废水灌溉0.4km^2紫花苜蓿和草场。（总用水量自1995年以来因胡椒产量增加300%而增长，胡椒用盐水罐装。）[76]

案例研究2：包装公司使用循环水转运产品。加利福尼亚州圣克拉拉的Gangi Bros.包装公司，是一家西红柿加工和装罐厂，它将再生水（经过氯消毒）替代新水用于西红柿的水道工艺。货运卡车将西红柿卸到平台上的大型货箱（容积约267.6m^3）中，用水将西红柿从水箱转运到分类设备中。水道工艺用水通过货箱和水槽倾倒系统上的特殊阀门实现循环利用。[75]

案例研究3：加拿大肉类加工厂减少15%的用水量。肉类加工行业需要大量的加工、冷冻和清洗用水。亚伯达州埃德蒙顿市Gainers肉类加工设施加工和包装生肉和烟熏肉产品。对该设施的节水节能审计识别出 5 种节水措施，估计节水量为 21.1 万 m^3，约为总用水量的 15%。节水措施包括安装小流量、细雾喷头清洗和冷却产品和货架，安装高压喷枪和水嘴，安装小流量淋浴器，用新型器具或相关设备更换或改造卫生间坐便器、小便器和水嘴。审计还推荐钻井供库存洒水和夏天冷却，这种措施虽不节水但能节省成本。每年计划节省给排水费用至少为 25 万加元，估计投资回收期约 8 个月。[78]

4.2.3.5　摄影和 X 光胶片冲印

“德国物理学家威廉•康拉德•伦琴在 1895 年研究阴极射线时，偶然发现了 X 射线。由于 X 射线对骨头和身体组织的散射和吸收不同，所以可以利用 X 射线医学影像图对比身体部位。”

——《不列颠大百科全书》

胶片冲印机用于商业、法律机构、学校等的摄影胶片室和医院、医疗和牙科诊室的 X 光胶片冲印。

目前多数大型摄影和 X 光胶片冲印使用自动冲印设备，但小型系统仍然人工操作。新型自动冲洗印机比老式的效率更高，冲印过程产生并排入废水中的金属银离子也更少。自动冲印过程通常需要恒定水流用于显影、定影、硬化、冲洗和漂洗等工序的一系列反应。虽然用水量随胶片类型或显影工艺而不同，但多数需要冲洗和漂洗用水。摄影和 X 光胶片冲印机平均用水量为 7.6 ～ 15.1L/min。医院和卫生机构的高效图片冲印系统平均用水不超过 7.6L/min，也有有些系统用水量较高。虽然 X 光胶片冲印机可以配备自动截止阀减少或停止未冲印时用水，但有些机器可能无法按预期停止，甚至在未冲印时也继续进水。[65，79，80]

1. 摄影和 X 光胶片冲印工艺的节水措施

适用于摄影和 X 光胶片冲印工艺的节水措施包括：[79-81]

（1）将设备升级至新型、更节水的型号。

（2）将胶片冲印机的流量调节到所需的最小流量，这可能需要在每个单元的给水管道上安装控制阀。（流量要求随机械各异，即使同一厂家生产的同一型号也可能不同。）在给水管道上安装简易流量计，在胶片冲印机附近张贴最小可接受流量清单供操作人员参考。

（3）在一些设备上安装自动关闭电磁阀，在设备停工时停止冲洗水和冷却水进水。定期检查安装的自动关闭电磁阀，确保阀门正确关闭。

（4）在无需高压的设备给水管道上，安装减压设备。

（5）如果设备装有橡胶清洁器，可以减小 95% 的化学物质用量，从而较少清洗周期的需水量。

（6）循环利用冲洗槽出水作为定影液补给水。

2. X 光胶片冲印的节水量和成本效益

医疗诊室的 X 光冲印机可以通过调节供水管道上进水阀（或安装流量计和调节阀），将连续用水流量从 15.1L/min 减至 7.6L/min（以不影响洗片质量为前提）。调节后如果系统每年运行 260d、每天运行 12h，估计每台设备的年节水量约为 1417.3m^3。流量计和调节阀成本约为 175 美元。给排水服务费如果按 1.1 美元 /m^3 计算，该措施年节省成本 1500 美元，投资回收期约为一个月。

4.2.3.6 纸浆、造纸与包装加工

纸浆和造纸的主要来源是树木。树木被剥皮、切碎而后制浆。纸浆经过冲洗、筛滤、脱水增稠而后漂白。造纸过程包括打浆、装浆、投入各种添加剂、精炼而后将纸浆投入造纸机。

在美国，纸浆和造纸工业是最大用水户之一。据估计，制造厂漂白每吨纸浆需要用水56.8 ~ 227.1m^3。因为该行业的耗水量大，所以造纸和包装厂实施节水措施更具竞争优势。[82]

制浆是造纸工业的常见工艺，由饱和石膏水和造纸纤维形成含固量2% ~ 5%的混合液，然后纸浆经过一系列步骤脱水，首先经过滚筒筛，然后进入传送带，加工成后续工艺的中间产品。[69]

1. 纸浆、造纸及包装工艺的节水措施

适用于纸浆、造纸及包装工艺的节水措施包括：[69，82，83]

（1）循环利用是纸浆和造纸工业最有效的节水措施。尽管造纸工艺用水循环利用比较复杂，但制浆脱水工艺回收的水和纤维通常可以再生利用于后续制浆工艺，无需或只需很少的处理。循环利用造纸工艺用水最大的挑战是“白色”或工艺污染水对产品质量和加工的影响。纸张质量要求越高，用水质量要求也越高。因此，使用再生水生产优质纸和包装，需要大量预处理达到可接受的化学物质平衡并减少腐蚀剂浓度及结垢的悬浮固体。

（2）纸浆和造纸工业的其他节水措施包括再生水、混合水、加工或冷却水分区和高级处理技术。

2. 造纸工艺的节水量和成本效益

案例研究：加利福尼亚州纸板公司节水72%。加利福尼亚州圣克拉拉市的纸板公司（CPC）将废纸和卡纸再生为纸板和瓦楞原纸，日产量240t，拥有100 ~ 125个员工三班制工作。公司通过循环和再生利用工艺用水，并对用水质量高的工艺安装新的澄清池，日节水4921.0m^3，相当于减少72%的用水量。自1990实施该节水措施以来，CPC公司节省成本约76.7万美元。CPC公司识别和实施节水措施的关键步骤如下：①识别主要用水点，②评估工艺最低用水需求及水质要求，③评估每个过程用水后的水质变化，④评估经过简单处理或不处理，循环利用同一或其他工艺出水的可行性。[69]

4.2.4 商业厨房和饭店

商业和机构厨房用水主要用于制备食品和饮料、洗碗机、制冰机、冰激凌和冷冻酸奶机、废物处理器和废弃槽。其他用水包括清洗和卫生活动（包括洗衣机），卫生间的卫生器具、制冷和供热用水系统、草坪灌溉，通常有些漏失。商业和机构厨房通常出现在饭店、自助餐厅、医院、旅馆、办公楼、大型商业设施和教育或教养机构。[84-88]

4.2.4.1 厨房和饭店待收集的用水审计信息

厨房和饭店待收集的用水审计信息包括：

（1）用水设备的数量和类型或设备件数（洗碗机、废物处理器、制冰机、水嘴、食品废弃槽等）。

（2）每个用水器具和每件设备平均日负荷。

（3）每天平均服务的膳食数。

（4）水嘴等连续用水器具每天的使用时间。

（5）供水管道的管径和估计流量。

（6）滴水的水嘴、水坑和漏失。

（7）所有适用于现场的健康、安全、运行、控制、管理等要求或政策。

4.2.4.2　商业厨房和饭店相关的节水政策和法规

（1）联邦机构用水审计和节水措施要求。详见 4.2.2 节“清洗与卫生”。

（2）饭店按顾客要求供水。一些社区已经使用了该政策，饭店只在顾客要求时才提供饮用水。

4.2.4.3　食品与饮料制备

水在食品和饮料制备中用于清洗和解冻原料，食品制备，注满玻璃杯和水壶、长柄勺和冰淇淋勺的连续流水槽。

1. 食品和饮料制备的节水措施

用于食品和饮料制备的节水措施包括：[85 ~ 90]

（1）厨房使用在 0.54MPa 压力下最大出流量不大于 9.5L/min（或 0.41MPa 下 8.3L/min）的水嘴；如果洗涤槽需要更大流量用水，则安装指尖控制阀切换加气或全流量状态。在水嘴附近标示指导厨房工作人员在清洁和冲洗时使用充气或小流量水嘴。

（2）在水嘴上安装免持装置或脚踏板。

（3）在洗涤槽中预浸泡或清洗物品替代水流冲洗，除非有其他方面需求。

（4）酒吧洗涤槽应安装自动关闭水嘴。

（5）将冰激凌勺和黄油勺冲洗流量减至最少。

（6）关掉用于清洗咖啡 / 牛奶 / 苏打水 / 饮料岛托盘的连续水流，除非法律另有要求。

（7）按需终端热水饮水机无需或减少水嘴缓慢产生热水前的连续水流，选取无需持续运行循环泵的设备。

（8）及时维修漏失和发生故障的设备，如冷热水管、疏水器、消毒器、洗碗机、水管和水嘴等用水设备和器具。

（9）减少或消除解冻速冻食品用水，除非法律要求；如果法律要求用水解冻，则使用需要的最小流量。尽可能提前计划解冻食品。有一些方法可以减少解冻食品用水，但在实施之前必须检查适用的卫生规范。许多规范要求水持续流动，通常不低于 21℃。如果规范或其他适用法律未规定，可以在不危害健康的前提下减少解冻用水。如果多个洗涤槽水流未得到充分利用，则使用必需的最低数量。

（10）避免在洗涤槽过滤器中用水流溶化冰。

（11）冲洗厨房的水管可以安装水嘴节流阀减少用水量，应定期检查以防漏失。

（12）消毒器、洗碗机和冲洗机器应满负荷运行，满足卫生和传染控制要求。

（13）尽可能循环用水并满足管理要求。例如，使用蒸汽餐桌用水冲洗烹调区，在奶昔机、冰冻酸奶酪机和冰箱等水冷机组回用非接触冷却水。

（14）用节水型号设备或器具更换老旧的设备或器具。

（15）只在顾客需要时提供水。

（16）在餐桌和厨房进行标示以促进节水。

（17）只将水用于饮用、注满水壶等必须用途。

（18）使用最少的餐具、玻璃器具、器皿和厨房用具减少洗碗负荷。

（19）报告所有漏失和用水浪费并进行管理。

2. 食品制备的节水量和成本效益

案例研究：商用厨房废弃槽减少用水量。在波士顿一个办公楼中厨房废弃槽每天用水 4h，恒定流量为 90.8L/min。当安装流量控制器后将流量减少为 22.7L/min（流量减少 70%），节水超过 15.1m^3/d，年节水 3785.4m^3。流量控制设备投资约 280 美元，年净节省成本 8600 美元，不到 2 周即可回收成本。

厨房和饭店的节水措施主要通过减少水嘴和喷头冲洗流量实现。商业厨房的小流量、自动关闭喷嘴和水嘴成本为 10 ~ 40 美元。简单的水嘴加气器成本为 1 ~ 2 美元。[91]

4.2.4.4 商用洗碗机

传送带式洗碗机等商用洗碗机有多种类型、尺寸和流量，通常用水量为 9.5 ~ 30.3L/min。许多洗碗机配备了预洗喷头，增加用水 6.8 ~ 22.7L/min。[92, 93] 洗碗机的用水量随尺寸、运行时间和效率不同而异。例如，大型商用洗碗机和预洗喷洒系统每天在综合流量 34.1L/min 下运行 8h，每周运行 6 天，用水超过 4921.0m^3/ 年。

商用洗碗机工艺通常由预洗喷头将大块食物移入废弃槽开始，如图 4-12 所示，喷头为手持式或自动式，与洗碗机不一定协调运行。自动喷头通常随洗碗机运行或停止而自动启闭。手动喷头用水量为 6.8 ~ 9.5L/min，自动喷头用水量为 11.4 ~ 22.7L/min。[92, 93]

图 4-12 洗碗机使用自动关闭预洗喷头比用恒定流水嘴和漂洗池更节水

（图片来自 Amy Vickers 及其公司）

自动洗碗机有传送带式和喷洒式两种类型。传送带系统将盘子装入机器架上或随传送带通过洗碗机，如图 4-13 所示。这些碗经过数次冲洗、漂洗、消毒周期。喷洒式洗碗机在最后漂洗阶段用热水漂洗，可以用或不用洗涤剂等洗液和消毒剂。商用洗碗机运行时通常使用连续水流作为漂洗水或从冲洗水箱定期释放水流。老式洗碗机有时会在每次漂洗后排放废水，而现代洗碗机循环使用同步工艺的用水，仅在最后漂洗时排放废水。

图 4-13　商用洗碗机用传送带运行

（图片来自简·海勒·普勒泽）

1. 商用洗碗机的节水措施

适用于商用洗碗机和冲洗过程的节水措施包括：[80, 85, 86, 92 ~ 95]

（1）在进入洗碗机或传送系统前，将器皿、盘子和烹饪容器在水或循环水盆中预先浸泡。

（2）尽可能使用简单工具（例如刷子）清洗盘和盆，替代使用连续水流或预洗喷头。

（3）在厨房洗涤槽安装带有手动控制阀的喷头，不用时关闭连续水流。

（4）手动预洗喷头通常比自动喷头节水，一些自动喷头可以拆除并更换为手动喷头。只在有餐具时才运行喷头。

（5）配备小流量、高压预洗喷头，使用合适的喷嘴使水流准确指向漂洗和清洗的物品。

（6）仅在洗碗机运行时，才运行废弃槽。实际上，废弃系统很可能因为没必要将食品废弃物排入污水管道中而拆除。

(7)评估洗碗设备的用水效率和改造选择。向设备制造商或承包商咨询尝试适当减少流量(例如 10%）并评价其性能。

（8）齿条式洗碗机仅在满负荷下运行。

（9）仅在餐具实际通过洗碗机时，才运行传送带式洗碗机，这样仅在冲洗和漂洗时才有水流。安装电子眼或运动感应器探测是否存在盘子并相应调节水，例如，在齿条通过机器后应自动停止水流。

（10）安装串联加热器获取热水，将冷水损失降到最低。

（11）如果允许，将最终漂洗水回用于下一个冲洗周期或如预洗、废物处理器、残食处理器和冲洗废物槽等低级用水。

（12）查看生产说明书，确保洗碗系统使用符合要求的最小水量。用压力或流量调节器可以将流量减至说明书规格。推荐压力一般为 0.41 ~ 0.54MPa，但由于情况各不相同，压力应根据安装的特殊需求合理设置。

（13）许多老式或传送带式洗碗机并不节水和节能。评估更换设备的成本效益。新型洗碗系统应具有自动水量控制和循环系统，查看其用水要求和漂洗流量。许多商用机器冲洗和清洁用水量为 10.6 ~ 30.3L/min。

（14）洗碗机不用时应关闭。

（15）应定期检查预洗喷头以防漏失。

（16）标示提醒员工和访客尽量少用餐具、玻璃器具、器皿和厨房用具，减少洗碗负荷。

2. 商用洗碗机的节水量和成本效益

案例研究 1：医院使用脚踏控制式喷洒冲洗器节水。马萨诸塞州米尔顿医院，在其厨房洗碗池上安装了脚踏控制喷洒冲洗器，该措施可节水 1400.6m^3/ 年。购买和安装喷洒冲洗器成本 240 美元，每年可节省给排水费用 3300 美元，不到 1 个月即可收回成本。[96]

案例研究 2：波士顿某饭店使用餐具感应器节水。波士顿一家大饭店的用水审计建议在洗碗机上安装餐具感应门。审计员估计该措施可节水 851.7m^3/ 年。购买和安装感应器成本为 1200 美元，通过减少热水用量年节省避免成本 2700 美元，5 个月即可收回成本。

4.2.4.5 商业食品与废物处理器和废弃槽

商业饭店和大型厨房废物处理器用水量可能惊人，流量通常为 11.4 ~ 30.3L/min，如果运行食物废弃槽时会更多。[84, 97] 例如，一台处理器每天以 18.9L/min 流量运行 8h，每周使用 6 天，则年用水将超过 2820.1m^3。

废物处理器在混合室中将固体食品废物磨碎成小颗粒，用水将废物冲入污水管中。一些处理器在探测到混合室存在废物时会自动供水，其他的则需人工开启水嘴和处理器。通常用废弃槽或传送带将食品等废物运送到处理器。一些废弃系统尤其老式的，依靠恒定流量（11.4 ~ 18.9L/min）将废物运送到处理器。传送带式系统无需用水（但需用电）将废物转移到处理器。这两个系统都可以手动或自动控制。[98]

现代商业和机构厨房可以使用废物过滤器代替废物处理器，因为没有法规要求厨房废物必须排入污水系统中。废物过滤器由过滤收集篮组成，允许循环水流穿过餐厨废物，冲走溶解性物质和小颗粒，废物体积可减少约 40%。当过滤器装满或满负荷时，将固体食物颗粒倒入垃圾桶或堆肥。废物过滤器用水量约为 7.6L/min，少于处理器用水量的 1/2。[84]

1. 商用食物处理器的节水措施

适用于商用食物处理器的节水措施包括：[51, 84, 86, 98~100]

（1）多数情况下不需要而且可以拆除废物处理器、废弃槽和传送带。除节水以外，该措施还可以消除处理器维修和更换成本以及员工用于处理堵塞等故障的时间成本。

（2）用废物过滤器代替处理器，可以减少用水量。

(3) 可以通过一些方法控制处理器用水流量。用电子感应器探测处理器研磨室的废物，调节流量；安装电磁阀，在关闭处理器时停止水流；应定期检查配有电磁阀的处理器，以确保电磁阀没有卡在常开位置。一些型号有两条供水管道通往处理器和研磨室，两条管道均应检查。

(4) 处理器用水使用可接受的最小流量。逐步减少水流确定处理器可接受的最小流量，或咨询制造商。

(5) 调整预设控制模式，减少处理器的运行时间和用水量。使用带有自动关闭功能的定时器，在处理器关闭时限制水流。检查并确认在处理器关闭时水流停止。如果有两条供水管道通往处理器和研磨室，两条管道均应检查。

(6) 重复使用处理器混合室中的洗碗废水。

(7) 在处理器供水管道上安装流量调节器，消除高压供水期间的过量用水。

2. 食物处理器的节水量和成本效益

案例研究：办公楼综合厨房非必要的食物处理器和清洗槽浪费用水和人工。一些大型厨房在无需用水清洗时，使用废弃槽和传送带组合系统。例如华盛顿五角大楼主要厨房的用水审计发现，洗碗人员手动将盘子和器皿从托盘上移走并放置在传送带上（未涉及用水）装入洗碗机齿条，食品废物和废纸从盘子和器皿上震落到有连续水流的废弃槽中再进入处理器。厨房员工称处理器经常堵塞（使员工从日常工作中分心），而且需要连续流水 30min 清洗排水管。审计员对节水和省时给出两点建议：将废物箱放置在传送带一旁，托盘上的废物可直接倒入废物箱，用简易洗涤槽内置篮更换废物处理器。

4.2.4.6　制冰机

制冰机通常用 75.7 ~ 340.7L 水制备 45.4kg 片冰或冰块，取决于冰的质量。制备 45.4kg 冰，老式水冷块冰机用水 340.7L，有时更多；片冰机用水 56.8 ~ 75.7L；块冰机通常用水 75.7 ~ 94.6L 水。制备冰块比片冰耗水更多，因为在冰块制备中半数以上的水量用于去除矿物质等杂质，以生产纯净的冰块；而浑浊的片冰也能被接受，所以在制备中没有去除杂质过程。

图 4-14　制冰机依类型和型号不同通常用 75.7 ~ 340.7L 水制备 45.4kg 冰

据估计，在美国饭店、厨房、宾馆和汽车旅馆、医院、学校和办公楼等商用设施中有 100 万台在用的自动制冰机，如图 4-14 所示。块冰机占制冰机销售量的 80% 以上。块冰机有 3 种类型：制冰机头、内含一体机组和分体冷凝机组。制冰机头和内含一体机组可以是水冷式或空冷式，分体冷凝机组是空冷式。制备单位重量冰，空冷式机组用水少于水冷式机组，但通常用能更多。制冰机用水和用能效率依制备速率、机组类型和型号不同而各异，新型制冰机的资源利用效率通常高于老式机组。通常可以减少块冰机和片冰机在生产和制冷过程中的用水量。[101, 102]

制冰机主要包括供水和制冷两个子系统。供水系统提供制冰块和冰片用水和去除制冰块杂质用水。制冷系统包括空冷式（未涉及用水）或水冷式冷凝器，在水冷系统中，水单程或循环流经机组。冰块通常分批制备。一些制冰机循环用水直到冻结，而其他制冰机使用单程水流制备纯净的冰块。冰块透明度通常表明其质量、是否存在矿物质或其他颗粒。依型号和制冰方法不同，冰块制备的用水和用能差别很大。[84，102]

制备片冰比冰块更节水，通常是连续过程。片冰一般没有冰块纯净，薄片、形状随机、白色或浑浊；由刮冰刀破碎并刮成片、条或颗粒。片冰机不去除矿物质等颗粒，制备过程中耗水较少。[84]

1. 制冰机的节水措施

适用于制冰机的节水措施包括：[84，86，101，102，104，105]

（1）制冰机的有效使用寿命约为 5 年，所以用新型更节水的空冷式机组替代既有水冷式型号具有成本效益。空冷式型号没有水冷式机组节能，它们可能排放更多热气，增加设备热负荷（不具散热条件的小型设施可能无法考虑）。在购买之前检查制冰机的用水和用能说明书，因其效率随制造商和型号有很大不同。

（2）如果使用水冷式制冰机，确保水在制冷系统中循环利用。如果非循环系统，则需改造为闭式系统，或者接入另一个现场循环水冷系统，或者使用分体空冷式冷凝器机组（这些调整可能相对便宜）。

（3）水冷式制冰机使用制造商指定的最小冷冻水流量，充分减少用水量直至水变暖排放。

（4）尽可能使用片冰机代替块冰机，利用片冰机用水较少的优点。

（5）块冰机使用软化水制备冰块减少排污水。

（6）减少浪费，调整制冰机仅在必要时出冰。

（7）收集水冷机组的冷却水并重复用于非饮用用途。

2. 制冰机的节水量和成本效益

案例研究 1：制冰公司采用节水措施 2 年回收成本。丹佛市一家制冰公司全年生产颗粒和块冰，在 4 ～ 10 月产量最大。公司大部分用水并非用于制冰而是在生产间歇和期间冲洗和清洁制冰设备以及冷却储冰区。公司通过最小的结构改造将之前排放的废水送至蒸汽冷凝器用于冷却存储区，改造包括安装小型立式涡轮泵、PVC 管、水泵与冷凝器隔离阀；隔离阀与简易浮子水位发送器连接，触发水泵启动。这些措施约可节水 5678.1m^3/ 年，年节省给排水费用约 3250 美元。结构改造成本共 7120 美元，投资回收期 2 年多。因公司采取此节水措施，也可推迟至少 1 年向丹佛市水务局支付更多水量的花费。[106]

案例研究 2：饭店将水冷式制冰机改造为空冷式。得克萨斯州奥斯汀的一家饭店将 181.4kg 水冷式制冰机改造为分体空冷式机组，减少用水 70%。改造水冷式冷凝器的管道并将它与空冷式机组连接。改造成本不到 600 美元，相当于节约的给排水费用，该饭店使用此节水措施可在 1 个月收回成本。[107]

制冰机产品和效率信息

空调和制冷研究院（ARI）是一个中央空调和制冷机组制造商贸易组织，测试和设定制冰机标准。ARI 在“认证的制冰机和储冰机产品目录”中，发布其认证的制冰机的用能、产冰率和成本等数据汇总和比较。[103] 美国能源部联邦能源管理计划提供印制和在线资源“购买能效产品”，推荐与用水有关的高能效制冰机。[104] 美国环保局 / 能源部的能源之星 ® 计划标识制冰机用能和其他效率。[102]

4.2.4.7　冰激凌与冷冻酸奶机

冰激凌和冷冻酸奶机通常是工业、商业和机构的厨房、自助餐厅、饭店和冷冻甜品零售店的标配设备。这些机器通常包括水冷或空冷的制冷冷凝器，空冷系统无需用水，水冷式冰激凌和冷冻酸奶机用水依机组不同而异，通常用水 7.6 ～ 11.4L/min。许多水冷式机组的冷却水单程通过机器。[86，89，108，109]

1. 冰激凌和冻酸奶机的节水措施

适用于冰激凌和冷冻酸奶机的节水措施包括：

（1）将水冷机组更换为无需用水冷却冷凝器的空冷机组。

（2）改造水冷式机组，如果可能将其与既有冷冻水系统连接，或安装分体空冷式冷凝器。

（3）待机时关闭机器，例如在非用餐时段。

2. 冰激凌和冷冻酸奶机的节水量和成本效益

水冷式冰激凌机的有效节水措施是更换为空冷式机组。如果一家医院自助餐厅的水冷式机组以 11.4L/min 运行，一年 365d、平均每天 10h，更换为空冷式机组则可节水 2487.0m^3/ 年。给水和排水费用 1.1 美元 /m^3，医院年节省给排水费用 2630 美元。购买一台新型空冷式冰激凌机的成本为 7000 美元，这种措施的投资回收期为 2.7 年。

4.2.5　洗衣店和自助洗衣房

商业和机构的洗衣设施，清洗宾馆和汽车旅馆、医院、养老院、托儿所和饭店的床上用品、制服等其他物品。洗衣设施运行时大量用水，包括洗衣机清洗和漂洗、蒸汽烘干、蒸汽熨烫和干洗剂再生。

多数洗衣店使用传统洗涤脱水机，运行时转筒在清洗和漂洗周期搅拌，然后高速旋转脱水。洗涤脱水机等多数传统大型洗衣机，在每个清洗和漂洗周期使用新水，无内循环。洗涤脱水机的洗涤容量为 11.3 ～ 181.4kg 干重，用水量为每 1kg 干重 20.9 ～ 29.2L 水，[110，111] 相当于每 181.4kg 负荷用水 3.8 ～ 5.3m^3。

节水型洗衣设备，如连续流序批式洗衣机和回用水系统，可以减少配有传统洗涤脱水机的商业和机构设施 70% 的用水。例如，波士顿一家商业洗衣店安装连续流序批式洗衣机节水超过 9.5 万 m^3/ 年。新洗衣机成本为 100 万美元，年可节省用水和运行成本 50 万美元，该新系统不到两年即可收回成本。

公寓、购物中心和宿舍等的自助洗衣房使用投币式洗衣机。自助洗衣房使用的传统洗衣机除安装投币设备而且洗涤容量（7.3kg）稍大以外，通常与住宅用户家用洗衣机（6.4kg）类型相同。自助洗衣房安装的传统洗衣机目前用水量为 132.5 ～ 189.3L/ 负荷，通常因使用率高而使用寿命较短。一些自助洗衣房已开始用更节水节能的前开门和上开门水平轴洗衣机替代传统洗衣机。一些新型洗衣机转速更高，比传统洗衣脱水机更节省能耗和运行成本，因而减少烘干机的使用。(详见 2.2.5 节“洗衣机”)

“约 150 万美国公寓使用公共区洗衣房。”

——美国统计局

据估计，在美国安装了 200 ~ 300 万台商用洗衣机（洗涤容量 7.3kg）。[112] 每年约更换其中的 20 ~ 30 万台，多数使用寿命为 7 ~ 10 年。商用洗衣机中约 17% 用于自助洗衣房，其余安装在多户住宅中。据投币式洗衣协会估计，美国约有 35000 家商业洗衣店，平均每家有 12 台洗衣机。[112]

4.2.5.1 洗衣店和自助洗衣房待收集的用水审计信息

洗衣店和自助洗衣房待收集的工业、商业和机构用水审计信息包括：

（1）洗衣机类型。

（2）制造商、型号和安装年份。

（3）历史用水记录（至少 3 年）。

（4）洗衣店平均每日清洗负荷，以 kg 计（或每间客房或床位，依设施性质不同）。

（5）房间和床位平均数量和入住率（宾馆和汽车旅馆、医院、宿舍等类似设施）。

（6）洗衣店平均负荷的清洁剂用量。

（7）所有适用于现场的健康、安全、运行、控制、管理等要求或政策。

4.2.5.2 洗衣店和自助洗衣房相关的节水政策和法规

联邦机构用水审计和节水措施要求。详见 4.2.2 节“清洗与卫生。”

4.2.5.3 洗衣店和自助洗衣房的节水措施

适用于洗衣店和自助洗衣房的节水措施包括：[67, 94, 98, 110, 111, 113, 114]

（1）洗衣机满负荷运行（称重负荷确保满载）。

（2）非满负荷时尽可能降低水位。

（3）更换或改造既有传统洗烫设备（例如洗涤脱水机）减少用水。为评估更换设备的节水潜力和成本，收集并分析信息，包括洗烫运行用水量、洗烫系统的洗涤容量（kg/ 负荷）、每天完成的周期或负荷、使用时长、循环用水或废水量（如果有）、清洁剂等化学物质用量、每周期包括蒸汽烘干机等所有洗烫设备的用水量。

（4）安装计算机控制的漂洗水回用系统。该系统通过将漂洗水转移到存储箱并回用于洗涤水，可减少 25% 的洗涤用水量。

（5）安装洗涤和漂洗水处理和回用系统。通过洗涤和漂洗水的循环利用，该系统可减少洗衣店用水量约 50%。洗涤循环系统设计和用水量依制造商不同而异，这些系统通常处理洗涤废水，将其回用于后续洗涤负荷的初洗周期。该系统的处理过程包括沉淀、溶气气浮、过滤、加药和碳吸附。漂洗循环系统通常循环利用除首次漂洗以外的所有漂洗水，首次漂洗水可能因含脏衣物的固体、脂肪、油脂等不做循环。

(6) 安装连续流序批式洗衣机与洗涤脱水机相比可减少用水量约 60%。连续流序批式（或轨道式）洗衣机运行时除首次漂洗以外的漂洗水逆向流动回用，衣物在一个清洗周期内自动通过每个清洗步骤的一系列模块。连续流序批式洗衣机用水量仅为 10.0 ~ 16.7L/kg 干重，比洗涤脱水机更节能、节省化学洗涤剂和人工。该系统的缺点是投资成本较高。连续流序批式洗衣机也需要更加仔细地安排清洗负荷，减少设备重新设定的需要。

(7) 安装电子制备臭氧洗衣系统，与传统洗衣系统相比可节水约 10%。臭氧作为清洁剂可以减少 30% ~ 90% 的洗涤剂用量。

(8) 向洗涤脱水机的服务人员和洗涤剂供货商咨询，确保设备在最佳效率下运行。调整化学物质或清洗程序减少清洗和漂洗步骤，可以节水和节省化学物质用量。例如，波士顿一家洗衣店实施这种措施减少用水量约 15%。[108]

(9) 避免过量反冲过滤器或软化器，仅在必要时反冲。

(10) 将“节水”通知或桌签（立式提示卡）放置于宾馆和汽车旅馆的客房中，提示访客节水并将需要洗涤的床单量减到最低。例如新墨西哥州圣达菲酒店协会在客房提供卡片鼓励访客放弃每天更换床单。卡片标示“请帮助节水，洗涤床单须耗费大量水！床单和毛巾可以每天更换。如果您觉得没有必要，请在早上将卡片放在枕头上。这样您的毛巾和床将得到整理，但床单不会更换。如果你想要干净的毛巾，请将用过的放在浴盆中。谢谢您帮助社会节水”。

(11) 减少洗涤剂用量，用高效水平轴洗衣机替代传统洗衣机，可以节水和节能多达 2/3。选择提供具有以下性能的型号优化用水效率：非满负荷的水位调节、适应洗涤小负荷的小篮或搅拌桶、预浸泡选项、改善脱水效果缩短烘干时长的高转速、减少洗涤剂用量。

4.2.5.4 洗衣店和自助洗衣房的节水量和成本效益

案例研究 1：旅馆洗衣循环系统年节省 4 万美元。位于俄勒冈州波特兰的红狮酒店（现在隶属双树酒店系统）的集中洗衣设施，安装了废水回收和循环系统减少给水排水费和燃气费，年节省成本超过 4 万美元。洗衣机用水泵闭式三段微滤和循环系统，替代其使用 20 年的传统单程系统实现节水。旧系统将 11℃的饮用水连续加热到 66℃，使用一次后排入污水管道中。新系统利用由机械振动筛（加压不锈钢过滤筛）和微滤膜过滤器组成的微处理器，去除小到 0.5μm 的颗粒，回收 66℃水。滤后水用蒸汽锅炉加热到 66℃，然后返回洗衣机中循环使用。红狮酒店 1993 年获得波特兰能源办公室颁发的 BEST 创新奖，计划在其他分店进行类似改造。除节省成本，循环系统还减排约 182t CO_2 废气，预期延长锅炉设备使用寿命 50%。新系统成本约 20 万美元，投资回收期为 4.1 年。此外，该酒店还请求住宿超过一晚的客人不要每天清洗床单。[115]

“每天需要干净床单和毛巾是件疯狂的事，没人在家里那样做。”

——绿色酒店协会主席帕特里夏•格里芬

案例研究 2：“绿色”酒店运动正在兴起。除美国环保局发起的自愿节水联盟（WAVE）列入多项采取节水措施的连锁酒店和大学以外，宾馆和汽车旅馆行业也发起了一些类似节水和节省相关费用的自愿活动。安装小流量淋浴器、水嘴加气器和坐便器等室内节水措施；鼓励客人重复使用床单和毛巾在欧洲和亚洲广泛流行，此项措施也能节省用水、能耗和运行成本。越来越多美国酒店留下节水信息卡，鼓励客人重复使用床单。示范信息包括“挽救植物——请重复使用床单，将不需更换的毛巾放在架上，将需要更换的放在地上或浴盆中”；“如果无需更换床单，请在早上将此卡放于枕头上”。[116]

4.2.6 游泳池和动物园

游泳池和动物园的动物和养鱼池用水有很多共同的设计、运行和维护特征，因尺寸、设计、维护程序、气候条件、水质和处理要求等不同而异。

4.2.6.1 游泳池和动物园待收集的用水审计信息

游泳池和动物园待收集的用水审计信息包括：

（1）水池数量和尺寸。

（2）水池容量和水泵流量。

（3）日运行时数和年运行天数。

（4）补水量和蒸发损失。

（5）年补水次数。

（6）水池补水类型（例如连续流、循环或再生水）。

（7）加热和水处理化学物质要求。

（8）水表位置和类型，读表频率和历史使用记录（至少近 3 年）。

（9）所有适用于现场的健康、安全、运行、控制、管理等要求或政策。

动物园水池因动物习惯应收集的额外信息：

（1）现存动物的数量和种类。

（2）动物和笼子清洗要求（例如频率、持续时间和场地大小）。

（3）水管使用和关闭次数，是否使用截止阀。

（4）饮水槽数量、尺寸和类型（连续运行或间歇式）。

（5）用水过滤、再生和处理系统。

（6）地下管道的年限和条件，包括最后一次现场管网漏失探测日期。

（7）清洗和维护、景观灌溉、卫生间、厨房、自助餐厅、加热和制冷等活动用水。

4.2.6.2 游泳池和动物园相关的节水政策和法规

（1）联邦机构用水审计和节水措施要求。详见 4.2.2 节“清洗与卫生。”

（2）水池重新注满限制。一些社区限制水池重新注满频率，尤其是在旱季。在加利福尼亚州夫勒斯诺市，仅允许每 3 年重新注满水池一次，除非积累化学污染物。[117]

（3）水池加盖的要求。加利福尼亚州马林县市政水务区要求所有新建室外游泳池加盖。[118]水池加盖不仅因减少蒸发而节水，还能因防止事故和溺水帮助保护水池范围安全。多数溺水发生在无人看管的游泳池，而 5 岁以下儿童危险最大。

（4）灌溉系统和水景的独立计量。凤凰城要求灌溉、喷泉和水景等室外用水独立计量。

(5) 人工湖和喷泉使用饮用水的限制。旧金山和亚利桑那州钱德勒、梅萨和凤凰城限制或禁止将饮用水用于人工湖或喷泉。[53] 加利福尼亚州帕洛阿尔托限制或禁止水塘、喷泉等水景和草坪使用饮用水。[119]

4.2.6.3 游泳池

游泳池安装在学校和体育馆、公共娱乐设施、宾馆和汽车旅馆、健身房、医疗保健设施、水上公园、多户和独户住宅等多种场所，如图 4-15 所示。美国有 1000 余个在用的水上公园[120]，通常具有游泳池和其他水上娱乐设施及水景。

图 4-15　游泳池必须定期补充因蒸发、飞溅和过滤反冲而损失的水量，并稀释累积的污染物。水池加盖可以减少此类损失

（图片来自水池盖公司）

游泳池实际排水和注水频率通常比需要的高。[121] 除重新注水以外，游泳池用水包括补充蒸发、飞溅、滤池反冲和漏失的损失水量。水也用于稀释或去除游泳池中累积的污染物。[122] 无盖的室外游泳池在夏天每周平均蒸发损失 25.4mm，在极热、干燥气候损失更多。室内游泳池同样损失水量，损失量随水温和气温温差不同而异。游泳池浪费水的同时也浪费能源。例如，根据美国能源部，游泳池 70% 的能量损失源自蒸发，调节游泳池水温可以帮助控制水量和能量损失。[123]

1. 游泳池的节水措施

适用于游泳池的节水措施包括：[121 ~ 125]

(1) 限制游泳池重新注水频率，考虑水质和处理需要及其他现场具体要求。

(2) 在游泳池未使用时加隔热盖，控制蒸发热量和水量损失。游泳池加盖不仅可以节省用水、用能和化学物质，而且在游泳池无人看管时可以防止事故发生。

(3) 降低游泳池水位，使其超出泳池内衬边线底部 2.5cm，可以减少飞溅水量。

(4) 如果可能，降低游泳池水温，尤其在水池未使用时。

(5) 仅在必要时反冲游泳池过滤器。如果反冲洗周期由计时器控制，检查并调整每周期频率和持续时间以确保最佳效率。

(6) 定期检查游泳池裂缝和漏失（包括压力灌浆、衬砌和排水阀）并及时维修。

(7) 安装室内冷凝机组循环利用游泳池区域的热量和水量，可帮助减少室外空气通风量，从而减少游泳池的蒸发损失。这一措施仅适用于室内游泳池。

(8) 保持游泳池及其过滤器清洁将反冲频率降到最低。一个住宅规格的游泳池每次砂滤反冲用水数立方米。

(9) 如果余氯浓度可以接受（余氯浓度超过 3mg/L 可危害植物），在可行的地方，可用过滤反冲水灌溉草坪和灌木，或将其收集回用。

(10) 调查可能减少过滤反冲水量损失的替代处理系统。

2. 游泳池的节水量和成本效益

游泳池加盖可以节约蒸发损失水量的 95%。[121] 对波士顿一家运动设施的研究表明，通常保持在 29℃的游泳池，当其温度降至 27℃（美国制冷和空调工程协会推荐温度），可以降低蒸发和热量损失。据估计温度的少许降低，年节省用水和能耗成本 2350 美元。因此措施未涉及成本，所以可以立即得到回报。[125]

4.2.6.4 动物园

动物园用水有多种用途，包括动物泳池和海洋馆、水景、动物喂养、制冷和供热、景观、游客和员工餐厅和卫生间以及清洁等。

动物园耗用大量水，实际上，动物园是用水量最大的机构用户之一。监测各种动物园功能和活动用水是很困难的，因为这些设施通常没有计量（尤其是市属动物园）或全园只有一个总表。新建设备可能有辅助水表提供具体活动或设备的用水量数据。动物园和海洋馆建有大量地下管网连接展室和动物喂养区。这些设施的用水审计应包括管网分析，建立水量平衡估计未计入水量和用水量损失。这对于可能因忽视管道、阀门、连接部件老旧和水池破裂而显著浪费用水的老旧设施非常必要。审计员应调查已关闭的展区连接处是否存在漏失或未能正确关闭仍在进水的情况（如图 4-16 所示）。

图 4-16 动物饮水槽无需连续注水保持满水位，而应定期清洗后注满新水

（图片来自 Amy Vickers 及其公司）

许多动物园24小时连续用水维护动物栖息地和水池，这些用水由单程系统提供，因为动物园全天候运行，改变供水系统压力可能影响其用水。[126] 例如，费城动物园的审计表明每天24h流入鸟展馆的水直接排到污水管，夜间动物园用水增加10%，这个现象可能是由于压力升高促使水流连续流入游泳池和动物栖息地造成漏失。据估计费城动物园使用15种节水措施，日平均节水34%。[127]

对美国、加拿大和荷兰的8个动物园和商业娱乐公园的文献研究和管理者系列访谈表明，多数机构因高额水费和当地节水要求而启用了节水措施。许多动物园报告，未计入水量很大比例可能是由水池和地下管道漏失造成的。虽然一些设备安装了过滤系统处理和循环水池用水，但几乎所有受访的动物水池和海洋馆管理者使用“倾倒和注水”的方式清洗水池。虽然许多动物喂养人员认为“倾倒和注水”方式浪费水，但他们称对老旧水池和水族区常见的没有过滤系统的水池的处理措施，缺乏可靠满意的科学指导。一些动物喂养人员坚持认为水池应尽量保持卫生，而其他认为动物在野外或动物园中经常在同一水源内排便和饮水，并无明显不利健康的影响。虽然美国农业部已经建立海洋哺乳类栖息地水池的水质要求，但尚无动物园非海洋哺乳类水池的水质标准。由于缺乏对水池水质和清洗要求的科学指导，水池供水要求也不明确。[126]

1. 动物园节水措施

适用于动物园、水族馆等野生生物喂养设施的节水措施包括：

(1) 在主要用水区安装水表，监测用水并调查动物园开放和关闭期间的用水量增加状况。

(2) 对不排入污水系统的所有用水安装辅助水表（例如，灌溉用水或直流冷却用水）。为减少的污水排放量提供排污退费。对包括关闭设施在内的所有管道、阀门、消防栓和连接进行漏失探测。定期检查或维修所有地上和地下漏失。

(3) 定期检查并维修动物水池和海洋馆、喷泉、瀑布等水景的漏失和裂缝。检查应包括压力灌浆、衬砌和排放阀。

(4) 限制水池重新注水频率，考虑水质和处理需要及其他现场具体要求。动物、鱼等特殊用途水池可能有具体的注水要求，调整之前应进行调查。

(5) 尽可能在适合的规范和法规允许范围内，为所有动物水池和栖息地及水景安装用水过滤、处理和循环系统。

(6) 将由水桶收集的降雨径流和非接触水，回用于冷却系统、灌溉和维护活动等。

(7) 在可行的地方安装流量控制设备减少连续流水，尤其在下雨和动物园关闭的时间。

(8) 评估既有和规划的水池和水塘设计深度和注水要求。

(9) 水冷系统应是循环系统，尽可能用空冷机组更换或改造水冷系统。

(10) 在动物饮水槽安装自动补水饮水机替代连续流水管，确保水池清洁。

(11) 尽可能在冲洗污染区域前铲走动物废物。

(12) 使用无需用水的风机和真空吸尘器替代水管进行清洁。

(13) 使用带有自动截止阀的高压水管进行清洗。

(14) 在可行的地方安装减压阀。

(15) 在动物区水槽上安装切换阀，提供加气和未加气水流，减少清洗时的大流量用水和飞溅损失。

2. 动物园的节水量和成本效益

在美国、加拿大和荷兰的一些动物园已实施创新节水措施，为其他动物园和海洋公园提供了示范。

案例研究 1：丹佛市动物园用水审计识别节水措施，减少用水量 60%。丹佛市动物园建于 1896 年，包括动物展馆和支持设备在内占地 0.3km^2。1999 年的用水审计估计该动物园用水量约为 145.0 万 m^3/ 年（用水量与洛杉矶动物园大致相当，但面积约是洛杉矶动物园的一半）。对主要漏失进行维修后的水量平衡分析表明，丹佛市动物园超过 90% 的水量用于动物（主要有鸟类、哺乳类和灵长类动物），如图 4-17 所示。在审计之前，发现在 1992 ~ 1997 年漏失量约为 11.4 万 m^3/ 年，超过动物园总用水量的 5%；在漏失维修后，建立了整个动物园的漏失探测系统；在火烈鸟水池底部阀门旁发现了流量约 11.4L/min，即 6056.7m^3/ 年的漏失。审计识别了节水量 86.7 万 m^3/ 年的长短期节水潜力，可减少用水量 60%，投资回收期为 6 个月～ 2 年。短期节水措施包括漏失和消防栓维修，减少单程流量和尽可能循环用水，安装小流量淋浴器和冲洗阀式坐便器，改善灌溉满足植物需要并减少径流。长期措施包括改进水景循环模式和补水，更有效地使用现场地下水资源，使用丹佛即将竣工的再生水厂提供的非饮用水。该审计还发现动物园 7 个水表的计量流量每月偏低共 2.3 万 m^3。[128]

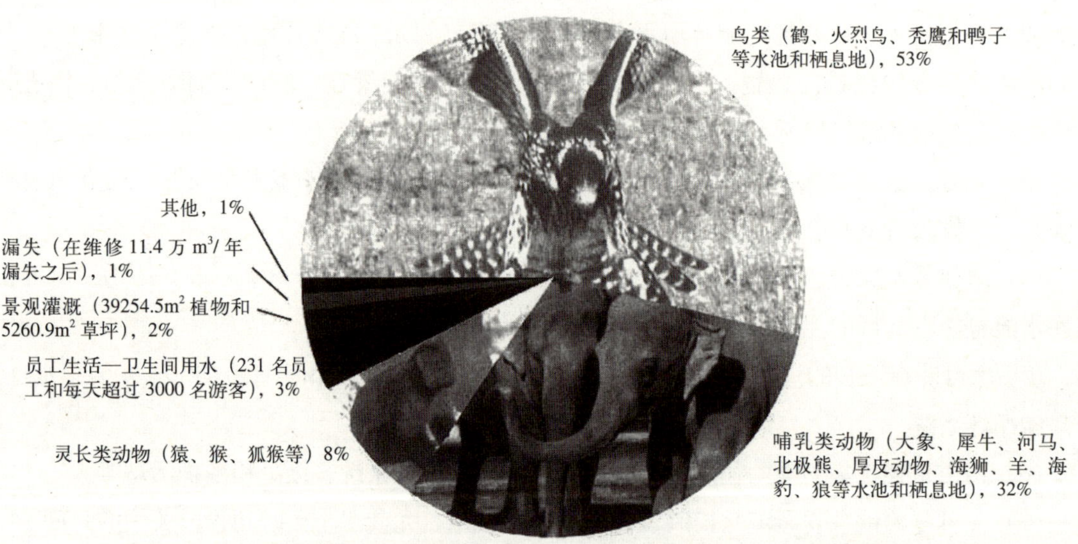

图 4-17　丹佛市动物园用水审计结果（1999 年用水量 145.0 万 m^3/ 年）

案例研究 2：荷兰 Nooder Dierenpark Emmen 动物园拥有集中污水处理过滤并与水池相连的循环系统。动物园还收集屋面雨水等资源用于水池补水。[126]

案例研究 3：路易斯安那州动物园用湿地进行污水处理。路易斯安那州的巴吞鲁日动物园拥有 8093.7m^2 的沼泽和湿地系统供水生和鸟类等野生动物栖息。该系统在污水排入附近河口前也作为二级处理系统，污水中的有机物被微生物降解生成 CO_2。[126]

案例研究 4：凤凰城动物园使用截止阀。凤凰城动物园使用浮子阀和截止阀控制曾经连续流水的水池。动物园教育游客和员工在园内各处节水。[127]

案例研究 5：圣地亚哥野生动物园用再生水和井水灌溉牧草区。 圣地亚哥野生动物公园自 1972 年起开始运行 189m^3/d 处理能力的污水再生循环系统。该系统处理来自动物展馆、宠物园、游客和员工用餐服务区和卫生间的污水。消毒后的再生水与井水混合用于灌溉服务公园东非展区长颈鹿、犀牛、南非大水牛等动物的 0.8km^2 草料区。该动物园安装了自动补水动物饮水机替代连续流水槽，还遵循节水景观设计和管理措施，使用灌溉控制系统和滴灌系统。[126]

案例研究 6：俄勒冈州动物园节水措施减少用水 40%。 在俄勒冈州波特兰的俄勒冈州立动物园，在 1991 ~ 2000 年实施多种节水措施后减少用水 40%。措施包括展馆循环用水和灌溉改进措施。动物园通过安装辅助水表获得未排入污水系统的排污退费。截止到 2000 年动物园年节省给水和排水费用约 25 万美元。[129]

4.2.7 冷却系统

“冷却系统是用于保持建筑或设备温度不超过安全和效率所限定温度的设备。如果过热，机械传输润滑油将失去润滑能力，而液压联轴器或转换器液体将在压力下漏失。冷却系统用于工厂的机械、核反应堆、汽车等多种机械中。”

——《大不列颠百科全书》

冷却用水占美国非住宅用水量的重要部分；在工业、商业与机构设施用水中，冷却系统通常是最大用户。冷却水用于带走建筑和工艺冷却系统、空气泵和真空泵、压缩机、大型商业冷冻、冷藏和制冰机产生的热量。

涉及用水的 4 类常见冷却系统分别是直流冷却、冷却塔、蒸发冷却器、设备冷却。

4.2.7.1 冷却系统待收集的用水审计信息

冷却系统待收集的工业、商业与机构用水审计信息在各小节下分别介绍。

4.2.7.2 冷却系统相关的节水政策和法规

联邦机构用水审计和节水措施要求。详见 4.2.2 节“清洗与卫生。”

多数情况禁止直流冷却。纽约、丹佛、凤凰城和夏威夷等城市禁止使用直流冷却。[117，130] 例如在夏威夷所有新建设施，如果用饮用水冷却设备的用水量超过 3.8L/min 或在 24h 周期内运行 10h 以上，必须回用冷却水。

禁止非循环式蒸发冷却器。加利福尼亚州夫勒斯诺市禁止使用非循环式（直流冷却）蒸发冷却器。[131]

提供冷却塔用水的排污退费。西雅图和纽约等城市水务公用事业，向用户提供冷却塔用水和蒸发损失（例如未排入污水管）水量的排污退费或账单调整退费。一些公用事业允许用户使用“扣除水表”计量蒸发损失水量，而其他使用公式或提供排污津贴调整排污费。未计量的调整可能因蒸发量随冷却塔设计效率和维护、冷却负荷变化以及天气等因素变化而不够准确。这些退费与灌溉、蒸汽加湿器等耗水而非排入污水系统的用水情况类似。[132，133]

4.2.7.3 直流冷却系统

直流冷却系统或工艺，是耗水量最大的冷却方式，因用水单程通过设备或冷却系统后直接排入污水管道而效率很低，浪费水资源、能源和费用，如图 4-18 所示。直流冷却系统即使流量看似很小，实际浪费水量仍然很大。直流冷却系统通常用于以下设备：空调设备和系统、设备冷却系统、制冷系统、冷凝器、空气压缩机、处理池、电脑分层扫描仪、实验室工艺和设备、摄影和 X 光胶片冲印机、制冰机、除油器、整流器、液压机和设备、焊接机、真空泵和黏度测定槽等。[134～137]

图 4-18 直流冷却系统排污管
（图片来自丹佛市水务局）

1. 直流冷却系统待收集的用水审计信息

直流冷却系统待收集的工业、商业与机构用水审计信息包括：

（1）冷却空间（面积）、设备或工艺。

（2）冷却的最低要求，包括温度、流量和流量持续时间（例如每天使用的小时数）。

（3）如果有，水冷设备上的水表。

（4）历史用水记录（至少 3 年）。

（5）冷却系统已知或估计用水量（L/h）。

（6）所有适用于现场的健康、安全、运行、控制、管理等要求或政策。

2. 直流冷却系统的节水措施

适用于直流冷却系统的节水措施包括：[94，134-139]

（1）尽快取消所有直流冷却工艺，除非这部分水回用于其他有益用途。用更节水的冷却系统更换需要大量用水的直流冷却设备，通常投资回收期很短。

（2）在空压机、真空泵、制冰机和冰激凌与冷冻酸奶机等设备升级时，用空冷和节能型号更换水冷设备。

（3）一些直流冷却系统可以改造为闭路循环用水系统。改造通常包括增加（管道）环路将排污回收到系统入口。具有直流冷却系统的小型设备，有时可以连接既有循环管路（例如设备的冷水系统）进行改造。

（4）如果可能，根据冷却需要、设备和现场结构安装自动控制设备，只在必要时（例如运行时段）运行直流冷却机组。安装自动截止阀，在压缩机未工作时停止单程水流进入压缩机和空气干燥器。仅间歇使用的水冷设备可以安装类似装备。增加电动控制阀在寒冷或设备没有使用时排出用水以保护室外设备。另一个选择是用温度控制阀调节流量，保持特定温度，仅用达到温度要求必需的水量。

（5）监测每个冷却设备的出水温度。如果类似设备的出水温度不同，应调查原因（一些设备可能接受超出需要的水量）。确定合适的出水温度并调节相应的循环水量。

(6) 评价将单程用水回用于其他用途的可行性，例如用于空压机、真空泵、制冰机、冰淇淋和冷冻酸奶机等其他带有水冷空气冷凝器机组的设备、景观灌溉、汽车冲洗和维护。一些直流冷却系统可与既有冷却塔连接，出水回用作为冷却塔的补给水，但必须评估冷却塔的工作能力和水质要求，确定该措施的可行性。

3. 直流冷却系统的节水量和成本效益

案例研究 1：墨水制造厂更换直流冷却系统节水 80%

一个墨水制造厂购买一台小型冷却塔，替代冷却墨水颜料的直流冷却系统。购买和安装冷却塔的成本为 5000 美元，但它减少公司用水约 80%。因此，公司年给水和排水费用降低 1.4 万美元，投资回收期不到 5 个月。[134]

案例研究 2：医院太平间用空冷机组更换直流水冷系统

马萨诸塞州诺伍德医院用空冷机组替代太平间的直流水冷系统，节水 7949.4m^3/ 年。购买和安装循环系统成本为 5500 美元，一年可节省水费和排污费 13750 美元，医院使用该措施的投资回报期约 5 个月。[140] 设备由水冷式改造为空冷系统，可能会增加能耗和成本。如果考虑增加的能源成本，投资回收期会更长一些。

4.2.7.4　冷却塔

在工业、商业与机构用水中，冷却塔运行空调、工艺冷却和制冷系统与设备需要大量用水。冷却塔通过重复用水，比直流冷却系统用水减少 90% ~ 95%。尽管如此，冷却塔通常是工厂、电厂、大型办公楼、制造厂、医院、宾馆、食品加工厂、超市、学校等具有大型空调或冷却要求设施用水量最大的设备，如图 4-19 所示。

图 4-19　冷却塔

（图片来自简・海勒・普勒泽）

冷却塔的基本功能是利用蒸发降低因流经建筑、工艺或空调系统等设备而升高的水温。例如，随着建筑内空气温度被水冷空调降低后，热交换使冷却水升温。与一次性排出冷却水的直流冷却系统不同，冷却塔中的升温水返回重新冷却循环往复。升温的水流与塔内气流接触后，通过蒸发带走热量，而留下的水流得到冷却，从而实现重复冷却。从冷却塔到设备之间的闭环管路连续运行这一循环。目前有多种类型的冷却塔，其运行原理相同[135,141]，如图4-20所示。

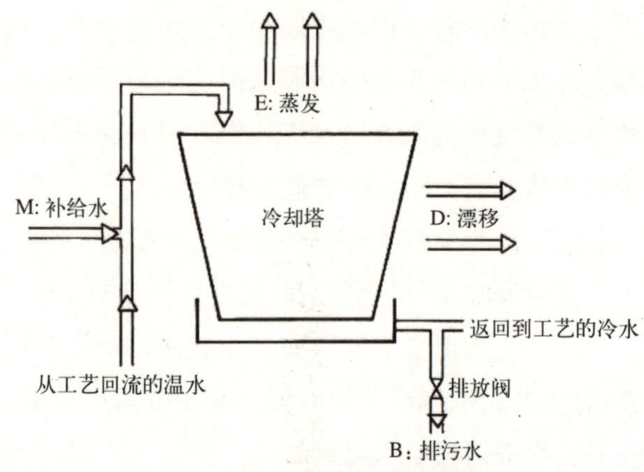

图 4-20　冷却塔用水原理图

（图片来自南加利福尼亚州都市水务局）

冷却塔或其他冷却设备的工作能力以吨表示，但在这里不指重量，而是冷却塔散热量。1冷吨相当于3.5kW。工业、商业与机构设施的冷却塔工作能力一般为50 ~ 1000冷吨及以上，大型设施可以配备多个冷却塔。[135] 美国在用冷却塔数量估计超过35万个，约50%是300冷吨及以下。[142]

1. 冷却塔的水量损失

理解冷却塔的基本运行原理，可以帮助减少冷却塔水量损失。冷却塔的水量损失一般有3种：蒸发、排污、飘移和其他损失，这些损失由补给水补充。

（1）蒸发

冷却塔通过一部分温水汽化带走热量冷却剩余水运行。蒸发量取决于冷却水与空气的接触时长、空气和水的温度、风量等因素。（炎热、干燥、多风的天气增加蒸发，而湿度大的凉爽天气减少蒸发。）冷却塔的蒸发损失量为循环水量的1% ~ 3%，冷却效果随蒸发量增加而提高，降低冷却塔内水流下降速度和增加水流表面积可以提高冷却效果。在冷却塔内放置“填料”或“盖板”，增加水与空气的接触面积；用高压喷洒系统或进水池在填料上方布水。冷却塔还含有除雾（或漂移）器，由成角度的挡板组成，去除气流中水分，使气流穿过冷却塔时将水滴损失降至最低。冷却塔每降低5℃的蒸发量通常为循环水量的1%，但随冷量和天气（较小程度上）而变化；换算为水量损失，相当于每100冷吨损失水9.1L/min。[135, 141] 例如，提供1000冷吨的冷却塔，蒸发损失约为90.8L/min（(9.1L/min/100冷吨）×1000冷吨）；如果冷却塔全天24h运行，则一天总蒸发损失约130.6m³。

计算冷却塔蒸发损失水量

大部分冷却塔的水量损失是由蒸发造成的。简单的估算参考是假定冷却塔每100冷吨，损失水量为9.1L/min。[135] 例如，供给50冷吨的小型冷却塔，蒸发损失水量约为4.5L/min（(9.1L/min/100冷吨）×50冷吨）。如果该冷却塔全天运行24h，则一天的总蒸发损失水量约6.4m³。供给750冷吨的大型冷却塔蒸发损失水量约68.1L/min（9.1L/min/100冷吨 ×750冷吨）。如果冷却塔连续不断运行，总蒸发损失水量约为98.4m³/d。

（2）排水（排污）

由于冷却塔只蒸发纯水汽，水中常见的溶解性和悬浮固体残留在冷却塔剩余水中，在循环水中逐渐浓缩。通过排水或排污释放少量含有高浓度溶解性固体（TDS）的循环水，并用新鲜水补充。如果不排污，则 TDS 浓度高可能因结垢、腐蚀和微生物滋生（生物淤积）严重危害冷却塔和工艺管道。排污水排入污水管道或雨水管道。排污量取决于系统对补给水质的要求；一般由自动设备控制，当水的电导率达到预设值（较高 TDS）时开始排污。通常间歇排放大量水，直到电导率下降到设定值。减少排污水量损失通常是冷却塔节水的基本策略。[135, 141]

（3）飘移和其他损失

除蒸发和除雾器未收回的水量损失外，冷却塔水滴也以薄雾或漂移形式被风吹走。漂移含冷却塔排污中的悬浮和溶解性固体，而其排放未受控制。虽然飘移量随冷却塔类型不同而异，但相对较小，通常为气流量的 0.05% ～ 0.2%。如果飘移等损失水量未超过冷却塔排污流量，通常不认为是冷却塔用水效率的关键。除飘移损失外，其他类型水量损失包括阀门漏失和杂用排水。[135, 141]

伦敦始建于 1078 年。中心主体建筑也称白塔，由石灰岩建造，是一种可以帮助自然冷却室内空气的沉积岩。

2. 优化冷却塔用水效率

冷却塔用水效率主要与塔内水质相关。冷却塔的水质，和即 TDS 浓度，决定排污流量和补给水量。TDS 浓度高的水源会增加塔内循环水的浓度。保持冷却和补给水水质处于适宜的 TDS 浓度，是减少冷却塔非必要水量损失的关键。

（1）冷却塔水质要求

保持适宜的冷却塔水质包括控制排污和补给水流量、添加合适的处理化学物质、应用其他适用的处理技术等。水处理化学物质和其他污染物去除技术的有效使用，对冷却塔节水起着重要作用。

冷却塔系统中有 4 种主要污染包括结垢、腐蚀、生物黏泥和杂质，分述如下：

1）结垢。由于矿物质的积累，水垢薄膜黏附在与水接触的表面上。例如碳酸钙、硫酸钙、二氧化硅和氧化铁等水中矿物质黏附在冷却塔表面形成薄膜，如不处理就会积累。水垢作为绝热层会抑制冷却塔的冷却和管道传输能力。通常用正磷酸盐控制结垢，其他控制技术包括使用结垢物质浓度低的优质补给水、适宜的排污量、pH 值调节和水质软化。减少结垢积累的适当处理能保持冷却塔的冷却能力并减少排污。

2）腐蚀。塔内金属表面的电化学腐蚀，是由低 pH 值（酸度）、氧、电蚀和冲蚀（金属因液体、气体或水垢和尘土等颗粒磨损）造成的。冷却塔内的矿物质浓度高会增加电导率和腐蚀。使用防腐剂（例如多磷酸盐）适当处理冷却水，应能消除腐蚀问题并使塔内水溶解更高浓度的矿物质，减少排污。

3）生物黏泥。冷却塔内藻类、细菌、黏泥或真菌的滋生会促进结垢和腐蚀、降低水压、威胁接触冷却塔中受污染空气飞沫的人类的健康。例如，如果未能控制，军团致病菌（嗜肺军团菌）等病原菌可能在冷却塔内滋生。（结垢、冷却水处理不当等因素会导致冷却塔内军团菌滋生。研究表明，在测试的冷却塔中，多达 60% 存在嗜肺军团菌，虽然浓度未必很高。）氯和臭氧常用于抑制细菌增长。[143]

4）杂质。尘土、油和空气污染物会增加冷却塔用水的浊度进而影响布水。如果不予去除，这些污染物可能需要更频繁地排污和增加补给水量。此外，结垢、黏泥等类型的污垢作为绝热层，

会降低热效率和系统的冷却能力，导致产生同样冷量需要更多的能量。[135, 141, 144, 145]

(2) 补给水要求

补给水是为补充蒸发和排污（包括飘移）损失的水量而补充的新鲜水。补给水量取决于排污和蒸发量。如果蒸发恒定，并且基本无飘移损失，补给水量在很大程度上是排污量的函数。蒸发（E）、排污（B）和补给水（M）的关系可用式（4-1）表示：[146]

$$M=E+B \tag{4-1}$$

(3) 蒸发损失水量

蒸发损失水量（E）由补给水量减去排污量确定，见式（4-2）：[146]

$$E=M-B \tag{4-2}$$

因为蒸发主要取决于需要的冷量，所以减少排污量（即需要的补给水量）通常是冷却塔节水的重点。

(4) 浓缩率（浓缩倍数）

冷却塔的排污和补给水量通常用浓缩率或浓缩倍数表示。该比率表示塔内用水在排放之前的使用次数。在限定范围内，浓缩倍数越高需要的排污量越低，冷却塔的用水效率越高。浓缩倍数和冷却塔用水量的关系如图 4-21 所示。

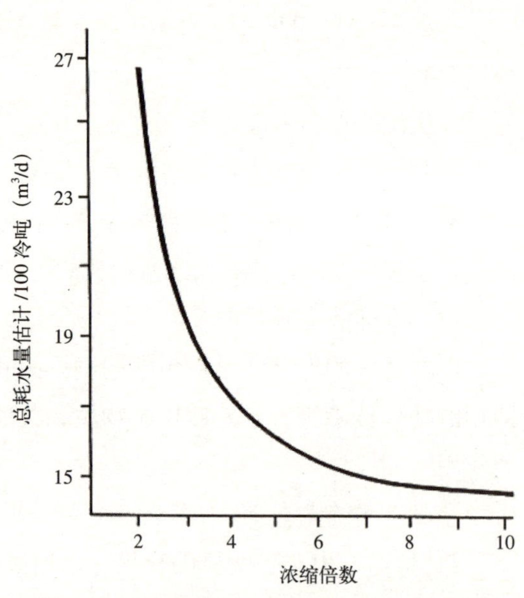

图 4-21　冷却塔用水：浓缩倍数对应的耗水量

（图片来自南加利福尼亚州都市水务局）

浓缩倍数范围为 1.0 ~ 12。一般而言，提高浓缩倍数，减少排污；降低浓缩倍数，增加排污。冷却塔以相对较高的浓缩倍数运行（蒸发量恒定），通常比以较低的浓缩倍数运行更节水。但是，浓缩倍数和冷却塔总用水量不是简单的线性关系，如图 4-21 所示。如果冷却塔在浓缩倍数 6 及以下运行，提高浓缩倍数通常能实现明显节水；而进一步提高浓缩倍数，增加的节水量逐渐减少。一旦达到很高的浓缩倍数，冷却塔耗水中 90% 因蒸发而节水量不可能减少。浓缩倍数一般不应超过 10，因为浓缩倍数过高节水量很少，却增加了结垢或藻类积累的风险。[141, 147, 148]

(5) 浓缩倍数的计算

有水表计量的冷却塔浓缩倍数可根据用水记录计算。未计量的冷却塔浓缩倍数可根据 TDS 浓度计算。

1) 计量的冷却塔

如果有水表计量补给水量和排污量，则补给水量（M）、蒸发水量（E）、排污量（含飘移）（B）和浓缩倍数（CR）的关系可用公式（4-3）表示：[146]

$$CR=M/B \tag{4-3}$$

代换为 [146]

$$CR=(B+E)/B \tag{4-4}$$

例 1：某设施计量的 250t 冷却塔，在 24h 周期内，补给水量为 $54.5m^3$，排污量为 $21.8m^3$。浓缩倍数和蒸发水量计算如下：

浓缩倍数根据式（4-3）为 $CR=M/B$

水表读数为：

$$M=54.5m^3$$

$$B=21.8m^3$$

因此，

$$CR=54.5m^3/21.8m^3=2.5$$

浓缩倍数为 2.5。

蒸发量根据式（4-2）为 $E=M-B$

水表读数为：

$$M=54.5m^3$$

$$B=21.8m^3$$

因此，

$$E=54.5m^3-21.8m^3=32.7m^3$$

蒸发量为 $32.7m^3$。

2）未计量的冷却塔

对于未计量排污量和补给水量的设施，浓缩倍数可根据排污水（CB）和补给水（CM）的 TDS 浓度或个别溶解性成分（例如碳酸钙）计算。该方法的依据是物料平衡的事实，即补给水中进入冷却塔的溶解固体含量基本等于排污水中带走的质量。总溶解固体质量等于固体浓度乘以相应水量。表示如下：[146]

$$CM \times M=CB \times B$$

重新整理为：[146]

$$CB/CM=M/B=CR \tag{4-5}$$

例 2：某未计量的 250t 冷却塔，根据塔内补给水和排污水的电导率监测 TDS，在 24h 周期内排污水（CB）的 TDS 浓度为 1400，补给水（CM）的 TDS 浓度为 550。浓缩倍数和蒸发量、排污量和补给水量计算如下：[146]

浓缩倍数根据式（4-5），$CB/CM=CR$

电导率读数为：

$$CB=1400$$

$$CM=550$$

因此，

$$CR=1400/550=2.5$$

蒸发量如前所述，冷却塔每 1t 的蒸发损失流量约 9.1L/min。

因此，

$$E=(9.1\text{L/min}/100\ \text{冷吨}) \times (250\ \text{冷吨}) \times (24\text{h}) \times (60\text{min/h})=32.7m^3$$

排污量

$$B=E/(CR-1) \tag{4-6}$$

因此，

$$B=32.7\text{m}^3/(2.5-1)=21.8\ \text{m}^3$$

补给水量根据式（4-1）并假设蒸发量中包含飘移损失（$M=E+B$）

因此，

$$M=32.7\text{m}^3+21.8\text{m}^3=54.5\text{m}^3$$

3）提高浓缩倍数节水

如果冷却塔在浓缩倍数 6 及以下运行，提高浓缩倍数通常能明显减少补给水量，[149] 如表 4-3 所示。例如，冷却塔在浓缩倍数为 10 时比为浓缩倍数为 2 时节约 44% 的补给水量。

提高冷却塔浓缩倍数节水 * **表 4-3**

提高前的浓缩倍数	提高后的浓缩倍数											
	2	3	4	5	6	7	8	9	10	12	15	20
1.5	33%	50%	56%	58%	60%	61%	62%	63%	63%	64%	64%	65%
2		25%	33%	38%	40%	42%	43%	44%	44%	45%	46%	47%
3			11%	17%	20%	22%	24%	25%	26%	27%	29%	30%
4				6%	10%	13%	14%	16%	17%	18%	20%	21%
5					4%	7%	9%	10%	11%	13%	14%	16%
6						3%	5%	6%	7%	9%	11%	12%
7							2%	4%	5%	6%	8%	10%
8								2%	3%	5%	6%	8%
9									1%	3%	5%	6%
10										2%	4%	5%
12											2%	4%
15												2%

注：* 用冷却塔总用水量的百分比表示提高。

资料来源：本章参考文献 149。

提高浓缩倍数节约的冷却塔用水量百分比，如公式（4-7）所示：[150]

$$\text{节水百分比}=\frac{CR_2-CR_1}{CR_1(CR_2-1)}\times 100\% \tag{4-7}$$

式中，CR_1 为提高前的浓缩倍数；CR_2 为提高后的浓缩倍数。

例 3：冷却塔的浓缩倍数从 2（CR_1）提高到 6（CR_2）。该节水措施的节水百分比为 40%，见如公式（4-8）：

$$\begin{aligned}\text{节水百分比}&=\frac{6-2}{2(6-1)}\times 100\%\\&=(4/10)\times 100\%\\&=40\%\end{aligned} \tag{4-8}$$

3. 冷却塔待收集的用水审计信息

冷却塔待收集的工业、商业与机构设施用水审计信息包括：

（1）冷却塔数量。

（2）冷却空间（面积）、设备或工艺。

（3）每个塔的冷却负荷（冷却能力用冷吨表示）。

（4）冷却的最低要求，包括温度、容积和流量持续时间（例如，每天使用的小时数）。

（5）如果有，冷却塔上的水表。

（6）历史用水记录（至少 3 年）。

（7）补给水水表读数。

（8）排污水水表读数。

（9）蒸发等损失。

（10）补给水和排污水的 TDS 浓度。

（11）浓缩倍数。

（12）所有适用于现场的健康、安全、运行、控制、管理等要求或政策。

4. 冷却塔节水措施

在多数冷却塔系统中，节水主要来自减少取代排污水的补给水量。可通过 3 种措施降低排污量：改进系统监测和运行、升级冷却水处理系统去除污染物和使用替代水源作为补给水。

适用于冷却塔的节水措施包括：[11，94，137，141，144，146，149 ~ 151]

（1）安装水表并监测用水量

密切监测冷却塔用水量，帮助操作人员核实冷却塔在规定限额内运行，避免非必要的排污等其他损失浪费用水。读取安装在排污管和补给水管上水表的读数，记录日用水量，最好使用可以显示当前流量和累积流量的水表。保持记录排污量和补给水量、TDS 浓度、蒸发量、冷却负荷和浓缩倍数，并定期分析这些数据。提供排污退费的公用事业，通常要求用水表读数或公式估算此损失水量。用于记录监测冷却塔用水量和节水数据的空白日志表和使用说明详见附录 G。

（2）减少排污（提高浓缩倍数）

允许循环水中悬浮物和溶解固体浓度较高，减少排污量，同时保持冷却塔运行参数令人满意。调整循环水的物理和化学处理，提高浓缩倍数。例如潜在目标可能是使浓缩倍数至少达到 6 或不会结垢的最高浓缩倍数。将浓缩倍数提高到 10 以上，实现的节水量很小，却增加了潜在的水质问题。

（3）连续排污

冷却塔通常在矿物质浓度或电导率达到规定值时自动间歇排污。间歇法按预设时间或在电导率达到规定值时排污；如果控制不当，间歇法会造成排污量的大幅波动，例如，按预设限制流量或过小的电导率造成过量排污。只要可能，连续运行冷却塔保持电导率稳定，减少排污浪费水量。

（4）安装电导率控制设备

"控制系统可以靠电、机械工具、流压（液体或气体）或混合方式运行。"

——《大不列颠百科全书》

安装或更好使用冷却塔的电导率控制器和阀门，有助于调节排污量。一些冷却塔在 TDS 浓度达到规定值时自动排污，预设电导率较低会造成大量排放，进而引起电导率大幅波动，通常使平均电导率低于最佳运行值。控制策略是更加连续的排污，保持电导率接近最佳 TDS 限值。该方法防止不必要的排污，确保更均衡的水质（继而降低化学处理的需要，防止 TDS 浓度超过上限）。

（5）要求服务承包商或供应商优先考虑节水

告知冷却塔供应商和化学处理服务承包商优先考虑节水。要求他们证明处理冷却水所使用的化学物质的种类和剂量合理，并识别节水途径。起草绩效合同可以有效激励供应商并获得其支持，指出根据年用水、化学物质消耗和成本目标预定的最低用水效率。当心一些供应商反对优化冷却塔用水效率，因为优化将减少化学物质需求和销量。

"抱住僵化的观点不放，就无法砸断锁链或解放人类心灵。"

——马克·吐温

（6）评估臭氧处理和其他水处理技术

除改善冷却塔管理和传统水处理增加浓缩倍数外，冷却塔运行人员可考虑以下有助于节水的水处理措施。

1）臭氧处理。臭氧处理系统有时用于消毒用水减少排污，但使用臭氧要求采取避免威胁人类和财产安全的预防措施。臭氧是强效杀菌剂和氧化剂，可杀死病毒和细菌，氧化无机物和溶解性离子，控制腐蚀。如果使用不当，它也可腐蚀木头和橡胶等有机材料。臭氧必须现场制备，因为其有效使用时长不到 1 个小时。虽然臭氧处理可达到浓缩倍数 10 及以上，并减少或取消化学处理，但它需要大量的初始投资和训练有素的供应商，可能威胁健康和安全，增加用能要求，如果使用不当会破坏冷却系统。一些冷却塔材料不适合使用臭氧处理。

2）硫酸。用硫酸调节冷却水的 pH 值，可溶解结垢性矿物质防止结垢。为此添加硫酸可减少 25% 的冷却塔用水，但可能对工作人员有害，如果运行不当，对冷却系统造成威胁。向冷却塔系统加酸时使用定时器使其快速充分混合。必须充分培训工作人员正确使用硫酸，如果 pH 值过低，应添加腐蚀抑制剂避免危害系统。

3）旁滤。旁滤系统由快速砂滤器或高效滤筒组成，通过减少冷却塔用水中的颗粒物减少排污。旁滤尤其适用于尘土和空气污染物浓度高、易于堵塞、狭窄的冷却系统。

4）循环利用。反渗透系统排水、直流冷却系统污水和市政再生水等非饮用水，可作为补给水的备选水源。但备选水源可能要求预处理，这可能会增加能源和化学物质成本以及产生生物黏泥的可能性。

5）磁场和静电场发生器。据报告，磁场和静电场发生器有助于除垢和提高冷却塔浓缩倍数，但尚未得到完全证实，一些人质疑它并不可靠。该方法可能增加能源和化学物质成本，并具有增加生物黏泥的可能性。

（7）安装自动关闭控制设备

一些冷却塔在夜间、周末和节假日等设施空置时段可以关闭。

5. 冷却塔的节水量和成本效益

优化冷却塔用水，可节约大量用水和化学处理成本。例如，中型办公楼的冷却塔，年化学处理成本为 5000 ~ 10000 美元。[35] 阀门和控制器的成本各异，简单小型的不足 10 美元，大型复杂的达数千美元。

案例研究：某饮料厂减少冷却塔补给水量 75%。某饮料厂的 120 冷吨冷却塔，以 15.1L/min 的流量连续补给水而产生大量排污水。在补给水管安装新阀门和电导率控制器后，减少补给水量 75%，年节水 6056.7m^3。安装节水设施投资 3500 美元，年净节省 14400 美元，投资回收期约为 3 个月。[152]

4.2.7.5　蒸发冷却器

蒸发冷却器，又称为湿垫冷却器或沙漠冷却器，利用水的汽化增加湿度并冷却进入室内或建筑的空气。蒸发冷却器常用于商业设施的冷却（如图 4-22 所示）和美国西南部等炎热干旱地区的独户和多户住宅的室内冷却（如图 4-23 所示）。蒸发冷却器一般比空调机组节能，但因湿水垫中的水蒸发冷却空气需要用水。在住宅等小面积空间，有时需与电子空调设备联合运行，因为蒸发冷却器可能大量增加空气湿度，令人不舒服。与其他冷却系统相比，蒸发冷却器是一种相对老式和便宜的冷却方式。[153，154]

图 4-22　商业蒸发冷却器
（图片来自简・海勒・普勒泽）

图 4-23　住宅蒸发冷却器
（图片来自简・海勒・普勒泽）

蒸发冷却器有多种类型，其工作原理相似，如图 4-24 所示。水滴入多孔垫上保持其湿润；空气流过湿水垫时得到冷却加湿。未蒸发的水从湿水垫滴入容器或托盘中，再循环或排入污水管道。与冷却塔类似，蒸发冷却器也在湿水垫上积累水垢和矿物质沉淀，因此必须排污保持多孔垫功能。

常见的蒸发冷却器有 3 种类型：循环、非循环（直流）和混合式（有时也称抽吸泵）。循环式蒸发冷却器一般比直流冷却器尺寸更小，用水更少；如果维护得当，只需少量排污。循环式蒸发冷却器系统将循环水汽化，降低环境空气温度（干球温度）；循环水一旦达到饱和温度（湿球温度），温度保持恒定。循环式蒸发冷却器将水注入蓄水池按需冷却空气，水泵将水循环至覆盖进气口的湿水盘顶部。直流蒸发冷却器比循环冷却器便宜、运行简单，但因冷却水和排出水直接排入污水管道用水量很大。混合式冷却器在工作时每隔数小时自动抽空和注满湿水盘。蒸发冷却器的通风能力从小型的 573.4m^3/min（空气）到大型的工业冷却器超过 1.5 万 m^3/min。[88，137，153，155]

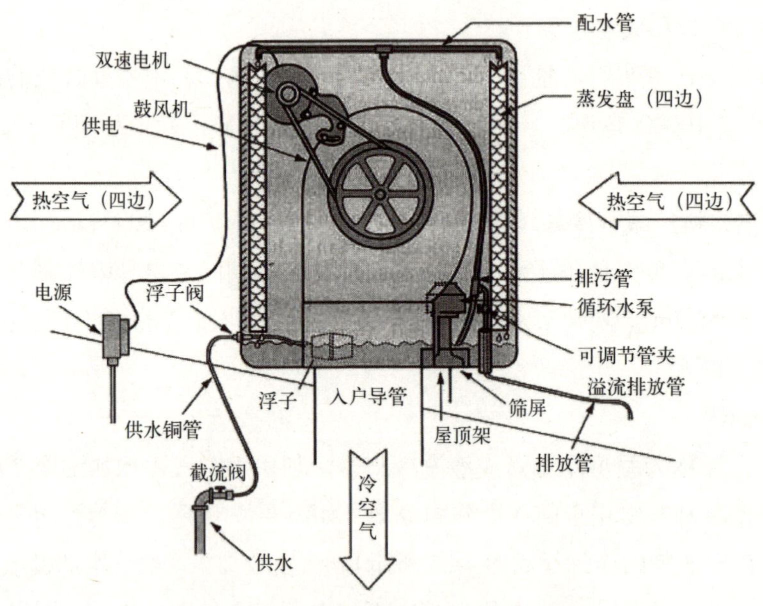

图 4-24 蒸发冷却器的典型运行示意图

（图片来自美国给水工程协会（AWWA）会刊 1998，(90) 4）

用于住宅的循环式蒸发冷却器运行耗水 11.4L/h；连续排污的非循环式冷却器耗水 37.9L/h。[155] 蒸发冷却器所需排出水量依型号和具体现场条件不同而异，多数小型冷却器以 764.6m^3/min 的空气流速进行通风，每小时就会损失数升水量。[153, 156] 凤凰城的一项研究发现，使用蒸发冷却器的典型住宅，在冷却季的 214d 平均用水 249.8L/d。使用直流排污系统冷却器的住宅比使用非直流冷却器的多耗水约 50%。[154]

加利福尼亚州弗雷斯诺市禁止使用非循环冷却器。该城市在 1998 年向 550 户仍在使用 20 世纪 60 年代之前安装制造的直流蒸发冷却器的用户提供多达 3000 美元的购买节能空气冷却器无息贷款。假定设备一年运行 150 天，一天运行 8h，在弗雷斯诺夏季 5 ~ 9 月中很多天温度超过 38℃；550 台非循环蒸发冷却器在 1998 年的用水量估计为 123.4 万 m^3/ 年。用水量随冷却器工作能力不同而异：5 冷吨设备用水量为 53.4L/min，3 冷吨设备用水量为 35.6L/min，2 冷吨设备用水量为 24.2L/min，1 冷吨设备用水量为 11.7L/min。[131]

1. 蒸发冷却器待收集的用水审计信息

蒸发冷却器待收集的工业、商业和机构用水审计信息包括：

（1）冷却器或冷凝器类型（循环或非循环）。

（2）如果有，蒸发冷却器和冷凝器上的水表。

（3）补给水和排污的历史记录。

（4）循环速率（L/min）。

（5）冷却面积（m^3）。

（6）平均用水量（L/h）和年用水量。

（7）所有适用于现场的健康、安全、运行、控制、管理等要求或政策。

2. 蒸发冷却器的节水措施

蒸发冷却器的节水措施包括：[94, 131, 137, 153 ~ 155, 157, 158]

(1) 停止使用非循环和无泵冷却器，在可行的情况下，更换为空冷机组。循环式蒸发冷却器可以节水并增加热效率。

(2) 如果非循环冷却器不容易更换为空冷机组或改造为循环系统，那么将水质较好的排出水回用于洗车和景观灌溉等非饮用水用途。

(3) 典型的蒸发冷却器排污不应超过数 L/h。如果排污量高于此值，检查漏失、控制器或水泵故障、湿水垫磨损或恶化。

(4) 在启动冷却器风扇前，运行水泵数分钟使湿水垫饱和，有助于冷却器更高效运行。

(5) 至少每年更换破旧的湿水垫，去除影响效率的矿物质沉淀并防止微生物滋生。湿水垫越干净，冷却器运行效率越高。

(6) 如果可能，在建筑未入住时关闭蒸发冷却器。

(7) 至少每年检查漏失，正确控制循环泵、蓄水液位和排污功能。

(8) 按生产说明书，每年调节冷却器。检查水盘破裂（漏失）并清理碎片；检查风扇传动皮带的张力是否正确（用手指下压时应移动约 2.5cm）；给鼓风机轴承加少许油；检查浮球阀调节和运行（如浮球阀卡住将连续流水造成水盘溢流）；确保冷却水垫饱和均匀（如果不均匀，需要更换）；确保循环冷却器上的排污阀正确调节。

(9) 当冷却季结束时，清洁和保护冷却器，确保其能在下一个冷却季运行。用醋溶解水盘底部沉积的矿物质；排出水盘中水；用金属刷或油灰刀刮掉水垢；断开水管防止冻结；检查可能造成漏失的裂缝；盖上冷却器保持室内热量。

3. 蒸发冷却器的节水量和成本效益

案例研究：金属加工设备更换掉非循环蒸发冷却器减少用水。因为非循环蒸发水冷式冷却器用水量相当大，更换它们一般可节约可观的水量和成本。例如波士顿地区的一个电镀和金属加工厂用空冷机组更换其工业尺度的非循环蒸发冷却器，年节水 1400.6m^3。新设备成本是 4000 美元，年节省给排水费用 2600 美元，投资回收期估计为 1.5 年（未考虑用能调整）。

4.2.7.6　设备冷却系统

设备冷却系统依靠单程或循环水流冷却各种工业设施（如图 4-25 所示）中的设备、机械、器具、工具和产品，如图 4-26 所示。

图 4-25　设备冷却系统依靠单程或循环水流冷却各种机械、设备、工具和产品

（图片来自丹佛市水务局）

1. 设备冷却系统待收集的用水审计信息

设备冷却系统待收集的工业、商业和机构用水审计信息包括：

(1) 冷却器或冷凝器类型（循环或非循环）。

(2) 水冷设备或产品。

(3) 如果有，冷却器和冷凝器上的水表。

图 4-26 小型电子元件厂每天用水数立方米直流冷却设备和环境空气。安装循环冷却系统估计可减少用水 75%

（图片来自 Amy Vickers 及其公司）

（4）补给水和排污历史记录（至少 3 年）。

（5）循环或直流流量（以 L/min 计）。

（6）平均用水量（L/h）和年用水量。

（7）所有适用于现场的健康、安全、运行、控制、管理等要求或政策。

2. 设备冷却系统节水措施

适用于设备冷却系统的节水措施包括：[139，159，160]

（1）除非水量得到有效回用，否则取消直流设备冷却系统。更换为空冷或闭式系统。

（2）如果满足水质和温度要求，将接触和非接触冷却水回用于锅炉补给水等用途。

（3）回收蒸汽冷凝水，循环回用于锅炉补给水和非饮用等用途。

（4）回用浸没或冷却热熔物的用水。

（5）回用反渗透排污（或浓缩液）或水泵冷却等其他单程用水。

3. 设备冷却系统的节水量和成本效益

案例研究：医院通过循环利用医用空压机和真空泵的冷却水来实现节水。马萨诸塞州诺伍德医院，为节水和降低运行成本，在 4 个真空泵和 1 台医用空压机上安装闭式循环冷却系统，并取消 1 台非必需的真空泵。这些措施实现节水 3.2 万 m^3/ 年。购买和安装循环系统投资 19500 美元，每节约给水和排水费用 55685 美元，投资回收期为 4 个月。[140]

4.2.8 供热系统

在现代工业、商业和机构设施中供热系统和蒸汽用水通常不是主要的需水来源，尽管老旧和维护不当的系统也可以成为水量损失的主要来源。以下两类常见的工业、商业和机构设施供热和蒸汽系统涉及用水：

（1）锅炉和蒸汽发生器；

（2）加湿器。

4.2.8.1　供热系统待收集的用水审计信息

工业、商业和机构设施用水审计待收集的供热和蒸汽发生系统的信息在下面各小节分别介绍。

4.2.8.2　供热系统相关的节水政策和法规

满足联邦机构用水审计和节水措施要求。详见 4.2.2 节“清洗与卫生。”

4.2.8.3　锅炉与蒸汽发生器

锅炉和蒸汽发生器通常用于大型建筑和多户住宅供热，例如大学校园、医院综合楼、办公复合楼，如图 4-27 所示。锅炉产生的蒸汽或热水被送到设备的循环热水分配系统。在大型综合楼中，蒸汽通常在中央蒸汽厂制备并进入地下蒸汽管网服务所有或多数综合楼设施；管网系统包括疏水阀、阀门、隔热和监控。锅炉系统用水量依系统大小、设计特征、蒸汽用量、未蒸发水量（冷凝回收）和漏失不同而异。老旧的锅炉系统可能因腐蚀或疏水阀和法兰垫片失效、阀座和阀门盘根磨损、长管段流动、隔热缺失或老化、补给水和冷凝回收系统漏失，成为水量损失的重要来源。如果蒸汽从化化的地下蒸汽管道和接头溢出地面，有时在寒冷天气可以发现漏失的位置。[161-164]

图 4-27　佛蒙特州沃特伯里市一个办公和医院综合楼的集中低压蒸汽供热系统的烟囱

（图片来自 Amy Vickers 及其公司）

有几种适用的锅炉和蒸汽系统。最常见的锅炉设计是火管锅炉，因其壳管设计而得名。燃气或燃油产生的烟气在火管中流过，加热火管外的水使其产生蒸汽。锅炉中的水经化学处理可以减轻对蒸汽管道系统的腐蚀或减少结垢。一旦蒸汽用于供热、烹饪等之后，就会变成冷凝水返回锅炉循环，并减少锅炉补给水量。这个过程本身是节水和节能（冷凝水依然是热的）措施，但仍需补充额外水量弥补蒸汽损失和少量排出的水垢及其他杂质的耗水量。一些在高压下用水的火管锅炉无冷凝回收系统，损失所有用水制造蒸汽，必须额外补给水。[161，163，164]

新建设施很少发现服务整个建筑综合楼的中央蒸汽厂，目前，更多使用服务单体建筑的高效热水锅炉。中央控制器用于启动 / 关闭锅炉和监测每个建筑锅炉的温度和运行，而老旧中央蒸汽厂的热量和水量损失已明显减少。新建建筑的热水循环系统因闭式系统而且无地下管网损失（已取消），可节约大量用水。独立锅炉允许未入住建筑关闭或以较少的水量和能量运行（例如大学设施在假期中没有使用）。建筑独立供热系统更易维修而且经济有效。中央蒸汽加热系统维护不当的原因之一是日常维修需要关闭系统，意味着关闭整个综合楼的供热和热水，并且维修地下管网非常复杂（例如，拆除石棉和有限的进入空间）。[162]

1. 锅炉和蒸汽发生器待收集的用水审计信息

锅炉和蒸汽发生器待收集的工业、商业和机构用水审计信息包括：

（1）锅炉和蒸汽发生器的数量和类型。

（2）蒸汽管道的位置和长度及相关供热系统基础设施。

（3）如果有，安装在锅炉和蒸汽发生器上的水表。

（4）补给水和排污的历史记录（至少 3 年）。

（5）运行和蒸汽压力（MPa）。

（6）管道损失和系统监测频率，漏失探测和维修。

（7）锅炉容积（kcal/h）和效率。

（8）所有适用于现场的健康、安全、运行、控制、管理等要求或政策。

2. 锅炉和蒸汽发生器的节水措施

优化锅炉和蒸汽发生系统用水将减少能耗和化学物质用量以及用水成本。锅炉一般节水潜力较小，但是维修蒸汽疏水阀和管道漏失可以实现节水。类似的，老旧锅炉可以升级为更节水节能的燃烧系统。

适用于锅炉和蒸汽发生系统的节水措施包括：[94，137，161-165]

（1）定期检查锅炉、冷凝系统、蒸汽疏水阀和管道漏失，确保正确运行，及时进行维修（腐蚀和磨损的疏水阀和管道造成蒸汽溢出，将浪费水量和能量）。设备运行人员可用系统制造商提供的更换工具包维修蒸汽疏水阀，而开挖并维修或更换地下漏失的蒸汽管道成本较高。

（2）如果系统未回收蒸汽冷凝水，考虑通过安装冷凝回收系统（闭式）将其回收利用作为锅炉补给水（除医院蒸汽压力灭菌器、消毒器等可能污染的设备以外）。这些措施将优化用水，减少锅炉补给水的预处理和能耗要求（回收冷凝升温水的用能少于加热新水），可以减少系统运行成本 50% ~ 70%。

（3）对蒸汽和冷凝管、中央储热箱提供适当的隔热，保存热量并减少蒸汽要求。

（4）限制锅炉排放量使其刚好满足水质要求。定期检查连续排放系统，确保无过量排放。

（5）通过膨胀水箱排放污水，允许其冷却和冷凝后再生利用。避免使用冷水混合阀冷却排放污水；如果正在使用混合阀，检查并确保没有连续流水。用膨胀水箱更换这些阀门实现节水。

（6）安装自动控制阀排放锅炉污水，处理锅炉补给水，如果可行在建筑未入住时关闭装置。

（7）考虑独立或较小的单独加热器和锅炉用于加热游泳池等生活用热水。

（8）在补给水和排放阀上安装流量计。

3. 供热系统的节水量和成本效益

美国制造商消耗的燃料中 45% 以上用于产生蒸汽。典型的工业设施通过蒸汽系统改进节约 20% 的蒸汽。改进方法包括隔离蒸汽和冷凝回收管，阻止蒸汽漏失，维护蒸汽疏水阀。冷凝回收是锅炉节能的必要环节。

在 3 ~ 5 年内未曾维护的蒸汽系统中，约 15% ~ 30% 的蒸汽疏水阀会失效，造成蒸汽溢出进入冷凝回收系统。而在定期维护的系统中，漏失的疏水阀仅占 5%。如果蒸汽系统拥有 500 个疏水阀，那么疏水阀调查将发现严重的蒸汽漏失。

蒸汽疏水阀维修节水的例子：某工厂的蒸汽费为 9.9 美元 /kg，检修发现一个 1.0MPa 蒸汽管道上的疏水阀卡在常开位置，疏水阀公称直径 6mm，估计蒸汽损失为 34.4kg/h。通过维修失效的疏水阀，年节约成本：

$$节约成本 = 34.4kg/h \times 8760h/年 \times 9.9 美元/1000kg = 2988 美元/年$$

——美国能源部工业技术办公室

案例研究 1：蒸汽厂通过改进运行、维修漏失和循环冷却水节水。新墨西哥州阿尔伯克基的桑迪亚国家实验室，拥有 8000 余名员工，765 栋建筑，建筑面积 50.2 万 m^2。该机构从事核武器设计和从太阳能电池到计算机的广泛研究。该机构设施大部分未用水表计量，1995 年首次评估其节水潜力时估计用水 151.4 万 m^3/ 年。到 1998 年，用水减至 122.6 万 m^3/ 年，减少 19%。（2004 年目标是 106.0m^3/ 年，即节水 30%。）自 1949 年开始服务的蒸汽发生厂在 1995 年发现效率很低并存在漏失，对其实施了大量节水措施，到 1998 年引起很大变化：使用合成树脂替代脱碱器降低 pH 值和改善水质；水质改善后锅炉排污频率降低（此措施可节水超过 3.0 万 m^3/ 年）；蒸汽预处理和排污用水减少 43%；维修漏失的冷凝回水管节省能耗并促进蒸汽回收超过 50%，相当于超过 4.5 万 m^3/ 年；用于锅炉和风机补给水的直流冷却水配以电导仪回用于锅炉补给水。[166]

案例研究 2：食物加工设施识别回用水机会。一个设施遍布全美的大型食物加工公司，对它的 22 个锅炉的用水审计表明，锅炉在压力 1.7 ～ 4.1MPa 下运行可产生 294.8 万 kg/h 的蒸汽。为识别锅炉潜在的节水措施，审计组收集并分析用水量、温度、水质、理论和实际系统容量、可能减少的流量、再生利用机会、潜在运行改造等信息。在审计过程中，发现给水管故障造成大量用水流失。基于这些发现，确定节水措施包括维修、开发自动排放控制设备和按比例投药设备，减少过量排污和用水浪费。在进行示范研究后，这些措施估计可减少给水和排水量 11.7 万 m^3/ 年。设备、咨询和实施成本为 4.5 万美元，年节约成本 18.6 万美元，投资回收期约 3 个月。[167]

案例研究 3：加利福尼亚州立大学升级低效蒸汽加热系统。加利福尼亚州立大学的供热系统是高压、高温火管蒸汽系统，每天 24h 运行，通过地下蒸汽管网和冷凝回收系统服务于整个校园。当州空气污染法规要求大学满足新的更严格的锅炉废气标准时，大学淘汰了低效供热系统并安装改进设备，年节省运行成本 40 万美元。该校投入 225 万美元成本，为每个建筑安装独立节水节能锅炉机组和微处理控制器，通过优化水温等措施提高能效和水效，同时也满足了校园科学实验室（例如，消毒器、净水设备和实验室通风柜）和洗衣设备等周边蒸汽热要求。这些措施的实施结果是第一年节约天然气成本约 3.4 万美元，锅炉补给水成本 6500 美元，化学物质和其他运行成本 4.5 万美元和工资（只需 1 名工程师监督维护新的供热系统，而之前需要 5 人）17.7 万美元。据大学总工大卫 • 考登称，“该项目已列入校园设施资源管理策略”。[162]

4.2.8.4　加湿器

增加空气湿度的加湿器，适用于住宅和商业设施。盘式加湿器将水盘放置在燃气炉上，盘中水受热蒸发增加空气湿度，一些盘式设备用电子加热器增加蒸发。湿媒加湿器具有湿水垫，空气穿过湿水垫聚集湿度。喷水头或水盘旋转穿过水池，通常用于浸湿水垫。蒸发水被雾化成

细雾，并通过转盘或转锥释放到空气。一些加湿器由水箱直接向污水管排水，其他则具有用水量较少的闭式系统。[168，169]

1. 加湿器待收集的用水审计信息

加湿器待收集的工业、商业和机构用水审计信息包括：

（1）加湿器的数量、类型和位置。

（2）使用频率（平均每天使用小时数，每年总小时数）。

（3）检查排污控制和截止阀确认正确运行。

（4）所有适用于现场的健康、安全、运行、控制、管理等要求或政策。

2. 加湿器节水措施

适用于加湿器的节水措施包括：[168，170]

（1）只在需要的地点和时间使用加湿器。

（2）检查排污控制和截止阀确认正确运行，识别漏失，避免过量排污。

（3）定期检查加湿器确保流量控制器正确运行，无水量损失。

（4）调查用新的闭式节水节能系统更换老旧加湿机组的可能性。

3. 加湿器的节水量和成本效益

加湿器的节水潜力依容量、使用频率和既有设备效率不同而异。

案例研究：霍尼韦尔公司通过改进温度和湿度控制系统节水 1324.9m³/ 年。在新墨西哥州阿尔伯克基的霍尼韦尔公司，是一家加热器、加湿器、过滤产品、恒温器、家庭安全系统等产品的制造厂家，用水量从 1994 年的 3.0 万 m^3/ 年减至 1998 年的 5299.6m^3/ 年，节水 82%。1.0 万 m^2 的装配厂通过在制造和组装工艺和景观等用水中实施节水措施，实现节水。例如，安装更节水的加湿系统节水超过 1324.9m^3/ 年。在安装新设备期间，用闭式系统更换了直接排入污水管的加湿器排污管。[168]

4.2.9 漏失与水量损失

"我准备作开场白，但想要得到巨大的关注，于是我决定等待和泄露。"

——罗纳德·里根，第 40 届美国总统

工业、商业与机构设施的用水漏失和水量损失从微不足道到令人惊愕，通常漏失和水量损失被误认为无关紧要，尤其是与其他大量用水的活动和设备相比（如图 4-28 所示）。但是，请思考 1min 浪费 3.8L 的后果：一天浪费超过 3.8m^3，或一年 1989.6m^3，给排水综合服务费 1.1 美元 /m^3，则这个微小的漏失一年花费 2100 美元。漏失不仅浪费用水和金钱，在某些情况下，还可能威胁生命财产安全（例如湿滑地面造成的侵蚀和事故，

图 4-28　漏失水量贮存池造出小型人工湖

不需要的水进入工业工艺）。

建筑和设施与供水系统同样，如果要保持可以接受的用水效率，需要持续进行漏失探测和维修。工业、商业与机构场所的漏失探测和维修计划应扩展到所有用水和连接处，包括水表、输水管、管网以及与器具、家电、景观灌溉系统和消防设备的连接。

必要的漏失维护通常很容易被忽视，直到出现需要采取应急措施的大量漏失，如图 4-29 所示。类似水嘴滴水的简单漏失常常被忽视，事实上仅卫生间水嘴一天即可浪费数立方米水，而大型设施水嘴水量损失更多。隐藏和不明显的漏失以及认为已经关闭而实际打开的管道和接头（例如，大型设施老化的地下锅炉蒸汽加热系统等）每天可以流失成数十立方米水。景观维护承包商可能报告或不报告灌溉系统漏失而等待设施管理者发现（如图 4-30 所示）。漏失维修可以节水并限制不安全状况和危害财产隐患。[171，172]

图 4-29　饭店地下室漏失，漏失时间越长造成的危害越大

图 4-30　景观维护人员未必报告喷头漏失，等待设施管理者发现

“智能水滴监测设施帮助测量和估计漏失水量。”

——www.waterwiser.org

可见漏失有时可以用量筒或塑料袋和秒表测定。有些漏失很难或无法安全计量，只能估计幅度。下面可供估计漏失量参考：每秒 1 滴相当于 37.9L/d；每秒 5 滴（稳定流）相当于 151.4 L/d。[173]

不可见漏失通常导致最大水量损失，只能通过间接探测。例如，如果出现无法解释的用水量激增或建筑、设施损坏，预示正在发生明显漏失或水量损失。草坪区下面发生漏失时，其上面的草坪比周围接受较少水量的草坪更绿和茂密；一些情况下，漏失的水会向上涌出地面，如图 4-31 所示。然而，如果漏失发生在沙壤或排水很好的位置可能永远无法看到，因此有必要定期探测漏失。地下漏失可以通过声波探测器等方法探测，它通过接收漏失管道发射的声波帮助准确定位漏失点。[171，172]

图 4-31 一些地下漏失最终延伸到地面成为可见漏失，其他仍不可见

（图 4-28 ~ 图 4-31 来自 JBS 公司）

4.2.9.1 漏失待收集的用水审计信息

漏失待收集的工业、商业与机构用水审计信息应包括：

（1）对输水管道、管网、连接、用水设备和工艺漏失的探测和维修频率。

（2）设施的原始和补充管道示意图，如果有应识别和检查活动连接和封闭管道。

（3）已知漏失的位置和类型（例如水嘴和设备供水管道）。

（4）漏失口径（用 cm 表示）或孔洞面积（用 cm^2 表示）。

（5）漏失的频率（慢滴、稳态滴水、恒定流）和估计漏失水量。

（6）建筑或设施水压。

（7）由漏失造成的不安全状况和财产损坏。

（8）所有适用于现场的健康、安全、运行、控制、管理等要求或政策。

4.2.9.2 漏失相关的节水政策和法规

联邦机构用水审计和节水措施要求。详见 4.2.2 节“清洗与卫生”。

4.2.9.3 漏失和水量损失的节水措施

适用于漏失和水量损失的节水措施包括：[171，172]

（1）定期检查所有用水连接处、设备、电气、卫生器具、软管和灌溉系统的可见和不可见的漏失和水量损失。水压较高的设施和设备通常比水压较低的漏失更多。

（2）定期检查锅炉和蒸汽系统疏水阀、减压阀、冷凝水回流泵和管道系统的漏失情况。

（3）定期探测冷却塔冷却系统、排污和补给水连接处及水池等相关漏失情况。

（4）定期检查所有用水工艺和设备（例如清洗槽、X 光机、制冰机）、卫生器具（重力冲水式坐便器、挡板阀、浮球阀组件、补给水阀）和灌溉系统（管道、软管、渗灌、喷头和连接）的漏失情况；必要时维修。

（5）张贴标识，告知员工、居民和访客如何报告漏失。

4.2.9.4　漏失维修的节水量和成本效益

漏失维修的节水潜力非常重要。例如，维修 5.7 L/min 漏失量，一年即可节约 2984.4m^3 水。给排水综合服务费 1.1 美元 /m^3，那么维修漏失一年可以节约超过 3100 美元。维修成本估计为 50 美元，不到一周即可收回。

4.2.10　工业、商业与机构节水维护措施

本节主要介绍工业、商业与机构建筑与设施的节水维护措施标准操作程序，本节中的很多方法前面已经详细介绍。维护措施的持续效果对保持工业、商业与机构场所用水效率至关重要。定期检测用水和保持用水活动和设备的效率对新建和老旧建筑与设施同样必要。

4.2.10.1　待收集的用水审计信息

在工业、商业与机构用水审计时，待收集的节水维护措施信息包括：

（1）近 3 年给水量和污水排放量及相关费用账单。

（2）过去 3 ~ 5 年的用水量变化和实施的节水措施。

（3）读表频率（总表和辅助水表）和员工用水分析。

（4）漏失探测和维修的频率。

（5）建筑或设施的水压。

（6）减压阀和止回阀的位置。

（7）建筑或设施入住率。

（8）设施及员工节水计划的所有数据，包括为提高用水效率需要遵循的条款。

（9）所有适用于现场的健康、安全、运行、控制、管理等要求或政策。

“小事疏忽酿大祸……因为少了一颗马蹄钉而掉了一块马蹄铁；因为少了一块马蹄铁而失去一匹马；因为少了一匹马而失去一名骑手。”

——本杰明·富兰克林

4.2.10.2　相关的节水政策和法规

相关节水政策和法规包括：

（1）联邦机构用水审计和节水措施要求。详见 4.2.2 节“清洗与卫生”。

（2）禁止浪费用水。许多社区和供水公用事业禁止浪费用水，包括灌溉系统过量喷洒和产生街道径流，明显漏失和室外用软管清洗人行道等用水。例如，在亚利桑那州旧金山和古德伊尔禁止用水管清洗车道、人行道和建筑。[53] 节水基准条例一般只在干旱期强制执行，主要因为其需要严格执行才能有效。

（3）要求非住宅区实施节水计划。新建商业和工业开发区有时需遵循对既有设施不作要求的节水、节能和其他资源节约规划或措施。例如，亚利桑那州坦帕市要求新建非住宅开发区做节水规划。[174]

（4）通告用水大户。亚利桑那州钱德勒市和皮奥瑞亚市监测用户用水并通过信件或上门方式联系用水明显增加的用户，为用水量增加的住宅用户提供住宅用水审计，帮助识别原因。[175]

4.2.10.3 节水维护措施

工业、商业与机构建筑与设施的节水维护措施应包括：[171，177，178]

（1）准备节水维护计划，包括任务清单和计划安排。主要任务应包括：定期读表、漏失探测与维修、员工节水教育。

（2）至少每月读取或监测所有水表和辅助水表的记录，调查用水增减的来源。制作包括所有流入水量和现场用水活动（例如，冷却和供热系统、加工和漂洗槽、卫生器具、景观灌溉等用水点）的“水量平衡表（或图）”。

（3）如果现场已进行用水审计，确保推荐的措施已经实施；每 1 ～ 3 年完成追踪用水审计，掌握设施用水变化并识别可行的技术改进。

（4）定期检查所有设备、电器、管道、蒸汽管和疏水阀、电磁阀和相关连接的漏失，及时维修。鼓励员工报告漏失和用水浪费情况。

（5）关闭未使用的区域、房间、设备和器具供水。

（6）在合适的地方安装减压阀减少供水和漏失量以及设备和器具磨损。

（7）定期处理和清洁冷却和供热系统及其他设备。

（8）在不必要的时间、地点减少水冷空调机组负荷。

（9）尽可能循环和再生用水。

（10）仅在必要的时间、地点使用加湿器。调整湿度在可以接受的最低水平。

（11）防止供水管道结冰，必要时安装截止阀，不能让水连续流失。

（12）保持热水管道隔热，减少热量损失。

（13）新购用水设备、电器、器具和灌溉系统，应选择最先进的节水型号。调查当地和州内的返利和退税激励计划可以帮助减少购买如上节水型号设备的费用支出。

（14）将维修或调节水设备、电气、器具等工艺的计划视为提高用水效率的机会。

（15）确保新安装的卫生器具用水量不要超过以下标准：6.0L/ 次冲水坐便器（除监狱坐便器可以使用 13.2L/ 次冲水或 6.0L/ 次冲水以外）、3.8L/ 次冲水或无水小便器、11.4L/min（0.41MPa 下）淋浴器（除安全淋浴以外）、11.4L/min 水嘴（0.41MPa 下）、0.95L/ 周期计量式水嘴。

（16）定期检查坐便器、小便器、水嘴和淋浴器等所有卫生器具可能导致水量损失的漏失和故障。如果水嘴和淋浴器上的加气器可拆，检查是否需要更换或清洗。定期检查进行节水改造后的坐便器和小便器是否经正确调节仍然节水。

（17）在手动操作的出水管上尽可能安装弹簧加压阀或计时器。

（18）评价热水系统的用水效率。考虑安装按需供水的终端热水器，减少客户和员工打开热水龙头等待热水过程浪费的水量。

（19）减少或消除直接冲洗用水。（例如用水管直接冲洗人行道、网球场、水池底板、车道、停车场和其他硬化空间。）相反，使用需水较少或不需水的清洁措施，例如湿毛巾或扫帚；地毯干洗替代水洗。

（20）教育清洁人员减少拖地用水，尽可能使带自动截止阀的高压小水流。可以用循环用水的机械地板刷替代湿拖布。

（21）使用节水景观设计和维护方法减少景观灌溉用水。定期检查灌溉措施和制度，监测景观喷灌系统的用水效率。

（22）维护游泳池和水景用水特征减少浪费用水（例如，设定适宜的水温和限制飞溅和蒸发漏失）。尽可能给游泳池加盖。

（23）仅在必要时冲洗卡车和运输工具。

（24）减少施工相关活动和消防测试用水，考虑将这部分用水在水质要求不高的地方重复利用。

（25）定期告知员工设施用水量和达到水效目标的进展（例如，节水量和节省的设备运行成本）以此保持节水意识。

“装满 100 万个金鱼缸的水，将充满整个体育场。”

——www.uselessfacts.net

案例研究 1：加拿大综合办公楼的节水维护措施。在亚伯达省埃德蒙顿市的 AGT 塔和美嘉声办公楼进行的用水审计，识别了生活（卫生）、工艺和冷却等节水措施，预期节水近 40%。34 层的办公楼建筑面积 9.3 万 m^2，70% 是办公区，20% 是停车和综合区，10% 是自助餐厅和零售区。推荐的措施包括安装 6.0L/ 次冲水坐便器和无水小便器；更换卫生间加气器；改进热水保温；在厨房工作区安装电磁阀和截止阀；改进过滤和处理系统减少冷却塔排放污水；用循环闭式系统更换直流冷却系统；用空冷型号更换水冷的冷藏、冷库和制冰机等。[179]

案例研究 2：加拿大 10 个联邦机构实施冷却、加工和生活用水节水措施。作为加拿大政府环境管理绿色计划纲要的一部分，加拿大环保局对魁北克、安大略和不列颠哥伦比亚等省的 10 个联邦机构设施进行了用水审计。调查机构包括动物研究中心、边境站、学校、办公楼和渥太华下议院。建筑面积为 780 ～ 75220m^2，现场工作人员为 9 ～ 3300 人不等。设施主要用水包括冷却、加工和生活用水。审计结果发现许多设施的空调机组或冷藏、冷冻制冷系统使用直流冷却系统。工艺冷却用水包括加湿、洗碗、洗笼、热水系统补给、场地清洗、地漏冲洗和实验室用水。员工和公共卫生间的卫生器具占大部分生活用水。

用水审计识别了 10 个实施项目中的许多节水措施。例如，在多个设施中用闭式循环系统更换直流冷却系统。在 9 个设施，通过防止自动冲洗小便器每天 24h 连续运行而减少生活用水量；用加气器或类似设备改造卫生间洗手盆。2 个设施因加湿用水没有排入污水系统而满足供水公用事业返利要求。其他设施的节水措施包括停止水流连续流入排水冲洗系统，更换计量超出实际用水量 10 倍的水表等。这些节水措施的节水潜力非常显著，平均为之前用水的 34% ～ 97%。冷却用水具有最大的节水潜力，预期节水量为 4% ～ 59%。工艺和生活节水的预期节水量分别为 1% ～ 37% 和 3% ～ 26%。这些设施节省的合计给排水成本估计为 35.4 万加元，按前 1 年水费合计账单 78.4 万加元计算。推荐节水措施的估计投资回收期平均为 0.2 ～ 3.2 年。[180]

案例研究 3：加拿大监狱节水计划为其他联邦机构提供示范。加拿大安大略省布赖顿市沃克沃思机构是一个联邦所属、中等安全级别、拥有 40 多栋楼的监狱，拥有自己的给水过滤和污水处理厂。经过一项投资 5 万加元的用水审计和研究，确定监测供水量和估计需水量相差 20% ~ 40%，定位漏失量共计 120m^3/d。实施的节水措施包括漏失探测和维修；坐便器、水池和淋浴器改造；在直流冷却系统上安装计时器和电磁阀；在室外灌溉设备上安装自动截止阀；这些节水措施为沃克沃思减少了 15 万加元给水排水处理设施扩建投资的避免成本。后续节水计划包括员工教育，日常流量监测，定期检查和维修供水系统，安装节水器具和阶段性评估计划。此外，沃克沃思审计和节水计划为 31 个其他主要监狱设施提供了数据库和措施；自 1993 年实施节水措施以来，其他设施日节水量已达 1000m^3，为联邦政府节省成本估计 1000 加元 /d。[181]

案例研究 4：办公综合楼设计符合马里兰州"明智增长"计划。一个始建于 1925 年、占地 11.3 万 m^2、建筑面积 12.0 万 m^2 的巴尔的摩仓库被改造为能容纳 5000 人的大型办公综合楼。投资 7500 万美元的蒙特玛丽公园办公楼按照节水、节能、水循环和建筑材料再生利用等"绿色"目标设计。主要特征包括：用水泵输送由地下水池储存的雨水用于冲厕；用雨水和降雨径流灌溉部分绿色屋顶；夜间（能耗较低）制冰用于白天建筑制冷；建筑隔断、吊顶、地板和地毯使用再生材料。[176]

参考文献

1. Wayne B. Solley, Robert R. Pierce, and Howard A. Perlman, *Estimated Use of Water in the United States in 1995,* U.S. Geological Survey Circular 1200, U.S Department of the Interior, U.S. Geological Survey, Reston, Va., 1998, pp. 28, 40.
2. Benedykt Dziegielewski, Jack C. Kiefer, and Eva M. Opitz, "Analysis of Commercial and Institutional Water Demands," presented at the American Water Works Assoc. (AWWA) Annual Conf., Chicago, June 22, 1999.
3. J. Douglas Kobrick, "Nonresidential Water Conservation Programs and Examples," *Proc. Conserv93: The New Water Agenda*, AWWA, Denver, 1993, p. 465.
4. Pequod Associates, Inc., Texas Industrial Water Use Efficiency Study. Final Report, Texas Water Development Board, Austin, Texas, October 1993.
5. California Urban Water Conservation Council, The CII ULFT Savings Study: Final Report, prepared by Hagler Bailly Services, Inc., San Francisco, for the California Urban Water Conservation Council, Sacramento, Calif., Aug. 5, 1997, pp. 2-5.
6. Regional Water Demand by Sector, Greater Vancouver Regional District, Policy and Planning Department, Regional Utility Planning, Burnaby, B.C., September 1999, Table 19-Regional Significant End Uses (1997).
7. California Department of Water Resources, *Water Efficiency Guide for Business Managers and Facility Engineers,* California Dept. of Water Resources, Sacramento, Calif., October 1994, p. 2.
8. Denver Board of Water Commissioners, Nonresidential Water Audit Program: Summary Report, prepared by Black & Veatch, Aurora, Colo., for the Denver Board of Water Commissioners, Denver, July 1991, pp. 3-15.
9. City of San Jose, *Water Conservation Guide for Computer and Electronics Manufacturers,* City of San Jose Environmental Services Department, San Jose, Calif., 1992.
10. City of San Jose, *Water Conservation Guide for Office Buildings and Commercial Establishments,* City of San Jose Environmental Services Department, San Jose, Calif., 1992.
11. Jane Heller Ploeser, Charles W. Pike, and J. Douglas Kobrick, "Nonresidential Water Conservation: A

Good Investment," *Journal AWWA*, vol. 84, no. 10, 1992, p. 65.
12. Benedykt Dziegielewski et al, *Commercial and Institutional End Uses of Water*, AWWA Research Foundation, Denver, 2000.
13. Traci Watson, "Ski Areas Set Conservation Guidelines: Pledge Takes a Hit From Those Who Call It 'Greenwash,'" *USA Today*, June 14, 2000, p. 3.
14. Michael Janofsky, "Environment Groups' Ratings Rile Ski Industry," *The New York Times*, New England edition, Dec. 3, 2000, p. 30.
15. *U.S. Clean Water Act*, U.S. Code 33, sect. 1251-1377.
16. *Energy Policy Act of 1992*, Public Law 102-486, 106 Stat. 2776, 102d Congress, Oct. 24, 1992.
17. Executive Order, *Energy Efficiency and Water Conservation at Federal Facilities*, Executive Order 12902, Office of the President (William J. Clinton), Washington, D.C., Mar. 8, 1994.
18. Executive Order, *Greening the Government Through Efficient Energy Management*, Executive Order 13123, Office of the President (William J. Clinton), Washington, D.C., June 3, 1999.
19. Federal Energy Management Program, *Buying Energy Efficient Products*, U.S. Dept. of Energy, Office of Energy Efficiency and Renewable Energy, Washington, D.C., 1997, 2000.
20. Margaret Suozzo et al, "High-Performing HVAC Systems," *Guide to Energy-Efficient Commercial Equipment*, 2nd ed., American Council for an Energy-Efficient Economy, Washington, D.C., 2000, chap. 3, pp. 3-1 to 3-34.
21. Raftelis Financial Consulting, *2000 Water and Wastewater Rate Survey*, Raftelis Financial Consulting, Charlotte, N.C., 2000.
22. *National Drought Policy Act of 1998*, Public Law 105-199, 105th Congress, Washington, D.C., July 16, 1998.
23. National Drought Policy Commission, *Preparing for Drought in the 21st Century—Report of the National Drought Policy Commission*, U.S. Dept. of Agriculture, Washington, D.C., May 16, 2000.
24. U.S. Environmental Protection Agency, Office of Water, Water Alliances For Voluntary Efficiency (WAVE), http://www.epa.gov/owm/faqw.htm, Dec. 18, 2000.
25. "Hotel/Motels Conserve Water by Offering Guests Option to Re-use Towels and Sheets," reprinted from *U.S. Water News* in *The Cross Section*, Lubbock, Texas, October 1996, p. 4.
26. Suozzo et al, *Guide to Energy-Efficient Commercial Equipment*, app. VI: Additional Resources.
27. City of Portland Energy Office, Businesses for an Environmentally Sustainable Tomorrow (BEST) Program Documented Annual Results, City of Portland, Ore., April 2000.
28. Metropolitan Water District of Southern California, Evaluation of the MWD CII Survey Database, prepared by Hagler Bailly Services, Inc., San Francisco, for the Metropolitan Water District of Southern California, Los Angeles, Nov. 19, 1997, p. S-1.
29. Sandra Postel, "Industrial Recycling," *Last Oasis*, W.W. Norton & Co., New York, 1992, rev. ed., 1997, chap. 21.
30. Jon G. Sweeten and Ben Chaput, "Identifying the Conservation Opportunities in the Commercial, Industrial, and Institutional Sector," presented at the AWWA Annual Conf., Atlanta, June 17, 1997.
31. Massachusetts Water Resources Authority, MWRA Honors Spalding Sports Worldwide for Water Conservation, news release, Boston, Mass., Sept. 27, 1991.
32. Final Report: Study of Potential Water Efficiency Improvements in Commercial Businesses, U.S. Environmental Protection Agency with the California Dept. of Water Resources, Sacramento, Calif. (Grant No. CX 823643-01-0), April 1997, p. 9.
33. Metropolitan Water District of Southern California, Evaluation of the MWD CII Survey Database, p. 6.
34. Office of the State Engineer of New Mexico, "How to Create a Successful Water Conservation Program," *A Water Conservation Guide for Commercial, Institutional and Industrial Users*, prepared by Schultz Communications, Albuquerque, N.M., for the State Engineer of New Mexico, Santa Fe, N.M., July 1999, sec. 2.
35. Massachusetts Water Resources Authority, *A Guide to Water Management: The MWRA Program for*

Industrial, Commercial and Institutional Water Use, prepared in collaboration with Douglas Kobrick of Black & Veatch, Massachusetts Water Resources Authority, Boston, June 1995, p. 9.

36. California Department of Water Resources, *Water Efficiency Guide for Business Managers and Facility Engineers*, p. 5.
37. California Department of Water Resources, *Industrial/Commercial Drought Guidebook for Water Utilities*, California Dept. of Water Resources, Sacramento, Calif., June 1991.
38. *Water Meters—Selection, Installation, Testing, and Maintenance*, AWWA Manual M6, 4th ed., AWWA, Denver, 1999, pp. 6-23, 29-32.
39. Harry Von Huben, technical ed., *Water Distribution Operator Training Handbook*, 2nd ed., AWWA, Denver, 1999, chap. 13, pp. 140-154.
40. Virginia Porter, "Metering and Demand Management: A Critical Link," presented at Conserv99—Water Efficiency: Making Cents in the Next Century, Monterey, Calif., Feb. 1, 1999.
41. JBS Associates, Inc., *Water Conservation Issues: The Water Audit (Unaccounted-for Water, Leak Detection, Meter Application and Sizing)*, workbook from University of Wisconsin-Madison seminar, February 1997, p. 19.
42. Personal communication, James B. Smith, JBS Associates, Inc., June 12, 1998.
43. James Liston and Steve Gilham, "Data-Logging Water Meters to Reduce Capital Costs and Increase Accountability," presented at the AWWA Annual Conf., Chicago, June 21, 1999.
44. Massachusetts Water Resources Authority, *A Guide to Water Management*, p. 40.
45. California Department of Water Resources, *Water Efficiency Guide*, p. 79.
46. American Water Works Assoc., *Helping Businesses Manage Water Use*, AWWA, Denver, 1993, p. 17.
47. Warren Liebold, "Fed Regs for Utility Rebates?" WaterWiser Conf.<waterwiser-list@listserv.waterwiser.org>, Apr. 4, 1997.
48. Massachusetts Water Resources Authority, *A Guide to Water Management*, p. 15.
49. U.S. General Services Administration, *Water Management*, Office of Real Property Management and Safety, U.S. General Services Admin., Washington, D.C., prepared in collaboration with Enviro-Management & Research, Inc.,1994, pp. 2-6.
50. California Department of Water Resources, *Water Efficiency Guide*, p. 22.
51. Massachusetts Water Resources Authority, *A Guide to Water Management*, p. 30.
52. Environment Canada, *Water Audit Case Studies*, 2nd ed., Conservation and Protection, Environment Canada, Hull, Que., November 1993.
53. The Bruce Company, Final Draft: Local Ordinances for Water Efficiency, prepared for the U.S. Environmental Protection Agency, Office of Policy Analysis, EPA Contract # 68-W2-0018, Subcontract # EPA 353-2, Work Assignment 24, Mar. 31, 1993, app. B.
54. Massachusetts Water Resources Authority, *A Guide to Water Management*, p. 33.
55. Black & Veatch, *A Guide to Commercial/Industrial Water Conservation*, prepared for the Los Angeles Dept. of Water and Power, Los Angeles, 1991, p. 35
56. J. Douglas Kobrick, Jane Heller Ploeser, and John Corbin, "Water Uses and Conservation Opportunities in Automatic Car Washes: A City of Phoenix Study," *Proc. AWWA Annual Conf.*, AWWA, Denver, 1997.
57. Chris Brown, "Water Conservation in the Professional Car Wash Industry," presented at the AWWA Annual Conf., Denver, June 12, 2000.
58. Car Wash Facilities, Massachusetts Water Resources Authority, Boston, undated.
59. Personal communication, Philip Paschke, Water Smart Technology Program Manager, Seattle Public Utilities, Seattle, Oct. 11, 2000.
60. Office of the State Engineer of New Mexico, *Water Conservation Guide*, p. 74.
61. Black & Veatch, *A Guide to Commercial/Industrial Water Conservation*, p. 33.
62. Irwin B. Margiloff, "The Variety of Types of ICI Sites," *Proc. Conserv99-Water Efficiency: Making Cents in the Next Century*, AWWA, Denver, 1999.
63. Massachusetts Water Resources Authority, Hospital Cost Reduction Case Study: Norwood Hospital,

http://www.mwra.state.ma.us/html/bullet1.htm, May 16, 2000.

64. Black & Veatch, *A Guide to Commercial/Industrial Water Conservation*, p. 34.
65. Los Angeles Department of Water and Power, Water Conservation Report: Hospital of the Good Samaritan, prepared by Black & Veatch for the Los Angeles Dept. of Water and Power, Los Angeles, Feb. 7, 1991.
66. Mark D. Wilson, "Water Conservation for Hospitals and Health Care Facilities," *Proc. Conserv93: The New Water Agenda*, AWWA, Denver, 1993.
67. California Department of Water Resources, *Water Efficiency Guide*, p. 36.
68. Black & Veatch, *A Guide to Commercial/Industrial Water Conservation*, p. 28.
69. Brown and Caldwell, *Case Studies of Industrial Water Conservation in the San Jose Area*, prepared by Brown and Caldwell, Pleasant Hill, Calif., for the City of \, Calif., and the California Dept. of Water Resources, Sacramento, Calif., February 1990.
70. Office of the State Engineer of New Mexico, *Water Conservation Guide*, p. 28.
71. City of Portland Energy Office, BEST Results: Merix's Conservation Merits BEST Award, press release issued by the City of Portland, Ore., 2000.
72. Office of the State Engineer of New Mexico, *Water Conservation Guide*, pp. 28, 70-73.
73. University of Missouri Extension, Pollution Solution: Waste Reduction Solutions for Business, Web site of the Office of Waste Management, www.orion.org/~owm/metal.htm#op, June 1999.
74. City of Albuquerque, *How to Save Water at Work: The City of Albuquerque Institutional/Commercial/Industrial Water Conservation Manual*, August 1997, pp. 24-25.
75. Mark Manzione, Barbara Jordan, and William O. Maddaus, "California Industries Cut Water Use," *Journal AWWA*, vol. 83, no. 10, 1991, p. 55.
76. Office of the State Engineer of New Mexico, "Case Studies," *Water Conservation Guide*, sec. 7, pp. 77-104.
77. World Business Council for Sustainable Development, "Case 7: Reduction in Fresh Water Usage in San Diego, Monsanto," *Industry, Fresh Water and Sustainable Development*, April 1998, p. 30.
78. Magna IV Engineering Ltd., Gainers Meat Processing Plant, Energy Audit Results, prepared for Edmonton Power and Edmonton Public Works, Edmonton, Alta., February 1995.
79. Office of the State Engineer of New Mexico, *Water Conservation Guide*, p. 75.
80. U.S. General Services Administration, *Water Management*, pp. 3-27.
81. California Department of Water Resources, *Water Efficiency Guide*, pp. 39, 41.
82. Industrial Water Conservation References of Paper and Packaging Manufacturers, prepared by Brown and Caldwell for the California Dept. of Water Resources, Sacramento, Calif., and the Metropolitan Water District of Southern California, Los Angeles, 1989.
83. T. Nandy, S. N. Kaul, and S. Shastry, "Paper Industry Effluent Recycling," *World Water and Environmental Engineering*, vol. 22, June 1999, pp. 14-15.
84. Office of the State Engineer of New Mexico, *Water Conservation Guide*, p. 39.
85. California Department of Water Resources, *Water Efficiency Guide*, p. 40.
86. Massachusetts Water Resources Authority, Water Efficiency & Management for Restaurants, Massachusetts Water Resources Authority, Boston, Apr. 25, 1994.
87. Black & Veatch, *A Guide to Commercial/Industrial Water Conservation*, p. 10.
88. Denver Board of Water Commissioners, Nonresidential Water Audit Program, pp. 2-9.
89. Office of the State Engineer of New Mexico, *Water Conservation Guide*, p. 40.
90. Los Angeles Department of Water and Power, Water Conservation Report: Little Joe's Restaurant, prepared by Black & Veatch for the Los Angeles Dept. of Water and Power, Los Angeles, Feb. 7, 1991, p. 8.
91. Metropolitan Water District of Southern California, Evaluation of the MWD CII Survey Database, p. 28.
92. Office of the State Engineer of New Mexico, *Water Conservation Guide*, p. 38.

93. Black & Veatch, *A Guide to Commercial/Industrial Water Conservation,* p. 11.
94. Larry Calabro et al, *The Water Audit Guidebook*, Rhode Island Dept. of Environmental Management, Div. of Water Supply Management, Providence, R.I., April 1996, app. E, unpaginated.
95. Massachusetts Water Resources Authority, *A Guide to Water Management,* p. 29.
96. Massachusetts Water Resources Authority, Water Efficiency & Management for Hospitals, Massachusetts Water Resources Authority, Boston, Apr. 18, 1994.
97. In-Sink-Erator, *Disposer Digest,* In-Sink-Erator, a division of Emerson Electric Co., Rept. C190 92 D-06, Racine, Wisc., 1992.
98. Black & Veatch, *A Guide to Commercial/Industrial Water Conservation,* p. 13.
99. Pacific Northwest National Laboratory, *Energy Efficient/Environmentally Sensitive DoD Showcase Facility: The Pentagon, A National Landmark,* prepared by Rocky Mountain Institute, Snowmass, Colo., for Pacific Northwest National Laboratory, Richland, Wash., 1995, p. 89.
100. California Department of Water Resources, *Water Efficiency Guide,* p. 41.
101. Black & Veatch, A Guide to Commercial/Industrial Water Conservation, p. 16.
102. Suozzo et al, "Other Energy-Using Equipment," *Guide to Energy-Efficient Commercial Equipment,* chap. 5, pp. 5-11 to 5-13.
103. Air-Conditioning and Refrigeration Institute, *Directory of Certified Automatic Commercial Ice-Cube Machines and Ice Storage Bins,* Air-Conditioning and Refrigeration Institute, Arlington, Va., 2000.
104. Federal Energy Management Program, *Commercial Ice-Maker Efficiency Recommendation,* <www.eren.doe.gov/gov/femp/procurement/icemkr.html, U.S. Dept. of Energy, Washington, D.C., 2000.
105. Massachusetts Water Resources Authority, *A Guide to Water Management,* p. 31.
106. M. Clifford Bjorgum and Edwin L. Hernandez, "Denver Water Nonresidential Case Studies," *Proc. Conserv93: The New Water Agenda,* AWWA, Denver, 1993, p. 543.
107. Beauford Anderson, "Commercial and Industrial Program Case Studies," *Proc. Conserv93: The New Water Agenda,* AWWA, Denver, 1993, p. 485.
108. Massachusetts Water Resources Authority, *A Guide to Water Management,* p. 32.
109. Black & Veatch, *A Guide to Commercial/Industrial Water Conservation,* p. 18.
110. Office of the State Engineer of New Mexico, *Water Conservation Guide,* p. 41.
111. Black & Veatch, *A Guide to Commercial/Industrial Water Conservation,* p. 30.
112. Commercial, Family-Sized Washers: An Initiative Description of the Consortium for Energy Efficiency, Consortium for Energy Efficiency, Boston, 1998, pp. 4-7.
113. U.S. Department of Energy, <http://www.eren.doe.gov/buildings/consumer_information/clotheswashers/clotips.html, Feb. 11, 1998.
114. Pacific Northwest National Laboratory, *Water Resource Management,* prepared by Pacific Northwest National Laboratory, Richland, Wash., for the U.S. Department of Energy's Federal Energy Management Program, Seattle, August 1997, p. 2.14.
115. City of Portland Energy Office, "Red Lion: 'Greener' Ways to Whiter Laundry," City of Portland, Ore., undated.
116. Kathryn Tong, "An Inn on the Green: Adopting Custom Widespread in Europe and Asia, US Hotels Want Their Guests to Reuse Linen and Save Water, Other Costs," *The Boston Globe,* Jul. 29, 2000, pp. C1-C2.
117. The Bruce Company, Final Draft: Local Ordinances for Water Efficiency, p. 12.
118. Marin Municipal Water District, Ordinance 326: An Ordinance Revising Water Conservation Requirements, sec. 11.60.030 (Requirements For All Services), Marin Municipal Water District, Corte Madera, Calif., Aug. 28, 1991.
119. The Bruce Company, Final Draft: Local Ordinances for Water Efficiency, p. 11.
120. Beth Wade, "Making a Splash in Local Recreation," *American City & County,* vol. 113, no. 10, 1998, p. 20.

121. California Department of Water Resources, "Swimming Pool Tips Translate to Savings," *Water Conservation News*, Water Conservation Office, Div., of Planning & Local Assistance, California Dept. of Water Resources, Sacramento, Calif., October 1998, p. 7.
122. Black & Veatch, *A Guide to Commercial/Industrial Water Conservation*, p. 39.
123. Pacific Northwest National Laboratory, *Water Resource Management*, p. 2.15.
124. City of Albuquerque, How to Save Water at Home: A Step-by-Step Manual for the Do-It-Yourselfer, Water Conservation Office, City of Albuquerque, N.M., undated, p. 73.
125. Massachusetts Water Resources Authority, Water Efficiency & Management in Schools, Colleges & Athletic Facilities, Massachusetts Water Resources Authority, Boston, Sept. 2, 1994.
126. Cleveland Metroparks Zoo, Final Report: Water Conservation Opportunities at the Cleveland Metroparks Zoo, prepared by Amy Vickers & Associates, Inc., Boston, for the Cleveland Metroparks Zoo, Cleveland, Ohio, March 1994.
127. W. G. Richards et al, "Conserving Water at America's First Zoo," *Proc. Conserv93: The New Water Agenda*, AWWA, Denver, 1993, p. 565.
128. Robert Nagle, "Water Survey of the Denver Zoo and Opportunities Identified," *Proc. AWWA Annual Conf.*, AWWA, Denver, 2000.
129. Teri Liberator, "Think BIG: Business, Industry & Government Water Conservation Program," presented to the International Facilities' Managers Assoc., May 24, 2000.
130. State of Hawaii Plumbing Code, sec. 1101(e).
131. Personal communication, Dave D. Todd, Supervisor of Water Conservation, City of Fresno, Calif., June 9, 1998.
132. Robert Hatton, "Credit for Cooling Tower Use," waterwiserlist@listserv.waterwiser.org, Aug. 16, 2000.
133. Warren Liebold, "Credit for Cooling Tower Use," waterwiserlist@listserv.waterwiser.org, Aug. 16, 2000.
134. Columbia-Willamette Water Conservation Coalition and City of Portland, Bureau of Water Works, Cooling Water Efficiency Guidebook, Water Conservation Program, Bureau of Water Works, City of Portland, Ore., 2000, pp. 6-11.
135. Office of the State Engineer of New Mexico, "Water Conservation Guidelines for Cooling and Heating," *Water Conservation Guide*, sec. 5, pp. 59-68.
136. Massachusetts Water Resources Authority, *A Guide to Water Management*, p. 23.
137. U.S. General Services Administration, *Water Management*, pp. 3-34.
138. City of Portland Energy Office, BEST Results: Saving Water, Recycling Saves Tek Millions, City of Portland, Ore., 1998.
139. California Department of Water Resources, *Water Efficiency Guide*, p. 33.
140. Massachusetts Water Resources Authority, Reducing Costs in Hospitals: A Case Study of Norwood Hospital, Massachusetts Water Resources Authority, Boston, February 1996.
141. Columbia-Willamette Water Conservation Coalition and City of Portland, Bureau of Water Works, *Cooling Water Efficiency Guidebook*, pp. 12-23.
142. W. Osborne, cited by Mike Henley, "Cooling Market Remains Stable With Few New Developments," *Industrial Water Treatment*, January/February 1995, p. 14.
143. Nelson Yarlott, "Cooling Towers Provide Happy Home for *Legionella*," *Opflow*, vol. 26, no. 10, 2000, pp. 3, 14.
144. Puckorius & Associates, Inc., *Water Conservation for Cooling Water Systems Seminar*, workbook prepared by Puckorius & Associates, Evergreen, Colo., for the East Bay Municipal Utilities District, Oakland, Calif., Jul. 27, 2000, unpaginated.
145. Douglas J. Kobrick and Mark D. Wilson, "Uses of Water and Water Conservation Opportunities for Cooling Towers," Black & Veatch, Los Angeles, 1993, unpaginated.
146. Black & Veatch, *A Guide to Water Conservation for Cooling Towers*, prepared for the Los Angeles Dept. of Water & Power, Los Angeles, December 1991, pp. 3-11.
147. Puckorius & Associates, Inc., *Water Conservation for Cooling Water Systems Seminar*, pp. 73-86.

148. Black & Veatch, "Cooling Tower Function and Operation," *Water Conservation for Cooling Towers*, prepared for the Metropolitan Water District of Southern California, Los Angeles, 1993, unpaginated.
149. Massachusetts Water Resources Authority, *A Guide to Water Management*, pp. 23-28.
150. Black & Veatch, *A Guide to Water Conservation for Cooling Towers*, pp. 16-18.
151. California Department of Water Resources, *Water Efficiency Guide*, p. 35.
152. Massachusetts Water Resources Authority, *A Guide to Water Management*, p. 27.
153. Office of the State Engineer of New Mexico, "Water Conservation Guidelines for Cooling and Heating," *Water Conservation Guide*, sec. 5, pp. 66-67.
154. Martin M. Karpiscak et al, "Evaporative Cooler Water Use in Phoenix, *Journal AWWA*, vol. 90, no. 4, 1998, p. 121.
155. City of Albuquerque, How to Save Water at Home: A Step-By-Step Manual for the Do-It-Yourselfer, pp. 40-41.
156. Brian C. Wilson, *Water Conservation and Quantification of Water Demands in Subdivisions: A Guidance Manual for Public Officials and Developers*, Office of the State Engineer of New Mexico, Santa Fe, N.M., May 1996, app. B, pp. 1-2.
157. Pacific Northwest National Laboratory, *Water Resource Management*, p. 2.12.
158. Black & Veatch, *A Guide to Commercial/Industrial Water Conservation*, p. 23.
159. City of Portland Energy Office, BEST Results: Elf Atochem Captures Impressive Water Savings, City of Portland, Ore., 1998.
160. Black & Veatch, *A Guide to Commercial/Industrial Water Conservation*, p. 22.
161. Office of the State Engineer of New Mexico, *Water Conservation Guide*, p. 68.
162. David C. Cowden, "Save Money, Energy & Water With Multiple Boilers," *PM Engineer*, vol. 4, no. 1, January/February 1998, pp. 52-55.
163. Massachusetts Water Resources Authority, *A Guide to Water Management*, p. 28.
164. Black & Veatch, *A Guide to Commercial/Industrial Water Conservation*, p. 25.
165. California Department of Water Resources, *Water Efficiency Guide*, p. 31.
166. Office of the State Engineer of New Mexico, "Case Studies in Commercial, Institutional, and Industrial Water Conservation," *Water Conservation Guide*, sec.7, pp. 80-82.
167. A. Owens, "Water Conservation and Reuse Programs Can Be Self-Supporting," presented at WATERTECH '92, Houston, Texas, Nov. 11, 1992.
168. Office of the State Engineer of New Mexico, *Water Conservation Guide*, p. 94.
169. Black & Veatch, *A Guide to Commercial/Industrial Water Conservation*, p. 24.
170. Black & Veatch, *A Guide to Water Conservation for Cooling Towers*, p. 24.
171. Massachusetts Water Resources Authority, *A Guide to Water Management*, p. 36.
172. California Department of Water Resources, *Water Efficiency Guide*, p. 42.
173. *Water Audits and Leak Detection*, AWWA Manual M36, AWWA, Denver, 1998.
174. Arizona Municipal Water Users Association, Summary of Water Conservation Activities Implemented by AMWUA Member Cities, Phoenix, January 1993, p. 2.
175. Arizona Municipal Water Users Association, Summary of Water Conservation Activities, p. 6.
176. Charles Belfoure, "From Warehouse to Giant Office Building: Baltimore Renovation Will Feature 'Green' Design Practices," *The New York Times*, New England ed., Oct. 22, 2000, Real Estate sec., p. 34.
177. Office of the State Engineer of New Mexico, *Water Conservation Guide*.
178. Massachusetts Water Resources Authority, *A Guide to Water Management*, p. 34.
179. Reid Crowther & Partners Ltd., AGT Building Water Audit, prepared for A.G.T. Real Estate, Edmonton, Alta., June 1994.
180. Proctor & Redfern Ltd., Water Audits of Ten Federal Government Facilities, prepared by Proctor & Redfern Ltd., Don Mills, Ont., for the Water Planning & Management Branch, Engineering & Development Div., Environment Canada, Hull, Que., May 22, 1992.
181. Environment Canada, *Water Audit Case Studies*, p. 8.

第5章　节水网络

“追求知识是极其美好的，是真正伟大文明的最高境界。”

——托尼·莫里森

本章将介绍节水相关的组织、政府机构、出版物、制造商目录和互联网资源。该清单未包含和暗示任何个人、组织、机构、出版物、公司、制造商、服务和产品的认可、推荐或批评。

5.1　组织

5.1.1　节水

加利福尼亚城市节水委员会，http：//www.cuwcc.org

水共享，美国肯务局节水中心，http：//www.watershare.usbr.gov 或 http：//208.186.132.85

明智用水，国家水效交易所，http：//www.waterwiser.org

5.1.2　水

美国给水工程协会，http：//www.awwa.org

美国给水工程研究基金会，http：//www.awwarf.com

美国水资源协会，http：//www.awra.org/

都市水务机构协会，http：//www.amwa-water.org

加利福尼亚州水务局，http：//www.dwr.water.ca.gov

特拉华河流域委员会，http：//www.state.nj.us/drbc

国家水业公司协会，http：//www.nawc.org

国家饮用水交易所，http：//www.estd.wvu.edu/ndwc/ndwc_homepage.html

国家农村供水协会，http：//www.nrwa.org

国家小流量交易所，http：//www.estd.wvu.edu/nsfc/NSFC_homeage.html

国家水中心，http：//nationalwatercenter.org

国家流域网，http：//www.ctic.purdue.edu/watershed/us_watersheds_swcs.org

水土保持协会，http：//www.swcs.org

得克萨斯州水网，http：//twri.tamu.edu

水世界，http：//www.worldwater.org

大学水信息网，http：//www.uwin.siu.edu

水环境联盟，http：//www.wef.org

水质协会，http：//www.wqa.org

美国水资源，http：//water.usgs.gov

5.1.3 干旱

国家干旱减灾中心，http：//enso.unl.edu/ndmc

国家干旱政策委员会，http：//www.fsa.usda.gov/drought

西方干旱协调委员会，http：//enso.unl.edu/wdcc

5.1.4 气候变化

气候方舟，http：//www.climateark.org

全球变化，http：//globalchange.org

5.1.5 河流与大坝

美国河流，http：//www.amrivers.org

国际河流网，http：//www.irn.org/

美国大坝协会，http：//www2.privatei.com/ ~ uscold/

世界大坝委员会，http：//www.dams.org

5.1.6 教育

乔治亚州明智用水委员会，http：//www.griffin.peachnet.edu/waterwise/wwc.htm

学会明智用水和节能，http：//www.getwise.org

美国再生，http：//solstice.crest.org/sustainable/renew_america

水教育基金会，http：//www.water-ed.org

校园水学科，http：//wwwga.usgs.gov/edu

明智用水，http：//www.wateruseitwisely.com

5.1.7 规范和标准

美国国家标准研究院，http：//www.ansi.org

美国管道工程协会，http：//www.aspe.org

器具标准意识项目，http：//www.standardsASAP.org
家电制造业协会，http：//www.aham.org
国际建筑规范管理官员，http：//www.bocai.org
美国建筑官员协会，http：//www.icbo.org
绿色密封标准，http：//www.greenseal.org/standard.htm
国际管道和机械官员协会，http：//iapmo.org
国家标准和技术研究院，http：//www.nist.gov
国家自然科学基金会，http：//www.nsf.org
加拿大标准委员会，http：//www.scc.ca
保险业实验室，http：//www.ul.com
统一建筑规范，http：//www.bicsi.org/bcodes/sld014.htm
统一管道规范，http：//www.iapmo.org

5.1.8　电器和卫生器具

美国管道工程协会，http：//www.aspe.org
家电制造协会，http：//www.aham.org
能效联盟，http：//www.CEEforMT.org
绿色标识，http：//www.greenseal.org/
洗衣房节水，http：//www.laundrywise.com
多户住宅洗衣房协会，http：//www.mhla.com
国家管道加热和冷却承包商协会，http：//www.naphcc.org
国家厨房和浴室协会，http：//www.nkba.org
管道制造研究院，http：//www.phihome.org
未来的卫生间，http：//www.restrooms.org

5.1.9　景观

5.1.9.1　设计和维护

美国风景园林规划师协会，http：//www.asla.org
保护草坪，清洁空气，http：//www.aqmd.gov/monthly/garden.html
乔治亚州明智用水协会，http：//www.griffin.peachnet.edu/waterwise/wwc.html
灌溉协会，http：//www.irrigation.org
美国草坪养护专业协会，http：//www.picaa.org
美国现代小草坪，http：//www.conncoll.edu/ccrec/greennet/arbo/salt/salt.html
智慧园艺，http：//www.smartgardening.com

旱生园艺™，http：//www.xeriscape.org

5.1.9.2 本土植物和生态修复

美国植物园和森林公园协会，http：//www.aabga.org

北美气候参数和重要树种与灌木分布关系图集，http：//greenwood.cr.usgs.gov/pub/ppapers/p1650-a

蝴蝶网，http：//www.mgfx.com/butterfly

植物保护中心，http：//www.mobot.org/CPC/welcome.html

常青基金会，http：//www.evergreen.ca

北美植物群，http：//hua.huh.harvard.edu/FNA

大平原，http：//greatplains.org

绿色景观本土植物，http：//www.epa.gov/greenacres/

伯德·约翰逊夫人的野花中心（前国家野花研究中心），http：//www.wildflower.org

国家植物数据库（USDA），http：//plants.usda.gov

本土植物保护计划，http：//www.nfwf.org/rfp_2001.html#npci

北美本土植物组织，http：//www.wildflower.org/links.html

本土植物论坛，http：//www.gardenweb.com/forums/natives/

有机覆盖，http：//www.ext.vt.edu/departments/envirohort/factsheets2/landsmaint/jul93pr4.html

植物保护联盟，http：//www.nps.gov/plants

生态修复社团，http：//www.ser.org

野生入侵物种计划，http：//tncweeds.ucdavis.edu

野生植物—自然景观公司，http：//www.for-wild.org

风之星野生动物研究院，http：//www.windstar.org

5.1.9.3 雨水收集与水箱

美国雨水收集系统协会，http：//www.nku.edu/-biosci/arcsa/arcsa.html

建筑系统最大潜力研发中心，http：//www.cmpbs.org

树人，http：//www.treepeople.org

5.1.10 工业、商业与机构

美国供热、制冷和空调协会，http：//www.ashrae.org

BEST：商业的环境可持续未来（俄勒冈州波特兰能源办公室），http：//www.ci.portland.or.us/energy/bestmain.html

建筑节水工程，http：//www.cranfield.ac.uk/sims/water/recyclingtro.htm

商业的社会责任，http：//www.bsr.org

冷却塔研究院，http：//www.cti.org

生态建筑协会，http：//www.ecology.co.uk

环保建筑与设计，http：//www.lib.msu.edu/link/envbldg.htm

绿色酒店协会，http：//www.greenhotels.com

高效商业空调和热泵计划，http：//www.ceeformt.org/com/hecac/hecac-main.php3

国家温泉和游泳池研究院，http：//www.nspi.org

工业技术办公室：石油（美国能源部），http：//www.oit.doe.gov/petroleum

工业技术办公室：钢铁（美国能源部），http：//www.oit.doe.gov/steel

市民滑雪区联合，http：//www.skiareacitizens.com

蒸汽挑战计划（美国能源部），http：//www.oit.doe.gov/bestpractices/steam

美国绿色建筑委员会，http：//www.usgbc.org

污水减量 / 污染防治资源清单（美国环保局），http：//www.epa.gov/owm/genwave.htm

自愿节水联盟计划（美国环保局），http：//www.epa.gov/owm/faqw.htm

5.1.11　气象站

亚利桑那州气象网，AZMET，http：//ag.arizona.edu/azmet/

自动气象网，http：//fawn.ifas.ufl.edu/

加利福尼亚州灌溉管理信息系统（CIMIS），http：//www.dpla.water.ca.gov/cgi-bin/cimis/cimis/hg/main.pl

GCIP 数据源，大气数据，州 / 地方网 http：//www.joss.ucar.edu/state_nets.html

马萨诸塞州环保局雨水计划，http：//www.state.ma.us/dem/programs/rainfall/index.htm

国家气象服务，www.srh.noaa.gov

国家气象服务：交互气象信息网，http：//weather.gov

佛蒙特州 Mesonet 网 http：//www.nws.noaa.goc/er/btv/html/mesonethome.html

土壤气候分析网（SCAN），http：//www.wcc.nrcs.usda.gov/scan

得克萨斯州 Mesonet 网，http：//www.met.tamu.edu/texnet/mesonet.html

5.1.12　水的循环再生

国家污水现场循环利用协会，http：//www.nowra.org

水循环再生的环境效益，http：//www.epa.gov/region9/water/recycling/index.html

水再生利用协会，http：//www.webcom.com/h2o

5.1.13　节能

美国节能经济委员会，http：//www.aceee.org

节能联盟，http：//www.CEEforMT.org

环境与能源研究院 http：//www.neep.org

落基山研究院，http：//www.rmi.org

至日，http：//solstice.crest.org

5.2 政府机构与计划

5.2.1 联邦

5.2.1.1 美国陆军工兵部队

美国陆军工兵部队主页，http：//www.usace.army.mil

5.2.1.2 能源部

节能和可再生能源网，http：//www.eren.doe.gov/EE/buildings.html

联邦能源管理计划，http：//www.eren.doe.gov/femp

劳伦斯伯克利国家实验室，http：//eande.lbl.gov/CBS/femp/femp.html

国家可再生能源实验室，http：//www.nrel.gov

5.2.1.3 内政部

垦务局，http：//www.usbr.gov

垦务局 / 水共享，http：//208.186.132.85

环保局水办，http：//www.epa.gov/watrhome

自愿节水联盟，http：//www.epa.gov/OWM/genwave.htm

5.2.1.4 美国地质调查局

美国地质调查局主页，http：//www.usgs.gov

美国地质调查局 / 美国用水，http：//water.usgs.gov/public/watuse

5.2.2 州、地区和市政节水计划

新墨西哥州阿尔伯克基，http：//www.cabq.gov/waterconservation

亚利桑那州市政用水协会，http：//www.amwua.org

得克萨斯州奥斯汀，http：//www.ci.austin.tx.us/watercon

明尼苏达州布雷纳德公用事业，http：//www.bpu.org/conserve.htm

加利福尼亚州水务局，http：//www.dwr.water.ca.gov

北卡罗来纳州卡里，http：//www.townofcary.org/depts/pwdept/wcp.htm

犹他州中心工程，http：//www.cuwcd.com/cupca

伊利诺伊州芝加哥水务局，http：//www.ci.chi.il.us/Water/Cohservation.html

科罗拉多州节水办公室，http：//cwcb.state.co.us/owc/officewc.htm

特拉华州流域委员会，http：//www.state.nj.us/drbc/dibc.htm

科罗拉多州丹佛水务，http：//www.water.denver.co.gov/indexmain.html

马里兰州伊斯顿水务局，http：//www.eastonutilities.com/water/wconspro.html
佛罗里达水智能委员会，http：//www.urdls.com/fwwc/index.htm
佐治亚洲水智能委员会，http：//www.griffin.peachnet.edu/waterwise/wwc.htm
佛罗里达州希尔斯伯勒县 http：//www.hillsboroughcounty.org/soilwater/water.html
得克萨斯州休斯敦，http：//www.ci.houston.tx.us/pwe/utilities/conservation
加利福尼亚州帝王谷灌溉区，http：//www.iid.com/water
内华达州拉斯维加斯河谷水务区，http：//www.lvvwd.com
加利福尼亚州洛杉矶水电部门，http：//www.ladwp.com/water/conserv
加利福尼亚州马林市政水务区，http：//www.marinwater.org/waterconservation.html
蒙大拿水务，http：//water.montana.edu
新墨西哥节水计划，http：//www.ose.state.nm.us/water-info/conservation/index.html
纽约市，http：//www.ci.nyc.ny.us/htmL/dep
北卡罗来纳州污染防治和环境支持部门，http：//www.p2pays.org
亚利桑那州凤凰城水务局，http：//www.ci.phoenix.az.us/WATER
佛罗里达州棕榈湾污染防治联盟，http：//p2.ces.fau.edu
俄勒冈州波特兰，http：//www.water.ci.portland.onus/siteindx.htm#conservation
加利福尼亚州圣地亚哥，http：//www.ci.san-diego.ca.us/water/conservation/index.shtml
华盛顿州西雅图公用事业局，http：//www.ci.seattle.wa.us/util/RESCONS
佛罗里达州西南水务局，http：//www.dep.state.fl.us/swfwmd/xeris/swfxeris.html
科罗拉多州西南节水区，http：//www.waterinfo.org
密苏里州圣路易斯供水公司，http：//www.slcwater.com/othinfo/conserve.htm
萨斯奎哈纳河流域委员会，http：//www.srbc.net
得克萨斯州水利发展部，http：//www.twdb.state.tx.us
得克萨斯州水资源研究院，http：//twri.tamu.edu
弗吉尼亚州弗吉尼亚湾，http：//www.virginia-beach.va.us/dept/putility
弗吉尼亚州节水参考，http：//www.virginiaconservation.org
西部州水资源委员会，http：//www.westgov.org/wswc

5.3　国际组织与机构

5.3.1　加拿大

加拿大给水排水协会，http：//www.cwwa.ca
加拿大水资源协会，http：//www.cwra.org
加拿大不列颠哥伦比亚省温哥华地区，http：//www.gvrd.bc.ca/services/water
加拿大环境，http：//www.ec.gc.ca/water/en/manage/effic/e_weff.htm

加拿大安大略省多伦多，Http://www.city.toronto.on.ca/water
加拿大西部给水排水协会，Http://www.wcwwa.ca
加拿大曼尼托巴省温尼伯，Http://www.mbnet.mb.ca/wpgwater

5.3.2 英国

英国环保局国家需水管理中心，Http://www.environment-agency.gov.uk/envinfo/nwdmc
水务办公室，Http://www.ofwat.gov.uk
英国之水，Http://www.water.org.uk

5.3.3 其他

全球水业伙伴，Http://www.gwp.sida.se/gwp/gwp/welc.html
国际灌溉管理研究院，Http://www.cgiar.org/iwmi
国际水资源协会，Http://www.iwra.siu.edu
斯德哥尔摩国际水科院，Http://www.siwi.org
世界银行：水，Http://wbln0018.worldbank.org/egfar/gfsc.nsf

5.4 出版物

《节水新闻》，加利福尼亚水务局，加利福尼亚州萨克拉门托市
《高原地下水节水区纵断面》，得克萨斯州卢博克市 1 号
《需水管理公报》，英国环保局国家需水管理中心
《联邦能源管理计划公报》，美国能源部，华盛顿联邦能源管理计划
《灌溉业与技术》，弗吉尼亚州福尔斯彻奇
《灌溉期刊》，伊利诺伊州芝加哥
《美国给水工程协会会刊》，美国给水工程协会，科罗拉多州丹佛
《管道》，西弗吉尼亚大学，西弗吉尼亚摩根城
《小流量季刊》，西弗吉尼亚大学，西弗吉尼亚摩根城
《美国水新闻》，堪萨斯州霍尔斯特德

5.5 节水产品目录

5.5.1 电器和卫生器具

美国供水协会，Http://www.asa.net/asa.asp

电器网，http：//www.appliance.com

消费者报告，http：//www.ConsumeReports.org

水管工，http：//www.masterplumber.com

管道制造研究院，http：//www.pmihome.org

管道供应，http：//www.PlumbingSupply.com

管道万维网，http：//www.plumbingweb.com

管道网，http：//www.PlumbNet.com

特里爱的坐便器消费者报告，http：//www.terrylove.com/crtoilet.htm

坐便器学 101，http：//www.toiletology.com/index.shtml

滚筒洗衣机，http：//www.tumblewash.com/

堆肥坐便器世界，http：//www.compostingtoilet.org

5.5.2　景观和灌溉产品

绿网，http：//www.greenindustry.com

灌溉协会，http：//63.72.168.122/ia/products.cfm

灌溉期刊，http：//www.irrigationjournal.com

国家园林协会，http：//www.garden.org/buyersguide

此处开放，http：//www.openhere.com/hag/gardening/plants/wildflowers

国际草坪草生产商，http：//www.lawninstitute.com

5.5.3　工业、商业与机构设备

流量控制网，http：//www.flowcontrolnetwork.com

绿色建筑者，http：//www.greenbuilder.com/sourcebook

项目管理工程师，http：//bnp.com/listrental/pme_list.html

美国蓝皮书，800/548-1234，http：//www.usabluebook.com

水在线，http：//www.wateronline.com

附录A　美国环境保护局《节水规划指南》中的综合节水规划目录

综合节水规划目录 *　　附表A-1

1. 确定节水规划的目标
- ☐ 节水规划目标及其与供水规划相关关系的清单
- ☐ 说明目标发展过程中的社会参与

2. 概述水系统
- ☐ 既有设备、生产特征和用水情况清单
- ☐ 概述影响水系统和节水规划的条件

3. 起草需水量预测
- ☐ 预计未来时期的用水需求预测
- ☐ 根据已知可度量的因素调整需水
- ☐ 讨论不确定性和“假设”（敏感性）分析

4. 描述规划设施
- ☐ 水系统在合理规划期间的改进
- ☐ 估计规划的供水改进与能力增加的总的、年均和单位水量成本
- ☐ 按照预期的改进和能力增加，初步预测在规划期内安装的供水能力总量

5. 识别和评估节水措施
- ☐ 回顾已实施和计划实施的节水措施
- ☐ 讨论实施推荐措施的法律等障碍
- ☐ 确定深入分析的措施

6. 成本效益分析
- ☐ 估计实施总成本和预期节水量
- ☐ 评估推荐节水措施的成本效益
- ☐ 比较实施成本与避免的供给方成本

7. 选择节水措施
- ☐ 选择节水措施的遴选标准
- ☐ 确定选择的措施
- ☐ 解释推荐措施为何无法实施
- ☐ 实施节水措施的策略和时间表

8. 整合资源修订预测
- ☐ 修订需水量和供给能力预测反映预期的节水效果
- ☐ 讨论节水对规划的购买、改进和增加供水能力的影响
- ☐ 讨论规划的节水措施对供水公用事业收入的影响

9. 当前实施和评估策略
- ☐ 实施和评估节水规划的措施
- ☐ 系统管理部门对节水规划的认证

注：* 中高级规划指南（简化了小型系统的基本规划指南）。对上述每个规划步骤相关分析范围和详细程度的指导见源文件；它们将随供水系统服务人口规模而变化。

参考文献：《节水规划指南（EPA-832-D-98-001）》，美国环境保护局，华盛顿，1998年8月，第41页表2-2。

附录 B　综合水资源规划的基本要素

综合水资源规划的基本要素　　**附表 B-1**

初步	状况陈述
转送函和致谢信 ☐ 规划对象 ☐ 帮助编制规划的个人和机构的清单 执行摘要 ☐ 应强调调查结果、结论和建议 ☐ 应具体和简明有序 ☐ 可能涉及报告的特定章节 ☐ 清晰阐述对机构活动的要求 目录表 ☐ 主标题和副标题，包括附录 ☐ 表目录 ☐ 图目录 规划的需求、范围和目标 ☐ 规划的来源，包括法定和管理委托 ☐ 规划的时间范围 ☐ 规划包括和未包括内容 ☐ 规划目标（例如可靠服务、最低环境影响、低投资和合理费率、负荷管理、干旱管理和长期节水与明智用水） ☐ 研究将如何用于和适应未来的管理决策 一般和历史背景 ☐ 系统和附近系统的位置 ☐ 地理、水文、气象、地质、地表水和地下水等 ☐ 土壤特征和地下土质状况 ☐ 人口统计（过去、现在和未来人口特征） ☐ 职业（工业、商业、服务、政府） ☐ 住宅、工业、商业、娱乐、农业和机构开发和重新开发	输水系统说明 ☐ 服务区地图，包括附近系统的位置 ☐ 水源和水泵、输送、处理、储存设施，消火栓、管理办公室和其他厂房的具体位置、年限、成本和工作条件 费率结构说明 ☐ 历史费率，包括管理行动 ☐ 当前费率结构和费率 ☐ 计量和账单 ☐ 附加服务和收费 水质问题 ☐ 国家饮用水机构的认证记录 ☐ 水质和达标情况记录 ☐ 既有污染问题和潜在解决措施 ☐ 潜在污染问题和潜在解决措施 ☐ 既有和规划的水质监测 水量问题 ☐ 历史供水量和变化原因 ☐ 供水预测（水厂和区域） ☐ 干旱的可能性和发生地区说明 ☐ 历史需水量和变更原因 ☐ 平均和高峰需水模式说明 ☐ 需水预测（用水部门长短期规划） ☐ 节水潜力和负荷管理对需水的影响 ☐ 用水部门需水的价格弹性估计 预期基础设施需求 ☐ 更换 ☐ 改进 ☐ 增加服务能力满足增长需求
☐ 土地使用（现在和未来，包括附近既有和提议的供水设施土地使用详情） ☐ 排水、水污染控制和雨洪管理 ☐ 污水处理设施	达到基础设施需求候选方案的初筛和说明 ☐ 结构（新供水）和非结构（节水）方案 ☐ 每个候选技术的可行性 ☐ 每个候选技术的成本效益 ☐ 经济、环境、社会和监管等考虑因素 ☐ 潜在障碍 ☐ 筛选可行和有效的方案

续表

选择评估	实施
选择分析 ☐ 在预筛基础上选择最具前景、有效、灵活和可靠的方案 ☐ 整合供水方法和控制与减轻需求的方法 ☐ 建立场景将候选方案置于可能的经济、环境、社会和管理情境中 ☐ 评价每个组合方案在多种场景下的经济和技术可行性 ☐ 分析每个行动过程的不确定性 ☐ 筛选去掉不可行的方案	规划的实施 ☐ 时间表和组织结构图 ☐ 预期的时间节点 ☐ 监管备案和预期决定 ☐ 监测与后续评估 ☐ 与其他规划协调 ☐ 规划满足条件变化的灵活性
选择规划方案 ☐ 根据增量成本将候选方案排序 ☐ 从多种角度深入测试每个方案的成本效益（包括纳税人、公用事业和社会） ☐ 考虑经济、环境、社会和管理因素重新评估方案 ☐ 开发遴选优化规划目标方案的规则 ☐ 选择最优实施过程	管理和金融 ☐ 管理和相关成本 ☐ 金融方法 ☐ 成本均摊 ☐ 对费率的长短期影响 公众参与 ☐ 公共信息与教育 ☐ 公众发表评论的机会 ☐ 识别规划程序的可能参与者
选择方案的影响分析 ☐ 经济影响分析（例如社会和纳税人成本） ☐ 环境影响分析（例如非可逆的影响） ☐ 社会和文化影响分析（例如用户满意度） ☐ 管理影响分析（例如管理成本）	
干旱意外和应急管理规划 ☐ 识别符合公共政策的优先用水 ☐ 应急供水水源和分散供水 ☐ 减压的潜力 ☐ 公众教育和自愿节水规划 ☐ 禁止、限制和定量用水规划 ☐ 过量用水价格和惩罚规划 ☐ 与其他公用事业和当地政府协调	
协调和一致性 ☐ 长期规划与干旱意外及应急管理规划的协调性 ☐ 规划与附近供水公用事业的关系 ☐ 对区域经济、环境与社会的影响 ☐ 经济发展和土地政策问题 ☐ 规划与联邦、州、地方、流域规划和水资源政策的一致性	

资料来源：Janice A. Beecher，《综合资源规划基础》，AWWA 会刊，1995 年第 6 期 87 卷，美国供水协会，获得使用许可。

这些要素反映了大型水系统可以实施的综合规划方法，但并非所有系统都能够或应该在其规划过程中投入同样水平的资源。概述的要素可以根据具体要求和环境修改。

附录C　加利福尼亚州城市节水最佳管理实践（BMPs）

节水最佳管理实践（BMPs）* 　　附表 C-1

最佳管理实践	假定节水量 †		
1. 独户和多户住宅用水调查计划		1980 年以前建造 L/（人·d）	1980 年之后建造 L/（人·d）
2. 住宅卫生器具改造	小流量淋浴器改造	27.3	11.0
	坐便器改造（5 年使用寿命）	4.9	0.0
	漏失维修	1.9	1.9
	景观调查（减少室外用水量）	10%	10%
	小流量淋浴器改造	27.3	11.0
	坐便器维修（5 年使用寿命）	4.9	0.0
3. 系统用水审计、漏失探测与维修	假定未计入水量损失继续不超过管网供水总量的 10%		
4. 计量所有新入网用户和改造既有水表	假定水表改造将减少受改造用户 20% 的用水量		
5. 景观节水计划与激励	假定景观调查将减少受调查用户 15% 的景观需水量		
6. 节水洗衣机返利计划	假定用每台节水洗衣机更换低效洗衣机的年节水量暂估为 19.3m^3，签约供水企业可以用超过 19.3m^3/ 年或只要不低于 17.4m^3/ 年的估计值		
7. 公共信息计划	未量化		
8. 学校教育计划	未量化		
9. 工业、商业与机构账户节水计划	假定商业从室内和景观用水调查、卫生器具规范等因素节水，但未含超小流量坐便器更换。还假定 2000 年的人均日用水量少于 1980 年以前		
10. 批发商协助计划	未量化		
11. 节水定价	未量化		
12. 节水协调	未量化		
13. 禁止浪费	未量化		
14. 住宅超小流量坐便器更换计划 ‡			

注：* 适用于加利福尼亚州《城市节水备忘录》的 260 余个签约单位（零售和批发供水企业、公共宣传组织者及其他兴趣组织）

† 《城市节水备忘录》指出表中所示可靠的节水量将随着更多更好数据的收集而改进。

‡ 用 6.0L/ 次冲水及以下的小流量坐便器更换大流量坐便器。

资料来源：加利福尼亚州《城市节水备忘录》第 1 章第 15 条附注，1999 年 9 月 16 日修订，加利福尼亚城市节水协会，加利福尼亚州萨克拉门托市。

附录D 给水和排水费率、成本和节水量

用于根据用水量和节水量计算给水和排水费用成本。此费率未含给水排水费用账单中的其他收费或可能增加的固定费率。（$3.8m^3$ 为 1000 加仑折算）给水和排水费率，成本和节水量（美元 /$3.8m^3$） 附表 D-1

	1.00	1.50	2.00	2.50	3.00	3.50	4.00	4.50	5.00	5.50	6.00	6.50	7.00	7.50	8.00	8.50	9.00	9.50	10.00
$3.8m^3$	单位用水量成本（美元）																		
1	1	1.5	2.0	2.5	3.0	3.5	4.0	4.5	5.0	5.5	6.0	6.5	7.0	7.5	8.0	8.5	9.0	9.5	10.0
2	2	3	4	5	6	7	8	9	10	11	12	13	14	15	16	17	18	19	20
3	3	5	6	8	9	11	12	14	15	17	18	20	21	23	24	26	27	29	30
4	4	6	8	10	12	14	16	18	20	22	24	26	28	30	32	34	36	38	40
5	5	8	10	13	15	18	20	23	25	28	30	33	35	38	40	43	45	48	50
6	6	9	12	15	18	21	24	27	30	33	36	39	42	45	48	51	54	57	60
7	7	11	14	18	21	25	28	32	35	39	42	46	49	53	56	60	63	67	70
8	8	12	16	20	24	28	32	36	40	44	48	52	56	60	64	68	72	76	80
9	9	14	18	23	27	32	36	41	45	50	54	59	63	68	72	77	81	86	90
10	10	15	20	25	30	35	40	45	50	55	60	65	70	75	80	85	90	95	100
20	20	30	40	50	60	70	80	90	100	110	120	130	140	150	160	170	180	190	200
30	30	45	60	75	90	105	120	135	150	165	180	195	210	225	240	255	270	285	300
40	40	60	80	100	120	140	160	180	200	220	240	260	280	300	320	340	360	380	400
50	50	75	100	125	150	175	200	225	250	275	300	325	350	375	400	425	450	475	500
60	60	90	120	150	180	210	240	270	300	330	360	390	420	450	480	510	540	570	600
70	70	105	140	175	210	245	280	315	350	385	420	455	490	525	560	595	630	6	700
80	80	120	160	200	240	280	320	360	400	440	480	520	560	600	640	680	720	760	800
90	90	135	180	225	270	315	360	405	450	495	540	585	630	675	720	765	810	855	900
100	100	150	200	250	300	350	400	450	500	550	600	650	700	750	800	850	900	950	1000
200	200	300	400	500	600	700	800	900	1000	1100	1200	1300	1400	1500	1600	1700	1800	1900	2000
300	300	450	600	750	900	1050	1200	1350	1500	1650	1800	1950	2100	2250	2400	2550	2700	2850	3000
400	400	600	800	1000	1200	1400	1600	1800	2000	2200	2400	2600	2800	3000	3200	3400	3600	3800	4000
500	500	750	1000	1250	1500	1750	2000	2250	2500	2750	3000	3250	3500	3750	4000	4250	4500	4750	5000
600	600	900	1200	1500	1800	2100	2400	2700	3000	3300	3600	3900	4200	4500	4800	5100	5400	5700	6000
700	700	1050	1400	1750	2100	2450	2800	3150	3500	3850	4200	4550	4900	5250	5600	5950	6300	6650	7000
800	800	1200	1600	2000	2400	2800	3200	3600	4000	4400	4800	5200	5600	6000	6400	6800	7200	7600	8000
900	900	1350	1800	2250	2700	3150	3600	4050	4500	4950	5400	5850	6300	6750	7200	7650	8100	8550	9000
1000	1000	1500	2000	2500	3000	3500	4000	4500	5000	5500	6000	6500	7000	7500	8000	8500	9000	9500	10000

附录E 住宅（室内）用水审计样表

住宅基本信息 附表 E-1

<table>
<tr><td>审计人姓名</td><td colspan="2"></td><td>日期</td><td colspan="2"></td></tr>
<tr><td colspan="6">基本信息</td></tr>
<tr><td>用户/账户名称</td><td colspan="2"></td><td>账单号</td><td colspan="2"></td></tr>
<tr><td>地址</td><td colspan="5"></td></tr>
<tr><td>电话</td><td colspan="2"></td><td>电子邮箱</td><td colspan="2"></td></tr>
<tr><td>住宅类型（单选）</td><td colspan="5">□独户独立住宅 □其他独户住宅 □多户住宅 □其他</td></tr>
<tr><td>水表（单选）</td><td colspan="2">□总表 □辅助水表</td><td>房龄（年）</td><td colspan="2"></td></tr>
<tr><td>居住人数</td><td>成人</td><td>儿童</td><td>合计</td><td colspan="2">居住月数/年</td></tr>
</table>

室内住宅用水清单 附表 E-2

<table>
<tr><th colspan="2">项目（逐项说明）</th><th>1号</th><th>2号</th><th>3号</th><th>4号</th><th>5号</th></tr>
<tr><td colspan="7">坐便器</td></tr>
<tr><td colspan="2">流量（L/次冲水）</td><td></td><td></td><td></td><td></td><td></td></tr>
<tr><td colspan="2">安装年份</td><td></td><td></td><td></td><td></td><td></td></tr>
<tr><td colspan="2">是否安装改造设备（是/否，袋/挡板）</td><td></td><td></td><td></td><td></td><td></td></tr>
<tr><td colspan="2">安装改造设备的年份</td><td></td><td></td><td></td><td></td><td></td></tr>
<tr><td colspan="2">是否漏失（是/否，染色测试/其他）</td><td></td><td></td><td></td><td></td><td></td></tr>
<tr><td colspan="2">漏失源（挡板阀、浮球阀、溢流管、其他）</td><td></td><td></td><td></td><td></td><td></td></tr>
<tr><td colspan="2">是否维修漏失（是/否，说明）</td><td></td><td></td><td></td><td></td><td></td></tr>
<tr><td colspan="7">淋浴器</td></tr>
<tr><td colspan="2">全开/典型流量（L/min）</td><td></td><td></td><td></td><td></td><td></td></tr>
<tr><td colspan="2">是否安装改造设备（是/否，年份）</td><td></td><td></td><td></td><td></td><td></td></tr>
<tr><td colspan="2">淋浴器是否漏失（是/否）</td><td></td><td></td><td></td><td></td><td></td></tr>
<tr><td colspan="2">浴缸分流器是否漏失（是/否）</td><td></td><td></td><td></td><td></td><td></td></tr>
<tr><td colspan="2">是否维修漏失（是/否，说明）</td><td></td><td></td><td></td><td></td><td></td></tr>
<tr><td colspan="7">水嘴</td></tr>
<tr><td rowspan="2">全开流量/典型流量（L/min）</td><td>浴室/卫生间</td><td></td><td></td><td></td><td></td><td></td></tr>
<tr><td>厨房</td><td></td><td></td><td></td><td></td><td></td></tr>
<tr><td colspan="2">是否有废物处理器（是/否）</td><td></td><td></td><td></td><td></td><td></td></tr>
<tr><td rowspan="2">是否安装改造设备（是/否，年份）</td><td>浴室/卫生间</td><td></td><td></td><td></td><td></td><td></td></tr>
<tr><td>厨房</td><td></td><td></td><td></td><td></td><td></td></tr>
<tr><td rowspan="2">是否漏失（是/否）</td><td>浴室/卫生间</td><td></td><td></td><td></td><td></td><td></td></tr>
<tr><td>厨房</td><td></td><td></td><td></td><td></td><td></td></tr>
<tr><td colspan="2">是否维修漏失（是/否，说明）</td><td></td><td></td><td></td><td></td><td></td></tr>
</table>

续表

项目（逐项说明）	1号	2号	3号	4号	5号
洗衣机					
是否有洗衣机	□是　□否（如选否，跳到下一项）			安装年份	
周负荷次数		典型负荷量	□小　□中　□大		
用水量（L/负荷）					
洗衣机或软管接头是否漏失	□是　□否		是否维修漏失	□是　□否	
洗碗机					
是否有洗碗机	□是　□否（如选否，跳到下一项）			安装年份	
周负荷次数		典型负荷量	□小　□中　□大		
用水量（L/负荷）					
洗碗机或软管接头是否漏失	□是　□否		是否维修漏失	□是　□否	
过滤/反渗透净水器					
是否有过滤/反渗透净水器□是□否（如选否，跳到下一项）				是否有切断开关□是□否	
是否漏失	□是　□否		是否维修漏失	□是　□否	
软水器					
是否有软水器	□是　□否（如选否，跳到下一项）		是否有切断开关		□是　□否
是否自动再生	□是　□否		是否便携交换	□是　□否	
是否漏失	□是　□否		是否维修漏失	□是　□否	
蒸发冷却器					
是否有蒸发冷却器	□是　□否（如选否，跳到下一项）			安装年份	
类型（单选）	□循环 □非循环（直流）				
是否漏失	□是　□否		是否维修漏失	□是　□否	
温泉/按摩浴缸					
是否有蒸发冷却器	□是　□否（如选否，跳到下一项）			安装年份	
类型（单选）	□室内 □室外		是否加盖	□是　□否	
容量（L）	重新注满频率（次数）		每天/每周/每月（圈上一个）		
是否漏失	□是　□否		是否维修漏失	□是　□否	
其他					
用水量（L和次数）					
是否漏失	□是　□否		是否维修漏失	□是　□否	
备注					

续表

<table>
<tr><th colspan="2">项目（逐项说明）</th><th>1号</th><th>2号</th><th>3号</th><th>4号</th><th>5号</th></tr>
<tr><td colspan="7">推荐的住宅节水措施</td></tr>
<tr><td colspan="2">坐便器</td><td></td><td></td><td></td><td></td><td></td></tr>
<tr><td colspan="2">淋浴器</td><td></td><td></td><td></td><td></td><td></td></tr>
<tr><td rowspan="3">水嘴</td><td>浴室 / 卫生间</td><td rowspan="3"></td><td rowspan="3"></td><td rowspan="3"></td><td rowspan="3"></td><td rowspan="3"></td></tr>
<tr><td>厨房</td></tr>
<tr><td>废物处理器</td></tr>
<tr><td colspan="2">洗衣机</td><td></td><td></td><td></td><td></td><td></td></tr>
<tr><td colspan="2">洗碗机</td><td></td><td></td><td></td><td></td><td></td></tr>
<tr><td colspan="2">过滤 / 反渗透净水器</td><td></td><td></td><td></td><td></td><td></td></tr>
<tr><td colspan="2">软水器</td><td></td><td></td><td></td><td></td><td></td></tr>
<tr><td colspan="2">蒸发冷却器</td><td></td><td></td><td></td><td></td><td></td></tr>
<tr><td colspan="2">温泉 / 按摩浴缸</td><td></td><td></td><td></td><td></td><td></td></tr>
<tr><td colspan="2">其他</td><td></td><td></td><td></td><td></td><td></td></tr>
</table>

住宅节水措施的潜在节水量 **附表 E-3**

<table>
<tr><th rowspan="2">节水措施</th><th>当前用水量
(*A*)-</th><th>潜在节水量
(*B*)</th><th>估计未来用水量
(*A-B*)</th><th>估计未来节水率
(*B*/*A*)</th><th>预期使用寿命</th></tr>
<tr><th colspan="3">L/d</th><th>%</th><th>年</th></tr>
<tr><td></td><td></td><td></td><td></td><td></td><td></td></tr>
<tr><td>合计</td><td></td><td></td><td></td><td></td><td></td></tr>
</table>

住宅节水措施的成本效益 **附表 E-4**

节水措施	节水量 (m^3)	给水排水费 （美元 / 年）	其他节省 （美元 / 年）	年成本 （美元 / 年）	投资成本 （美元）	投资回收期 （年）
合计						

附录F　景观和灌溉用水审计样表

景观和灌溉用水基本信息　　附表 F-1

审计人姓名			日期		
基本信息					
用户 / 账户名称			账单号		
地址					
联系人		电话 / 传真		电子邮箱	
用户类型（单选）	□住宅　□高尔夫球场 / 运动场　□工业 / 商业 / 机构　□其他				
水表（单选）	□总表　□辅助水表		系统压力		
现场是否使用再生水	□是　□否		如果使用，使用量（m^3/ 年）		
现场是否有水池、水塘、喷泉、瀑布	□是 □否		未使用时是否加盖		□是 □否

景观和灌溉用水清单　　附表 F-2

灌溉系统							
类型	□软管　□喷洒　□滴灌　□集雨器 / 水箱　□其他（说明）						
位置	□地下　□地上						
灌溉控制器	□手动　□自动	阀门数量		降雨截止阀	□是　□否		
使用频率	平均每周天数		平均每个灌溉周期数（min）				
灌溉时间	□早上　□中午　□晚上			小时数			
灌溉月份（多选）	1 月　2 月　3 月　4 月　5 月　6 月　7 月　8 月　9 月　10 月　11 月　12 月						
灌溉用水量 / 次（L）	初始读数		结束读数		一次用水量		
灌溉用水量 / 时间（L）	日均		周均		月均		年均
灌溉用水量 / 面积（%）	草坪　其他景观　植物床 / 花园　漏失　其他						
灌溉径流	□是　□否		如果出现，说明				
漏失	□是　□否		如果出现，说明				
控制器复位时间表	□每周　□每月　□每季度　□每年　□从不						
控制器由谁设置	□业主 / 场地管理者　□维护承包商						
景观面积							
总面积（m^2）		灌溉面积（m^2）		灌溉面积比例（%）			
蔽荫面积（低、中、高）		灌溉非草坪面积（m^2）					
灌溉草坪面积（m^2）		灌溉坡面面积（m^2）					
灌溉草坪面积比例（%）		灌溉坡面面积比例（%）					

续表

<table>
<tr><td colspan="6">草坪草和植物</td></tr>
<tr><td>草坪类型</td><td colspan="2">□冷季 □暖季</td><td>混合</td><td>冷季（%）</td><td>暖季（%）</td></tr>
<tr><td colspan="2">灌溉非草坪面积（说明）</td><td colspan="4"></td></tr>
<tr><td>割草高度（cm）</td><td></td><td>过剩茅草</td><td>□是 □否</td><td>干燥区</td><td>□是 □否</td></tr>
<tr><td>灌溉区 / 阀</td><td colspan="3">是否按植物 / 草坪灌溉需要分区</td><td colspan="2">□是 □否</td></tr>
<tr><td colspan="6">土壤</td></tr>
<tr><td>土壤类型</td><td colspan="5">□黏土 □壤土 □沙土 □混合（说明）</td></tr>
<tr><td>状况</td><td>营养水平</td><td>□好 □差</td><td colspan="2">根系长度（cm）</td><td>润湿深度（cm）</td></tr>
<tr><td>密实度</td><td colspan="2">□低 □中 □高</td><td colspan="2">植物周围是否足够覆盖</td><td>□是 □否</td></tr>
<tr><td colspan="6">水景</td></tr>
<tr><td>喷泉、水塘和瀑布</td><td></td><td></td><td></td><td></td><td></td></tr>
<tr><td>雨水收集 / 水箱</td><td></td><td></td><td></td><td></td><td></td></tr>
<tr><td>水池</td><td></td><td></td><td></td><td></td><td></td></tr>
<tr><td>其他</td><td></td><td></td><td></td><td></td><td></td></tr>
<tr><td>备注</td><td></td><td></td><td></td><td></td><td></td></tr>
</table>

景观和灌溉系统检查数据（说明状况） **附表 F-3**

<table>
<tr><th colspan="2">项目</th><th>1 号阀 / 区</th><th>2 号阀 / 区</th><th>3 号阀 / 区</th><th>4 号阀 / 区</th><th>5 号阀 / 区</th></tr>
<tr><td colspan="7">运行</td></tr>
<tr><td colspan="2">正常运行时间</td><td></td><td></td><td></td><td></td><td></td></tr>
<tr><td colspan="2">用水量（L/min）</td><td></td><td></td><td></td><td></td><td></td></tr>
<tr><td colspan="2">面积（m²）</td><td></td><td></td><td></td><td></td><td></td></tr>
<tr><td colspan="2">蔽荫（低、中、高）</td><td></td><td></td><td></td><td></td><td></td></tr>
<tr><td colspan="7">植物</td></tr>
<tr><td rowspan="10">类型</td><td>暖季草</td><td></td><td></td><td></td><td></td><td></td></tr>
<tr><td>冷季草</td><td></td><td></td><td></td><td></td><td></td></tr>
<tr><td>地被植物</td><td></td><td></td><td></td><td></td><td></td></tr>
<tr><td>混合</td><td></td><td></td><td></td><td></td><td></td></tr>
<tr><td>观赏性植物</td><td></td><td></td><td></td><td></td><td></td></tr>
<tr><td>树木</td><td></td><td></td><td></td><td></td><td></td></tr>
<tr><td>蔬菜</td><td></td><td></td><td></td><td></td><td></td></tr>
<tr><td>覆盖物</td><td></td><td></td><td></td><td></td><td></td></tr>
<tr><td>本土植物</td><td></td><td></td><td></td><td></td><td></td></tr>
<tr><td>耐旱植物</td><td></td><td></td><td></td><td></td><td></td></tr>
</table>

续表

项目	1号阀/区	2号阀/区	3号阀/区	4号阀/区	5号阀/区
植物					
按需水未运行阀门					
按光照未运行阀门					
灌溉过量面积					
灌溉不足面积（干燥地区）					
过剩茅草堆积					
需要的覆盖物					
坡面					
径流					
积水					
系统类型：转子、喷灌、扩散器、滴灌					
喷头清单					
转子式					
冲击式					
水流转子					
渗水管					
扩散器					
全喷头					
¾喷头					
半喷头					
侧喷头					
¼喷头					
喷灌问题					
喷头损坏					
管道损坏					
密封损坏					
阀门损坏					
喷头堵塞					
喷头过高或过低					
喷头卡住或翘起					
压力不当（低或高）					
半径过长或过短					
喷洒受阻或误喷					

续表

项目	1 号阀 / 区	2 号阀 / 区	3 号阀 / 区	4 号阀 / 区	5 号阀 / 区
滴灌问题					
捏紧或损坏的水管					
发射器与水管分离					
发射器位置不当					
发射器 堵塞 / 缺失 / 损坏					
备注					

推荐的景观灌溉节水措施　　附表 F-4

节水措施（逐项）	说明

推荐的景观灌溉制度（指定月）　　附表 F-5

分区	喷头 数量 / 类型								
		运行时间 (min)	流量 (L/min)	喷洒量* 灌溉深度	频率（____ 天一次）	运行时间 (min)	流量 (L/min)	喷洒量* 灌溉深度	频率（____ 天一次）
1									
2									
3									
4									
5									
…									

注：* 喷洒水量

景观灌溉节水措施的潜在节水量　　附表 F-6

节水措施	当前用水量 (*A*)	潜在节水量 (*B*)	估计未来用水量 (*A-B*)	估计未来节水率 (*B*/*A*)	预期使用寿命
	L/d			%	年
合计					

景观灌溉节水措施的成本效益 **附表 F-7**

节水措施	节水量（m^3/年）	给水排水费（美元/年）	其他节省（美元/年）	年成本（美元/年）	投资成本（美元）	投资回收期（年）
合计						

附录 G　工业、商业和机构用水审计样表

工业、商业和机构基本信息　　　　**附表 G-1**

审计人姓名			日期		
基本信息					
用户 / 账户名称			账单号		
地址					
设备联系人		电话 / 传真		电子邮箱	
产品或服务					
标准产业代码分类					
设施规模（每栋建筑，m^2）		楼层		高	
设施年龄（年）		长		宽	
平均入住量（员工和非员工）		男性		女性	
		合计			
年均使用天数			日均使用时数		
工作日		周末		法定假日	
现场是否使用再生水	☐是	☐否	如果使用，使用量（m^3/ 年）		
建筑污水	☐现场处理		☐排入市政系统 / 非现场系统		
	☐其他（说明）				

水表信息					
	1 号表 ID 号	2 号表 ID 号	3 号表 ID 号	4 号表 ID 号	5 号表 ID 号
水表位置					
水表类型					
读表频率					
计量单位					
倍增器（如果有）					
水表口径					
接头口径					
水表安装日期					
测试频率					
上次服务（日期）					
上次测试 / 校准（日期）					

工业、商业与机构的建筑 / 设施用水清单 **附表 G-2**

项目（逐项说明）		位置（建筑、楼层）	类型和数量	平均用水量（L/ 次，L/min……）	平均使用次数（次数 / （个·d））	平均日用水量（365d）
浴室 / 卫生间						
饮水机						
女士	坐便器					
	淋浴器					
	手盆（水嘴）					
	浴缸					
	其他					
男士	坐便器					
	小便器					
	淋浴器					
	手盆（水嘴）					
	浴缸					
	其他					
清洁和卫生						
手洗						
洗车						
蒸汽消毒						
高压灭菌						
拖布池						
实验室						
其他						
工艺用水						
加工和漂洗						
物料转运						
摄影和 X 光胶片冲印						
制浆、造纸和包装						
厨房和餐厅						
食品和饮料制备						
洗碗机						
制冰机						
冰激凌 / 酸奶机						
废物处理器						
废弃槽						
直冲软管						
其他						

续表

项目（逐项说明）	位置 （建筑、楼层）	类型和数量	平均用水量 （L/次，L/min……）	平均使用次数 （次数 /（个·d））	平均日用水量 （365d）
洗衣房和自助洗衣房					
洗衣机					
其他					
游泳池和动物园					
游泳池					
喷泉、水塘和瀑布					
雨水收集 / 水箱					
动物园					
其他					
冷却系统					
直流冷却系统					
冷却塔					
蒸发冷却器					
设备冷却					
其他					
供热系统					
锅炉 / 蒸汽发生器					
加湿器					
其他					
漏失和水量损失					
漏失					
故障					
其他					
杂项					
备注					

推荐的节水措施

节水措施（逐项）	说明

工业、商业与机构节水措施的潜在节水量 附表 G-3

节水措施	当前用水量 (*A*)	潜在节水量 (*B*)	估计未来用水量 (*A-B*)	估计未来节水率 (*B*/*A*)	预期使用寿命
	L/d			%	年
合计					

工业、商业与机构节水措施的成本效益 附表 G-4

节水措施	节水量 (m^3/年)	给水排水费 (美元/年)	其他节省 (美元/年)	年成本 (美元/年)	投资成本 (美元)	投资回收期 (年)
合计						

冷却塔用水量记录样表 A（用于收集冷却塔补给水表和排污水表数据） 附表 G-5

冷却塔水表单位		冷量（冷吨）		位置			
日期	补给水水表读数	补给用水量（M）	排污水表读数	排污用水量（B）	蒸发量（$E=M-B$）	浓缩倍数（$CR=M/B$）	备注

冷却塔用水记录样表 B（用于收集冷却塔电导仪或补给水和排污水中溶解固体浓度的其他监测数据） 附表 G-6

冷却塔监测参数			单位		冷量（冷吨）		位置		
日期	补给水浓度（CM）	排污水浓度（CB）	浓缩倍数（$CR=CB/CM$）	冷却负荷（100 冷吨）	日运行时长（min/d）	蒸发量（L/d）$E=2.4\times$ 冷却负荷 × 时长	排污水量（L/d）$B=E/(CR-1)$	补给水量（L/d）$M=B+E$	备注